学ぶ人は、
変えて
ゆく人だ。

目の前にある問題はもちろん、

人生の問いや、

社会の課題を自ら見つけ、

挑み続けるために、人は学ぶ。

「学び」で、

少しずつ世界は変えてゆける。

いつでも、どこでも、誰でも、

学ぶことができる世の中へ。

旺文社

JN046950

TOEIC® L&Rテスト 壁越え模試 リスニング

著 濵﨑潤之輔
大里秀介

問題監修 メディアビーコン

旺文社

はじめに

このたびは『TOEIC® L&R テスト壁越え模試 リスニング』を手に取っていただき, 本当にありがとうございます。感謝の気持ちで一杯です。

この『壁越え模試』に収録されている全ての問題は, 本物の TOEIC® L&R テストにできる限り近い問題を作成するために, 僕たち著者が公開テストを可能な限り受験し続け, 最新の公開テストの出題傾向を反映させたものです。問題自体だけでなく解説の内容から細部に至るまで, 推敲を重ねたうえで完成させた自信作となっています。書店の語学書コーナーなどに行くと, さまざまな種類の TOEIC® L&R テスト対策用の模試が存在します。それらの中にある評判のよいものと比較しても, 全く遜色がないものに仕上がっていると自負しています。

本書の制作にあたり, 多くの英語関連書籍を制作されているメディアビーコンさんには, 問題作成と編集の面において大変ご尽力をいただきました。それに加えて旺文社の優秀な編集スタッフによる一切妥協のない原稿チェック, 校正が, 本書の質を極限まで高めてくれる結果となりました。

本書を使って学習してくださるみなさまが, 必ずや目標とするスコアを達成し, 今以上に豊かで素晴らしい人生を送られることを, 心より願っています。TOEIC® L&R テストは「努力を裏切らない」テストです。やった分だけダイレクトに結果に反映される素晴らしいテストです。

最後にお伝えしたい大切なこと。
それは,「考えるな, やれ」ということです。
あれこれ考えることも大切ですが, それよりもさらに大切なのは「やる」ということ, 行動に移すということなのです。頭で考えていても道は開けませんが, 手を動かすことにより道は開けるのです。

頑張っていきましょう, 応援しています。

濵﨑潤之輔

時をさかのぼること11年前。私と濵﨑さんは，毎週新宿の居酒屋で打ち合わせを行い，「次こそ990点満点を取りたいね，いや取るんだ」とお互いを鼓舞していました。翌週会うまでの間に必ず新しい本をやり込んでは，情報交換をして切磋琢磨していました。そんな中，こんな話をしていたのを覚えています。

— いつかお互い満点を取って，他の学習者の役に立つ模試を作りたいですね。

今回，そんな本を作る機会をいただきました。収録問題数500問の，真に実力が付く模試に仕上がりました。前作の『壁越えトレーニング』が基礎編という位置づけであるとすれば，この『壁越え模試』は実践編です。それも，我々が1問ずつ厳選し，レベル感や，出題のされ方などのリアリティを受験経験にもとづいて再現し，我々の知識の全てを注ぎ込みました。

問題監修は，SNSやYouTubeなどでのTOEIC® L&Rテストの情報発信でも活躍しているメディアビーコンさんです。メディアビーコンさんには，英語検定試験全般に造詣の深いスタッフがそろっており，「マニアックなほどにTOEICに詳しすぎる」議論を重ねながら，問題を一緒に作り込みました。ですので，本番と同じような雰囲気を体感すること間違いなしです。

自分を信じて努力すれば必ず夢は叶います。
我々が全力を注いだこの『壁越え模試』であなたの夢が叶うことを願っております。
It's now or never!（やるなら今だ!）

大里秀介

TOEIC® L&Rテストの問題は，近年難化傾向にあります。中上級者の方がつまずく問題も多く出題され，学習者のスコアアップをはばむ「壁」となっています。

本書は，これまで多くのTOEIC®テスト対策書の制作に関わり，TOEIC® L&Rテストを毎回受験し研究を重ねている私たちが，カリスマ著者である濵﨑先生・大里先生と力を合わせて制作した模試です。1問1問，最新の傾向に合うよう精査して作りましたので，自信を持ってお届けします。ぜひ，繰り返し問題を解き，解説を読んで，この模試を使い倒してください。必ずあなたの力になるはずです。

この模試があなたの目標スコアの壁を越える一助となることを，心から願っています。

メディアビーコン

もくじ

【別冊】問題冊子

編集協力:株式会社 メディアビーコン, 鹿島由紀子, 渡邉真理子, Michael Joyce
問題作成協力:株式会社 メディアビーコン, コスモピア株式会社, 株式会社 CPI Japan, Nadia McKechnie
装丁デザイン:ごぼうデザイン事務所 装丁写真:荒川潤, 平賀正明
組版:株式会社 明昌堂 本文デザイン:伊藤幸恵, 尾引美代 本文イラスト:矢戸優人
録音:ユニバ合同会社 ナレーション:Howard Colefield, Ann Slater(以上, 米), Emma Howard(英), Iain Gibb(加), Kelvin Barnes(豪)

TOEIC® L&Rテストについて

TOEIC® L&R テストとは?

TOEICとは，英語によるコミュニケーション能力を測定する世界共通のテストです。このテストは，アメリカにある非営利のテスト開発機関であるETSによって開発・制作されています。TOEIC® L&R テスト（TOEIC Listening and Reading Test）では「聞く」「読む」という2つの英語力を測定します。受験者の能力は合格・不合格ではなく，10〜990点の5点刻みのスコアで評価されるのが特徴です。解答方法は，正解だと思う選択肢番号を塗りつぶすマークシート方式で，解答を記述させる問題はありません。

＊申し込み方法・受験に関する詳細は公式サイトをご覧ください。 https://www.iibc-global.org

TOEIC® L&R テストの構成

TOEIC® L&R テストは以下のように，ListeningとReadingの2つのセクションで構成されています。2時間で200問に解答し，途中休憩はありません。

LISTENING（約45分・100問）			READING（75分・100問）			
Part 1	写真描写問題	6問	Part 5	短文穴埋め問題		30問
Part 2	応答問題	25問	Part 6	長文穴埋め問題		16問
Part 3	会話問題	39問	Part 7	読解問題	1つの文書	29問
Part 4	説明文問題	30問			複数の文書	25問

問い合わせ先

一般財団法人 国際ビジネスコミュニケーション協会

●IIBC試験運営センター	〒100-0014　東京都千代田区永田町2-14-2 山王グランドビル
	電話：03-5521-6033 ／ FAX：03-3581-4783
	（土・日・祝日・年末年始を除く10:00〜17:00）
●名古屋事業所	電話：052-220-0286（土・日・祝日・年末年始を除く10:00〜17:00）
●大阪事業所	電話：06-6258-0224（土・日・祝日・年末年始を除く10:00〜17:00）

※このページの情報は2021年8月現在のものです。詳細や変更は実施団体のホームページなどでご確認ください。

本書の構成と使い方

本書は5回分のリスニング模試とその解答解説で構成されています。

本 冊	… 解答解説
別 冊	… 問題冊子
付属音声	… 旺文社リスニングアプリ「英語の友」, 音声ダウンロード

本書の使い方

① 模試を解く

別冊の問題冊子と解答用紙を使って, 制限時間通りに模試を解きましょう。

＊解答用紙は別冊巻末にあります。また, 音声ダウンロードサイトからもダウンロードいただけます。詳しくはp. 7をご覧ください。

自動採点サービスのオンラインマークシートを使って解答すると, 簡単に採点することができます。

> ●**自動採点サービスについて**
>
> 本書は自動採点サービスに対応しています。パソコンやスマートフォン, タブレット等からオンラインマークシートで解答すると, 結果が自動で採点されます。結果はチャートでも表示されるので, 苦手な(または得意な)パートが一目で把握できます。
>
> 以下のサイトにアクセスしてご利用ください。
>
> **https://toeic.obunsha.co.jp/** （右のQRコードからもアクセスできます）
>
>
>
> ※本サービスは無料でご利用いただけますが, 通信料金はお客さまのご負担となります。
> ※本サービスは予告なく終了することがあります。

② 答え合わせをし, 復習する

間違えた問題, 自信がなかった問題を中心に, 本冊の解答解説をしっかり読んで復習しましょう。

本書の効果的な使い方はp. 10「濵﨑潤之輔＆大里秀介が教える!『壁越え模試』の活用法」をご覧ください。

付属音声について

本書の音声の利用方法は以下の通りです。

旺文社リスニングアプリ「英語の友」(iOS/Android)

1 「英語の友」公式サイトより, アプリをインストール

> https://eigonotomo.com/　　（右のQRコードからも読み込めます）

2 ライブラリより「TOEIC® L&Rテスト 壁越え模試 リスニング」を選び,
「追加」ボタンをタップ

※本アプリの機能の一部は有料ですが, 本書の音声は無料でお聞きいただけます。詳しいご利用方法は「英語の友」公式サイトまたはアプリ内のヘルプをご参照ください。なお, 本サービスは予告なく終了することがあります。

パソコンで音声ファイル(MP3)をダウンロード

1 パソコンから以下のサイトにアクセスし, 書籍を選択

> https://www.obunsha.co.jp/service/kabegoemoshi/

2 パスワードを入力

> **d4ceb**

3 ファイルを選択してダウンロード
音声ファイル(MP3)はZIP形式にまとめられた形でダウンロードされます。展開後, デジタルオーディオプレーヤーなどでご活用ください。

※解答用紙もこちらのサイトからダウンロードいただけます。
※本サービスは予告なく終了することがあります。

●MP3のファイル名について
ファイル名は「通し番号_テスト番号_パート_問題番号」で構成されています。
例 001_TEST1_Part1_1 ➡ TEST 1, Part 1, No. 1の音声です。

本シリーズでは, リスニングセクションで出題される設問［場面］タイプを以下のように分類しています。解答解説ページの最下部で「 1. 1人の人物の写真」のように問題番号ごとの設問タイプを表示しています。学習の参考にしてください。

Part 1　写真描写問題です。全部で6問出題されます。

設問タイプ	内 容
1人の人物の写真	1人の人物が写っている写真の問題。
2人以上の人物の写真	2人以上の人物が写っている写真の問題。
人物の写っていない写真	人物が写っていない写真の問題。

Part 2　応答問題です。全部で25問出題されます。

設問タイプ	内 容
WH疑問文	WH疑問詞を使った問いかけにふさわしい応答を選ぶ問題。
Yes/No疑問文	Yes/No疑問文の問いかけにふさわしい応答を選ぶ問題。
依頼・提案・勧誘	依頼・提案・勧誘の意図を持つ問いかけにふさわしい応答を選ぶ問題。
付加疑問文・否定疑問文	付加疑問文・否定疑問文の問いかけにふさわしい応答を選ぶ問題。
選択疑問文	選択疑問文の問いかけにふさわしい応答を選ぶ問題。
平叙文	平叙文の問いかけにふさわしい応答を選ぶ問題。

Part 3 会話問題です。3問ずつの会話が13セット（39問）出題されます。

設問タイプ	内容
概要	会話の目的や，会話のきっかけとなる問題・機会を問うもの。
依頼・提案・勧誘・申し出	話者のどちらかが依頼・提案・勧誘・申し出をしている内容を問う問題。
次の行動	この会話の次の行動を推測する問題。
詳細	その他詳細を問う問題。
意図問題	特定の発言の意図を問う問題。 **例）** What does the man mean when he says, "I'm fine"? 「男性がI'm fineと言うとき，何を意図しているか」
図表問題	音声と図表を参照して解く必要のある問題。 **例）** Look at the graphic. In which department will the man start working? 「図を見なさい。男性はどの部署で働き始めるか」

※What is the problem?「問題は何か」という質問文は，1問目にあるときは会話のトピックである「問題」を問うことが多いので「概要」に分類しますが，2問目・3問目に出題されると解き方が変わるので「詳細」に分類します。他にも何問目に出題されるかなど，場合によって異なる設問タイプに分類しています。

Part 4 説明文問題です。3問ずつのトークが10セット（30問）出題されます。

場面タイプ	内容
アナウンス（announcement）	複数の人に向けてのお知らせ。
スピーチ（speech）	歓送迎会・イベントなどでのゲストの紹介やあいさつ。
広告・宣伝（advertisement）	モノやサービスの広告・宣伝。
ニュース・ラジオ（news report, radio broadcast）	ビジネスニュース，天気予報，交通情報，イベント情報，トーク番組など。
会議（excerpt from a meeting）	会議の場でのトーク。
電話メッセージ（telephone message）	留守番電話でのメッセージ。

※「ラジオ」や館内「アナウンス」から「広告」が流れたり，「会議」中に企業合併の「アナウンス」がされたりするなど，厳密にタイプに分けられなかったり，予想外の展開をしたりするものもあります。Directionsではtalkとなっていて，場面を判断できないこともあります。本書では基本的に，Directionsと1文目を基準に場面タイプを判断しています。

『壁越えトレーニング Part 1-4』には各設問［場面］タイプの詳細な解説が掲載されています。併せてご利用ください（シリーズ一覧は別冊 p. 80参照）。

『壁越え模試』の活用法

「模試」は繰り返し解いて力をつける！

「模試を繰り返し解こうと言うけれど，正解が分かってしまっているので2回も3回も同じ問題を解く気がしません」という相談を受けることがよくあります。まずは，その考えを捨ててください。模試を一度解いて答え合わせし，復習して終わりというのは，間違いなく「正しくない」模試の使い方です。もし，その考えを捨てられないという場合は1セット分の模試を制限時間通りに解き，採点と復習を終えた後，もう一度その模試を解いてみてください。果たして全問正解できたでしょうか？　なかなか難しいのが現実です。私たちですら，今でも同じ模試を10回以上当たり前のように解き直しますし，20回解いても言い換えや語法など，新たな気付きが多々あります。

「間違えた問題の復習をして正解を覚えてしまったから，この模試はもう解かない」というのはもったいないことです。「本番の公開テストで初めて出会う問題に正解できるような知見を得る」ことがテスト対策の本質であり，それは，模試活用においても同じです。大切なのは，「一度解いた問題を全て解説することができる」ようになること，そして「全ての英文を完璧に理解できる」ことです。解説できる問題の数や，読んだり聞いたりして理解できる英文の数が多くなることにより，みなさん自身の中に「理解できる問題や英文のストック」が蓄積されていきます。この蓄積の量と，公開テストで初めて出会った英文を読める，そして解ける量は比例します。また，良質な模試に収録されている問題は，公開テストで似たものが出題されることも多く，模試を完璧に仕上げておくことで公開テストでの解答スピードを上げることもできます。

- 全ての問題を解説できる
- 全ての英文を日本語に置き替えることなく完璧に理解ができる

これが模試1セットに取り組む際のゴールです。頑張っていきましょう。

「壁越え模試」の活用例

本書では模試1セットにつき最低3回，取り組むことをおすすめします。解答用紙は別冊巻末のほか，Webサイトからもダウンロードできます。

本番と同じように解きます。本書の解答用紙には「?」ボックスがありますので，解答中に自信のない問題があった場合はチェックしておきましょう。解答を終えても，ここではまだ正解と解説は確認しないようにしてください。

2回目

何度聞き直してもいいので，「これが正解だ」と確信が持てるまで，とことん時間をかけて取り組んでください。1回目で「?」ボックスにチェックが入った問題は特に時間をかけ，なぜ自信を持って解答を選べなかったのか，理由も考えながら取り組みましょう。

採点と復習

2回目の解答が終わったら，1回目と2回目のテストを採点します。「自動採点サービス」を使えば，オンラインマークシートに解答を入力し送信するだけで採点＆分析ができます（p. 6参照）。

ここで初めて正解を確認し，解説を読みます。不正解の問題は，間違った理由を分析してください。各パートで明らかに苦手な設問タイプがある場合には，『壁越えトレーニング』で補強してもよいでしょう。

また，1回目と2回目の結果を比較してみましょう。例えば，1回目は正解だったのに2回目は不正解になっている問題があったとしたら，本質的な理解はできていない問題なのかもしれません。また，1回目と2回目の正答数の違いを比較してみましょう。1回目に比べ2回目のスコアが飛躍的に高い場合，「自分の問題は英語力ではなく情報処理能力にあるのではないか」などの気付きが得られます。一通り分析が終わったら，間違った問題，自信がなかった問題の解説を確認し，復習します。分からなかった語句・言い換え表現は辞書を確認し，聞き取れなかった表現は音読しましょう。

3回目

1回目と同様，本番と同じように解きます。3回目は全問正解を目指しましょう。ここまでのステップで，自分の得意分野・苦手分野が見えてきていると思います。1つの模試で相当力が付くことを実感できていることでしょう。間違えた問題がある場合は，4回目，5回目とチャレンジを続けて全問正解を達成してください。それが自信につながります。

『壁越えシリーズ』究極の使い方に迫る

 ### 目的によって使い分けたい 「模試」と「トレーニング」

編集部（以下，編）：濵﨑先生・大里先生による『壁越えシリーズ』ですが，前作『壁越えトレーニング』に，このたび『壁越え模試』が加わりました。このシリーズは，どのように使っていくのがおすすめでしょうか。

大里（以下，大）：トレーニング・模試のどちらから始めるかによるのですが，『壁越え模試』からスタートする場合は，とにかく解いて自分の実力を知り，間違った問題を復習して自分のトレーニングターゲットを決めて，それから『壁越えトレーニング』に移るという方法があります。もちろん，模試だけ解くというシンプルな方法もあります。一方，『壁越えトレーニング』からスタートした人は，トレーニング後に『壁越え模試』で成果を確認するという流れがよいかと思います。模試を解いて，弱点を改めて認識して再度，『壁越えトレーニング』に戻ることもできますね。

編：今700点レベルの学習者の場合，『壁越え模試』と『壁越えトレーニング』，どちらから使うのがおすすめですか。

濵﨑（以下，濵）：どちらからやってもいいと思いますが，これから800点，900点を目指すレベルの方はより本番に近い形で勉強をすることも大事なんじゃないかなと。要は本番での時間配分，リスニングは45分間集中して全ての問題に取り組めるのか，リーディングは75分で100問を解くことができるのか，とかね。そういったところも仕上げて勉強していく必要があると思うので，中級から上級の方には個人的にはまず『壁越え模試』の方をおすすめしますね。で，『壁越えトレーニング』でパート別に弱点を補強し，また確認のために『壁越え模試』をやるっていう風に行ったり来たりするのがいいんじゃないかなと思います。

大：「このパートが苦手だ」とか，「とにかく意図問題が解けない」という問題意識がすでにある人の場合は『壁越えトレーニング』からスタートすることを私はおすすめします。トレーニングをする場合，目的が明確だと成果が出やすい傾向にあるのでは，と考えています。TOEICについても同じで，苦手分野を分析することで，よりトレーニングの効果が出やすくなると思います。常に自分の課題を明確にしておきたいですね。

「問題集」としても使える模試

編：『壁越え模試』には5セットのリスニング模試，またはリーディング模試が収録されています。5セットって結構な量ですよね！　先生ならどのように使いますか。

大：ユニークな使い方としては，単に1回分の模試として時間を計って解くのではなくて，あるパートだけ抜き出して5セット分やってみる方法もアリだと思います。例えばPart 2だったら5セットで125問あるので，そこだけに絞った学習をするとか。自分の苦手な国のナレーターやトピックを抽出して練習したいときにも，1回分のテストの5倍の問題量が入っているのでやりがいがあると思います。

著者紹介：イラスト左から
濱﨑潤之輔…『壁越え模試リスニング』Part 1・2,『壁越え模試リーディング』Part 5・6 著者
大里秀介……『壁越え模試リスニング』Part 3・4,『壁越え模試リーディング』Part 7 著者

編：500問ありますからね, トータルで。

大：あとは, 例えば「月〜金チャレンジ」。模試5セットを月曜日から金曜日までで解くとかね。平日5日間は1セットずつ解いて, 土日で復習とか。

学習している期間, 特に試験前は問題に飢えていると思うんですよね。『壁越え模試』はそんな人のための良質なお得用のバラエティパックだと思ってください。TOEICに出題されるさまざまな問題が詰まっています。TEST 1からじっくり始めてもいいし, 今日はどれを解こうかなと選んでもいい。5セットあれば簡単に答えを覚えられないので, 漬物みたいに少し寝かせて3か月後くらいにもう一度解いてみるということもやりやすいです。深く長く付き合っていけると思います。

編：なるほど, 必ずしも「模試」として使わなくてもいいですよね。

大：1セット2セットレベルじゃないくらいの問題があることで, パート別に学習をしようっていう選択肢が生まれて, 学習法の幅が広がると思うんですね。

濱：その通りですね。「月〜金チャレンジ」っていう言い方, いいですね。月曜日から金曜日までの5日間で500問やるんですよね？

大：そうそう, 例えば, 濱﨑さんがサラリーマン時代, 昼休みにリスニング模試1つ解いていたように, チャレンジ中の月曜日は細切れでもいいからリスニング模試1セットをやり切る, とかね。月〜金で5セットやって, 理解が不確かな問題は土日に集中的に反復。例えば音読をそこだけたくさんやるとか。そ

してある程度やったら今度はリーディングに移るとか, いろいろやり方は考えられますね。

ほどよいレベル感の『壁越え模試』

編：『壁越え模試』の特長を具体的に教えていただけますか。

大：本番の「リアル感」をディテールまでこだわりました。また, 前作『壁越えトレーニング』の読者がどれだけ力が付いたかを確認できるよう, 少し難易度の高い問題もちりばめました。公式問題集より気持ち難しめ, でも難しすぎるのは入れてない, っていう感じですね。例えばPart 3, 4では「むむ？これだけ見ても分からんぞ」という表現の意図問題, Part 7では正解を選ぶのに推測が必要で悩んでしまう問題がそれぞれ入ったと思いますね。解説を書いていて, やりがいがありました。初中級者から満点を目指す上級者まで楽しめる1冊になっていると思います。

濱：問題は中級者から上級者向けをコンセプトに作ったのですが, 初級〜中級の人が読んでも分かるような丁寧な解説になっていると思います。誰でもちゃんと取り組めるものになっていますね。

編：今回の模試には, お2人のコラムが入っているんですよね。掛け合いのコラムで面白いと思いました。

濱：そうですね。1つのテーマについて2人で「自分はこうしています, こう考えています」っていうのを言い合うスタイルで書きました。スコアは同じく990

13

点満点の私たちでも試験や問題への取り組み方は違ってきますし，学習者の皆さんもそれぞれ自分のスタイルがあると思うので，「自分はこっちの大里さんのやり方で」とか「これ参考になるからやってみる」とか，1つのテーマに対して複数の視点を持つことができるコラムになっているので，役に立つと思いますね。

大：今までの長い付き合いの中でお互いに分かり合っているところがうまくはまって書けたコラムなので，読み物としても面白いんじゃないかな，と思います。解説でも，自分の担当パート以外にもお互いのコメントをコラムという形で入れ込んだので，補完し合えましたね。共著でこういうスタイル，なかなかないと思うんですよ。そういう部分もよかったかなって思いますね。

■ 「最強」の問題監修

編：今回，この模試を作るにあたっては，問題監修のメディアビーコンさんのお力も欠かせなかったですね。

濱：メディアビーコンさんって英語とTOEICに関して，非常にプロフェッショナルな方ばかりなんですよね。英検1級とかTOEIC満点とか，もしくはそれに準ずるレベルの人しかいないので，僕の方が頼っているくらいです。僕はTOEICを毎回受けていますが，1回の受験で複数種類のフォームが出題されるので，僕が出会えるのはそのうちの1つでしかありません。メディアビーコンさんは複数のメンバーでテストを受けて，そこで得た知見をアドバイスとしていただけるので，本当にありがたいです。僕の知る限りでは，TOEICに関してメディアビーコンさん以上に信頼できる人たちはなかなかいないと思っています。

大：問題や解説について，同じ目線で作り込みができますね。お互いTOEICを知りつくしているので，こちらの提案にすっと入り込んでくれます。過去の受験経験から収録問題や解説の方向性に指摘をくれるところも，すごくありがたいですよね。YouTubeチャンネルで的確な解説や学習についてのアドバイスができるくらい非常に優秀なメンバーです。メディアビーコンさんが手がけたほかの書籍もぜひ機会があればご覧いただければと思います。

■ 『壁越え模試』に挑戦する皆さんへ

編：最後に，これから『壁越え模試』に挑まれる皆さんにエールをお願いします。

濱：本書をお手に取っていただき，ありがとうございます。どのレベルの方にとっても一切無駄なく，やった分だけ必ず皆さんの力になる本だと自負しておりますので，ぜひ頑張ってやり終えてほしいと思います。取り組むたびに何回でも発見があると思います。皆さんにとって「この本をしっかりやり込んだから，力が付いた！」と思える本になることを願っております。

大：本書は濱﨑さんと私が共著で書いた初めての「模試」です。だから，濱﨑さんと私，本気出したよっていうのと，編集者さんも含めてヒーヒー言いながら作りましたよっていうことを，解いて感じてほしいです。模試を解いた本人が感じたポジティブなこと・ネガティブなことから，スコアアップへの学びが生まれるので，模試を解くことから皆さん1人1人の物語が始まるんですよね。みなさん自身が模試を解いて感じたことを，大事にしてほしいなと思います。

TEST 1

解答解説

正解一覧

設問番号	正解	設問番号	正解	設問番号	正解	設問番号	正解
□□□ 1	C	□□□ 26	C	□□□ 51	C	□□□ 76	A
□□□ 2	A	□□□ 27	C	□□□ 52	A	□□□ 77	C
□□□ 3	B	□□□ 28	A	□□□ 53	A	□□□ 78	A
□□□ 4	D	□□□ 29	B	□□□ 54	D	□□□ 79	D
□□□ 5	A	□□□ 30	B	□□□ 55	D	□□□ 80	D
□□□ 6	A	□□□ 31	B	□□□ 56	B	□□□ 81	A
□□□ 7	C	□□□ 32	B	□□□ 57	A	□□□ 82	D
□□□ 8	B	□□□ 33	C	□□□ 58	C	□□□ 83	D
□□□ 9	B	□□□ 34	A	□□□ 59	C	□□□ 84	A
□□□ 10	B	□□□ 35	B	□□□ 60	D	□□□ 85	D
□□□ 11	C	□□□ 36	C	□□□ 61	B	□□□ 86	D
□□□ 12	B	□□□ 37	D	□□□ 62	C	□□□ 87	B
□□□ 13	B	□□□ 38	A	□□□ 63	B	□□□ 88	C
□□□ 14	A	□□□ 39	B	□□□ 64	C	□□□ 89	A
□□□ 15	B	□□□ 40	B	□□□ 65	C	□□□ 90	D
□□□ 16	B	□□□ 41	C	□□□ 66	A	□□□ 91	C
□□□ 17	C	□□□ 42	A	□□□ 67	C	□□□ 92	C
□□□ 18	A	□□□ 43	B	□□□ 68	C	□□□ 93	D
□□□ 19	C	□□□ 44	D	□□□ 69	A	□□□ 94	D
□□□ 20	A	□□□ 45	D	□□□ 70	D	□□□ 95	B
□□□ 21	A	□□□ 46	C	□□□ 71	B	□□□ 96	C
□□□ 22	B	□□□ 47	B	□□□ 72	D	□□□ 97	B
□□□ 23	B	□□□ 48	B	□□□ 73	C	□□□ 98	D
□□□ 24	C	□□□ 49	A	□□□ 74	C	□□□ 99	B
□□□ 25	A	□□□ 50	D	□□□ 75	D	□□□ 100	D

1. ♪ 002 🇦🇺

(A) She's hanging a towel.
(B) She's wheeling a cart.
(C) She's mopping the floor.
(D) She's taking off a pair of gloves.

(A) 彼女はタオルをかけている。
(B) 彼女は台車を押している。
(C) 彼女は床をモップで拭いている。
(D) 彼女は手袋を外そうとしている。

正解 (C)

解説 主語は全て同じなので，動作に着目して解答します。モップを使って床を拭いている動作を描写している(C)が正解です。mopはここでは「～をモップで拭く」という意味の他動詞として使われています。(A)のhang「～をかける」，(B)のwheel「(車輪の付いたもの)を動かす」，(D)のtake off ～「～を外す」は，それぞれPart 1にしばしば登場する重要表現なので押さえておきましょう。

語句 □hang ～をかける，つるす　□wheel (車輪の付いたもの)を押す，動かす　□mop ～を(モップで)拭く
□take off ～ ～(衣類など)を外す，脱ぐ

2. ♪ 003 🇨🇦

(A) He's pulling a suitcase.
(B) He's walking down the stairs.
(C) He's entering a hotel.
(D) He's putting on a jacket.

(A) 彼はスーツケースを引いている。
(B) 彼は階段を歩いて下りている。
(C) 彼はホテルに入ろうとしている。
(D) 彼はジャケットを着ようとしている。

正解 (A)

解説 「スーツケースを引いている」男性の様子を描写している(A)が正解です。(B)はwalking down ～「～を歩いて下りている」ではなく，walking near ～「～の近くを歩いている」であれば正解になり得ます。(C)はentering「～に入ろうとしている」ではなくwalking in front of ～「～の前を歩いている」であれば正解でした。(D)にあるput on ～「～を身に着ける(動作)」とwear「～を着用している(状態)」の使い分けもPart 1でよく問われます。押さえておいてください。

✦ ✦ ✦

 (B)のwalk down ～は，descendと言い換えられます。

語句 □pull ～を引く　□enter ～に入る　□put on ～ ～を着る，身に着ける

3. ♪ 004 🇬🇧

(A) Some people are seated at a café.
(B) Some chairs have been set around the tables.
(C) Some people are having a meal outside.
(D) Some flowers are arranged in a vase.

(A) 何人かの人々がカフェの席に座っている。
(B) いくつかのいすがテーブルの周りに置かれている。
(C) 何人かの人々が外で食事をしている。
(D) 花が花瓶に生けられている。

正解 (B)

解説 写真の中央に写る，いすが周りに置かれたテーブルを描写している(B)が正解です。have been setは受動態(受け身)の現在完了形で，「(主語が)置かれている」という状態を表します。(A)にあるbe seated「座っている」，(D)にあるbe arranged「きちんと並べられている」は共に重要表現です。vase「花瓶」の発音は，アメリカ英語だとヴェイスですが，イギリス英語だとヴァーズになるので注意が必要です。この写真は，2人の人物が写っていますが，物が主語の選択肢が正解です。人物だけではなく，背景に写っている物などにも注意して聞きましょう。

語句 □vase 花瓶

4. ♪ 005 🇺🇸

(A) One of the women is looking at a screen.
(B) One of the women is talking on the phone.
(C) The women are exchanging business cards.
(D) The women are gathered at a counter.

(A) 女性の1人は画面を見ている。
(B) 女性の1人は電話で話している。
(C) 女性たちは名刺を交換している。
(D) 女性たちはカウンターに集まっている。

正解 (D)

解説 カウンター越しに向かい合っている2人の女性をgatheredを使って表した(D)が正解です。ほかに，They are facing each other.「彼女たちは向かい合っている」と表すこともできます。2人以上の人物の写真では複数の人物の共通の動作や状態のほか，one of the men[women]「男性[女性]の1人は」を使った，そのうちの1人の動作や状態を表す表現が正解になる場合が多いです。

語句 □screen 画面 □exchange ～を交換する □business card 名刺 □gather ～を集める

5. ♪ 006 🇨🇦

(A) A boat has been docked at a pier.
(B) The water is covered with fallen leaves.
(C) Passengers are walking on a deck.
(D) There's a fountain in front of the building.

(A) ボートが埠頭に停泊している。
(B) 水が落ち葉で覆われている。
(C) 乗客がデッキを歩いている。
(D) 建物の前に噴水がある。

正解 (A)

解説 埠頭に停泊しているボートの様子を表している(A)が正解です。人物の写っていない写真では，受動態を使った物が主語の表現が正解になる場合が多いです。(A)では be docked at ～「～に停泊している」，(B)では be covered with ～「～に覆われている」で受動態が使われています。(C)にある Passengers「乗客」や(D)にある fountain「噴水」のように写真に写っていない人や物が含まれている文は不正解です。

語句 □be docked at ～ ～に停泊している □pier 埠頭 □cover ～を覆う □fallen leaves 落ち葉 □passenger 乗客 □deck (船の)デッキ □fountain 噴水

6. ♪ 007 🇺🇸

(A) Some lampposts are positioned along a walkway.
(B) Some workers are landscaping the backyard.
(C) Some trees are being trimmed.
(D) Some benches are blocking the way.

(A) いくつかの街灯が歩道に沿って設置されている。
(B) 何人かの労働者が裏庭を整備している。
(C) 何本かの木が刈り込まれているところである。
(D) いくつかのベンチが道をふさいでいる。

正解 (A)

解説 歩道に沿って設置されている街灯を表している(A)が正解です。be positioned は「(～が)設置されている」という意味の表現です。(B)のlandscapeは名詞で「景色」という意味もありますが，ここでは「(庭など)を整備する」という意味の他動詞として使われています。(C)にある受動態の進行形〈be being＋過去分詞〉は「～されている最中だ」という意味になります。

語句 □lamppost 街灯 □position ～を設置する，置く □landscape ～を整備する □trim ～を刈る，手入れする □block (道など)をふさぐ

音声が流れる前に，写真の種類をまずつかんでおきましょう。人物の有無，正解になりそうな動作や物の様子を把握します。どういう場面の写真か（ビジネスや食事の場面，店で買い物をしているシーンなど）も把握すると，音声が聞き取りやすくなります。

💡 **4.** 2人以上の人物の写真　**5.** 人物の写っていない写真　**6.** 人物の写っていない写真　　| 17 |

Part 2

7. ♪ 009 W 🇺🇸 M 🇨🇦

How long have you worked in the marketing field?
(A) It's a ten-minute walk.
(B) On a social media app.
(C) Since I graduated from college.

あなたはどのくらいマーケティング分野で働いていますか。
(A) 徒歩で10分です。
(B) ソーシャルメディアのアプリにです。
(C) 大学を卒業してからです。

正解 (C)

解説 How long を使って相手の働いている期間を尋ねる問いかけに対して，具体的な期間ではなく since「～以来」を使って答えている (C) が正解です。(A) は How far を使った距離を尋ねる問いかけに対する応答です。(B) は問いかけにある marketing field から連想される social media を含む応答ですが，問いかけの内容とは話がかみ合いません。

語句 □marketing マーケティング，市場戦略 □field 分野，領域 □social media ソーシャルメディア □app アプリ（application の略） □graduate from ～ ～を卒業する

8. ♪ 010 M 🇦🇺 W 🇺🇸

The expense report is due this Thursday, isn't it?
(A) A TV news reporter.
(B) I've already submitted it.
(C) The completed form.

経費報告書は今週木曜日が締め切りですよね。
(A) テレビニュースのレポーターです。
(B) もうそれを提出しました。
(C) 記入された用紙です。

正解 (B)

解説 ～, isn't it? の形の付加疑問文です。経費報告書を出す期限を確認する問いかけに対して，「もう提出した」と応答している (B) が正解です。(A) は問いかけにある report に発音が被っている reporter を含んだひっかけの選択肢，(C) も report から連想される form を含んだひっかけの選択肢です。(B) は期限を答えているわけではないので正答か迷うかもしれませんが，(A) と (C) が明らかに間違いなので消去法で解くことができます。

語句 □expense report 経費報告書 □submit ～を提出する □complete ～を完成させる，(用紙など) に記入する □form 用紙

9. ♪ 011 M 🇨🇦 W 🇬🇧

What do you want to have for dinner tonight?
(A) Late at night.
(B) We can order a pizza.
(C) That's a good idea.

今夜夕食に何が食べたいですか。
(A) 夜遅くです。
(B) ピザを注文することができます。
(C) それはいい考えですね。

正解 (B)

解説 What を使い，相手の食べたいものを尋ねる問いかけに対して，具体的に「ピザを注文する」ことを提案している (B) が正解です。(A) は問いかけにある tonight に関連する at night を含んではいますが，話の内容が問いかけとはかみ合いません。(C) は相手からの提案に同意するときの表現です。

10. ♪ 012 M 🇦🇺 W 🇺🇸

Doesn't the passenger lounge have Internet service?
(A) No, just your boarding pass.
(B) It's not working right now.
(C) It was a wonderful trip.

乗客ラウンジはインターネットサービスがないのですか。
(A) いいえ，あなたの搭乗券だけです。
(B) 今は動作していません。
(C) それは素晴らしい旅行でした。

正解 (B)

解説 否定疑問文を使って「インターネットがないのか」と尋ねる問いかけに対して，今は動作していないと応答している (B) が正解です。(A) や (C) は，問いかけにある passenger lounge に関連する boarding pass や trip を使ったひっかけの選択肢です。

語句 □passenger 乗客 □lounge ラウンジ □boarding pass 搭乗券

11. ♪013 M 🇦🇺 W 🇺🇸

I didn't know you were a member of this gym.
(A) Let me get one for you.
(B) Fitness classes.
(C) I've been coming here for years.

私はあなたがこのジムのメンバーだとは知りませんでした。
(A) あなたに1つ持って来させてください。
(B) フィットネスクラスです。
(C) 私は何年もここに来ています。

正解 (C)

解説 相手が自分と同じジムの会員だったとは知らなかったという内容の発言に対して，自分が長年の会員であることを伝えている(C)が正解です。(A)はoneが何を指しているのか不明なので不正解，(B)は問いかけにあるgymから連想されるFitness classesを使ったひっかけの選択肢です。

12. ♪014 M 🇨🇦 M 🇦🇺

Have you heard back from the client in Baltimore?
(A) A potential customer.
(B) He said he would call tomorrow.
(C) Sorry, I'll speak a little louder.

Baltimoreの顧客から返事が来ましたか。
(A) 見込み客です。
(B) 彼は明日電話をすると言っていました。
(C) すみません，もう少し大きな声で話します。

正解 (B)

解説 現在完了を使って「顧客から返事が来たか」を尋ねる問いかけに対して，明日電話をすると言っていたと応答している(B)が正解です。(A)は問いかけにあるclientの同義語であるcustomerを含んだひっかけの選択肢，(C)は問いかけにあるheardから連想されるspeak a little louder「もう少し大きな声で話す」を含んだひっかけの選択肢です。

語句 □hear back from ～ ～から返事が来る，返事をもらう　□potential 見込みの，潜在的な　□customer 顧客

13. ♪015 M 🇦🇺 W 🇬🇧

Would you like a table on the front terrace?
(A) They're on my desk.
(B) That would be nice.
(C) You can drop by anytime.

フロントテラスのテーブル席はいかがですか。
(A) それらは机の上にあります。
(B) いいですね。
(C) いつでも立ち寄ることができます。

正解 (B)

解説 Would you like ～?「～はいかがですか」を使って客に特定の席を勧める問いかけに対して，「いいですね」と肯定的に答えている(B)が正解です。(A)は問いかけにあるtableから連想されるdeskを含んだひっかけの選択肢です。(C)はレストランでの状況から連想されるdrop by「立ち寄る」が使われていますが，問いかけとは話がかみ合いません。

語句 □drop by 立ち寄る

ペン先を使った消去法

(濵：濵﨑先生／大：大里先生)

濵： Part 1とPart 2では「ペン先を使った消去法」を行うことをおすすめします。やり方は簡単。(A)から順番に音声が流れてくる過程で，「これが正解だ」と思うものが聞こえたら，そのマークの枠内の上方に，ペン先を浮かせた状態で待機します。常に「最新の正解候補」のマーク上にペン先を移動させるようにして，その問題の全ての音声が流れ終えた時点でペン先がある所にマークをします。

大： 限られた時間の中で，正解を選ぶためのテクニックですね。

濵： 大里先生もこの方法で解いていますか。

大： 以前はやっていました。最近は基本的に自然体なのであまりやらなくなりましたが（笑）。ですが，このやり方はPart 3，4の図表問題でも有効です。聞こえてきた音声にあわせて図表内の単語をペン先で指しておくと正解を探しやすくなります。

---

14. 🎵 016 W🇺🇸 M🇦🇺

Who can I talk to if I want to rent a storage space here?
(A) You can call this number.
(B) That item is out of stock.
(C) This is the rent for three days.

こちらの倉庫を借りたければ，誰に話せばよいですか。
(A) こちらの電話番号に電話をしてください。
(B) その商品は品切れです。
(C) こちらは3日間の使用料です。

正解 (A)

解説 Whoを使った，自分が話すべき相手は誰かを尋ねる問いかけに対して，電話番号の案内をしている(A)が正解です。(B)は問いかけにあるstorage spaceから連想されるitemやout of stockを含んだひっかけの選択肢，(C)は問いかけにある動詞rent「～を借りる」を名詞「使用料」という意味で使っているひっかけの選択肢です。

語句 □rent (動詞)～を借りる，(名詞)使用料　□storage space 倉庫，保管場所　□number (電話)番号
□out of stock 品切れで，在庫がなくて

---

15. 🎵 017 W🇺🇸 M🇨🇦

What time is the budget meeting starting?
(A) The flight is expected to be on time.
(B) Luis e-mailed us about the schedule change.
(C) About holiday plans.

予算会議は何時から始まりますか。
(A) フライトは時間通りになる予定です。
(B) Luisが予定の変更について私たちにEメールを送りました。
(C) 休日の予定についてです。

正解 (B)

解説 What timeを使った「予算会議は何時から始まるのか」を尋ねる問いかけに対して，具体的な時間を答える代わりに，元々予定されていた時間が変更になったことを伝えている(B)が正解です。(A)は問いかけにあるWhat timeから連想されるon time「時間通りに」を使ったひっかけの選択肢です。

語句 □budget 予算　□*be* expected to *do* ～する予定だ　□on time 時間通りに　□e-mail ～にEメールを送る

---

16. 🎵 018 M🇦🇺 W🇬🇧

Which floor is the restaurant on in this hotel?
(A) A shuttle bus from the airport.
(B) It's up on the seventh.
(C) Here is my luggage.

このホテルの何階にレストランがありますか。
(A) 空港からのシャトルバスです。
(B) それは7階にあります。
(C) こちらが私の荷物です。

正解 (B)

解説 Whichを使ってレストランの場所を尋ねる問いかけに対して，「7階にある」と応答している(B)が正解です。(A)は問いかけにあるhotelから連想されるshuttle busを使ったひっかけの選択肢，(C)はホテルに着いた宿泊客が従業員に荷物を渡す際などにかける言葉です。

語句 □luggage 荷物

---

17. 🎵 019 W🇺🇸 W🇬🇧

Where should I put up the event schedule?
(A) Right after the meeting.
(B) An attendance sheet.
(C) How about near the entrance?

どこにイベントの予定表を貼るべきですか。
(A) 会議のすぐ後です。
(B) 出席表です。
(C) 入口の近くはどうですか。

正解 (C)

解説 Whereを使った「どこに予定表を貼るべきか」という場所を尋ねる問いかけに対して，「入口の近くはどうか」という具体的な場所を提案している(C)が正解です。(A)は問いかけにあるWhereをWhenと聞き間違えてしまった人をひっかける選択肢，(B)は問いかけにあるeventから連想されるattendanceを使ったひっかけの選択肢です。

語句 □put up ～ ～を貼る　□right after ～ ～のすぐ後　□attendance 出席　□How about ～? ～はいかがですか
□entrance 入口

18.　♪ 020　W 🇺🇸　M 🇦🇺

Shouldn't we leave for the convention center now?
(A) Let's wait for Jim.
(B) One per customer.
(C) To booth A.

もう会議場へ出発するべきではありませんか。
(A) Jimを待ちましょう。
(B) 顧客につき1つです。
(C) ブースAにです。

正解 (A)

解説 shouldの否定疑問文を使った「もう (今) 出発するべきではないか」という問いかけに対して，「Jimを待とう」，つまり「今出発するのはやめよう」と応答している(A)が正解です。(C)は問いかけにあるconvention center「会議場」から連想されるbooth「ブース」を使ったひっかけの選択肢です。

語句 □leave for ～ ～へ出発する　□convention center 会議場　□wait for ～ ～を待つ　□per ～につき　□booth ブース

19.　♪ 021　M 🇨🇦　M 🇦🇺

Why did you stay at the office so late yesterday?
(A) Overnight delivery.
(B) Yes, it's by the box office.
(C) I had to finish my travel report.

なぜ昨日あんなに遅くまで会社にいたのですか。
(A) 翌日配達です。
(B) はい，それはチケット売り場の側にあります。
(C) 出張報告書を仕上げなければいけませんでした。

正解 (C)

解説 Whyを使い，遅くまで会社にいた理由を尋ねる問いかけに対して，「出張報告書を仕上げなければいけなかった」と理由を答えている(C)が正解です。(A)は問いかけにあるstay at the office so lateから連想されるOvernight「一夜の」を使ったひっかけの選択肢です。(B)は問いかけにあるofficeを含んではいますが，話の内容が問いかけとはかみ合いません。

語句 □stay at ～ ～にいる，泊まる　□overnight delivery 翌日配達　□box office チケット売り場　□have to *do* ～しなければならない　□finish ～を仕上げる　□travel report 出張報告書

20.　♪ 022　M 🇨🇦　W 🇬🇧

Would you mind shutting the window?
(A) Sure, it's a bit noisy outside.
(B) A window seat.
(C) There's an opening for the position.

窓を閉めていただけませんか。
(A) もちろんです，外は少しうるさいですよね。
(B) 窓側の席です。
(C) その職位には空きがあります。

正解 (A)

解説 Would you mind *doing*?「～していただけませんか」を使った「窓を閉めていただけませんか」という依頼に対して，Sure「もちろん」と受け入れる応答をし，「外がうるさい」と続けている(A)が正解です。(B)は問いかけにあるwindowを含んではいますが，話の内容が問いかけとはかみ合いません。(C)は問いかけにあるwindowから連想されるopeningを使ったひっかけの選択肢です。

語句 □shut ～を閉める　□opening 空き　□position 職位

21.　♪ 023　W 🇺🇸　M 🇦🇺

K&M Software announced they will launch a new digital device.
(A) Do you know when the launch date is?
(B) Only a month ago.
(C) A short-term project started.

K&Mソフトウェアが，新しいデジタルデバイスを売り出すと発表しました。
(A) 発売日はいつか分かりますか。
(B) たった1カ月前です。
(C) 短期間のプロジェクトが始まりました。

正解 (A)

解説 新しいデジタルデバイスが売り出されるという内容の発言に対して，間接疑問文を使って「発売日はいつか」と質問をしている(A)が応答として適切です。(B)はWhenなどを使って時を尋ねられた場合の応答です。(C)は問いかけにあるlaunchから連想されるstartedを含む表現ですが，話の内容が問いかけとはかみ合いません。

語句 □announce 発表する　□launch (新商品など)を発売する，～を開始する　□device デバイス，機材　□launch date 発売日　□short-term 短期間の

22. 🎵 024 M 🇨🇦 W 🇺🇸

Shall I book a projector for the seminar on Monday?
(A) Several new projects.
(B) The room is equipped with a projector.
(C) To the public library.

月曜日のセミナーのためにプロジェクターを予約しましょうか。
(A) いくつかの新しいプロジェクトです。
(B) その部屋にはプロジェクターが備わっています。
(C) 公立図書館にです。

正解 (B)

解説 Shall I ～ ?「～しましょうか」を使った「プロジェクターを予約しましょうか」という提案に対して、「プロジェクターは部屋に備わっている」と答え、予約する必要はないことを示唆している (B) が正解です。(A) は問いかけにある projector と似た音の projects を含むひっかけの表現。(C) は問いかけにある book から連想される library を含む表現ですが、話の内容が問いかけとはかみ合いません。

語句 □be equipped with ～ ～が備わっている　□public 公立の

---

23. 🎵 025 W 🇬🇧 M 🇦🇺

Have you reviewed the additions to the program?
(A) The great view from the top.
(B) No, what's been changed?
(C) It's my pleasure.

プログラムへの追加事項を確認しましたか。
(A) 頂上からの素晴らしい眺めです。
(B) いいえ、何が変わっていますか。
(C) 喜んで。

正解 (B)

解説 現在完了を使って「プログラムへの追加を確認したか」という問いかけに対して、「いいえ（確認していない）」と応答し、変更箇所を尋ねている (B) が正解です。(A) は問いかけにある review と発音が被っている view を使ったひっかけの選択肢です。(C) は何かを依頼された場合に「喜んで（引き受けます）」という意思を表す応答です。

✢✢✢

 It's my pleasure.は、お礼を言われた後の「どういたしまして」という返答としても出てきます。

語句 □review ～を確認する　□addition 追加　□pleasure 喜び

---

24. 🎵 026 M 🇨🇦 W 🇬🇧

How should I submit this questionnaire?
(A) Let me look up the number.
(B) There're a lot of questions.
(C) Just hand it to the staff at the exit.

このアンケートをどのように提出すればよいですか。
(A) その番号を調べさせてください。
(B) たくさんの質問があります。
(C) 出口で職員に渡してください。

正解 (C)

解説 How を使ってアンケートの提出方法を尋ねる問いかけに対して、「職員に渡してください」と具体的な方法を教えている (C) が正解です。(A) は問いかけにある questionnaire「アンケート」の関連語 question「質問」から連想される look up ～「～を調べる」を含む表現ですが、話の内容が問いかけとはかみ合いません。(B) は questionnaire の関連語である question を含む表現ですが、こちらも話の内容が問いかけとはかみ合いません。

語句 □submit ～を提出する　□questionnaire アンケート　□let（人）do（人）に～させてください　□look up ～ ～を調べる
□hand A to B AをBに渡す　□exit 出口

---

25. ♪027 M 🇦🇺 M 🇨🇦

I'm here for the interview with Mr. Johnson today.
(A) Welcome to our office.
(B) A camera and a recorder.
(C) I got them already.

今日はJohnsonさんとのインタビューのためにここに来ました。
(A) 私たちの事務所にようこそ。
(B) カメラと録音機です。
(C) 私はもうそれらを手に入れました。

正解 (A)

解説 「インタビューのためにここに来た」という発言に対して,「ようこそ」と歓迎の意思を表している(A)が正解です。(B)は問いかけにあるinterviewから連想される機材(カメラと録音機)を使ったひっかけの選択肢です。(C)はthemが指すものが不明なので不正解です。

語句 □welcome to ～ ～へようこそ

---

26. ♪028 W 🇺🇸 M 🇦🇺

Is Kim going to the electronics fair on Thursday or Friday?
(A) It started an hour ago.
(B) Because she didn't have a cable.
(C) She'll be there both days.

Kimは電子機器の展示会に木曜日に行きますか,それとも金曜日ですか。
(A) それは1時間前に始まりました。
(B) なぜなら彼女はケーブルを持っていなかったからです。
(C) 彼女は両日そこにいるでしょう。

正解 (C)

解説 「Kimが展示会に行くのは木曜日と金曜日のどちらの日か」という二者択一の問いかけに対して,「両日とも行く」という応答をしている(C)が正解です。「AかBか」という選択疑問文の応答は,①Aを選ぶ,②Bを選ぶ,③AもBも選ぶ,④AもBも選ばない,⑤決めないの5パターンの応答が考えられます。(A)はWhenやWhat timeを使った問いかけに対する応答,(B)は問いかけにあるelectronicsから連想されるcableを含む表現ですが,いずれも不正解です。

語句 □electronics 電子機器 □fair 展示会 □both 両方の

---

27. ♪029 M 🇦🇺 W 🇬🇧

How many people will join the coding workshop next week?
(A) I know someone who worked there.
(B) To meet our new employee.
(C) Let's check the reservation table.

来週のコーディングの講習会に何人が参加しますか。
(A) そこで働いていた人を知っています。
(B) 新しい従業員に会うためです。
(C) 予約表を確認しましょう。

正解 (C)

解説 How manyを使って参加人数を尋ねている問いかけに対して,「予約表を確認しよう」,つまり「確認しないと人数は分からない」と応答している(C)が正解です。(A)は問いかけにあるworkshopと発音が被っているworkedを使ったひっかけの選択肢,(B)は問いかけにあるjoinから連想されるmeetを含む表現ですが,話の内容が問いかけとはかみ合いません。

❖ ❖ ❖

 Let's check ～ 「～を確認しましょう」は,WH疑問文に対する応答として正解となることがよくあります。

語句 □join ～に参加する □coding コーディング,プログラミング □workshop 講習会 □employee 従業員 □check ～を確認する □reservation table 予約表

28. 🎵 030 W 🇬🇧 W 🇺🇸

When would you like to have a meeting with the project team?
(A) I don't have my schedule book with me.
(B) That sounds fine to me.
(C) The weather forecast said it'll be rainy.

いつプロジェクトチームとの会議をしたいですか。
(A) 今スケジュール帳を持っていません。
(B) 私はそれでよいです。
(C) 天気予報によると雨になるそうです。

正解 (A)

解説 Whenを使って「いつ会議を行いたいか」を尋ねている問いかけに対して，「スケジュール帳が手元にない」，つまり「スケジュールが分からないので今は答えられない」と応答している(A)が正解です。(B)はWould you like to do?「～したいですか」の応答としては成り立ちます。冒頭のWhenを聞き逃さないようにしましょう。(C)のweatherは問いかけにあるwith theの部分と発音が似ています。ひっかけに使われることもあるので注意しましょう。

語句 □sound ～に聞こえる　□fine よい，素晴らしい　□weather forecast 天気予報

29. 🎵 031 W 🇺🇸 M 🇨🇦

I think we need to hire at least two more assistants for our department.
(A) A department store nearby.
(B) Do we have a budget for that?
(C) It's much higher than that.

私たちの部署のためにアシスタントを少なくともあと2人雇う必要があると思います。
(A) 近くのデパートです。
(B) そのための予算がありますか。
(C) それはあれよりもずっと高いです。

正解 (B)

解説 「アシスタントをあと2人雇う必要がある」という発言に対して，「予算はあるか」と質問を返している(B)が正解です。(A)は問いかけにあるdepartmentと同じ発音を含むdepartment storeを含んだひっかけの選択肢，(C)は問いかけにあるhireと発音が似ているhigherを含んだひっかけの選択肢です。

語句 □need to do ～する必要がある　□hire ～を雇う　□assistant アシスタント　□department 部署
□department store デパート　□nearby 近くの　□budget 予算　□much（比較級を強めて）ずっと

30. 🎵 032 W 🇬🇧 M 🇦🇺

Can you a find a restaurant for Mr. Suzuki's farewell party?
(A) Some new recipes.
(B) I'm not familiar with this area.
(C) Sandwiches and pancakes.

Suzukiさんの送別会のためにレストランを探してもらえますか。
(A) いくつかの新しいレシピです。
(B) このあたりに詳しくないんです。
(C) サンドイッチとパンケーキです。

正解 (B)

解説 「レストランを探してもらえるか」という依頼に対して，「このあたりには詳しくない」と伝え，遠回しに断っている(B)が正解です。(A)はrestaurantから連想されるrecipesを含んだひっかけの選択肢，(C)もrestaurantから連想されるSandwichesとpancakesを使ったひっかけの選択肢です。

語句 □farewell party 送別会　□recipe レシピ　□be familiar with ～ ～に詳しい

31. 🎵 033 M 🇨🇦 W 🇬🇧

Why didn't you attend the workshop last week?
(A) A cancellation policy.
(B) Because it conflicted with a client meeting.
(C) They're shipping a replacement.

なぜあなたは先週の講習会に参加しなかったのですか。
(A) キャンセル規約です。
(B) 顧客との会議と予定がち合っていたからです。
(C) 彼らは代替品を発送しているところです。

正解 (B)

解説 「なぜ講習会に参加しなかったのか」と不参加の理由を尋ねる問いかけに対して，「予定がかち合っていたから」と理由を述べている(B)が正解です。(A)は問いかけにあるdidn't you attend ～?「あなたは参加しなかったのですか」から連想されるcancellation policyを使ったひっかけの選択肢です。

語句 □attend ～に参加する　□workshop 講習会　□cancellation policy キャンセル規約
□conflict with ～ ～と（予定などが）かち合う　□ship ～を発送する　□replacement 代替品

♪ 035 M 🇨🇦 W 🇬🇧

Questions 32 through 34 refer to the following conversation.

M: ❶Excuse me, I was here last night to watch the nine o'clock showing of *The Peak*, and I think I may have left my wallet in the theater.

W: Hmm, there was nothing in the lost and found when I checked this morning. Let me talk with the other staff who were on duty last night. Can you describe the wallet?

M: Yes, it's dark blue. It has my driver's license in it.

W: Okay, I'll let you know if we find something that looks like that. ❷Can you write down your name and telephone number here?

設問32-34は次の会話に関するものです。

M: すみません，昨晩ここで9時上映の『The Peak』を観たのですが，劇場に財布を置き忘れてしまったかもしれません。

W: ええと，今朝確認したときには遺失物取扱所には何もありませんでした。昨晩勤務していた別の従業員と話をさせてください。財布の特徴を教えていただけますか。

M: はい，色は紺色です。中に私の運転免許証が入っています。

W: 分かりました，そのようなものを見つけたらお知らせいたします。こちらにお名前とお電話番号を書いていただけますか。

語句 □showing 上映，上演 □the lost and found 遺失物取扱所 □on duty 勤務中である □describe ～の特徴を説明する □write down ～ ～を書き留める

32.

Where most likely are the speakers?

(A) At a car dealer
(B) At a movie theater
(C) At a restaurant
(D) At a furniture shop

話し手たちはおそらくどこにいますか。

(A) 自動車販売店
(B) 映画館
(C) レストラン
(D) 家具店

正解 (B)

解説 話し手の2人がおそらくどこにいるか，が問われています。男性が❶で「昨晩ここで上映作品を観た。劇場に財布を忘れた」と言っているので，(B)が正解となります。

語句 □car dealer 自動車販売店

33.

What item was misplaced?

(A) A movie ticket
(B) A parking permit
(C) A wallet
(D) A key

どのようなものが置き忘れられましたか。

(A) 映画のチケット
(B) 駐車許可証
(C) 財布
(D) 鍵

正解 (C)

解説 どのようなものが置き忘れられたか，が問われています。男性が❶で「劇場に財布を忘れた」と言っているので，(C)が正解です。❶を聞き逃しても，女性の発言にもwalletが出てきます。また，男性が後半で，「中に運転免許証が入っている」と言っているので，ここをヒントにすることもできます。

語句 □parking permit 駐車許可証

34.

What will the man probably do next?

(A) Fill out a form
(B) Show a receipt
(C) Make a phone call
(D) Book a ticket

男性はおそらく次に何をしますか。

(A) 用紙に記入する
(B) 領収証を見せる
(C) 電話をかける
(D) チケットを予約する

正解 (A)

解説 男性がおそらく次に何をするか，が問われています。女性が❷で「こちらに氏名と電話番号を書いてもらえないか」とお願いしているので，(A)が正解となります。男性の発言ではなく，女性の発言から男性の行動を推測する必要のある問題でした。なお，女性は「用紙に記入する」とは言っていませんが，情報を記入する用紙があると推測することは可能なので，(A)が正解です。

言い換え write down → Fill out

語句 □fill out ～ ～に記入する □book ～を予約する

🔑 **32.** 詳細 **33.** 詳細 **34.** 次の行動 | 25

Questions 35 through 37 refer to the following conversation.

W: Are you all done here? Can I get you anything for dessert?

M: No, thank you—I'm trying to watch my weight. I did have a question, though. ❶You have a private event room upstairs, right?

W: Yes. Are you interested in reserving it?

M: Possibly. How many people does it hold?

W: It can seat 24. ❷It's popular with local businesses, so if you're organizing a lunch event, you should make a reservation as early as you can.

M: That's good to know. ❸I'll have to confirm how many people will be attending first. I'll give you a call if I'd like to book the room.

設問35-37は次の会話に関するものです。

W: もう全てお済みですか。デザートに何かご注文されますか。

M: いいえ，いりません。体重に気を付けるようにしているんです。ですが，1つ質問があります。上の階にイベント用の個室がありますよね。

W: はい。ご予約されたいのですか。

M: 場合によっては。その部屋は何人収容できますか。

W: 24人座れます。地元の企業に人気なので，もし昼食会を計画されているのであれば，できる限り早めにご予約された方がいいです。

M: それが分かってよかったです。まず何人参加するのかを確認しなければなりません。部屋を予約したい場合はお電話します。

語句 □upstairs 上の階に　□seat (〜人) を収容する　□local business 地元企業　□organize 〜を企画する
□confirm 〜を確認する

35.

What does the man ask about?

(A) The room decoration
(B) The event space
(C) The health checkup
(D) The bookstore

男性は何について尋ねていますか。

(A) 部屋の装飾
(B) イベント用のスペース
(C) 健康診断
(D) 書店

語句 □decoration 装飾　□health checkup 健康診断

正解 (B)

解説 男性が尋ねている内容が問われています。男性はI did have a question「質問がある」に続けて❶で「イベント用の個室」について質問をしているので，これを言い換えた(B)が正解です。最後のright?は，付加疑問文と同じ機能で，「〜ですよね?」という質問の意味を表します。直前の男性の「体重に気を付ける」という発言から連想して(C)を選ばないようにしてください。

言い換え private event room → event space

36.

What does the woman suggest the man do?

(A) Check the price list
(B) Leave a business card
(C) Book the room soon
(D) Organize a party on weekdays

女性は男性に何をするよう提案していますか。

(A) 価格表を確認する
(B) 名刺を置いていく
(C) 部屋を早めに予約する
(D) 平日にパーティーを計画する

語句 □price list 価格表　□business card 名刺
□on weekdays 平日に

正解 (C)

解説 女性が男性に提案していることが問われています。女性は男性に❷で「(個室が) 地元企業に人気なので，できる限り早めに予約を」と勧めているので，これを言い換えた(C)が正解となります。recommend, suggestで問われる，依頼や提案の問題の場合，you should に続く部分がヒントになることがあります。反応できるようにしておきましょう。

言い換え make a reservation → Book, early → soon

37.

What does the man say he has to do?

(A) Prepare food for a party
(B) Pay for the venue
(C) Check the time of an event
(D) Confirm the number of attendees

男性は何をする必要があると言っていますか。

(A) パーティーの食べ物を用意する
(B) 会場の代金を支払う
(C) イベントの時間を確認する
(D) 参加者の人数を確認する

正解 (D)

解説 男性が何をする必要があると言っているか，が問われています。男性は❸で「まず何人参加するのかを確認しなければならない」と言っているので，これを言い換えた(D)が正解です。この問題は，男性の発言❸のhave to do「〜しなければならない」を聞き取ることができれば解ける問題です。

言い換え how many people will be attending → the number of attendees

---

Questions 38 through 40 refer to the following conversation.

W: Hi, James. ❶How are we doing with recruiting volunteers for our music festival?

M: We've actually surpassed our target already. So far, we have around 130 people on the volunteer list for this year's festival.

W: That's fantastic. We were shorthanded last year, so I was a bit worried.

M: There's just one more thing. ❷We only ordered one hundred official T-shirts for volunteers. Should we order more?

W: ❸We have a couple of boxes left over from last year. Let's just use those.

設問38-40は次の会話に関するものです。

W: こんにちは，James。音楽祭のボランティアの採用はどう？

M: 実はもう目標を超えているんだ。今のところ，今年のお祭りのボランティアリストには約130人載っているよ。

W: 素晴らしいわ。去年は人手不足だったから，少し心配していたのよ。

M: もう1つだけあるんだ。ボランティアのための公式Tシャツを100枚しか注文してないんだ。もっと注文した方がいいかな？

W: 去年の残りが2，3箱あるわ。それらを使いましょう。

語句 □recruit ～を採用する □music festival 音楽祭 □surpass ～を超える □target 目標 □around およそ □shorthanded 人手不足の □left over 残りの

38.

What are the speakers organizing?

(A) A festival
(B) A fund-raising event
(C) A company orientation
(D) An awards ceremony

話し手たちは何を企画していますか。

(A) お祭り
(B) 資金集めのイベント
(C) 企業研修
(D) 授賞式

正解 (A)

解説 話し手たちが何を企画しているか，が問われています。❶で女性が音楽祭のボランティアの採用状況を聞いているので，(A)が正解です。

言い換え music festival → festival

語句 □fund-raising 資金集めの □orientation オリエンテーション，入社・入学後の初期研修 □ceremony 式典

39.

What does the man mean when he says, "There's just one more thing"?

(A) He will complete a task soon.
(B) He is concerned about a different problem.
(C) He needs to place an order.
(D) He does not have any other options.

男性が"There's just one more thing"と言う際，何を意図していますか。

(A) 仕事をもうすぐ終える。
(B) 別の問題について心配している。
(C) 注文をする必要がある。
(D) ほかの選択肢がない。

正解 (B)

解説 意図問題です。問われている箇所は，「もう1つだけある」という意味です。男性は，人手不足の問題が解決された後に，この発言をしています。そして❷で，公式Tシャツを100枚しか頼んでいないという別の問題について切り出しています。つまり男性は，問題がもう1つあるという意図で，この発言をしていると分かるので，(B)が正解となります。男性は「もっと注文した方がいいか」と尋ねてはいますが，「注文する必要がある」とは言っていないので(C)は不正解となります。

語句 □be concerned about ～ ～を心配している

40.

What does the woman suggest?

(A) Changing a design
(B) Using spare clothes
(C) Shipping some boxes
(D) Ordering extra supplies

女性は何を提案していますか。

(A) デザインを変更すること
(B) 予備の服を使用すること
(C) 箱をいくつか発送すること
(D) 追加の備品を注文すること

正解 (B)

解説 女性は何を提案しているか，が問われています。Tシャツについて聞かれた女性は❸で「去年の残りがある。それを使おう」と言っています。つまり，余分にあるTシャツを使う，ということが分かるので，正解は(B)となります。〈名詞＋left over〉で「残った～」という意味になり，spareと同義になります。

言い換え left over → spare

語句 □spare 予備の，余分の

Questions 41 through 43 refer to the following conversation with three speakers.

W: Excuse me, Frank and Kirk. ❶I'm wondering if one of you could go to Canby for the employee orientation next Tuesday instead of me. I had completely forgotten that I have to meet my clients here on the same day.

M1: I wish I could, but I'm taking leave for the entire week next week. ❷How about you, Kirk?

M2: I'm sorry, but I will be out of town, too. ❸How about having a video conference with your clients?

W: That might be a good idea. ❹I'll contact my clients first to ask if they are okay with it.

M2: Nice. If you'd like, I can help you install the software and show you how to use it.

設問41-43は次の3人の会話に関するものです。

W: すみません，Frank，Kirk。あなたたちのうちのどちらかが，来週火曜日，私の代わりにCanbyで行われる従業員オリエンテーションに行けないかと思っているの。同じ日に私がここで顧客と会わなければならないということをすっかり忘れていたの。

M1: 行ければいいんだけど，来週はまる1週間休暇を取る予定なんだ。Kirk，君はどうだい？

M2: ごめん，僕も街を出ているんだ。君の顧客とビデオ会議をするのはどうだい？

W: それはいい考えかもしれない。まず顧客に連絡してそれでいいか聞いてみるわ。

M2: よかった。もし必要なら，ソフトをインストールするのを手伝うし，使い方も教えるよ。

語句 □I'm wondering if S could V SがVできるだろうかと考えている　□instead of ~ ~の代わりに
□completely すっかり　□on the same day 同じ日に　□I wish I could できればそうしたいけど　□entire 全体の
□out of town 街を出て　□How about *do*ing? ~するのはどうですか　□*be* okay with ~ ~で問題ない

41.

What problem does the woman mention?

(A) She cannot meet a deadline.
(B) She lost her employee ID.
(C) She has a scheduling conflict.
(D) She cannot access a Web page.

女性はどんな問題について話していますか。

(A) 期日に間に合わない。
(B) 従業員証を失くした。
(C) スケジュールがかち合っている。
(D) ウェブページにアクセスできない。

正解 (C)

解説 女性がどんな問題について話しているか，が問われています。女性は❶で「私の代わりに従業員オリエンテーションに行けないか。同じ日に私はここで顧客と会わなければならないことを忘れていた」と述べています。これを言い換えた(C)が正解となります。a scheduling conflictは直訳すると「計画の衝突」，つまりいくつかの計画が重複してしまっている状況，ダブルブッキングを意味します。

語句 □deadline 期限
□scheduling conflict ダブルブッキング

42.

What does Kirk suggest the woman do?

(A) Have a meeting online
(B) Take a day off
(C) Download some files
(D) Watch a tutorial video

Kirkは女性に何をするよう提案していますか。

(A) 会議をオンラインでする
(B) 休暇を取る
(C) ファイルをダウンロードする
(D) 説明用の動画を見る

正解 (A)

解説 Kirkが女性に提案していることが問われています。まず❷から，次に話す男性がKirkだと分かります。Kirkは❸で「顧客とビデオ会議をするのはどうか」と提案しています。これを言い換えた(A)が正解です。How about *do*ing? は定番の提案表現で，このタイプの設問の根拠になることが多いです。

語句 □take a day off 休暇を取る　□tutorial 説明用の

43.

What will the woman most likely do next?

(A) Visit a plant
(B) Make a phone call
(C) Collect some documents
(D) Cancel a reservation

女性はおそらく次に何をしますか。

(A) 工場を訪れる
(B) 電話をかける
(C) 資料を集める
(D) 予約をキャンセルする

正解 (B)

解説 女性がおそらく次に何をするか，が問われています。女性はビデオ会議に賛同し，❹で「顧客に連絡して聞いてみる」と言っています。選択肢の中で連絡に関わるものは(B)なので，これが正解となります。

言い換え contact → Make a phone call

Questions 44 through 46 refer to the following conversation.

W: Hello, I received a flyer from your company. It said your services include painting.

M: Yes, we do all kinds of renovation and painting jobs.

W: ❶I'm interested in getting a quote for my front porch, stairs, and fence. Can you come take a look and give me an estimate next week?

M: ❷Sure, I'll go on Monday. However, our painting crew's quite busy this month, so they may not be available until June.

W: ❸That's fine, but the flyer said you can get ten percent off if you call by May thirtieth. Will I still qualify for the special price?

M: Absolutely. Please show me the flyer when I visit you next Monday.

設問44-46は次の会話に関するものです。

W: もしもし，御社からチラシを受け取りました。それによると，御社のサービスには塗装も含まれているとのことでした。

M: はい，あらゆるリフォームと塗装の仕事を行っています。

W: 自宅の玄関と階段，フェンスの見積もりをお願いします。来週見に来て見積もりを出していただけますか。

M: かしこまりました。月曜日に伺います。ですが，塗装作業員が今月はかなり忙しいので，6月まで手が空かないかもしれません。

W: それは結構ですが，チラシには5月30日までに電話をすると10パーセント割引になるとありました。それでも特別価格の対象になりますか。

M: もちろんです。来週月曜日私が伺ったときに，チラシを見せてください。

語句 □flyer チラシ　□painting 塗装　□all kinds of ～ あらゆる～　□renovation 改装，リフォーム　□quote 見積もり
□front porch 玄関　□fence フェンス　□take a look 見る，調べる　□estimate 見積もり　□crew 作業員
□qualify for ～ ～の資格がある，対象となる　□absolutely 絶対に

44.

Why is the woman calling?

(A) To request a refund
(B) To confirm travel plans
(C) To schedule a conference
(D) To commission a job

なぜ女性は電話していますか。

(A) 返金を依頼するため
(B) 旅行のプランを確認するため
(C) 会議を計画するため
(D) 仕事の依頼をするため

正解 (D)

解説 どうして女性が電話しているのか，が問われています。女性は男性の会社のサービスについて尋ね，❶で自宅の希望箇所の見積もりを出すことを依頼しています。ここから，女性は仕事を依頼していることが分かるので，(D)が正解となります。

語句 □refund 払い戻し　□commission (仕事)を依頼する

45.

What will the man most likely do next Monday?

(A) Call his colleague
(B) Mail the woman a brochure
(C) Purchase some equipment
(D) Provide a quotation

男性は来週の月曜日におそらく何をしますか。

(A) 同僚に電話する
(B) 女性にパンフレットを郵送する
(C) 備品を購入する
(D) 見積もりを用意する

正解 (D)

解説 男性が来週の月曜に何をするか，が問われています。女性の「来週見積もりを出してほしい」という依頼に対し，男性は❷で「月曜日に」と返答しています。ここから男性は来週の月曜日に女性の自宅に行き，見積もりを作成することが分かるので，(D)が正解です。「見積もり」を意味する語は，会話内ではquote, estimateが，選択肢ではquotationが使われています。

語句 □brochure パンフレット　□quotation 見積もり

46.

What does the woman ask about?

(A) A work schedule
(B) A deposit
(C) A discount
(D) A return policy

女性は何について尋ねていますか。

(A) 作業のスケジュール
(B) 頭金
(C) 割引
(D) 返品条件

正解 (C)

解説 女性が尋ねていることが問われています。❸で「チラシには期日までに電話をすると割引になるとあったが，特別価格の対象になるか」と尋ねています。ここから割引を受けられるかを尋ねていることが分かります。(C)が正解です。

言い換え ～ percent off → discount

語句 □deposit 頭金，預金　□return policy 返品条件

Questions 47 through 49 refer to the following conversation.

M: Yasmin, have you been able to use the new printer?

W: ❶Yes, I used it to print a financial report this morning and submitted it to my boss. Haven't you used it yet?

M: I tried, but I can't get my document to print for some reason. My computer says I'm connected, but I get an error message whenever I click "Print." Maybe it's a software issue.

W: I had the same problem, but ❷Stephen in the IT department helped me out as always. It was a problem with the paper in my case. ❸Maybe you can ask him for help, too.

M: ❹OK, I'll go look for him. Thanks.

設問47-49は次の会話に関するものです。

M: Yasmin，新しいプリンターを使えた？

W: ええ，今朝それで財務報告書を印刷して上司に提出したわ。あなたはまだ使ってないの？

M: 試したんだけど，なぜか書類を印刷できないんだ。僕のパソコンは接続していると表示されるけど，「印刷」を押すたびにエラーメッセージがでるんだ。ソフトウェアの問題かもしれない。

W: 私も同じ問題が起きたんだけど，IT事業部のStephenがいつもみたいに助けてくれたの。私の場合は，紙の問題だったわ。あなたも彼に相談してみるといいかもしれない。

M: そうだね，彼を探しにいってみるよ。ありがとう。

語句 □financial report 財務報告書　□in my case 自分の場合　□go look for ～ ～を探しにいく

47.

What does the woman say she did this morning?

(A) Fix a piece of equipment
(B) Submitted some documents
(C) Ordered some items
(D) E-mailed her boss

女性は今朝何をしたと言っていますか。

(A) 機器を修理した
(B) 書類を提出した
(C) 商品を注文した
(D) 上司にメールを送った

正解 (B)

解説 女性が今朝何をしたと言っているか，が問われています。女性は❶で「今朝財務報告書を印刷して上司に提出した」と言っているので，これを言い換えた(B)が正解です。「印刷して提出」と言っているので，(D)は誤りです。

言い換え financial report → documents

48.

What does the woman mean when she says, "I had the same problem"?

(A) She was overcharged for the service.
(B) She had trouble using the printer.
(C) She was unable to access her computer.
(D) She was concerned about the security.

女性が "I had the same problem"と言う際，何を意図していますか。

(A) サービスに対して過剰請求された。
(B) プリンターを使ったときに問題が起こった。
(C) コンピューターを利用できなかった。
(D) 安全性について心配していた。

正解 (B)

解説 意図問題です。問われている箇所は「同じ問題があった」という意味です。男性が印刷トラブルについての詳細を話した後に，女性がこの発言をしています。よって，女性も男性と同じように，プリンターを使う際に問題があったという意図だと分かります。以上から(B)が正解です。先読みの時点で，問われているのは女性の発言であること，「同じ問題があった」という意味であることを把握しておくと，会話の中で男性が何か問題について言及した後，女性がI had the same problemと言うのではないかと推測し，待ち構えることができます。

49.

What does the man say he will do next?

(A) Ask his colleague for assistance
(B) Help the woman finish a report
(C) Call a technical support center
(D) Make an order for office supplies

男性は次に何をすると言っていますか。

(A) 同僚に協力を求める
(B) 女性が報告書を終えるのを手伝う
(C) 技術サポートセンターに電話する
(D) 事務所の備品を注文する

正解 (A)

解説 男性が次に何をするかが問われています。女性が❷で「IT事業部のStephenが助けてくれた」，❸で「彼に相談してみるといい」と勧め，男性が❹で「彼を探しにいってみる」と言っているので，(A)が正解です。「ほかの部の○○さん」は，選択肢では同僚 (colleague, co-worker) と言い換えられることが多いです。

言い換え help → assistance

Questions 50 through 52 refer to the following conversation.

W: Okay, Mr. Velders, you're all set. ❶You'll be in Room 242 on the second floor, right outside the elevator. Here is your key. If you need anything, please don't hesitate to ask.

M: Thank you. By the way, are there any restaurants around here? I haven't had dinner yet and I'm really hungry.

W: The restaurants around here will have all closed by now. ❷You might want to try our room service. It would be a satisfactory substitute for you.

M: Hmm. ❸Well, I think I'll first check the 24-hour grocery store I saw around the corner. Thanks for your help.

設問50-52は次の会話に関するものです。

W: はい，Velders様，全てご用意できました。お部屋は2階の242号室です。エレベーターを降りてすぐです。こちらが鍵でございます。何かご入り用でしたら，遠慮なくお尋ねください。

M: ありがとうございます。ところで，この周辺にレストランはありますか。まだ夕食を食べていないので，本当にお腹がすいているんです。

W: 周辺のレストランはもう閉店しているでしょう。ルームサービスを利用された方がいいかもしれません。代わりとして満足がいくと思います。

M: うーん。ええと，まず角を曲がったところで見かけた24時間営業の食料雑貨店を見てみます。ありがとうございました。

語句 □all set 全て用意できている　□hesitate to do ～するのをためらう，遠慮する　□around here このあたりに
□satisfactory 満足のいく　□substitute 代用品，代わり　□grocery store 食料雑貨店
□around the corner 角を曲がったところに

50.

Where is the conversation most likely taking place?

(A) At a restaurant
(B) At an airport
(C) At a dry cleaner
(D) At an accommodation

会話はおそらくどこで行われていますか。

(A) レストラン
(B) 空港
(C) クリーニング店
(D) 宿泊施設

語句 □accommodation 宿泊施設

正解 (D)

解説 この会話がおそらくどこで行われているかが問われています。女性は❶で部屋について説明し，鍵を渡しているので，ホテルなどの滞在施設での会話だと推測できます。これをaccommodationと表現した(D)が正解です。以降もレストラン，ルームサービスという宿泊施設を連想させる表現が出てくるので，それらの言葉をヒントにすることもできます。

51.

What does the woman suggest the man do?

(A) Download a map
(B) Pay with cash
(C) Use a service
(D) Upgrade a seat

女性は男性に何をするよう提案していますか。

(A) 地図をダウンロードする
(B) 現金で支払う
(C) サービスを利用する
(D) 座席をアップグレードする

語句 □with cash 現金で
□upgrade ～をアップグレードする，改良する

正解 (C)

解説 女性が男性に提案していること，が問われています。女性は❷で「ルームサービスを利用するとよい」と勧めているので，(C)が正解です。❷のYou might want to do は「～するといいでしょう」という意味の依頼・提案の表現です。

言い換え our room service → a service

52.

What will the man do next?

(A) Go to a supermarket
(B) Claim some baggage
(C) Check a menu
(D) Take a bus

男性は次に何をしますか。

(A) スーパーへ行く
(B) 荷物を受け取る
(C) メニューを確認する
(D) バスに乗る

語句 □claim （自分の荷物）を受け取る，～と主張する

正解 (A)

解説 男性が次に何をするか，が問われています。男性は❸で「まず食料雑貨店を見てみる」と言っています。食料雑貨店をsupermarketと言い換えた(A)が正解となります。grocery storeをsupermarketと言い換える問題は，Part 3，4，7でよく出題されます。

言い換え check → Go to, grocery store → supermarket

Questions 53 through 55 refer to the following conversation.

M: ❶Since our new staff members will be joining us next week, we really need more space in our office.

W: I agree. The number of employees has doubled since we moved in here. ❷But moving would be expensive.

M: They just renovated an office building in Chester. It's much farther from the train station, but those offices are big, and rents are low in that neighborhood. ❸Why don't we visit a real estate agency there later this week?

W: ❹Sounds like a plan. If the company can save money in the long run, it's worth doing.

設問53-55は次の会話に関するものです。

M: 来週新しい従業員が入るので，事務所にもっとスペースが必要です。

W: そうですね。ここに引っ越してから従業員の人数が倍になりました。でも引っ越しには費用がかかりますね。

M: Chesterのオフィスビルが改装したばかりですよ。駅からはもっと遠いですが，そこの事務所は広くて，あのあたりは家賃も安いです。今週の後半にそこの不動産屋を訪ねてみませんか。

W: いい考えですね。会社が長期的にお金を節約できるのであれば，やってみる価値はあります。

語句　□double 2倍になる　□renovate ～を改装する　□neighborhood 近隣　□in the long run 長期的に
　　　□worth doing ～する価値がある

53.

What does the man say about the speakers' company?

(A) It hired recruits recently.
(B) Its sales are declining.
(C) It has launched a new product.
(D) Its building has a long history.

男性は話し手たちの会社について何を言っていますか。

(A) 最近新入社員を雇った。
(B) 売り上げが減少している。
(C) 新製品を発売した。
(D) そのビルには長い歴史がある。

正解 **(A)**

解説 男性が話し手たちの会社について何と言っているか，が問われています。男性は❶で「来週新しい従業員が入る」と言っています。これを言い換えた(A)が正解です。

言い換え　our new staff members → recruits

語句　□launch ～を発売する

54.

What is the woman concerned about?

(A) Hiring additional staff
(B) Handling multiple projects
(C) Finding more tenants
(D) Financing a relocation

女性は何について心配していますか。

(A) 追加のスタッフを雇うこと
(B) 複数のプロジェクトを扱うこと
(C) より多くのテナントを見つけること
(D) 移転の資金調達をすること

正解 **(D)**

解説 女性が何について心配しているか，が問われています。女性は❷で「引っ越しには費用がかかる」と引っ越し費用の心配をしていることが分かるので，これをfinance「～の資金調達をする」と表した(D)が正解となります。この設問は，質問文の形としては「概要」ですが，2問目にあり，会話全体の問題が問われているわけではないと推測できるので「詳細」に分類します。

言い換え　moving → relocation

語句　□tenant テナント（土地や建物を借りる人）
　　　□finance ～の資金調達をする　□relocation 移転

55.

What does the woman agree to do?

(A) Work overtime
(B) Call her colleague
(C) Ask about a loan
(D) Visit an office

女性は何をすることに同意していますか。

(A) 残業する
(B) 同僚に電話をする
(C) ローンについて問い合わせる
(D) 事務所を訪ねる

正解 **(D)**

解説 女性が何に同意をしているか，が問われています。男性が❸で「ある不動産屋を訪ねないか」と提案しているのに対し，女性は❹で「いい考えだ」と同意しています。ここから(D)が正解となります。sounds like a planは同意の表現として押さえておきましょう。お金の話をしていますが，お金を借りる話はしていないので(C)は不正解です。

言い換え　real estate agency → office

語句　□work overtime 残業する　□loan ローン（貸付金）

♪ 043 W 🇬🇧 M1 🇦🇺 M2 🇨🇦

Questions 56 through 58 refer to the following conversation with three speakers.

W: ❶Ed, Marcus, don't you think it's time we updated our workplace safety video for new employees? It's over ten years old. Our work has changed a lot since then.

M1: I agree. It would make sense to produce a new video. ❷What do you think, Ed?

M2: Sounds like a great idea. ❸We need to be careful with the budget, though. We've almost used up the training material budget for this year.

M1: That's true. ❹Can you contact some video production companies and ask them for quotes? I'll check with the accounting department about how much money we can afford to spend on the training material.

W: ❺Sure thing! I'll call them right away.

設問56-58は次の3人の会話に関するものです。

W: Ed, Marcus, 新入社員のために, 職場の安全に関する動画を更新した方がいい頃だと思わない？ 10年以上も前のものよ。あれから私たちの仕事もかなり変わったし。

M1: 賛成だ。新しい動画を作るのは理にかなってると思うよ。Edはどう思う？

M2: いいアイデアだと思うよ。予算に気を付ける必要があるけどね。今年の研修資料の予算はもうほとんど使い切ってしまったから。

M1: そうだね。何社か動画制作会社に連絡して見積もりを頼んでもらえる？ 研修資料にあといくら使えるか経理部に確認してみるよ。

W: もちろん！ すぐに電話するわ。

語句 □update ～を更新する □workplace safety 職場安全 □a lot たくさん □make sense 理にかなっている □be careful with ～ ～を気にする □use up ～ ～を使い切る □quote 見積もり □accounting department 経理部 □spend on ～ ～に支出する □training material 研修資料 □sure thing (同意表現として)もちろん □right away すぐに

56.

What are the speakers discussing?

(A) Revising a policy
(B) Changing a tutorial
(C) Enhancing data security
(D) Holding a seminar

話し手たちは何を話し合っていますか。

(A) 理念を修正すること
(B) 研修資料を変更すること
(C) データの安全性を高めること
(D) セミナーを行うこと

正解 (B)

解説 話し手が何を話し合っているか, が問われています。❶で女性が「新入社員用の職場の安全に関する動画を更新した方がいいのでは？」と問題提起しているので, 研修資料の変更に関する話題だと分かります。以上から(B)が正解となります。

言い換え updated → Changing

語句 □revise ～を修正, 変更する □enhance ～を強化する □data security データの安全性

57.

What is Ed concerned about?

(A) The budget
(B) New regulations
(C) The schedule
(D) Outdated software

Edは何を心配していますか。

(A) 予算
(B) 新しい規則
(C) スケジュール
(D) 時代遅れのソフト

正解 (A)

解説 Edが心配していることは何か, が問われています。❷でM1がEdに「あなたはどう思う？」と意見を尋ねています。Edは❸で「予算に気を付ける必要がある」と述べており, 研修資料の予算はほとんど使い切ったと続けています。以上から正解は(A)となります。

語句 □regulation 規則 □outdated 古い, 時代遅れの

58.

What will the woman most likely do next?

(A) Contact some customers
(B) Record an event on video
(C) Request some estimates
(D) Take part in a training course

女性はおそらく次に何をしますか。

(A) 顧客に連絡する
(B) イベントを録画する
(C) 見積もりを依頼する
(D) 研修に参加する

正解 (C)

解説 女性がおそらく何をするか, が問われています。男性が❹で「動画制作会社に連絡して見積もりを取ってくれないか」と依頼しているのに対し, 女性は❺で同意し, 「すぐに電話する」と言っています。(C)が正解です。❹の後に男性自身がすることを続けて述べているので, 混同しないようにしましょう。

言い換え ask → Request, quotes → estimates

語句 □take part in ～ ～に参加する □training course 研修

📍 **56.** 概要 **57.** 詳細 **58.** 次の行動 | 33

Questions 59 through 61 refer to the following conversation.

M: ❶Hello, I'm calling about the dishwasher I purchased from your shop. It's called the Hongsan Turbowash 9000.

W: Thank you for calling. What is the problem?

M: ❷Whenever I run it, water drips from the base of the door. The cycle also cuts off before the dishes have been properly cleaned.

W: Hmm, that sounds like it's a faulty seal on the door. ❸I can send a service technician to look at it, and tell him to bring a new seal. If that's the issue, he can replace it right away. Is the unit under warranty?

M: Yes, I bought it six months ago.

W: OK, then you're covered for parts and labor. I'll send him over this afternoon.

設問59-61は次の会話に関するものです。

M: もしもし，そちらのお店で購入した食洗機についてお電話しています。Hongsan Turbowash 9000といいます。

W: お電話ありがとうございます。いかがなさいましたか。

M: 作動させるたびに，扉の下から水がたれてきます。食器がきちんときれいになる前に，一連のサイクルも止まってしまいます。

W: うーん，それはドアを密閉するシールに欠陥があるようです。調べるために修理技術者を派遣し，彼に新しいシールをお持ちするように伝えることもできます。もしそれが問題でしたら，彼がすぐに交換できます。そちらの製品はまだ保証期間内ですか。

M: はい，6カ月前に購入しました。

W: 分かりました。では部品代と人件費は補償されます。本日の午後に彼を派遣します。

語句 □dishwasher 食洗機 □run ～を作動させる □drip（液体が）したたる □base 下部 □cycle 一連，循環 □cut off（機械などが）途中で止まる □properly きちんと □faulty 欠陥のある □seal シール □issue 問題，課題 □replace ～を交換する □right away すぐに □unit 製品一式 □cover ～が補償の対象である □part 部品 □labor 人件費

59.

What are the speakers talking about?

(A) An air-conditioning unit
(B) A leather product
(C) A kitchen appliance
(D) A gardening tool

話し手たちは何について話していますか。

(A) 空調装置一式
(B) 革製品
(C) 台所用品
(D) 園芸道具

正解 (C)

解説 話し手たちが何について話しているか，が問われています。男性が❶で「そちらの店で購入した食洗機について電話している」と述べています。食洗機をkitchen appliance「台所用品」と抽象的に言い換えた(C)が正解です。

言い換え dishwasher → kitchen appliance

語句 □air-conditioning unit 空調装置一式 □leather 皮革 □kitchen appliance 台所用品 □tool 道具，用具

60.

According to the man, what is the problem with the product?

(A) The power will not turn on.
(B) It is the wrong color.
(C) One of the parts is missing.
(D) It is leaking water.

男性によると，製品の問題は何ですか。

(A) 電源が入らない。
(B) 色が違う。
(C) 部品の1つが見当たらない。
(D) 水漏れする。

正解 (D)

解説 男性が製品の何が問題だと言っているか，が問われています。男性は❷で「作動させるたびに，扉の下から水がたれてくる」と言っているので，水漏れが問題であることが分かります。よって(D)が正解です。女性がWhat is the problem?と尋ねたら，この次にヒントが続くのではと推測できます。

言い換え water drips → leaking water

語句 □power 電源 □wrong 間違っている □missing 見当たらない □leak ～が漏れる

61.

What does the woman say she will do?

(A) Ship a replacement part
(B) Dispatch staff
(C) Extend a warranty
(D) Issue a refund

女性は何をすると言っていますか。

(A) 交換部品を送る
(B) スタッフを派遣する
(C) 保証を延長する
(D) 返金をする

語句 □replacement part 交換部品　□dispatch 〜を派遣する
□extend 〜を延長する　□warranty 保証
□issue a refund 払い戻しをする

正解 (B)

解説 女性は何をすると言っているか，が問われています。女性は男性の❷の水漏れに関する発言を受けて，❸で「修理技術者を派遣して，彼に交換部品を持っていくように伝えることができる」と申し出ています。これを「スタッフを派遣する」と言い換えた(B)が正解となります。dispatch「(人)を派遣する」は少し難しめの語ですが，技術者を派遣するような場合に，sendの言い換えとして用いられます。

言い換え send → Dispatch
service technician → staff

Part 3・4の設問先読みの攻略法

(濵：濵﨑先生／大：大里先生)

大：『壁越えトレーニング Part 1-4』にも書きましたが，先読みには2つのメリットがあります。1つ目は，問われている情報が把握できること。2つ目は，3問先読みすることでストーリーを推測できることです。「あ，何か問題が発生して，女性が心配することがあって，男性が最後に誰かに連絡するんだな」など，話の流れが分かります。

濵：質問文と選択肢の両方全てをキッチリと読んで理解し，その内容を頭に叩き込んだうえでトークの音声を待ち受けるようにすることをおすすめします。

大：質問文のムダなところをカットして読む練習も効果的です。Where (does) the conversation (most likely take place)?といったように，カッコ内の余分な情報をカットして「会話どこ？」と頭に入れておくとすばやく，効果的に頭に入れることができますよ。

濵：オンラインで受験するIPテストでは質問文と選択肢の先読みをする時間がありませんが，質問文と選択肢を瞬時に読んで理解する必要があるということにおいて本質は変わりません。練習を続けていきましょう。

Questions 62 through 64 refer to the following conversation and floor guide.

W: Excuse me, I'm looking for *Black Roses* by Daphne Worden.

M: ❶It's a memoir, so you need to go to the biography section.

W: Oh, I didn't realize that. I didn't even know she had another book out till I saw the display in your window. I usually prefer fiction, though.

M: ❷Well, the reviews have been positive and it's selling very well. We just ordered more copies. I'd recommend giving it a try.

設問62-64は次の会話とフロア案内に関するものです。

W: すみません，Daphne Wordenの『Black Roses』を探しているのですが。

M: それは回顧録ですので，伝記の売り場に行ってください。

W: まあ，それは気づきませんでした。ウィンドウのディスプレイを見るまで，彼女が別の本を出していることさえ知らなかったんです。私は普段はフィクションの方が好きなのですが。

M: そうですね，批評は好意的で，とてもよく売れています。ちょうど追加の部数を注文したところです。試しに読んでみることをおすすめします。

Quarto Books – Floor Guide

4 F	Travel, Arts & Culture
3 F	Self-Help, Cookbooks
❸ **2 F**	Biography, History
1 F	Fiction, Poetry

Quarto書店 – フロア案内

4階	旅行，美術＆文化
3階	自己啓発，料理本
2階	伝記，歴史
1階	フィクション，詩

語句 □floor guide フロア案内　□memoir 回顧録　□biography 伝記　□section 売り場　□realize ～に気づく，認識する　□even ～でさえ　□have ～ out ～を外へ出す　□prefer ～を好む　□fiction フィクション　□review 批評　□positive 好意的である　□sell well よく売れている　□copy (本などの) 部数　□poetry 詩

62.

Who most likely is the man?

(A) A professor
(B) A chef
(C) A store clerk
(D) A novelist

男性はおそらく誰ですか。

(A) 教授
(B) シェフ
(C) 店員
(D) 小説家

語句 □professor 教授　□novelist 小説家

正解 (C)

解説 男性はおそらく誰か，が問われています。ある商品を探しているという女性に対し，男性が❶で「それは回顧録だから伝記売り場に行くように」と伝えています。ここから会話は書店で行われており，男性は書店員であると推測できます。(C)が正解となります。会話の後半で本の評判や，追加部数を注文という話題が続くことも根拠となります。

63.

Look at the graphic. Which floor will the woman go to next?

(A) The first floor
(B) The second floor
(C) The third floor
(D) The fourth floor

図を見てください。女性は次に何階に行きますか。

(A) 1階
(B) 2階
(C) 3階
(D) 4階

正解 (B)

解説 図表問題で，女性は次に何階に行くか，が問われています。男性は❶で「伝記売り場に行くように」と促しています。次にフロア案内を見ると，❸から伝記売り場は2階だと分かるので，正解は(B)となります。この問題は，選択肢と表の並び順が異なっていますので，ケアレスミスに注意しましょう。

64.

What does the man say about the book?

(A) It is short.
(B) It is fictional.
(C) It is popular.
(D) It is inexpensive.

男性は本について何と言っていますか。

(A) 短い。
(B) フィクションだ。
(C) 人気がある。
(D) 高価でない。

語句 □fictional 作り話の，フィクションの
□inexpensive 高価でない，安価な

正解 (C)

解説 男性が本について言っていることが問われています。男性は本について❷で「批評は好意的で，とてもよく売れている」と述べているので，この本が人気だということが分かります。以上からこれを言い換えた(C)が正解です。「人気」と直接は言っていませんが，「批評が好意的」「よく売れている」から「人気がある」と導くことができます。

046 W M

Questions 65 through 67 refer to the following conversation and map.

W: Hi, I'm calling to inquire about your services.

M: Certainly. What would you like to know?

W: My company's located in Cranwell Business Park. ❶You planted some flowers and bushes in front of Alwin Laboratories, across from our office. They look really nice.

M: Thank you. I remember that project well. We maintain their grounds, too.

W: We're interested in doing something similar, but our budget is limited. I was hoping you could come by our building to take a look and let us know what's possible.

M: ❷Let me check my schedule for next week. Please hold a moment.

設問65-67は次の会話と地図に関するものです。

W: もしもし，御社のサービスについてお伺いしたくお電話しました。

M: かしこまりました。何を知りたいのでしょうか。

W: 弊社はCranwell ビジネスパークにあります。御社は弊社事務所の向かいにあるAlwin研究所の前に花と植木を植えました。それらは本当にすてきです。

M: ありがとうございます。そのプロジェクトはよく覚えています。彼らの敷地の整備もしているんです。

W: 私たちも同様のことがしたいと思っているのですが，予算が限られています。弊社のビルを見にきていただき，何が可能か教えていただけないかと思いまして。

M: 来週のスケジュールを確認させてください。少々お待ちください。

CRANWELL BUSINESS PARK

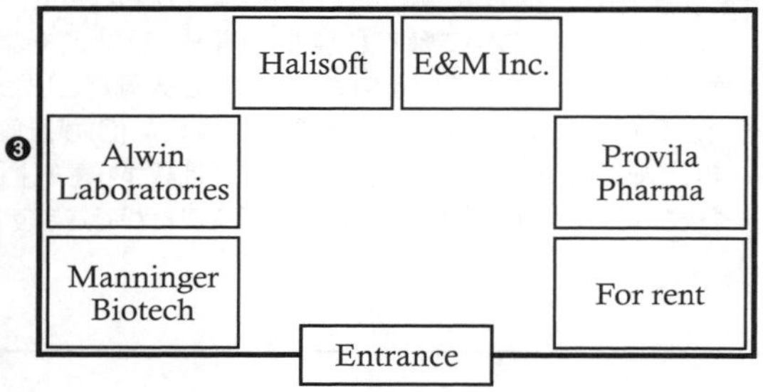
Halisoft
E&M Inc.
❸
Alwin Laboratories
Provila Pharma
Manninger Biotech
For rent
Entrance

Cranwell ビジネスパーク

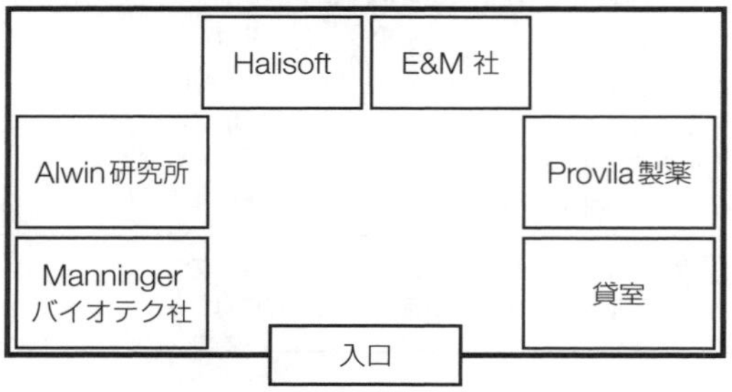
Halisoft
E&M 社
Alwin研究所
Provila製薬
Manninger バイオテク社
貸室
入口

語句 □inquire about ～ ～について問い合わせる □*be* located in ～ ～に位置している □plant ～を植える □bush 植木 □laboratory 研究所 □across from ～ ～の向かい側 □maintain ～を整備する □limited 限られた □come by ～ ～に立ち寄る □hold a moment 少し待つ □pharma 製薬会社

65.

Look at the graphic. Where does the woman work?

(A) At Halisoft
(B) At E&M Inc.
(C) At Provila Pharma
(D) At Manninger Biotech

図を見てください。女性はどこで働いていますか。

(A) Halisoft
(B) E&M Inc.
(C) Provila製薬
(D) Manningerバイオテク社

正解 (C)

解説 図表問題で，女性がどこで働いているか，が問われています。女性は❶で，自分の会社の事務所の向かいにはAlwin研究所があると言っています。地図でCranwell ビジネスパークの見取り図を見ると，❸から，Alwin研究所の向かいにあるのは，Provila製薬だと分かるので，正解は(C)です。この問題は，会話中のacross from 〜をヒントに地図の位置を探す問題でした。地図の場合は，このような前置詞（句）が正解のキーワードになる場合があります。前置詞が表す位置関係をすばやく把握できるようにしておきましょう。

✦ ✦ ✦

この問題では，図表上にあるHalisoftが選択肢の(A)であり，そこを起点に「時計回り」に(B) 〜(D)の選択肢と一致する会社が配置されています。選択肢の(A) 〜(D)の内容は「反時計回り」の場合もあるので注意が必要です。

66.

What kind of service does the man's company provide?

(A) Landscaping
(B) Security
(C) Construction
(D) Manufacturing

男性の会社はどのようなサービスを提供していますか。

(A) 造園
(B) 警備
(C) 建設
(D) 製造

正解 (A)

解説 男性の会社のサービスを問われています。女性は❶で，男性の会社が植えた花と植木が素晴らしいと伝えています。ここから男性の会社は造園業をしていることが分かるので，(A)が正解となります。その後男性が，「敷地も整備している」と言っていることもヒントになります。

67.

What will the man most likely do next?

(A) Postpone an appointment
(B) Write down an address
(C) Check his availability
(D) Review a project budget

男性はおそらく次に何をしますか。

(A) 約束を延期する
(B) 住所を書く
(C) 空いている日を確認する
(D) プロジェクトの予算を見直す

正解 (C)

解説 男性がおそらく次に何をするか，が問われています。「自分の会社のビルを見にきてほしい」と述べる女性に対し，男性が❷で「来週のスケジュールを確認させてほしい」と述べています。ここから男性は，すぐに仕事の予定が空いている日を確認して返答することが推測できます。(C)が正解です。

言い換え schedule → availability

語句 □postpone 〜を延期する
□write down 〜 〜を書き留める
□availability（日程の）空き　□review 〜を見直す

Questions 68 through 70 refer to the following conversation and invoice.

W: Thank you for calling Long Valley Store. How may I help you?

M: Hello, this is Tom Franklin with Superior Contracting. ❶We just received the office supplies we ordered, and it appears there's been a mistake. The invoice number is A5924.

W: What seems to be the problem? Did you get the wrong items?

M: No, it's nothing like that. ❷Your Web site says delivery is free for orders over 200 dollars, but a charge for that appears on our invoice.

W: Oh, I'm sorry. ❸Let me connect you to Carl Turner in our billing department. He can solve this for you.

設問68-70は次の会話と請求書に関するものです。

W: Long Valley店にお電話いただきありがとうございます。どのようなご用件でしょうか。

M: もしもし，Superior ContractingのTom Franklinと申します。注文した事務用品をたった今受け取ったのですが，間違いがあるようです。請求書番号はA5924です。

W: どのような問題でしょうか。違う商品が届きましたか。

M: いいえ，そのようなことではありません。御社のウェブサイトには200ドル以上の注文では送料が無料だとあります。しかし請求書にその費用が記載されているのです。

W: まあ，申し訳ありません。請求部門のCarl Turnerにおつなぎします。彼があなたのためにこの問題を解決いたします。

Long Valley Store

Invoice No. A5924

Product Code	Quantity	Price
A0869	20	$120.00
D0128	4	$80.00
C0157	10	$90.00
	❹Shipping	$30.00
	Total	$320.00

Long Valley店

請求書番号　A5924

商品番号	数量	価格
A0869	20	120ドル
D0128	4	80ドル
C0157	10	90ドル
	送料	30ドル
	合計	320ドル

語句 □invoice 請求書　□office supplies 事務用品　□it appears ～ どうやら～のようだ　□item 商品　□delivery 配送　□free 無料である　□charge 料金　□billing department 請求部門　□solve ～を解決する

68.

What type of product does the woman's company sell?

(A) Gardening tools
(B) Kitchen appliances
(C) Office supplies
(D) Lighting equipment

女性の会社はどのような商品を売っていますか。

(A) ガーデニング用具
(B) 台所用品
(C) 事務用品
(D) 照明器具

正解 (C)

解説 女性の会社がどのような商品を売っているか，が問われています。冒頭，用件を尋ねる女性に対し，男性が❶の前半で「注文した事務用品を受け取った」と述べているので，女性の会社は事務用品を扱っていることが分かります。(C)が正解です。

語句 □lighting equipment 照明器具

69.

Look at the graphic. What price figure does the man say is a mistake?

(A) $30.00
(B) $80.00
(C) $120.00
(D) $90.00

図を見てください。男性はどの価格が間違いだと言っていますか。

(A) 30 ドル
(B) 80 ドル
(C) 120 ドル
(D) 90 ドル

正解 (A)

解説 図表問題で，男性はどの価格が間違いだと言っているか，が問われています。男性は❷で「御社のウェブサイトには200ドル以上の注文では送料が無料とあるが，請求書にその費用が記載されている」と述べています。次に請求書を見ると，❹から送料が30ドルであることが分かります。以上から正解は(A)となります。

 この図表問題では，図表の金額の順番と選択肢に並んでいる順番が違います。正解は(A)の30ドルですが，図表上の位置は上から4番目なので，上から4番目の選択肢となる(D)を誤ってマークしないように気を付けてください。

語句 □price figure 価格

70.

What does the woman say she will do?

(A) Call back later today
(B) Make a copy of an order form
(C) Send some replacement items
(D) Transfer a customer's call to a colleague

女性は何をすると言っていますか。

(A) 今日中に折り返し電話する
(B) 注文書のコピーを作成する
(C) 交換品を送る
(D) 同僚に客の電話をつなぐ

正解 (D)

解説 女性は何をすると言っているか，が問われています。女性は❸で「請求部門のCarl Turnerにつなぐ」と言っているので，女性は自分の会社の担当者，つまり同僚に電話を代わることが分かります。これを言い換えた(D)が正解となります。

語句 □call back 電話をかけ直す　□order form 注文書
□replacement item 交換品　□transfer ～を転送する

Part 4

🎵 049　W 🇺🇸

Questions 71 through 73 refer to the following announcement.

❶Welcome to Matterhorn Market, with over one hundred shops selling apparel, jewelry, books, electronics, and much more. Please be advised that our food court on the second floor is temporarily closed for renovations. We're sorry for the inconvenience. ❷You can still get your favorite pizzas, tacos, and burgers at the outdoor stands by the main entrance on Belcher Street. There are plenty of tables and seating for diners. Take a break from shopping and enjoy an outdoor meal in the beautiful autumn weather. ❸The indoor food court will reopen at the beginning of December.

設問71-73は次のアナウンスに関するものです。

Matterhornマーケットへようこそ。衣料品, 宝飾品, 書籍, 電子機器, ほかにもたくさんの商品を販売している100以上の店舗がございます。2階のフードコートは改装のため一時的に閉店していることをお知らせいたします。ご不便をおかけして申し訳ございません。Belcher通りの正面入口そばにある屋外の売店では, お好きなピザやタコス, ハンバーガーを購入していただくことができます。お食事をするお客様のためにたくさんのテーブルといすがございます。お買い物を一休みして, 美しい秋空のもとで屋外でのお食事をお楽しみください。屋内のフードコートは12月上旬に再開します。

語句 □apparel 衣料品 □please be advised that S V SがVであることをご承知おきください □temporarily 一時的に □renovation 改装 □inconvenience 不便 □stand 屋台, 売店

71.

Where is this announcement most likely being made?

(A) At a supermarket
(B) At a shopping center
(C) At a hotel
(D) At a concert hall

このアナウンスはおそらくどこでされていますか。

(A) スーパーマーケット
(B) ショッピングセンター
(C) ホテル
(D) コンサート会場

語句 □concert hall コンサート会場

正解 (B)

解説 このアナウンスがおそらくどこで行われているか, が問われています。❶で「Matterhornマーケットへようこそ」と切り出し, この店舗が多種多様な商品を販売していると説明しているので, このアナウンスはショッピングセンターで行われていると推測できます。(B)が正解です。衣料品や宝飾品などのお店があると言っているので, (A)のスーパーマーケットは不正解です。マーケットにつられて選ばないようにしましょう。

72.

What can be found near the main entrance?

(A) A construction site
(B) A performance stage
(C) Special displays
(D) Food stalls

正面入口の近くには何がありますか。

(A) 工事現場
(B) パフォーマンスの舞台
(C) 特別な展示
(D) 食べ物の売店

語句 □construction site 建設現場 □food stall 飲食物の売店, 屋台

正解 (D)

解説 正面入口の近くに何があるか, が問われています。❷で「Belcher通りの正面入口そばにある屋外の売店でピザやタコス, ハンバーガーなどを購入できる」と述べているので, これを食べ物の売店と言い換えた(D)が正解です。この設問は, 質問文中のthe main entranceを先読みで把握しておけば解きやすくなります。

言い換え stands → stalls

73.

What does the speaker say will happen in December?

(A) Tickets will go on sale.
(B) A manager will be replaced.
(C) An area will reopen.
(D) Construction work will begin.

話し手は12月に何が起こると言っていますか。

(A) チケットが売り出される。
(B) 店長が交代する。
(C) あるエリアが再開される。
(D) 工事が開始する。

語句 □go on sale (商品や製品が) 発売される, 市場に出る

正解 (C)

解説 12月に何が起こると話し手が言っているか, が問われています。❸で「屋内のフードコートは12月上旬に再開する」と述べているので, indoor food courtをareaと抽象度の高い表現に言い換えた(C)が正解です。areaは, 地理上の場所や区域を意味するほかに, 「特定の目的で使われる場所」という意味もあり, 言い換えでよく使われる単語です。

Questions 74 through 76 refer to the following telephone message.

This is Jerry Chu. I have an appointment this afternoon at one with Dr. Weiss. ❶I'm so sorry, but I need to change the time. ❷I'd really appreciate it if you could reschedule my teeth cleaning for later this evening. ❸I'm afraid I won't be able to answer my phone for the rest of the morning, so please leave me a message and I'll call you back around lunchtime to confirm. My phone number is 512-808-0651.

設問74-76は次の電話のメッセージに関するものです。

Jerry Chuです。今日の午後1時にWeiss先生の予約をしています。大変申し訳ないのですが、時間を変更する必要があります。歯のクリーニングを今日の夕方に変更していただけるととてもありがたいです。残念ながら午前中はずっと電話に出られないと思うので、メッセージを残していただければ、確認のために昼食の頃に折り返しお電話します。電話番号は512-808-0651です。

語句 □appointment 予約 □I'd appreciate it if S V S Vだとありがたいのですが □teeth cleaning 歯のクリーニング
□I'm afraid that S V（残念ながら）SはVである □answer（電話）に応答する □confirm ～を確認する

74.

What is the purpose of the message?

(A) To inquire about job openings
(B) To confirm a reservation
(C) To reschedule an appointment
(D) To request an interview

メッセージの目的は何ですか。

(A) 職の空きについて問い合わせるため
(B) 予約を確認するため
(C) 予約を変更するため
(D) 面接を依頼するため

正解 (C)

解説 メッセージの目的が問われています。❶で「予約の時間を変更する必要がある」と言っているので、これを言い換えた(C)が正解です。

言い換え change the time → reschedule

語句 □inquire 尋ねる □job opening 職の空き

75.

What type of business is the speaker calling?

(A) A restaurant
(B) A library
(C) An exercise facility
(D) A dentist's office

話し手はどんな種類の事業所に電話をしていますか。

(A) レストラン
(B) 図書館
(C) 運動施設
(D) 歯科医院

正解 (D)

解説 話し手がどんな種類の事業所に電話をしているか、が問われています。❷で歯のクリーニングを夕方に変更したいと話しているので、歯科医院への電話だと分かります。正解は(D)です。

語句 □exercise facility 運動施設

76.

What does the speaker ask the listener to do?

(A) Return his call
(B) Arrange a ride
(C) Book a table
(D) Contact his co-worker

話し手は聞き手に何をするよう頼んでいますか。

(A) 彼の電話を折り返す
(B) 車の手配をする
(C) テーブルを予約する
(D) 彼の同僚に連絡する

正解 (A)

解説 話し手が聞き手に頼んでいることが問われています。❸で「午前中はずっと電話に出られないので、メッセージを残してほしい」と言い、その後電話番号を伝えています。これを「電話を折り返す」と言い換えた(A)が正解です。連絡をする相手は同僚ではないので(D)は不正解です。

語句 □ride 車に乗せること

Questions 77 through 79 refer to the following excerpt from a meeting.

Before we finish this meeting, ❶I'd like to remind you of a few things about the Brant River cleanup next Tuesday. This company has been cleaning up the Brant River for more than a decade, and this is something we should be proud of. Let's get together at the Brant Bridge at ten, and then we will split up into several teams to do different jobs. ❷I'll be e-mailing you all this evening about who will be assigned to which team. According to the weather forecast, it's going to be very hot that day, so we're going to stop working by one o'clock at the latest. ❸Don't forget to bring enough water with you.

設問77-79は次の会議の抜粋に関するものです。

会議を終える前に，来週火曜日のBrant川の清掃についていくつか念を押したいと思います。当社は10年以上Brant川の清掃を行ってきましたし，これは私たちにとって誇るべきことです。10時にBrant橋で集まって，いくつかのチームに分かれ，別々の作業をします。誰がどのチームに配属されるかについては，本日の夕方みなさん全員にEメールを送ります。天気予報によると，その日はとても暑くなるそうですので，遅くとも1時までには作業を終える予定です。水を十分に持ってくることを忘れないでください。

語句 □remind A of B AにBを思い出させる，念押しする　□split up into 〜 〜に分かれる　□assign 〜を割り当てる
□at the latest 遅くとも

77.

What topic is the speaker mainly discussing?

(A) A dance workshop
(B) A company trip
(C) A cleaning event
(D) A manufacturing process

話し手は主に何について話していますか。

(A) ダンスの講座
(B) 社員旅行
(C) 清掃イベント
(D) 製造工程

正解 (C)

解説 話し手が主に話していることが問われています。❶で「来週火曜日の清掃についていくつか念押ししたい」と切り出し，その後も清掃イベントの流れについて話しています。以上より(C)が正解です。

言い換え cleanup → cleaning event

語句 □manufacturing 製造の

78.

What will the speaker send the listeners?

(A) Job assignments
(B) Paychecks
(C) Checklists
(D) Product catalogs

話し手は聞き手たちに何を送りますか。

(A) 仕事の割り当て
(B) 給与支払い小切手
(C) チェックリスト
(D) 製品カタログ

正解 (A)

解説 話し手が聞き手に何を送るか，が問われています。❷で「誰がどのチームに配属されるかについて本日全員にEメールを送る」と言っています。ここから，業務の割り当てに関する内容を送付することが分かるので，(A)が正解です。

言い換え who will be assigned to which team → Job assignments

語句 □paycheck 給与支払い小切手

79.

What is recommended for the listeners?

(A) Taking photographs
(B) Inviting their friends
(C) Wearing warm clothes
(D) Staying hydrated

聞き手たちに対して何が推奨されていますか。

(A) 写真を撮ること
(B) 彼らの友人を招待すること
(C) 温かい服を着ること
(D) 水分補給をすること

正解 (D)

解説 聞き手が推奨されていることが問われています。❸で「水を十分に持ってくることを忘れないで」と述べています。これを水分補給と表現した(D)が正解となります。hydrateは，「脱水症状にならないように水分を補給させる」ことを意味し，stay hydratedで「水分補給をする」という意味になります。TOEICでよく出題される表現ですので押さえておきましょう。

語句 □hydrate 〜に水を与える

Questions 80 through 82 refer to the following advertisement.

You spend a third of your life in bed, so what you sleep on is important. ❶Soma is an innovative company that manufactures great mattresses, sells them at fair prices, and ships them right to your door. Our unique products feature a triple foam layer that helps keep you cool and comfortable. ❷And if you don't love your Soma mattress within the first hundred nights, you can return it for a full refund. ❸Our products are available at www.somasleep.com, but be careful. We only have limited quantities of each item. ❹Visit our online shop now and let Soma help you get a good night's rest!

設問80-82は次の広告に関するものです。

私たちは人生の3分の1をベッドで過ごしますので，何の上で眠るかは重要です。Soma社は，素晴らしいマットレスを製造し，それらを適正価格で販売し，ご自宅まで直接お届けする革新的な企業です。当社独自の製品は，涼しく快適な状態を保つのを助けるトリプルフォームレイヤーを特徴としています。そして，最初の100日間でSomaマットレスがお気に召さなかった場合は，返品して全額返金を受けることができます。当社の製品は，www.somasleep.comでご購入いただけますが，気をつけてください。それぞれの商品は限られた数しかご用意しておりません。今すぐオンラインショップにアクセスいただき，Soma社に上質な夜の休息を得るお手伝いをさせてください！

語句 □innovative 革新的な □manufacture 〜を製造する □at fair prices 適正価格で □to one's door （人）の家まで □foam layer フォームレイヤー，発泡層 □a full refund 全額払い戻し □get a rest 休息をとる，休憩する

80.

What is being advertised?

(A) Appliances
(B) Hotels
(C) Clothing
(D) Furniture

何が広告されていますか。

(A) 家電製品
(B) ホテル
(C) 衣服
(D) 家具

語句 □appliance 家電製品

正解 (D)

解説 何が広告されているか，が問われています。「私たちが何の上で眠るかは重要だ」と切り出し，❶で「Soma社は素晴らしいマットレスの製造・販売をしている」と述べているので，マットレスの広告だと分かります。これを「家具」と抽象的に言い換えた(D)が正解です。

言い換え mattress → Furniture

81.

What is mentioned about Soma?

(A) It offers a money-back guarantee.
(B) Its products last longer than any other.
(C) It has stores throughout the world.
(D) Its products use only natural materials.

Soma社について何が述べられていますか。

(A) 返金保証を提供している。
(B) その製品はほかのどの製品より長持ちする。
(C) 世界中に店舗がある。
(D) その製品は自然素材だけを使用している。

語句 □money-back 返金 □last long 長く持つ

正解 (A)

解説 Soma社について何が述べられているか，が問われています。❷で，「Somaマットレスが気に入らない場合は返品して全額返金を受けられる」と述べているので，商品に対して返金の保証を行っていることが分かります。これを言い換えた(A)が正解となります。

言い換え refund → money-back

82.

Why does the speaker say, "We only have limited quantities of each item"?

(A) To explain why the product is expensive
(B) To suggest hiring an additional employee
(C) To apologize for a mistake
(D) To encourage listeners to act quickly

話し手はなぜ"We only have limited quantities of each item"と言っていますか。

(A) 製品がなぜ高価なのか説明するため
(B) 追加の従業員を雇うことを提案するため
(C) 間違いについて謝罪するため
(D) 聞き手に早く行動するよう促すため

正解 (D)

解説 意図問題で，問われている箇所は「それぞれの商品は限られた数しか用意していない」という意味です。❸で購入の案内をした後にこの発言をし，その後❹で「今すぐオンラインショップにアクセスを」と言っています。ここから，聞き手に早く購入した方がよいと勧めていることが分かるので，これを「早く行動するよう促す」と言い表した(D)が正解となります。前後の文脈を把握しながら聞かないと，「限定品ということは高価なのか」と思って(A)を選んだり，「欠品したのかな」と思って(C)を選んだりしてしまうので気をつけましょう。

Questions 83 through 85 refer to the following telephone message.

❶Hi, I saw a magazine advertisement about franchise opportunities with your company. ❷I'm interested in owning and operating a Zippy-Mart store in the north part of the city, right around Menlo Park. I don't think your company has any locations in that area at present, ❸but there's a lot of new residential construction going on there and people are moving into the area every day. I'd like to talk to you about how to get started. My name is Martin Sims, and you can reach me at 555-0324.

設問83-85は次の電話メッセージに関するものです。

もしもし，御社とフランチャイズ契約を結ぶ機会についての雑誌広告を見ました。街の北部，ちょうどMenlo公園の近くにZippy-Mart店を所有し，運営することに興味があります。現在御社はあの地域ではお店を所有していないと思いますが，そこでは多くの新しい住宅が建設中で，毎日人々があの地域に引っ越してきています。どのように始めればいいかを御社と話し合いたいと思っています。私の名前はMartin Simsで，555-0324にご連絡いただけます。

語句 □franchise フランチャイズ（営業や販売をする権利）　□opportunity 機会　□be interested in ～ ～に興味がある
□right around ～ ～のすぐ近くの　□at present 現在のところ　□residential construction 住宅建設　□get started 始める
□reach ～に連絡する

83.

Why is the speaker calling?

(A) To cancel an event
(B) To answer some questions
(C) To provide career advice
(D) To inquire about an advertisement

話し手はなぜ電話をしていますか。

(A) イベントをキャンセルするため
(B) 質問に答えるため
(C) 職業上のアドバイスを与えるため
(D) 広告についての問い合わせをするため

正解 (D)

解説 話し手がなぜ電話をしているのか，が問われています。❶で「御社とのフランチャイズ契約に関する広告を見た」と切り出しています。以上から「～について問い合わせる」をinquire about ～と表した(D)が正解です。

語句 □career advice キャリア相談，職業上の助言

84.

What does the speaker want to do?

(A) Start running a store
(B) Join a city tour
(C) Purchase a house
(D) Prepare for a presentation

話し手は何がしたいですか。

(A) 店舗経営を始める
(B) 市内観光に参加する
(C) 家を購入する
(D) プレゼンの準備をする

正解 (A)

解説 話し手は何がしたいか，が問われています。❷で「店舗を所有し，運営することに興味がある」と言っているので，これを言い換えた(A)が正解となります。住宅を購入したいとは言っていないので(C)は不正解です。

言い換え owning and operating → running

語句 □run ～を経営する

85.

What does the speaker say about the area around Menlo Park?

(A) It has a new shopping mall.
(B) It has several theaters.
(C) It is close to his home.
(D) It is attracting new residents.

話し手はMenlo公園付近の地域について何と言っていますか。

(A) 新しいショッピングモールがある。
(B) いくつかの劇場がある。
(C) 彼の家に近い。
(D) 新しい住民らを惹き付けている。

正解 (D)

解説 話し手はMenlo公園付近の地域について何と言っているか，が問われています。❸で「そこでは多くの新しい住宅が建設中で，毎日人々があの(Menlo公園の)地域に引っ越している」と伝えています。Menlo公園周辺は，新たに引っ越してくる住民にとって魅力的であることをattract「～を惹き付ける」を使って言い換えた(D)が正解となります。

語句 □close to ～ ～に近い

Questions 86 through 88 refer to the following excerpt from a meeting.

❶At today's meeting, I'll train everyone on how to use the new online meeting room booking system. ❷It's very easy to learn. Actually, it only took me one try. Can you all see my laptop screen? OK, here's the floor map of the office. When you enter the date, time, and the number of attendees of a particular meeting—for example, today at eleven thirty for eight people—every available room on the map glows green. To choose a room, double-click on it, and you'll get a confirmation code to share with the other attendees. ❸Okay, please turn on your own computers to try the process yourselves.

設問86-88は次の会議の抜粋に関するものです。

本日の会議では，新しいオンライン会議室予約システムの使い方をみなさんに教えます。とても簡単に覚えられます。実際，私は1回試しただけなんです。みなさん，私のノートパソコンの画面が見えますか。では，こちらが事務所のフロアマップです。例えば，今日の11時半から8人，というように，ある会議の日付と時間，参加者の人数を入力すると，マップ上の使用可能な全ての部屋が緑色になります。部屋を選ぶには，その上をダブルクリックしてください。すると，ほかの参加者と共有するための確認コードが出ます。さて，自分のパソコンを立ち上げて，自分自身で手順をやってみてください。

語句 □booking system 予約システム □laptop ノートパソコン □attendee 出席者 □glow （ある色に）発光する

86.

What is the talk mainly about?

(A) Updates to a product
(B) How to back up a computer
(C) Changes to a Web page
(D) A reservation process

トークは主に何についてですか。

(A) 製品のアップデート
(B) パソコンのバックアップをとる方法
(C) ウェブページの変更
(D) 予約手順

正解 (D)

解説 このトークは主に何についてか，が問われています。❶で「新しいオンライン会議室予約システムの使い方を教える」と述べています。これを「予約手順」と言い換えた(D)が正解となります。

言い換え booking system → reservation process

語句 □back up ～ ～をバックアップする，予備を持っておく

87.

Why does the speaker say, "Actually, it only took me one try"?

(A) To indicate that a problem rarely occurs
(B) To emphasize that the system is simple
(C) To apologize for his lack of experience
(D) To ask for some assistance

話し手はなぜ"Actually, it only took me one try"と言っていますか。

(A) 問題がめったに起こらないことを示すため
(B) システムが簡単なことを強調するため
(C) 経験不足を謝罪するため
(D) 手伝いを頼むため

正解 (B)

解説 意図問題です。問われている箇所の意味は「私は1回試しただけ」という意味です。話し手はこの直前の❷で「（予約システムの使い方は）とても簡単に覚えられる」と言っていることから，問われている箇所では，「なぜなら自分も一度試しただけで説明できてしまうのだから」とシステムの操作が簡単な理由を説明していると分かります。よって(B)が正解となります。

語句 □rarely めったに～ない □simple 簡単な

88.

What will the listeners most likely do next?

(A) Send some packages
(B) Meet with other attendees
(C) Start up a system
(D) Discuss a problem

聞き手はおそらく次に何をしますか。

(A) 小包を送る
(B) ほかの参加者と会う
(C) システムを立ち上げる
(D) 問題を話し合う

正解 (C)

解説 聞き手がおそらく次にする行動が問われています。❸で「自分のパソコンを立ち上げて，手順をやってみるように」と述べています。よって，これから聞き手はここまで話し手が説明していた予約システムを起動することが推測できます。正解は(C)です。

言い換え turn on → Start up

語句 □start up ～ ～を立ち上げる

Questions 89 through 91 refer to the following news report.

This is Vera Tan with KTV News. ❶I'm here at Kestrel Park for the annual Spice of Life Festival, where more than 150 restaurants have set up booths. The park is already packed. Every booth I saw had long lines of people waiting to order. And the festival has just started! The organizers are expecting even more people here this weekend. ❷If you're planning to join the festivities, your best bet is to park at the Williams Arena and take a bus to the festival. ❸Now, let's ask some people here about how they're enjoying the festival.

設問89-91は次のニュース報道に関するものです。

KTVニュースのVera Tanです。年に一度のSpice of Lifeフェスティバルのために、ここKestrel公園に来ており、ここには150以上のレストランがブースをかまえています。公園はすでに人でいっぱいです。私が見た全てのブースは注文をするために待つ人の長い列ができていました。しかも、フェスティバルはまだ始まったばかりです！　主催者たちは週末にはより多くの人がここに来ることを予想しています。もしフェスティバルへの参加を予定していたら、一番のおすすめはWilliams競技場に車を停め、フェスティバルまではバスに乗ることです。では、ここにいる人たちにフェスティバルをどのように楽しんでいるか聞いてみましょう。

> **語句** □set up ~ ~を組み立てる，配置する　□packed（場所・乗り物などが）人でいっぱいである，混雑している
> □organizer 主催者　□expect ~を予想する，期待する　□even（比較級の前について比較を強調する）ずっと
> □best bet 最善策，おすすめ　□park 駐車する

89.

Where is the speaker reporting from?

(A) A park
(B) A convention center
(C) A restaurant
(D) A museum

話し手はどこから報道していますか。

(A) 公園
(B) コンベンションセンター
(C) レストラン
(D) 博物館

正解 (A)

解説 話し手がどこから報道しているか，が問われています。❶で「ここKestrel公園に来ている」と言っているので，(A)が正解です。

✢ ✢ ✢

 場所を問う問題では，at ~や，here at ~といった場所を表すキーワードに注意。今回のように，建物や場所の名前を表す固有名詞をヒントに，場所を推測する問題も出題されます。

90.

What does the speaker suggest?

(A) Finding a photo booth
(B) Waiting for further updates
(C) Purchasing tickets early
(D) Using public transportation

話し手は何を提案していますか。

(A) 撮影ブースを探す
(B) さらなる最新情報を待つ
(C) チケットを早く購入する
(D) 公共交通機関を使用する

正解 (D)

解説 話し手が何をするように提案しているか，が問われています。❷で，「もしフェスティバルへの参加を予定していたら，一番のおすすめはバスに乗ることだ」と述べているので，交通機関を利用するように提案していることが分かります。以上から(D)が正解となります。best bet「一番のおすすめ」という口語表現も覚えておきましょう。

> **語句** □photo booth 撮影用のブース　□further さらなる

91.

What will the speaker do next?

(A) Report the weather
(B) Apply for a lottery
(C) Interview some people
(D) Order some food

話し手は次に何をしますか。

(A) 天気を報道する
(B) 抽選に応募する
(C) 何人かにインタビューする
(D) 食べ物を注文する

正解 (C)

解説 話し手が次に行う行動が問われています。❸で「ここにいる人たちにフェスティバルをどのように楽しんでいるか聞いてみましょう」と述べています。これを「インタビューをする」と言い換えた(C)が正解です。

言い換え ask some people → Interview some people

> **語句** □apply for ~ ~に申し込む，応募する
> □lottery くじ引き，抽選

Questions 92 through 94 refer to the following speech.

Thank you all for attending tonight's event. ❶I'm sure we're all looking forward to the lecture given by the well-known nutritionist, Isabel Mendes, about the benefits of soy and how to make it a regular part of your diet. ❷We asked Ms. Mendes if she can have a casual talk session after her lecture, but her schedule was already full. Instead, she has kindly signed copies of her book, *Cooking with Soy*, for us. They are available at the table by the front door for 25 dollars. Please check them out when you leave. ❸Now, please welcome Ms. Mendes with a big round of applause.

設問92-94は次のスピーチに関するものです。

今夜のイベントにご参加いただきありがとうございます。有名な栄養士であるIsabel Mendesによる，大豆の効能とそれを日常の食生活に取り入れる方法についての講演を楽しみにしていることと思います。Mendesさんに，講演の後にカジュアルな座談会をできないか依頼しましたが，彼女の予定はすでに埋まっていました。代わりに，彼女は親切にもサイン入りの彼女の著書である『Cooking with Soy』に，私たちのためにサインをしてくれました。正面ドアの近くのテーブルで25ドルでご購入いただけます。お帰りの際にぜひご覧ください。では，大きな拍手とともにMendesさんをお迎えしましょう。

語句 □well-known 有名な □nutritionist 栄養士 □benefit 恩恵 □diet 食事，食生活 □casual 打ち解けた，気さくな
□copy（本や印刷物の）部数 □applause 喝采

92.

Who most likely is Isabel Mendes?

(A) A copywriter
(B) A doctor
(C) A nutrition expert
(D) A chef

Isabel Mendesさんはおそらく誰ですか。

(A) コピーライター
(B) 医師
(C) 栄養学の専門家
(D) シェフ

語句 □nutrition 栄養学

正解 (C)

解説 Isabel Mendesさんが何者なのか，が問われています。❶でIsabel Mendesさんを「有名な栄養士」と紹介しているので，彼女が栄養学に関わる専門家であることが分かります。以上より(C)が正解です。職業と名前はセットで紹介される場合が多いので，しっかり聞くクセをつけましょう。

言い換え nutritionist → nutrition expert

93.

What does the speaker imply when he says, "but her schedule was already full"?

(A) Ms. Mendes has not taken a vacation this year.
(B) Ms. Mendes is a popular lecturer.
(C) Ms. Mendes needs to change her appointment.
(D) Ms. Mendes cannot stay after her lecture.

話し手が"but her schedule was already full"と言う際，何を意図していますか。

(A) Mendesさんは今年休暇をとっていない。
(B) Mendesさんは人気の講演者だ。
(C) Mendesさんは予約を変更する必要がある。
(D) Mendesさんは講演の後に残ることができない。

語句 □lecturer 講演者

正解 (D)

解説 意図問題です。問われている箇所は，「しかし彼女の予定はすでにいっぱいだった」という意味です。この発言の直前に❷で，「講演後の座談会を依頼した」と言っています。つまり，Mendesさんの予定がすでにいっぱいで，講演後に残って座談会をすることはできないという意図だと分かります。以上から正解は(D)となります。

94.

What will the listeners most likely do next?

(A) Deliver some books
(B) Register for an activity
(C) Taste a free sample
(D) Listen to a talk

聞き手はおそらく次に何をしますか。

(A) 本を配達する
(B) アクティビティに登録する
(C) 無料サンプルを試食する
(D) 話を聞く

語句 □taste ～を試食する

正解 (D)

解説 聞き手が次にとる行動が問われています。トークの冒頭から，このスピーチはMendesさんの講演イベントでのものだと分かります。後半の❸で，「大きな拍手とともにMendesさんを迎えましょう」と述べているので，聞き手はこのあと講演を聞くと推察できます。(D)が正解です。この問題のポイントは❸の冒頭のNowです。このあとに次にすべき行動のヒントが来るかもしれないと思ってください。

言い換え lecture → talk

Questions 95 through 97 refer to the following excerpt from a meeting and chart.

❶In light of disappointing sales the last two quarters, we need to rethink our approach to marketing the Lexa 6 smartphone. ❷It performed very well at first—in fact, it exceeded expectations. However, sales dropped dramatically in the quarter the rival Godo X phone was released. The Godo X has proven very popular due to its compact design and sleek look. But market research has shown that consumers prefer the functionality of the Lexa 6. ❸I've invited a marketing consultant, Ola Simons from Delega Marketing, to offer some advice on how to differentiate ourselves from competitors' products through advertisements.

設問95-97は次の会議の抜粋と表に関するものです。

前2四半期の期待外れの売り上げを踏まえて，Lexa 6スマートフォンのマーケティング手法を考え直す必要があります。最初はとてもうまくいっていました。実際に，予想を上回っていました。しかし，競合であるGodo Xフォンが発売された四半期から大きく売り上げが低下しました。Godo Xはコンパクトなデザインとなめらかな見た目によって非常に人気を集めています。しかし，マーケット調査によると，消費者はLexa 6の機能性を好んでいることが分かりました。Delega マーケティングのマーケティングコンサルタントであるOla Simonsさんを招いて，宣伝でどのように当社を競合他社の商品と差別化できるのかについてアドバイスを伺います。

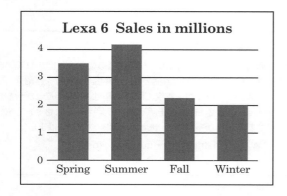

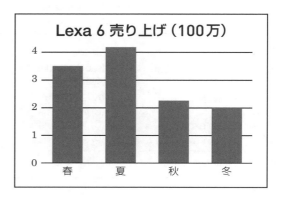

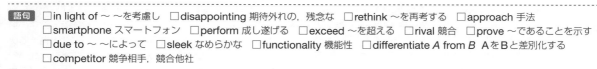

語句　□in light of ~ ~を考慮し　□disappointing 期待外れの，残念な　□rethink ~を再考する　□approach 手法
□smartphone スマートフォン　□perform 成し遂げる　□exceed ~を超える　□rival 競合　□prove ~であることを示す
□due to ~ ~によって　□sleek なめらかな　□functionality 機能性　□differentiate A from B AをBと差別化する
□competitor 競争相手，競合他社

95.

What kind of product does the speaker's company sell?

(A) Television screens
(B) Mobile phones
(C) Navigation systems
(D) Computer keyboards

話し手の会社はどんな製品を販売していますか。

(A) TVスクリーン
(B) 携帯電話
(C) ナビシステム
(D) パソコンのキーボード

正解 **(B)**

解説 話し手の会社が販売している製品が問われています。❶で「Lexa 6スマートフォンのマーケティング手法を考え直す必要がある」と述べています。スマートフォンを言い換えた(B)が正解となります。

言い換え smartphone → Mobile phones

語句 □navigation ナビ，運行指示

96.

Look at the graphic. When was the Godo X phone launched?

(A) Spring
(B) Summer
(C) Fall
(D) Winter

図を見てください。Godo Xフォンはいつ発売されましたか。

(A) 春
(B) 夏
(C) 秋
(D) 冬

正解 **(C)**

解説 図表問題で，Godo Xフォンはいつ発売されたか，が問われています。❷で「競合のGodo Xフォンが発売された四半期から大きく売り上げが低下した」と述べています。グラフを見ると，秋に急激に売り上げが落ち込んでいるので，このタイミングでGodo Xフォンが発売されたことが分かります。以上より，正解は(C)となります。

✤ ✤ ✤

棒グラフのある問題では，①数字，②数値の大きさの順番，そして③数値のアップダウンが正解に繋がるヒントとなる場合が多いです。それらに関する内容に注意しながら，トークの内容を追うようにしてみてください。

97.

Who most likely is Ola Simons?

(A) A sales manager
(B) A marketing expert
(C) An advertising executive
(D) A legal consultant

Ola Simonsは誰だと考えられますか。

(A) 販売部部長
(B) マーケティングの専門家
(C) 広告代理店の重役
(D) 弁護士

正解 **(B)**

解説 Ola Simonsはおそらく誰なのか，が問われています。❸で「マーケティングコンサルタントであるOla Simonsを招いてアドバイスを聞く」と言っています。(B)が正解です。

言い換え consultant → expert

語句 □legal consultant 弁護士，法律顧問

Questions 98 through 100 refer to the following announcement and map.

Thank you for joining our boat tour. ❶Once we pass through Pell Forest, we'll dock at Carson Ranch, known to be one of the largest producers of wool in the region. They also operate a restaurant along the shore, specializing in lamb dishes and freshly caught fish. We'll have lunch there. ❷Following that, we'll continue to our campsite just by the bridge. Usually, we set up camp around Harper's Hill, but this time, since all of you are beginners, we won't. ❸After we set up camp, you might want to cross the river and climb Harper's Hill. The view of the stars from the top is spectacular.

設問98-100は次のアナウンスと地図に関するものです。

ボートツアーに参加いただきありがとうございます。Pell森を通り過ぎるとすぐに，この地域で最も大きなウール製造所の1つとして知られているCarson牧場に停泊します。川沿いでレストランも運営しており，ラム料理と取れたての魚を専門にしています。そこで昼食を食べます。その後は，橋のすぐそばのキャンプ場まで進み続けます。通常は，Harper's丘でキャンプを設営するのですが，今回はみなさん初心者なのでしません。テントを設置した後は，川を渡ってHarper's丘に登るのもいいかもしれません。頂上からの星の眺めは壮観です。

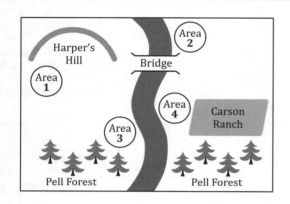

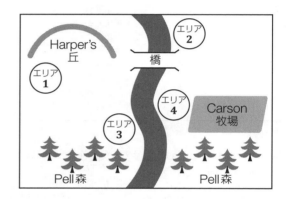

98.

According to the speaker, what is Carson Ranch known for?

(A) Horse breeding
(B) Dairy products
(C) A petting zoo
(D) Textile production

話し手によると，Carson牧場は何で知られていますか。

(A) 馬の飼育
(B) 乳製品
(C) ふれあい動物園
(D) 織物の製造

正解 (D)

解説 Carson牧場は何で知られているか，が問われています。❶でCarson牧場を「この地域で最も大きなウール製造所の1つとして知られる」と紹介しています。以上から，正解は(D)となります。この問題はCarson Ranchという固有名詞が出てきた直後に根拠がありました。このようにPart 3，4の「詳細」タイプの問題では固有名詞の後にその説明が来ることがよくあります。設問を先読みする際には固有名詞をしっかり確認し，待ち伏せしながら聞きましょう。

言い換え　producers of wool → Textile production

99.

Look at the graphic. Where will the campsite most likely be?

(A) Area 1
(B) Area 2
(C) Area 3
(D) Area 4

図を見てください。キャンプ場はどこにあると考えられますか。

(A) エリア1
(B) エリア2
(C) エリア3
(D) エリア4

正解 (B)

解説 図表問題で，キャンプ場がどこにあるか，が問われています。❷で「その後は，橋のすぐそばのキャンプ場まで進む」と話しているので，橋の近くにキャンプ場があることが分かります。次に図を見ると，橋に一番近い場所はArea 2であることが分かるので，(B)が正解です。campsiteがこの設問のキーワードですので、聞き逃さないようにしましょう。

100.

What does the speaker recommend doing?

(A) Feeding some animals
(B) Attending a local festival
(C) Swimming in the river
(D) Hiking up a mountain

話し手は何をすることを勧めていますか。

(A) 動物にえさをやること
(B) 地元の祭りに参加すること
(C) 川で泳ぐこと
(D) 山を登ること

正解 (D)

解説 話し手が勧めていることが問われています。❸で「テント設置後は，川を渡ってHarper's 丘に登るのもいいかもしれない」と述べています。正解は(D)となります。hillは通常の地面より高いところ，つまり丘や小山を指すのでmountainとの言い換えが可能です。

言い換え climb → Hiking up

- -

語句 □feed 〜にえさを与える

図表問題で注意するポイント

（濱：濱崎先生／大：大里先生）

大： 図表問題は，音声だけ，図表だけでは必ず解けないようにできています。どこかで両方参照すべきポイントがあると思いながら「聞き」，そのポイントに来たら「聞き+読み」進める必要があります。そういう意味で，Part 7のクロスリファレンス問題に似てるなと，僕は思ってます。

濱： なるほど。リスニングは聞くと同時に解かなければいけないので，図表上の「選択肢（の内容）と重複していない箇所」を見ながら解答するのが基本ですね。例えば，選択肢に人名が並び，図表には人名と時刻が並んでいるとします。その場合，トークを聞きながら見るべき部分は図表の時刻です。質問文が「誰が話しますか」というものであれば，それを「何時に話しますか」と変換し，時刻が分かったらそれと紐づいている人名を解答すればよいのです。

大： 確かに大事なテクニックの1つですね！　図表が表やグラフの場合は特に，この解き方が有効ですね。ほかには，地図や部屋の見取り図の図表問題で，部屋や建物の場所を問う問題であれば，直接場所に言及するのではなく「〜の隣」や「〜の向かい」など，周辺についての情報から場所が導ける場合が多いです。図上にエリア番号や部屋番号が振られていることが多いので，先読みの段階で，できるだけ図上の情報を読み取っておくようにしましょう。

TEST 2

解答解説

正解一覧

設問番号	正解	設問番号	正解	設問番号	正解	設問番号	正解
□□□ 1	D	□□□ 26	B	□□□ 51	C	□□□ 76	D
□□□ 2	C	□□□ 27	C	□□□ 52	B	□□□ 77	C
□□□ 3	A	□□□ 28	A	□□□ 53	B	□□□ 78	B
□□□ 4	B	□□□ 29	C	□□□ 54	D	□□□ 79	D
□□□ 5	B	□□□ 30	A	□□□ 55	D	□□□ 80	A
□□□ 6	D	□□□ 31	A	□□□ 56	C	□□□ 81	A
□□□ 7	C	□□□ 32	D	□□□ 57	C	□□□ 82	B
□□□ 8	A	□□□ 33	A	□□□ 58	B	□□□ 83	C
□□□ 9	B	□□□ 34	A	□□□ 59	D	□□□ 84	B
□□□ 10	C	□□□ 35	A	□□□ 60	C	□□□ 85	D
□□□ 11	C	□□□ 36	A	□□□ 61	A	□□□ 86	D
□□□ 12	B	□□□ 37	D	□□□ 62	A	□□□ 87	B
□□□ 13	C	□□□ 38	D	□□□ 63	C	□□□ 88	B
□□□ 14	A	□□□ 39	D	□□□ 64	D	□□□ 89	B
□□□ 15	C	□□□ 40	D	□□□ 65	A	□□□ 90	A
□□□ 16	B	□□□ 41	C	□□□ 66	B	□□□ 91	D
□□□ 17	B	□□□ 42	B	□□□ 67	D	□□□ 92	C
□□□ 18	B	□□□ 43	C	□□□ 68	B	□□□ 93	D
□□□ 19	A	□□□ 44	C	□□□ 69	B	□□□ 94	A
□□□ 20	A	□□□ 45	A	□□□ 70	D	□□□ 95	D
□□□ 21	B	□□□ 46	D	□□□ 71	D	□□□ 96	B
□□□ 22	A	□□□ 47	C	□□□ 72	B	□□□ 97	B
□□□ 23	B	□□□ 48	A	□□□ 73	B	□□□ 98	D
□□□ 24	B	□□□ 49	D	□□□ 74	D	□□□ 99	C
□□□ 25	B	□□□ 50	D	□□□ 75	B	□□□ 100	A

1. ♪ 060 🇺🇸

(A) He's folding some clothing.
(B) He's painting the wall.
(C) He's framing a photograph.
(D) He's reaching into a bag.

(A) 彼は服をたたんでいる。
(B) 彼は壁にペンキを塗っている。
(C) 彼は写真を額に入れている。
(D) 彼はかばんに手を入れている。

正解 (D)

解説 かばんに手を入れている男性の様子を表している(D)が正解です。reach into ～「～に手を入れる」はPart 1でしばしば問われる重要な表現です。(A)にあるfolding「～をたたんでいる」はholding「～をつかんでいる」と音が似ているので混同しないように注意が必要です。(C)はframeが名詞「額」ではなく動詞「～を額に入れる」として使われています。通常名詞で使われることが多い単語が，Part 1では動詞として使われることがよくあります。

語句 □fold ～をたたむ □clothing 服 □paint ～を塗る □wall 壁 □frame ～を額に入れる □photograph 写真
□reach into ～ ～に手を入れる

2. ♪ 061 🇨🇦

(A) A man is setting plates on the table.
(B) A man is filling a water bottle.
(C) A man is washing some dishes.
(D) A man is wiping off the windowpane.

(A) 男性はテーブルの上に皿を置いている。
(B) 男性は水筒に水を入れている。
(C) 男性は食器を洗っている。
(D) 男性は窓ガラスを拭いている。

正解 (C)

解説 食器を洗っている男性の様子を表している(C)が正解です。dishは「皿」や「食器」、そして「料理」という意味で使われます。(A)はtableが写真に写っていません。plateは「皿」、もしくは「料理」という意味で使われる重要単語です。(B)にあるfill「～を満たす」はPart 1以外でもよく登場します。(D)のwindowpane「窓ガラス」もPart 1で登場する表現なので押さえておきましょう。

語句 □set A on B AをBの上に置く □plate 皿，料理 □fill ～を満たす □water bottle 水筒 □dish 食器，皿，料理
□wipe off ～ ～を拭く □windowpane 窓ガラス

3. ♪ 062 🇬🇧

(A) Two women are holding cups.
(B) Two men are carrying laptops.
(C) One of the men is sitting on a chair.
(D) One of the women is writing in a notebook.

(A) 2人の女性がカップを持っている。
(B) 2人の男性がノートパソコンを運んでいる。
(C) 男性の1人はいすに座っている。
(D) 女性の1人はノートに書き込んでいる。

正解 (A)

解説 2人の女性に共通している「カップを持つ」という動作を表した(A)が正解です。2人以上の人物の写真では，複数の人に共通する動作や状態，もしくはその中の誰かの動作や状態が正解になることが多いです。(B)はcarrying laptops「ノートパソコンを運んでいる」という動作が，(C)はsitting on a chair「いすに座っている」という動作が，(D)はwriting in a notebook「ノートに書き込んでいる」という動作が写真の人物の様子とは合いません。

語句 □hold ～を持つ，つかむ □carry ～を運ぶ □laptop ノートパソコン

4. ♪ 063 🇦🇺

(A) A woman is setting up a tent.
(B) Some produce is being displayed.
(C) A man is paying at a cash register.
(D) Some boxes are being loaded into a car.

(A) 女性がテントを組み立てている。
(B) 農産物が陳列されている。
(C) 男性がレジで支払いをしている。
(D) いくつかの箱が車に積み込まれているところである。

正解 (B)

解説 陳列されている農産物を受動態の進行形を使って表している(B)が正解です。受動態の進行形は〈be動詞＋being＋過去分詞〉の形で、通常は「～されている最中だ」という意味を表しますが、be displayed「陳列されている」やbe exhibited「展示されている」のように状態を表す動詞の場合、受け身の状態が継続していることを表します。よって、is being displayedは「陳列されている」という状態を表します。(A)はsetting up a tentが、(C)はpaying at a cash registerが、(D)は英文全体が写真の様子とは合いません。

語句 □set up ～ ～を組み立てる □produce 農産物 □display ～を陳列する □pay 支払う □cash register レジ □be loaded into ～ ～に積まれる

---

5. ♪ 064 🇬🇧

(A) Some people are waiting to cross the intersection.
(B) Vehicles have been parked on the road.
(C) Some construction workers are getting out of a bus.
(D) Signs are being removed from the wall.

(A) 何人かの人々が交差点を渡るのを待っている。
(B) 乗り物が道に駐車されている。
(C) 何人かの工事作業員がバスから降りているところである。
(D) 標識が壁から取り外されているところである。

正解 (B)

解説 手前に写ったクレーン車と奥に停まっている車の様子を表している(B)が正解です。受動態の現在完了形〈have been＋過去分詞〉「～された状態だ」を使った表現です。(A)はwaiting to cross the intersection「交差点を渡るのを待っている」が写真の様子とは合わず、(C)は写真にbusが写っていません。(D)はfrom the wallが写真の様子と合いません。

語句 □wait to do ～するのを待つ □cross ～を渡る □intersection 交差点 □vehicle 乗り物 □park ～を駐車する □construction 工事，建設 □get out of ～ ～から降りる，出る □sign 標識 □remove A from B AをBから取り外す

---

6. ♪ 065 🇨🇦

(A) Some drawers have been left open.
(B) Some lights are being turned off.
(C) Some potted plants are decorating a desk.
(D) Some books are lining the shelf.

(A) いくつかの引き出しが開いたままになっている。
(B) いくつかの照明が消されているところである。
(C) いくつかの鉢植えが机を装飾している。
(D) いくつかの本が棚に並んでいる。

正解 (D)

解説 棚に並んでいる本を描写している(D)が正解です。(A)はopen「開いている」ではなくclosed「閉まっている」であれば正解でした。(B)のare being turned off「消されている最中だ」が正解になるには、照明を消している人が写真に写っていなくてはいけません。(C)は、potted plantsは確かに写真に写ってはいますが、「机を装飾している」わけではないので不正解です。

語句 □drawer 引き出し □be left ～のままだ □turn off ～ ～を消す □potted plant 鉢植え □decorate ～を装飾する，飾る □line ～に沿って並ぶ

---

7. 🎵 067 M 🇨🇦 W 🇬🇧

Are all the guests present at the party venue?
(A) Most of our budget.
(B) The presentation material.
(C) No, some of them are on their way.

パーティー会場に全てのゲストがいますか。
(A) 私たちの予算のほとんどです。
(B) プレゼンの資料です。
(C) いいえ，彼らのうち何人かは向かっているところです。

正解 (C)

解説 「全てのゲストがいるか」と尋ねる問いかけに対して，「いいえ（まだいません）」と答え，状況を詳しく説明している(C)が正解です。(B)は問いかけにあるpresentと発音が被るpresentationを含んだひっかけの選択肢です。

語句 □present 出席している　□venue 会場　□most of ～ ～のほとんど　□budget 予算
□on *one*'s way 向かっている途中だ

8. 🎵 068 W 🇺🇸 M 🇦🇺

Which file includes a safety manual?
(A) Look at the back label.
(B) The date was wrong.
(C) A safety inspector will come on Monday.

どのファイルに安全マニュアルが入っていますか。
(A) 背表紙のラベルを見てください。
(B) 日付が間違っていました。
(C) 安全検査員が月曜日に来ます。

正解 (A)

解説 Whichを使った「どのファイルにマニュアルが入っているか」という問いかけに対して，どのファイルかを知るための手段を伝えている(A)が正解です。(B)は問いかけとは関連がなく，(C)は問いかけと同じsafetyという単語を使った，ひっかけの選択肢です。

語句 □include ～を含む　□safety manual 安全マニュアル　□safety inspector 安全検査員

9. 🎵 069 M 🇨🇦 W 🇺🇸

Why don't we go watch a baseball game tonight?
(A) My watch is broken.
(B) That sounds fun.
(C) I've never played baseball.

今夜野球の試合を見に行きませんか。
(A) 私の時計は壊れています。
(B) それは楽しそうですね。
(C) 私は野球をしたことが一度もありません。

正解 (B)

解説 Why don't we ～?「～しませんか」を使って相手を勧誘している問いかけに対して，「楽しそうだ」と応じている(B)が正解です。That sounds fun.は誘いに応じるときの定型表現です。(A)は問いかけにあるwatchを含む選択肢ですが，ここでは「時計」という意味の名詞として使われています。(C)も問いかけにあるbaseballを含む選択肢ですが，問いかけとは関連がありません。

語句 □sound ～に聞こえる　□fun 楽しい

10. 🎵 070 W 🇬🇧 M 🇦🇺

Did you see the review of our new electronic product?
(A) Take a look at page seven.
(B) Production costs.
(C) Are there any good comments?

私たちの新しい電子製品のレビューを見ましたか。
(A) 7ページを見てください。
(B) 生産コストです。
(C) 何かいいコメントがありましたか。

正解 (C)

解説 「レビューを見たか」と尋ねる問いかけに対して，「いいコメントがあったか」と聞き返すことで間接的にまだ見ていないことを伝えている(C)が正解です。(A)は問いかけにあるseeの類義表現であるtake a look at ～を含む選択肢ですが，問いかけの内容とは関連がなく，(B)は問いかけにあるproductと発音の被るproductionを含んだひっかけの選択肢です。

語句 □electronic product 電子製品　□take a look at ～ ～を見る

11. ♪ 071 M 🇦🇺 M 🇨🇦

When would you be able to start working here?
(A) In the main building.
(B) Yes, let me share the lab test result.
(C) From January.

あなたはいつここで働き始めることができますか。
(A) 本館でです。
(B) はい，臨床試験の結果を共有しましょう。
(C) 1月からです。

正解 (C)

解説 Whenを使った「あなたはいつから働き始められるか」という問いかけに対して，「1月から」と具体的な時を答えている(C)が正解です。(A)は問いかけにあるWhenをWhereと聞き間違えた場合に選んでしまう可能性のあるひっかけの選択肢です。

語句 □be able to do ～することができる　□lab test 臨床試験

12. ♪ 072 M 🇦🇺 W 🇬🇧

When is your client arriving?
(A) One of our company's competitors.
(B) In about 20 minutes.
(C) About some customer complaints.

あなたの顧客はいつ到着しますか。
(A) 私たちの会社の競合の1社です。
(B) 約20分後です。
(C) いくつかの顧客の苦情についてです。

正解 (B)

解説 Whenを使った「いつ顧客が到着するのか」を尋ねる問いかけに対して，「約20分後」と具体的な時間を答えている(B)が正解です。(A)は問いかけにあるclientから連想されるcompetitors「競合（他社）」を含んだひっかけの選択肢，(C)はclientの類義語であるcustomer「顧客」を含む選択肢ですが，いずれも問いかけとは話がかみ合いません。

語句 □arrive 到着する　□competitor 競合（他社）　□complaint 苦情

13. ♪ 073 W 🇺🇸 M 🇦🇺

Can I get two chicken salads to go?
(A) A large size, please.
(B) A dinner set.
(C) I'm afraid they've sold out.

チキンサラダを2つ，持ち帰りでいただけますか。
(A) 大きいサイズをお願いします。
(B) ディナーセットです。
(C) すみませんが，それらは売り切れています。

正解 (C)

解説 Can I ～?「～できますか」を使った「チキンサラダを持ち帰りできるか」という質問に対して，「売り切れている」と答え，できない旨を伝えている(C)が正解です。(A)は問いかけにあるchicken saladsから連想されるlarge sizeを使ったひっかけの選択肢，(B)もchicken saladsから連想されるdinnerを使ったひっかけの選択肢です。

語句 □I'm afraid ～ すみませんが～です　□sell out 売り切れる

14. ♪ 074 M 🇦🇺 W 🇬🇧

Do you have time to answer a consumer survey?
(A) Sorry, I'm running late for my appointment.
(B) Right here on the form.
(C) Take one from here, please.

消費者アンケートに回答する時間はありますか。
(A) すみません，約束に遅れそうなのです。
(B) フォームのちょうどこちらです。
(C) ここから1つお持ちください。

正解 (A)

解説 問いかけは，Do you have time to do?「～する時間はありますか」ですが，「アンケートに回答してくれませんか」という依頼としてとらえることができます。この問いかけに対して，「すみません（できません）」と応答し，さらに理由を続けている(A)が正解です。Do you have time to do?は依頼表現として定型的に使われていますが，Yes/No疑問文ととらえて解くこともできます。(B)は問いかけにあるsurveyから連想されるformを含んだひっかけの選択肢，(C)は問いかけの内容とは関連がありません。

語句 □consumer 消費者　□survey アンケート　□run late 遅れる　□appointment 約束　□form フォーム，用紙

15. ♪ 075 W 🇬🇧 W 🇺🇸

When did you transfer to the sales department?
(A) Let me translate this document into English.
(B) By offering a higher salary.
(C) At the beginning of this year.

いつ営業部に異動したのですか。
(A) 私にこの書類を英語に翻訳させてください。
(B) より高い給料を提示することによってです。
(C) 今年の初めにです。

正解 (C)

解説 Whenを使った「いつ営業部に異動したのか」を尋ねる問いかけに対して，「今年の初めに」と具体的な時を答えている (C)が正解です。(A)は問いかけにあるtransferと発音の似ているtranslateを含んだひっかけの選択肢，(B)はHowで手段を問われたときの応答で，問いかけの内容とは関連がありません。

語句 □transfer to ～ ～へ異動する　□sales department 営業部　□translate A into B AをBに翻訳する

---

16. ♪ 076 W 🇺🇸 M 🇨🇦

Who will lead the orientation for new employees this year?
(A) I was reading a book.
(B) We'll decide on that at the next team meeting.
(C) For a few more days.

誰が今年の新入社員のオリエンテーションを指揮しますか。
(A) 本を読んでいました。
(B) 次のチームミーティングでそれについて決める予定です。
(C) あと数日間です。

正解 (B)

解説 Whoを使った「誰がオリエンテーションを指揮するのか」を尋ねる問いかけに対して，「次のミーティングで決める」と答え，まだ決まっていないことを示唆している (B)が正解です。(A)は問いかけにあるleadと発音が似ているreadを使ったひっかけ，(C) は問いかけとは関連のない内容です。

語句 □lead ～を指揮する　□orientation オリエンテーション

---

17. ♪ 077 W 🇬🇧 M 🇨🇦

Where is the lecture on digital marketing being held?
(A) At two o'clock.
(B) It should be written in the program.
(C) Peter Hearn will be the speaker.

デジタルマーケティングについての講義はどこで行われていますか。
(A) 2時にです。
(B) プログラムに書かれているはずです。
(C) Peter Hearnが講師です。

正解 (B)

解説 Whereを使って講義が行われる場所を尋ねる問いかけに対して，「プログラムに書かれている」と場所を知る手段を伝えている (B)が正解です。(A)は問いかけにあるWhereをWhen「いつ」と聞き間違えた場合に選んでしまう内容の選択肢，(C)は問いかけにあるlectureに関連するspeakerを含む選択肢ですが，問いかけとは話がかみ合いません。

語句 □lecture 講義　□be held 行われる

---

18. ♪ 078 W 🇺🇸 M 🇨🇦

I'd like to join the team meeting next week online.
(A) I used to work at a Web design company.
(B) Do you have a camera on your laptop?
(C) To meet the project deadline.

来週のチームミーティングはオンラインで参加したいです。
(A) 以前ウェブデザインの会社で働いていました。
(B) あなたのノートパソコンにカメラはついていますか。
(C) プロジェクトの期限に間に合うためです。

正解 (B)

解説 「ミーティングにはオンラインで参加したい」という発言に対して，「ノートパソコンにカメラはついているか」と，参加するために必要な条件を確認している (B)が正解です。(A)は問いかけにあるonlineから連想されるWeb designを使ったひっかけの選択肢，(C)は問いかけにあるmeetingと発音が被るmeetを含んだひっかけの選択肢です。

語句 □I'd like to do 私は～したい　□laptop ノートパソコン

19.　🎵 079　M 🇨🇦　W 🇬🇧

Why hasn't the progress report been sent out yet?
(A) A few revisions are needed.
(B) Possibly up to ten pages.
(C) On a local newspaper.

なぜまだ進捗報告書が送られていないのですか。
(A) 数点の修正が必要です。
(B) おそらく最大10ページです。
(C) 地元紙にです。

正解（A）

解説 Whyを使って報告書が送られていない理由を尋ねる問いかけに対して、「修正が必要だ」と理由を伝えている(A)が正解です。(B)は問いかけにあるreportから連想されるten pagesを含んだひっかけの選択肢です。(C)もreportから連想されるnewspaperを使った選択肢ですが、問いかけとは話がかみ合いません。

語句 □progress 進捗　□a few ～ 2，3の～　□revision 修正　□up to ～ 最大～

20.　🎵 080　M 🇦🇺　W 🇬🇧

This is your first time working with Su-Li Production, isn't it?
(A) No, we've worked together previously.
(B) At their office.
(C) For one hour.

あなたがSu-Li製造と仕事をするのはこれが初めてですよね？
(A) いいえ、以前にも一緒に働いたことがあります。
(B) 彼らの事務所でです。
(C) 1時間の間です。

正解（A）

解説 ある会社と仕事をするのが「これが初めてですよね」と付加疑問文を使って尋ねる問いかけに対して、「いいえ、以前にも働いたことがある」という応答をしている(A)が正解です。(B)は問いかけにあるworking「仕事をする」から連想されるofficeを含んだひっかけの選択肢、(C)は問いかけにあるfirst「最初の」から連想されるoneを含んだひっかけの選択肢です。

21.　🎵 081　M 🇦🇺　W 🇺🇸

Can I make an appointment with Dr. Kirkpatrick next Tuesday?
(A) I'd prefer you leave it closed.
(B) You can check the availability online.
(C) A medical procedure.

来週の火曜日に、Kirkpartrick医師との予約はできますか。
(A) それは閉めたままの方がよいです。
(B) オンラインで空きを確認できます。
(C) 医療処置です。

正解（B）

解説 Can I ～？「～できますか」を使い、医者の予約をしようとしている問いかけに対して、「オンラインで空きを確認できる」ことを伝えている(B)が正解です。(C)は問いかけにあるDr. Kirkpatrickから連想されるmedical procedure「医療処置」ですが、問いかけとは話がかみ合いません。

Part 2　スコアアップのカギ

（濱：濱崎先生／大：大里先生）

大： Part 2は最も集中力を要するPartの1つ。最初は少しずつ解けるようになっても、トータルスコア700点くらいの中級者のレベルあたりで頭打ちになるケースも少なくありません。

濱： スコアアップのカギとして、「質問に直接答えない、問いかけと応答の距離感のある」やり取りが正解になる場合もあることを知っておきましょう。「昨日の会議はいかがでしたか」という問いかけに対して、「出席しませんでした」のような応答が正解になる問題です。

大： いわゆる「遠い応答」。慣れていないと間違えやすい問題ですね。

濱： Part 2の正答率は、「設問＋正解の選択肢のペア」をどれだけ自分のストックとして持っているかに正比例しますよ。

大： スクリプトを見れば分かるのに、という方もいると思います。そんな方におすすめなのが、聞こえてきた音をできるだけ再現するように発音するトレーニング。本来ネイティブが話す音の感覚をつかむことができて「聞こえる」表現が増えてくるようになります。

---

22. ♪ 082 M |+| W ⚊

Haven't you seen our store manager here today?
(A) I thought she was with you.
(B) The store opens at nine.
(C) Sometime next year.

今日ここで店長を見ていないのですか。
(A) 彼女はあなたと一緒にいると思っていました。
(B) そのお店は9時に開店します。
(C) 来年のいつかです。

正解 (A)

解説 「今日ここで店長を見ていないか」という問いかけに対して，「彼女（＝店長）はあなたと一緒にいると思っていた」，と応答し，店長を見ていないことを示唆している(A)が正解です。(B)は問いかけにあるstoreを含むひっかけの選択肢です。

23. ♪ 083 M ⚊ M |+|

I'm leaving to pick up Toshi now.
(A) No, not recently.
(B) Did you confirm his arrival time?
(C) Thanks, I'll pick up the order later.

今，Toshiを迎えにいくために出発します。
(A) いいえ，最近はありません。
(B) 彼の到着時間を確認しましたか。
(C) ありがとう，あとで注文品を取りにいきます。

正解 (B)

解説 「Toshiを迎えにいく」という発言に対して，「彼の到着時間は確認したか」と，相手に確認している(B)が正解です。(A)はNo「いいえ」が何に対してなのかが分からないので不正解です。(C)は問いかけにあるpick up ～「～を迎えにいく」を含んだひっかけの選択肢です。(C)では「～を取りにいく」という意味で使われています。

語句 □pick up ～ ～を迎えにいく，取りにいく　□confirm ～を確認する　□arrival 到着

24. ♪ 084 M ⚊ W ⚊

Which room should I book for the meeting with designers next week?
(A) In-room dining is not available.
(B) It'll be held online.
(C) Sure, at eight P.M.

来週のデザイナーとの会議のために，どの部屋を予約すべきですか。
(A) ルームサービスはご利用いただけません。
(B) オンラインで行われます。
(C) もちろん，午後8時にです。

正解 (B)

解説 Whichを使って会議のためにどの部屋を予約すべきかを尋ねる問いかけに対して，「オンラインで行われる（ので部屋を予約する必要はない）」と答えている(B)が正解です。Itは問いかけにあるthe meetingを指します。(A)は問いかけにあるroomを使った音のひっかけ，(C)は問いかけから連想される会議などの時間に言及したひっかけなので，注意しましょう。

語句 □in-room dining （ホテルなどでの）ルームサービス　□hold ～を開催する

25. 🎵 085 W🇺🇸 W🇬🇧

We should organize a farewell party for Mr. Benson.
(A) The reception desk is on the first floor.
(B) How many years has he worked here?
(C) Yes, he's very organized.

Bensonさんの送別会を計画する必要があります。
(A) 受付は1階にあります。
(B) 彼は何年間ここで働いていますか。
(C) はい，彼はとても几帳面な人です。

正解 (B)

解説 「Bensonさんの送別会を計画する必要がある」という発言に対して，Bensonさんについての情報を聞き返している(B)が正解です。(A)は問いかけにあるparty「パーティー」から連想されるreception deskを含んだひっかけの選択肢，(C)はorganizeの派生語であるorganizedを含む選択肢です。音のひっかけに注意しましょう。

語句 □organize ～を計画する □farewell party 送別会 □reception desk 受付 □organized 几帳面な

26. 🎵 086 W🇺🇸 M🇦🇺

Where can I find a key for the supply room?
(A) Some paper for the printer.
(B) I saw it on Jessica's desk.
(C) There should be plenty of room.

どこで備品室の鍵を見つけられますか。
(A) プリンター用の紙です。
(B) Jessicaの机の上で見ました。
(C) たくさんのスペースがあるはずです。

正解 (B)

解説 Whereを使い備品室の鍵のある場所を尋ねる問いかけに対して，「Jessicaの机の上で見た」と具体的な場所を答えている(B)が正解です。(A)は問いかけにあるsupply roomから連想されるpaper for the printerを含んだひっかけの選択肢，(C)は問いかけにあるroomを含む選択肢ですが，問いかけとは話がかみ合いません。問いかけでは「部屋」という意味ですが，(C)では「スペース」という意味で使われています。

語句 □supply room 備品室 □plenty of ～ たくさんの～

27. 🎵 087 M🇨🇦 M🇦🇺

The sales of our air purifier are increasing rapidly.
(A) The electricity bill.
(B) We can arrive on time.
(C) Right —— our new advertisement is quite effective.

空気清浄機の売り上げは急速に増えています。
(A) 電気代の請求書です。
(B) 私たちは時間通りに到着できます。
(C) そうですね——私たちの新しい広告はかなり効果的です。

正解 (C)

解説 「空気清浄機の売り上げが増えている」という発言に同意し，「新しい広告は効果的だ」と続けている(C)が正解です。(A)はair purifier「空気清浄機」から連想されるelectricity「電気」を含んだひっかけの選択肢です。

語句 □air purifier 空気清浄機 □rapidly 急速に □electricity 電気 □bill 請求書 □on time 時間通りに □advertisement 広告

28. 🎵 088 W🇬🇧 M🇨🇦

Have the technicians finished installing the photocopiers, or do they need more time?
(A) They're almost done.
(B) It's the installation process.
(C) The photos will be displayed at the city library.

技術者はコピー機を設置し終えましたか，それとももっと時間が必要ですか。
(A) 彼らはほぼ終えています。
(B) それは設置の手順です。
(C) 写真は市立図書館で展示されます。

正解 (A)

解説 「コピー機を設置し終えたか，もっと時間が必要か」を尋ねる選択疑問文の問いかけに対して，「ほぼ終わった」と進捗状況を伝えている(A)が正解です。(B)は問いかけにあるinstallingの派生語であるinstallationを含んだひっかけの選択肢，(C)は問いかけにあるphotocopiersと発音の被っているphotosを含むひっかけの選択肢です。

✦ ✦ ✦

 選択疑問文では，このような長い質問が時折出題されます。orが聞こえたら，A or Bのかたちを意識して，意味をしっかりつかむようにしましょう！

語句 □install ～を設置する □photocopier コピー機 □installation 設置 □process 手順

29. ♪ 089 W 🇬🇧 M 🇦🇺

How did the presentation for your client go?
(A) An excellent report.
(B) Nearly all the members.
(C) I got a contract for their advertising.

顧客へのプレゼンはどうでしたか。
(A) 素晴らしいレポートです。
(B) ほぼ全てのメンバーです。
(C) 彼らの広告の契約を結びました。

正解 (C)

解説 Howを使ってプレゼンの手ごたえを尋ねる問いかけに対して、「契約を結んだ」とプレゼンの成果を伝えている(C)が正解です。(A)はpresentation「プレゼン」から連想されるreport「レポート」を使ったひっかけの選択肢、(B)はWhoなどを使った問いかけに対する応答です。

❖ ❖ ❖

「～はどうでしたか」という質問に対して、It couldn't have gone better.やIt couldn't have been better.と返すことがあります。これは、「これ以上うまくはいかなかったでしょう」、つまり「最高だった」という意味で、Part 2の正解の選択肢としても登場します。

語句 □excellent 素晴らしい □nearly ほとんど □contract 契約 □advertising 広告、広告すること

---

30. ♪ 090 M 🇦🇺 W 🇺🇸

Will a hundred flowers be enough to decorate the entrance, or should I order more?
(A) Can you check last year's record?
(B) Please put them back in order.
(C) A famous gardener.

100本の花は入口を装飾するのに十分ですか、それとももっと注文した方がよいですか。
(A) 去年の記録を調べてもらえますか。
(B) それらを元の順番に戻してください。
(C) 有名な庭師です。

正解 (A)

解説 花の数が十分かどうかを尋ねる選択疑問文の問いかけに対して、「去年の記録を調べてもらえるか」と答え、自分では判断できないことを示唆している(A)が正解です。(B)は問いかけにあるorder「～を注文する」を「順番」という意味で使っているひっかけの選択肢、(C)は問いかけにあるflowersから連想されるgardener「庭師」を含んではいますが、問いかけとは話がかみ合いません。

語句 □order ～を注文する □check ～を調べる、確認する □record 記録 □put ～ back ～を戻す □in order 順序正しく

---

31. ♪ 091 W 🇺🇸 M 🇨🇦

Could you help me write a project proposal?
(A) Sure, how can I help?
(B) A personal assistant.
(C) Your signature here, please.

企画書を書くのを手伝っていただけますか。
(A) もちろんです、私に何ができますか。
(B) 個人秘書です。
(C) 署名をこちらにお願いします。

正解 (A)

解説 Could you ～?「～していただけますか」を使った「企画書を書くのを手伝ってほしい」という依頼を表す問いかけに対して、「もちろん」と応答し、さらに何ができるかを聞いている(A)が正解です。(B)は問いかけにあるhelp「～を手伝う」から連想されるassistant「秘書」を含んだひっかけの選択肢、(C)は問いかけにあるwriteから連想されるsignature「署名」を含んだ選択肢ですが、問いかけとは話がかみ合いません。

語句 □help（人）do（人）が～するのを手伝う □project proposal 企画書 □personal assistant 個人秘書 □signature 署名

Part 3

♫ 093　W 🇺🇸　M 🇨🇦

Questions 32 through 34 refer to the following conversation.

W: Hi. It's Kelly Harper from H and G Advertising. **❶I'd like to set up a meeting with you to discuss your job application.** Are you free on Friday afternoon?

M: I'm afraid not. Are you available any other day?

W: **❷Can you come in on Monday then?**

M: Sure. I have another appointment at three P.M., though.

W: **❸OK. How about ten A.M.?** It shouldn't take that long.

M: That'll work. Thank you so much. **❹By the way, has my portfolio arrived?**

W: I'm still waiting. It's important that we get it ahead of your interview.

設問32-34は次の会話に関するものです。

W: もしもし，H and G広告のKelly Harperと申します。あなたの仕事へのご応募の件でお話しするために，あなたとミーティングを設定したいと思っています。金曜日の午後は空いていますか。

M: 残念ながら空いていません。ほかに空いている日はありますか。

W: それならば，月曜日に来られますか。

M: 承知しました。午後3時に別の予定がありますが。

W: 分かりました。午前10時はいかがですか。そんなに長くかかりません。

M: それで大丈夫です。どうもありがとうございます。ところで，私のポートフォリオは届きましたか。

W: まだ待っています。あなたの面接の前に受け取ることが重要ですね。

語句 □set up 〜（会議など）を設定する　□job application 就職の申し込み　□available 空いている　□work うまくいく

32.

What is the purpose of the call?

(A) To get an opinion on a supplier
(B) To decide on a topic for a meeting
(C) To place an advertisement
(D) To schedule an appointment

電話の目的は何ですか。

(A) 供給会社についての意見を手に入れること
(B) ミーティングのトピックを決定すること
(C) 広告を掲載すること
(D) 会う約束をすること

正解 (D)

解説 電話をしている目的が問われています。女性は❶で「職の応募の件で話すために，ミーティングを設定したい」と切り出しているので，(D)が正解です。目的は冒頭に話されることが多いです。目的を問う設問がある場合は特に冒頭をしっかり聞くようにしましょう。

言い換え set up → schedule

語句 □supplier 供給会社　□place（広告など）を出す

33.

When do the speakers intend to meet?

(A) On Monday morning
(B) On Monday afternoon
(C) On Friday morning
(D) On Friday afternoon

話し手たちはいつ会おうとしていますか。

(A) 月曜日の午前中
(B) 月曜日の午後
(C) 金曜日の午前中
(D) 金曜日の午後

正解 (A)

解説 2人がいつ会おうとしているか，が問われています。❷から月曜日，❸から午前10時ということが分かるので，(A)が正解です。「金曜の午後」は男性が断っているので(D)は不正解です。❷の提案から，That'll work. と男性が賛成するまでの流れをしっかり把握しましょう。

語句 □intend to *do* 〜するつもりである

34.

Why does the woman say, "I'm still waiting"?

(A) She has not received a delivery.
(B) She is expecting a program outline.
(C) She doubts that a client is dependable.
(D) She has not been given an invoice.

なぜ女性は"I'm still waiting"と言っていますか。

(A) 荷物を受け取っていないから
(B) プログラムの概要を望んでいるから
(C) 顧客が信頼できるか疑っているから
(D) 請求書を渡されていないから

正解 (A)

解説 意図問題です。問われている箇所は「私はまだ待っている」という意味です。男性の❹「私のポートフォリオは届いたか」という問いかけへの返答として，女性はこの発言をしています。よって，送付されたものをまだ受け取っておらず，待っているという意図での発言だと分かります。以上より正解は(A)となります。

語句 □outline 概要　□doubt that S V SはVだと思っていない

🔑 **32.** 概要　**33.** 詳細　**34.** 意図問題　| 65 |

Questions 35 through 37 refer to the following conversation.

M: Hi. ❶It's Trevor Hill from the delivery center. I ordered some gloves for the workers here last Friday. We've had so many trucks to load recently that our gloves have been wearing out really fast.

W: Yes, sorry, Mr. Hill. I haven't sent that order to the supplier yet. ❷We won't have them until Wednesday.

M: That's fine. ❸I wanted to change the order. We're going through them so quickly —❹I'd like to double the number.

設問35-37は次の会話に関するものです。

M: もしもし。配送センターのTrevor Hillです。先週の金曜日，従業員用にいくつか手袋を注文しました。最近は荷物を積み込むトラックがとても多いので，私たちの手袋はとても速く擦り切れてきています。

W: はい，すみません，Hillさん。その注文をまだ供給会社に送っていません。水曜日まで手に入りません。

M: 大丈夫です。注文を変更したかったんです。すぐに使い果たしてしまいそうですから。数を2倍にしたいです。

語句 □glove 手袋 □wear out ～ ～を使い切る，使い古す □supplier 供給会社 □go through ～ ～を使い果たす □double ～を2倍にする

35.

Where does the man work?
(A) At a shipping facility
(B) At a construction site
(C) At a manufacturing plant
(D) At a shopping center

男性はどこで働いていますか。
(A) 出荷施設
(B) 建設現場
(C) 製造工場
(D) ショッピングセンター

正解 (A)

解説 男性がどこで働いているか，が問われています。男性は❶で「配送センターのTrevor Hillだ」と名乗っています。この後の発言からも積み込みの仕事をしていることが分かるので，(A)が正解です。

言い換え delivery center → shipping facility

語句 □manufacturing plant 製造工場

36.

When does the woman say a shipment will arrive?
(A) On Wednesday
(B) On Thursday
(C) On Friday
(D) On Saturday

女性はいつ荷物が届くと言っていますか。
(A) 水曜日
(B) 木曜日
(C) 金曜日
(D) 土曜日

正解 (A)

解説 男性に手袋について聞かれた女性は❷で「水曜日まで手に入らない」と言っています。荷物は水曜日に届くと分かるので，正解は(A)となります。否定文でのuntilは，「～の直前まではある状態が継続しているが，～以降から変わる」というのが本質的な意味です。ここでは「水曜日からは継続していた物事の状態が変わる」と考えてください。

37.

What does the man say he wants to do?
(A) Speak with employees
(B) Read some product reviews
(C) Take a break
(D) Modify an order

男性は何をしたいと言っていますか。
(A) 従業員と話す
(B) 製品レビューを読む
(C) 休憩を取る
(D) 注文を変更する

正解 (D)

解説 男性が何をしたいと言っているか，が問われています。男性は，❸で「注文を変更したかった」，❹で「注文数を2倍にしたい」と述べています。よって(D)が正解です。changeとmodifyは頻出の言い換えなので，覚えておきましょう。

言い換え change → Modify

語句 □product review 製品の感想 □modify ～を変更する，修正する

Questions 38 through 40 refer to the following conversation.

M: Hello. ❶I think I left a green USB memory stick at your coffee shop this morning. I was sitting at a table by the window.

W: Yes, sir. A customer found it under a chair and turned it in.

M: That's a relief—I have some important work documents saved on it. How late are you open today?

W: We are open until six P.M.

M: ❷The conference I'm attending won't end until the evening, so I probably won't be able to make it by closing time. I'm flying back home tomorrow, so I was hoping to stop by the café in the morning to pick it up.

W: OK. I'll be on duty tomorrow morning, so I can hand it to you directly. We open at eight A.M.

設問38-40は次の会話に関するものです。

M: こんにちは。今朝，そちらのコーヒーショップに緑のUSBメモリースティックを忘れてしまったと思います。窓際のテーブルに座っていました。

W: はい。お客様がいすの下で見つけ，届けてくださいました。

M: 安心しました。重要な作業文書が保存されているんです。今日は何時まで開いていますか。

W: 午後6時まで開いています。

M: 私が出席している会議は夜まで終わらないので，閉店時間には間に合わないかもしれません。明日地元に飛行機で戻るので，午前中にカフェに立ち寄ってUSBを受け取りたいと思っていたんです。

W: 分かりました。明日の午前中は出勤しているので，直接お渡しできると思います。午前8時から開いています。

語句 □memory stick メモリースティック（データを記録する媒体部品の1種） □turn ~ in ~を提出する，届ける
□relief 休息，安心 □stop by ~ ~に立ち寄る □pick ~ up ~を受け取りに行く

38.

Why is the man calling?

(A) To make a reservation
(B) To request a document
(C) To obtain technical support
(D) To ask about a missing item

男性はなぜ電話をかけていますか。

(A) 予約をするため
(B) 書類を要求するため
(C) 技術サポートを受けるため
(D) 落とし物について尋ねるため

正解 (D)

解説 男性がなぜ電話をかけたのか，が問われています。男性は❶で「今朝，そちらのコーヒーショップに忘れ物をしたと思う」と，カフェでの忘れ物について問い合わせしています。忘れ物をa missing itemと表した(D)が正解となります。

語句 □obtain ~を得る □missing item 落とし物

39.

Where does the woman most likely work?

(A) At a software company
(B) At a supermarket
(C) At a hotel
(D) At a café

女性はおそらくどこで働いていますか。

(A) ソフトウェア会社
(B) スーパーマーケット
(C) ホテル
(D) カフェ

正解 (D)

解説 女性がどこで働いているか，が問われています。男性が❶「そちらのコーヒーショップに忘れ物をした」と言っています。女性もその後，店の営業時間について案内をしています。よって(D)が正解となります。

言い換え coffee shop → café

40.

What will the man do tomorrow?

(A) Go on a vacation
(B) Call a client
(C) Check out of a hotel
(D) Return from a trip

男性は明日何をしますか。

(A) 休暇に出る
(B) 顧客に電話をする
(C) ホテルをチェックアウトする
(D) 出張から戻る

正解 (D)

解説 男性が明日何をするのか，が問われています。男性の❷より，「今日は会議に出席する」ことと，「明日飛行機で地元にへ戻る」ことが分かります。つまり，出張から戻ることが考えられるので，正解は(D)となります。

Questions 41 through 43 refer to the following conversation.

M: ❶I'm thinking of taking a guided tour of Boston. I've lived here for years and I've never been to many of the historic sites.

W: That's a great idea. ❷In fact, I read a story in a monthly publication, *Boston Life*, about a popular tour guide. You have to make a reservation with her directly and there is a bit of a waiting list, but it seemed like a wonderful experience.

M: That sounds perfect. How much does it cost?

W: It's quite expensive; something like 200 dollars per person. ❸The thing is, she's donating all of the money to a project to buy some buildings by the harbor to build a museum.

設問41-43は次の会話に関するものです。

M: Bostonのガイドツアーに参加しようと思っているんだ。何年もここに住んでいながら，歴史的な場所の多くに行ったことがないんだ。

W: それはとてもよいアイデアね。実は，月刊誌の『Boston Life』で人気のあるツアーガイドについての話を読んだの。彼女に直接予約を取らないといけないし，かなり順番待ちがあるようだけど，素晴らしい体験になるらしいわ。

M: それは完璧だね。いくらかかるの？

W: 結構高いわよ。1人あたり200ドルくらい。なぜかと言うと，港沿いのいくつかの建物を買って博物館を建てるためのプロジェクトに，彼女は全てのお金を寄付しているのよ。

語句 □guided tour 案内役付きのツアー　□for years 何年もの間　□historic site 歴史的な場所
□monthly publication 月刊誌　□waiting list 順番待ちのリスト　□the thing is というのは，重要なのは
□donate ～に寄付をする　□harbor 港

41.

What is the main topic of the conversation?

(A) Arranging a plant visit
(B) Obtaining a map of the area
(C) Participating in a tour
(D) Attending a concert

会話の主なテーマは何ですか。

(A) 工場見学を手配すること
(B) 地域の地図を手に入れること
(C) ツアーに参加すること
(D) コンサートに参加すること

正解 (C)

解説 会話の主なテーマは何か，が問われています。男性が❶で「ガイドツアーへの参加を検討している」と切り出し，その後もツアーガイドや参加費用について話しているので，(C)が正解となります。

言い換え taking a guided tour → Participating in a tour

語句 □plant visit 工場見学　□obtain ～を得る
□participate in ～ ～に参加する

42.

What did the woman read?

(A) An employee manual
(B) A magazine article
(C) A competitor's advertisement
(D) A city financial report

女性は何を読みましたか。

(A) 従業員マニュアル
(B) 雑誌の記事
(C) 競合の広告
(D) 市の財務報告書

正解 (B)

解説 女性が何を読んだのか，が問われています。女性は❷で「月刊誌で人気のあるツアーガイドの話を読んだ」と言っているので，(B)が正解となります。

言い換え monthly publication → magazine

語句 □competitor 競争相手　□financial report 財務報告書

43.

According to the woman, why is money being raised?

(A) To improve water quality
(B) To provide extra seating
(C) To purchase some property
(D) To restore a historic building

女性によると，なぜお金が集められているのですか。

(A) 水質を改善するため
(B) 追加の座席を提供するため
(C) 物件を購入するため
(D) 歴史的建造物を修復するため

正解 (C)

解説 お金が集められている理由について，女性が何と言っているか，が問われています。女性はガイドツアーについて話した後，❸で「建物を買って博物館を建てるプロジェクト」について述べています。物件購入用に資金を集めていることが分かるので，これを言い換えた(C)が正解となります。

言い換え buy → purchase，buildings → property

語句 □raise （資金等）を集める　□water quality 水質
□property 不動産物件　□restore ～を修復する

Questions 44 through 46 refer to the following conversation.

W: ❶I'm heading over to the catering firm to place the order this afternoon. Have you got the final guest list?

M: Yeah. ❷Unfortunately, we've had to add a few more people to it. Do you think they can handle 20 more guests?

W: I'm sure it'll be fine. ❸They mainly cater for big events. I don't think 20 more people will be a big deal for them.

M: Great. The budget has been increased so that we can afford the extra meals. You can get the exact figure from Rhonda Smith.

設問44-46は次の会話に関するものです。

W: 今日の午後に注文をするためにケータリング会社に向かうわ。最終的な招待客のリストはある？

M: あるよ。残念なことに，何人かリストに追加しないといけなかったんだ。彼らはあともう20人の客に対応できるかな？

W: 大丈夫だと思う。彼らは主に大きなイベントにケータリングしているから。あと20人なら大したことじゃないと思うわ。

M: よかった。追加の食事を頼む余裕ができるように予算は増やされたよ。Rhonda Smith さんから正確な金額を教えてもらえるよ。

語句 □head over to ～ ～に向かう　□catering firm ケータリング会社　□handle ～を扱う　□big deal 大ごと
□afford ～の余裕がある　□figure 金額，数値

44.

What is the woman planning to do in the afternoon?

(A) Inspect a factory
(B) Lead a committee
(C) Visit an establishment
(D) Watch a sporting event

女性は午後に何をする予定ですか。

(A) 工場を視察する
(B) 委員会を主導する
(C) 企業に出向く
(D) スポーツイベントを観る

正解 (C)

解説 女性が午後に何をする予定か，が問われています。女性は❶で「今日の午後に注文をするためにケータリング会社に向かう」と言っているので，ある会社に向かうことが分かります。(C)が正解です。establishmentは「会社組織」を表す抽象度が高い名詞で，TOEICには頻出の表現です。

語句 □establishment 企業，会社

45.

What problem does the man mention?

(A) The number of guests has increased.
(B) Tickets are sold out.
(C) The budget is too tight.
(D) An entertainer is not available.

男性は何の問題に言及していますか。

(A) ゲストの数が増えた。
(B) チケットが売り切れた。
(C) 予算がとても厳しい。
(D) あるエンターテイナーが来られない。

正解 (A)

解説 男性が何の問題に言及しているか，が問われています。男性は❷で「何人かリストに追加しないといけなかった。あと20人の客に（ケータリング会社は）対応できるか」という心配をしています。「ゲストの数が増えた」と表現した(A)が正解です。男性が会話の後半で予算が増えたことに触れているので，(C)は不正解です。

語句 □entertainer エンターテイナー，もてなしや歓待をする人

46.

What does the woman say about the company?

(A) She has used them before.
(B) They have a reputation for reasonable prices.
(C) They started a new service.
(D) They specialize in large orders.

女性は会社について何と言っていますか。

(A) 彼女は彼らを以前利用したことがある。
(B) 手ごろな価格で定評がある。
(C) 新しいサービスを始めた。
(D) 大口注文を専門としている。

正解 (D)

解説 女性はその会社について何と言っているか，が問われています。the companyとはケータリング会社のことを指します。女性は❸でこの会社について「彼らは主に大きなイベントのケータリングをしている。あと20人なら大したことじゃないと思う」と述べているので，(D)が正解です。companyは単数形でも，会社組織が複数の人数で構成される，というイメージから，代名詞はtheyになることもあります。

語句 □reputation 評判　□reasonable 手ごろな，お値打ちの

Questions 47 through 49 refer to the following conversation.

W: ❶A group of students is coming from Spain to study biology at the city museum next month. The curators there asked if a couple of teachers from Douglas University could come and help them out.

M: ❷I'd love to help. Are you going?

W: ❸Yes, I've already agreed to go and speak with the students at the museum on October 13 and 14. Can you come?

M: ❹Oh, that weekend won't work unfortunately. I won't be in Chicago then, I'm afraid. I'm visiting some family in Dallas.

設問47-49は次の会話に関するものです。

W: 来月，Spainからの学生の団体が市立博物館で生物学を勉強するために来る予定です。Douglass大学から何人かの教授が来て手伝ってくれないかと，そこの学芸員が尋ねてきました。

M: ぜひ手伝いたいです。あなたも行きますか。

W: はい，10月の13日と14日に博物館に出向いて学生たちと話をすることにすでに同意しています。来られそうですか。

M: ああ，その週末は残念ながら都合が悪いです。そのときにはあいにくChicagoにはいないんですよ。Dallasにいる家族に会いに行くんです。

語句 □a group of ～ ～の一行，団体　□biology 生物学　□curator 学芸員　□a couple of ～ 何人かの～
　　　　□I'd love to *do* 喜んで～する　□work（予定などが）都合がよい

47.

Who most likely are the speakers?

(A) Financial advisors
(B) Computer programmers
(C) Science instructors
(D) Maintenance workers

話し手たちはおそらく誰ですか。

(A) 金融アドバイザー
(B) コンピュータープログラマー
(C) 科学の教師
(D) 保守作業員

語句 □instructor 指導者，先生

正解 (C)

解説 話し手たちがおそらく誰なのか，が問われています。女性が❶で「学生の団体が市立博物館で生物学を学ぶ予定だ。大学から何人かの教授が来て手伝ってくれないかと学芸員が尋ねている」と述べたのに対し，男性が❷で「ぜひ手伝いたい。あなたも行くか」と尋ね，女性が同意しています。ここから，この2人は，学芸員を手伝うことができる，大学教授だと推測できますので，(C)が正解となります。

言い換え biology → Science

48.

What is the woman doing next month?

(A) Meeting some visitors
(B) Conducting an inspection
(C) Hiring an assistant
(D) Joining a fitness club

女性は来月何をしますか。

(A) 訪問者と会う
(B) 調査を行う
(C) 助手を雇う
(D) フィットネスクラブに入会する

語句 □conduct ～を行う　□inspection 調査

正解 (A)

解説 女性が来月何をするのか，が問われています。女性は❸で「博物館で学生たちと話をすることにすでに同意している」と述べています。❶からこの学生たちが来るのは来月なので，(A)が正解です。話し手たちが冒頭から来月の予定について話していることを意識して聞きましょう。

言い換え go and speak with → Meeting

49.

Why is the man unable to participate?

(A) He did not receive an invitation.
(B) He is not qualified.
(C) He needs to work overtime.
(D) He will be out of town.

男性はなぜ参加することができないのですか。

(A) 招待状を受け取らなかったから。
(B) 資格を満たしていないから。
(C) 残業しなければいけないから。
(D) 町を離れているから。

語句 □qualified 資格がある　□out of town 町を離れて

正解 (D)

解説 男性がどうして参加できないのか，が問われています。男性は❷で参加の意思を表明していましたが，❹で「そのときにはChicagoにいない」と述べており，開催地であるChicagoから離れていることが分かります。ここから，それを言い換えた(D)が正解となります。

言い換え won't be in → will be out of

Questions 50 through 52 refer to the following conversation.

M: ❶Excuse me, I was wondering if this bookshelf is available in white or beige. I like the design, but black doesn't really go with the rest of my living room.

W: This model comes in white and dark brown, too, but those colors are temporarily out of stock. We're expecting a new shipment soon. ❷If you come back next weekend, we should have some then. You can always call first to make sure.

M: I'll do that. And will the 20 percent discount still apply?

W: Hmm, this is valid only until this weekend. ❸I'll ask my manager if you can still use it next week.

設問50-52は次の会話に関するものです。

M: すみません，この本棚の白かベージュはありますか。デザインは好みなんですが，黒はリビングのほかの家具とあまりなじまなくて。

W: このモデルは白と濃い茶色が出ていますが，それらの色は一時的に在庫切れです。すぐに新たな配送を予定しています。来週末に戻ってきていただければ，そのときにはいくつかあるはずです。念のため，まずは電話をおかけください。

M: そうします。20％の割引はまだ適用されますか。

W: ええと，これは今週末までしか有効ではないですね。来週でも使えるかどうか，マネージャーに確認してまいります。

語句 □I wonder if S V SはVではないかと思う　□bookshelf 本棚　□beige ベージュ色　□go with ~ ~に合う　□rest 残り
□temporarily 一時的に　□out of stock 在庫切れである

50.

Where most likely is the conversation taking place?

(A) In a shoe store
(B) In an art supply store
(C) In a clothing boutique
(D) In a furniture store

この会話はおそらくどこで行われていますか。

(A) 靴店
(B) 画材店
(C) 衣料品店
(D) 家具店

正解 (D)

解説 この会話がどこで行われているか，が問われています。男性が❶で本棚の白かベージュはあるかを尋ねているので，家具店での会話だと推測できます。(D)が正解となります。

語句 □clothing boutique 衣料品店

51.

What does the woman suggest the man do?

(A) Choose a different color
(B) Find the inventory information online
(C) Call the store before his visit
(D) Pay by credit card

女性は男性に何をするよう提案していますか。

(A) 異なる色を選ぶ
(B) 在庫情報をオンラインで見つける
(C) 訪問前に店に電話する
(D) クレジットカードで支払う

正解 (C)

解説 女性が男性に提案していることが問われています。女性は❷で「来週末に（店に）戻ってくれば，在庫があるはずだ。念のため，まずは電話をかけてください」と伝えています。よって，(C)が正解です。

語句 □inventory 在庫

52.

What will the woman do next?

(A) Deliver a product
(B) Talk to her supervisor
(C) Call another branch
(D) Go to a storage room

女性は次に何をしますか。

(A) 商品を配達する
(B) 責任者と話をする
(C) ほかの支店に電話をする
(D) 倉庫へ行く

正解 (B)

解説 女性が何をするか，が問われています。女性は❸で，「来週でもそれ（＝割引券）が使えるかどうか，マネージャーに確認する」と言っています。これを言い換えた(B)が正解です。

言い換え ask → talk to, manager → supervisor

語句 □storage room 倉庫，保管部屋

Questions 53 through 55 refer to the following conversation with three speakers.

W: I'm sorry I'm late. I had some trouble finding you. I really didn't expect the site to be so far up the mountain.

M1: Yes, we should have mentioned that. ❶We wanted our new office to have beautiful views.

M2: And we wanted to be a bit out of town to avoid traffic.

W: Right. ❷I think this land might not be big enough for the size of building you want. ❸You might want to look elsewhere.

M1: I see. We don't mind changing the design. It could be a three-story building rather than a two-story building.

W: That's an idea. Of course, that will cost a lot more. ❹What kind of budget do you have?

M2: I think we have enough money for that.

設問53-55は次の3人の会話に関するものです。

W: ごめんなさい，遅くなってしまって。あなたたちを見つけるのに苦労してしまいました。場所がこんな遠くの山の上だとは，全く思っていませんでした。

M1: はい，それをお伝えするべきでしたね。新しい事務所には素晴らしい眺めがほしかったんです。

M2: そして，渋滞を避けるために少し町から離れた場所がよかったんです。

W: なるほど。この土地はあなた方が望む建物の大きさに見合うほど，大きくはないと思います。どこか違う場所を探した方がいいかもしれません。

M1: なるほど。デザインを変更することは構いません。2階建てよりも3階建ての建物がいいですが。

W: それも1つの案ですね。もちろん，もっと費用はかかります。予算はどのぐらいございますか。

M2: それに足りるぐらい十分な金額はあるかと思います。

語句 □site 場所 □story 階 □rather than ~ ~よりはむしろ

53.

What are the speakers mainly discussing?

(A) Holding a convention
(B) Building an office
(C) Repairing a vehicle
(D) Refurbishing a hotel

話し手たちは主に何について話していますか。

(A) 集会を開くこと
(B) 事務所を建てること
(C) 自動車を修理すること
(D) ホテルを改修すること

正解 (B)

解説 話し手たちが主に何について話しているのか，が問われています。1人目の男性が❶で「新しい事務所にはよい眺めがほしかった」と話し，女性も❷で「この土地は2人が望む建物の大きさに見合うほど大きくはないかも」と，述べています。この後も新事務所の建設に関連したやり取りが続くので，(B)が正解です。

語句 □refurbish ~ ~を改修する

54.

What does the woman suggest the men do?

(A) Speak with an interior decorator
(B) Hire a caterer
(C) Check out a different store
(D) Consider another location

女性は男性たちに何を提案していますか。

(A) インテリアデザイナーと話す
(B) ケータリング業者を雇う
(C) 別の店を調べてみる
(D) ほかの場所を検討する

正解 (D)

解説 女性は❸で「どこか違う場所を探した方がいいかもしれない」と述べているので，これを言い換えた(D)が正解となります。店を探しているわけではないので，(C)は不正解です。話の流れをしっかりと理解しましょう。

55.

What does the woman want to know about the project?

(A) Why it has been postponed
(B) What the objective is
(C) Who is in charge of planning
(D) How much they can afford to pay

女性はプロジェクトについて何を知りたがっていますか。

(A) なぜそれが延期されたか
(B) 目的が何なのか
(C) 誰が企画を担当しているのか
(D) いくら支払う余裕があるのか

正解 (D)

解説 女性は❹で「予算がどのぐらいあるか」と聞いているので，今回の新事務所の建設にどれくらい支払えるのかを確認したいことが分かります。よってこれをafford to do「~する余裕がある」を使って言い換えた(D)が正解です。予算を尋ねるときにWhatを使うことも押さえておきましょう。なお，質問文にあるprojectは，仕事上の案件の総称として使われます。言い換え表現としても頻出です。

語句 □objective 目的 □in charge of ~ ~を担当している □afford to do ~する余裕がある

言い換え budget → How much they can afford to pay

Questions 56 through 58 refer to the following conversation.

M: Thank you for agreeing to this interview, Ms. Johansson. ❶It's really an honor to talk with such a famous snowboarder like you. ❷You have recently entered into a partnership with Batley Association. Could you tell us about that?

W: Well, Batley Association is a great organization that works hard to get locals to play sports and become more active. As an athlete myself, I support that wholeheartedly.

M: That's great. You're organizing sports events every month, right?

W: Yes— ❸we hold charity events for the public, and donate money to local school athletic programs. ❹We also upload the photos taken during these activities on our Web site.

設問56-58は次の会話に関するものです。

M: インタビューにご同意いただきありがとうございます，Johanssonさん。あなたのような有名なスノーボード選手とお話しできることがとても光栄です。あなたは最近，Batley Associationとパートナーシップを組まれましたね。そのことについてお話しいただけますか。

W: ええと，Batley Associationは地元の人たちがスポーツをし，もっと活動的になるよう熱心に取り組んでいる素晴らしい組織です。私自身がアスリートとして，誠心誠意それを支援しています。

M: それは素晴らしいですね。あなたたちは毎月スポーツイベントを開催されているのですよね。

W: はい。私たちは公共にむけて慈善活動を行っており，地元の学校のスポーツプログラムにお金を寄付しています。さらにウェブサイト上に，これらの活動時に撮影された写真をアップロードしています。

語句 □agree to ～ ～に同意する □it is an honor to do ～して光栄である □partnership with ～ ～との提携関係 □organization 組織 □get（人）to do（人）に～してもらう □local 地元の人 □wholeheartedly 誠心誠意

56.

Who most likely is the woman?

(A) A Web designer
(B) A travel agent
(C) A professional athlete
(D) A gym owner

女性はおそらく誰ですか。

(A) ウェブデザイナー
(B) 旅行代理店の社員
(C) プロのスポーツ選手
(D) ジムのオーナー

正解 (C)

解説 女性はおそらく誰か，が問われています。男性が❶で女性のことを「あなたのような有名なスノーボード選手」と言っているので，プロの競技選手だと推測できます。以上から(C)が正解です。「プロの」と明言はされておらず，「有名な選手」ということから「プロの選手である」ことを推測する必要がある問題でした。TOEICでは，こうした推測する必要がある問題も出題されます。また，ほかの選択肢が全て明らかな誤りなので，消去法で(C)を選ぶこともできます。

57.

What does Batley Association do every month?

(A) Organize a competition
(B) Post newspaper articles
(C) Hold public events
(D) Give lessons for students

Batley Associationは毎月何をしていますか。

(A) 競技会を主催する
(B) 新聞記事を投稿する
(C) 公共イベントを行う
(D) 学生向けに授業を行う

正解 (C)

解説 Batley Associationが毎月何をしているか，が問われています。❷でBatley Associationは女性が提携している組織だと分かります。その活動について述べる中で女性が❸で「私たちは公共にむけた慈善活動を行っている」と言っているので，(C)が正解です。Batley Associationとパートナーシップを結んでいる女性の発言ではWe，インタビュアーである男性の発言ではYouがBatley Associationを指しているということに気づく必要があります。

言い換え charity events for the public → public events

語句 □organize ～を主催する □competition 競技会，大会 □post ～を投稿する □public 公共の

58.

What does the woman say is available on a Web site?

(A) A map
(B) A photo gallery
(C) A recipe
(D) An event calendar

女性はウェブサイトで何が利用できると言っていますか。

(A) 地図
(B) フォトギャラリー
(C) レシピ
(D) 行事カレンダー

正解 (B)

解説 女性がウェブサイトで利用できると言っているものが問われています。女性は❹で「ウェブサイト上に，活動の時に撮影された写真をアップロードしている」と述べているので，(B)が正解です。galleryは「画廊」という意味だけでなく，写真・絵画が閲覧できるウェブサイトのことも指します。

Questions 59 through 61 refer to the following conversation.

M: Hi, this is Neil from LPX Express. ❶I have a parcel for your company, but I'm not sure I have the right building.

W: Where are you now?

M: I'm at 7580 Delphi Avenue. The delivery slip says you're in Suite 402, but it looks like a warehouse, and I can't enter the lot because the main gate is locked.

W: ❷That's not the right number. We're at 9580. What's the nearest intersection?

M: Delphi and Kimberly Avenue. Is that close?

W: ❸That's just two blocks away. It should only take about five minutes.

M: OK. I'm on my way.

設問59-61は次の会話に関するものです。

M: もしもし，LPX ExpressのNeilです。御社宛てに小包があるんですが，私が正しい建物にいるのかが分かりません。

W: 今どこにいらっしゃいますか。

M: Delphi通り7580番地です。配送伝票にはSuite 402にいらっしゃると書いてありますが，そこは倉庫のようです。そして正門には鍵がかかっていて，敷地に入れません。

W: 正しい番号ではないですね。私たちは9580番地です。一番近い交差点はどこですか。

M: DelphiとKimberly通りです。近いでしょうか。

W: たった2ブロック先です。5分ほどしかかからないはずです。

M: 分かりました。向かっています。

語句　□parcel 小包　□delivery slip 配送伝票　□warehouse 倉庫　□lot 敷地，区画　□main gate 正門
□on one's way 行く途中で

59.

What does the man want to do?

(A) Return a vehicle
(B) Acquire a qualification
(C) Confirm an order
(D) Deliver a package

男性は何をしたいと思っていますか。

(A) 自動車を返却する
(B) 資格を取得する
(C) 注文を確認する
(D) 小包を配達する

正解 (D)

解説 男性がしたいと思っていることが何か，が問われています。男性は❶で「御社宛てに小包がある」と述べています。ここから配達をしたいことが分かるので，言い換えた(D)が正解です。

言い換え parcel → package

語句 □qualification 資格　□confirm ～を確認する

60.

What is the problem?

(A) A car has engine trouble.
(B) The man lost his car key.
(C) The man has the wrong information.
(D) A parking lot is full.

問題は何ですか。

(A) 車がエンジン故障を起こしている。
(B) 男性が車の鍵を失くした。
(C) 男性が間違った情報を持っている。
(D) 駐車場が満車である。

正解 (C)

解説 問題が何か，が問われています。荷物を配達しようとしているが場所が正しいか分からないと言い，配送伝票の記載内容を伝える男性に対し，女性が❷で「それは正しい番号ではない」と応答し，正しい情報を伝えています。この状況を，「男性が間違った情報を持っている」と表現した(C)が正解となります。

語句 □wrong information 間違った情報

61.

What does the woman mean when she says, "It should only take about five minutes"?

(A) She expects the man to arrive soon.
(B) She will leave her office right away.
(C) She will finish a task shortly.
(D) She is surprised by a delay.

女性が"It should only take about five minutes"と言う際，何を意図していますか。

(A) 男性がすぐに到着するだろうと思っている。
(B) すぐに事務所を去る。
(C) まもなく仕事を終える。
(D) 遅延に驚いている。

正解 (A)

解説 意図問題です。問われている箇所は「5分ほどしかかからないはずだ」という意味です。男性に場所が近いかと聞かれた女性は❸で「たった2ブロック先だ」と言った後にこの発言をしています。ここから女性は，短い距離なので男性がすぐに到着するだろうと予想していることが分かります。よって，(A)が正解です。

語句 □expect（人）to do（人）が～するだろうと思う
□right away すぐに　□task タスク，任務
□shortly まもなく　□delay 遅延

意図問題を正解するコツ

(濱：濱崎先生／大：大里先生)

濱： 意図問題では，状況や背景に合った選択肢が正解になるので，問われている箇所の前後の流れをしっかりと聞き取ることが重要です。

大： そうですね。意図問題の難しいところは，問われている箇所が会話やトークのどこで出てくるかが分からないことですよね。対策としては，先読みの際に，問われている箇所の表現をしっかりチェックしておいて，待ち構えながら聞くことです。会話やトークの流れに気をつけながら聞き，問われている箇所の前後の文脈をつかむことができれば，正解できます。

濱： 先読みが勝負，ということですよね。できれば先読みの段階で選択肢にも目を通しておきたいです。選択肢はフルセンテンスである場合が多いので，いかに速く読み，頭に入れておくことができるか，というのも重要です。

大： 最初はなかなか難しいかもしれませんが，同じ問題を何度も解いて，問われている箇所を先読みし，文脈を聞きながら待ち構えるように聞くトレーニングをしてみましょう。だんだん解き方のコツがつかめるようになると思いますよ。

Questions 62 through 64 refer to the following conversation and seating chart.

M: Hi, Jane. I'm booking a flight for you to Toronto for your business trip next month. ❶The site is asking how many bags you want to check in.

W: Thanks for doing that. I'll bring just one. When I traveled there last month, I took one suitcase and that was enough.

M: No option for the extra bags then. It looks like there're only four seats left. Do you have any seating preference?

W: ❷I'd like an aisle seat if possible.

M: OK…, now your seat is reserved. ❸The gate number hasn't been announced yet, so you should get to the airport early to check the flight information there.

設問62-64は次の会話と座席表に関するものです。

M: やあ，Jane。来月の出張に向けて，君のToronto行きのフライトを予約しているところだよ。ウェブサイトは，荷物をいくつ預けたいかを聞いているよ。

W: 予約してくれてありがとう。一つだけ持って行くわ。先月そこへ旅行をしたときは，一つのスーツケースを持って行ったんだけど，それで十分だったから。

M: それなら追加の荷物は必要ないってことか。たった4席しか残ってないみたいだね。座席の好みはある？

W: 可能なら通路側がいいな。

M: 分かった…，今席が予約されたところだよ。ゲート番号はまだ知らされていないから，フライト情報を確認するために，早めに空港に着くべきだね。

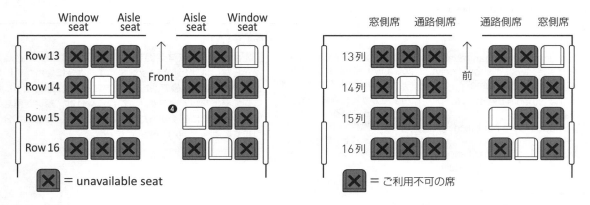

語句　□site ウェブサイト　□extra bag 追加の荷物　□seating preference 座席の好み　□aisle 通路　□get to 〜 〜に着く　□row 列

62.

What does the man ask the woman about?

(A) The amount of luggage
(B) The flight's departure time
(C) The schedule of the trains
(D) Local weather conditions

男性は女性に何を尋ねていますか。

(A) 荷物の量
(B) フライトの出発時間
(C) 電車のスケジュール
(D) 地元の天候状態

語句 □departure time 出発時刻

正解 (A)

解説 男性が女性に尋ねていること，が問われています。男性は❶で「（予約サイトが）荷物をいくつ預けたいかを聞いている」と言っているので，正解は(A)です。ここではThe siteは「航空会社のオンライン予約のウェブサイト」を指しています。

言い換え how many → The amount of.
　　　　　 bags → luggage

63.

Look at the graphic. In which row will the woman most likely sit?

(A) Row 13
(B) Row 14
(C) Row 15
(D) Row 16

図を見てください。女性はおそらくどの列に座りますか。

(A) 13列
(B) 14列
(C) 15列
(D) 16列

正解 (C)

解説 図表問題で，女性がどの列に座るか，が問われています。女性は❷で「通路側がいい」と言い，続いて男性が席が確保できたと答えています。次に図を見ると，❹から通路側で空いている席は1つしかないので，その座席のある列に該当する(C)が正解です。

＊ ＊ ＊

 座席表の図表問題は時折出題されます。aisle seat「通路側席」，window seat「窓側席」，middle seat「真ん中の席」などの表現を押さえておきましょう。実際の新幹線や飛行機の座席表にも英語表記があるので，機会があればチェックしてみてください。

64.

What does the man advise the woman to do?

(A) Reserve her return flight
(B) Check some information online
(C) Purchase a new suitcase
(D) Arrive at the airport early

男性は女性に何を助言していますか。

(A) 帰りのフライトを予約する
(B) オンラインで情報を確かめる
(C) 新しいスーツケースを購入する
(D) 早めに空港に到着する

語句 □return flight 帰りのフライト

正解 (D)

解説 男性が女性に助言していることが問われています。男性は❸で「フライト情報を確認するために，早く空港に着いた方がよい」と述べているので，これを言い換えた(D)が正解です。check the flight informationにつられて(B)を選んだ方もいるかもしれませんが，online「オンラインで」とは述べられていません。最後まで聞き取ってから解答を選ぶようにしましょう。

言い換え get to → Arrive at

Questions 65 through 67 refer to the following conversation and graph.

M: How are preparations for the banquet coming along? ❶Would you like me to assign someone to help you?

W: No, everything is already in order. I need a list of award recipients, though. Which branch will win the sales award? ❷We'll need them to sit near the stage.

M: ❸That's still confidential, but here are the figures. The results are pretty clear.

W: They certainly are. ❹Let's invite their branch manager to come and talk about how her team accomplished this.

設問65-67は次の会話とグラフに関するものです。

M: 祝宴に向けての準備は順調？　誰か手伝うように割り当てようか。

W: いいえ，全て順調にいっているわ。受賞者のリストは必要だけど。どの支店が売上優秀賞をとるかしら。受賞者にはステージの近くに座ってもらう必要があるの。

M: それはまだ秘密だけど，これが図だよ。結果はかなり明らかだよ。

W: 確かにそうね。支店長を呼んで，彼女のチームがどのようにこれを達成したのかについて話してもらいましょう。

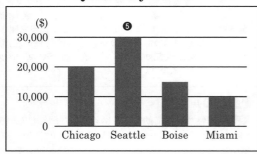

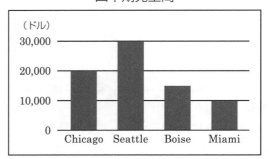

65.

What does the man offer to do?

(A) Provide an assistant
(B) Assign a larger office
(C) Replace some equipment
(D) Increase a budget

男性は何を申し出ていますか。

(A) 助手を用意する
(B) より大きい事務所を割り当てる
(C) 備品を交換する
(D) 予算を増やす

正解 **(A)**

解説 男性が申し出ていることが問われています。男性は❶で「誰か手伝うように割り当てようか」と申し出ているので，これを言い換えた(A)が正解となります。

言い換え assign someone to help you → Provide an assistant

66.

Look at the graphic. Which branch's representatives will sit close to the stage?

(A) Chicago
(B) Seattle
(C) Boise
(D) Miami

図を見てください。どの支店の代表者たちがステージの近くに座りますか。

(A) Chicago
(B) Seattle
(C) Boise
(D) Miami

正解 **(B)**

解説 図表問題で，どの支店の代表者がステージの近くに座るか，が問われています。女性が❷で「(売上優秀賞の)受賞者がステージ近くに座る」と話しています。それに対し，男性は❸で「図を見れば結果は明らかだ」と述べています。グラフを見ると，❺から売り上げが1位なのはSeattleです。以上から，(B)Seattle支店の代表者がステージの近くに座ると分かります。

67.

What does the woman suggest?

(A) Offering a cash incentive
(B) Requesting a discount on catering
(C) Offering visitors some accommodation
(D) Inviting a manager to discuss methods

女性は何を提案していますか。

(A) 賞与を提供すること
(B) ケータリングに対して割引を要求すること
(C) 訪問者に宿泊施設を提供すること
(D) 方法について話すために責任者を誘うこと

正解 **(D)**

解説 女性が提案していることが問われています。女性は❹で「支店長を呼んで，どのように達成したのかについて話してもらおう」と提案しているので，これを言い換えた(D)が正解となります。how her team accomplished this「どのように彼女のチームが達成したのか」が，選択肢ではmethods「方法」に言い換えられています。

言い換え talk about → discuss

語句 □cash incentive 賞与，報酬
□a discount on ～ ～に対する割引
□accommodation 宿泊施設 □method 方法

Questions 68 through 70 refer to the following conversation and list.

M: ❶Excuse me, I need to get to the Milton Plaza hotel downtown. Will the Airport Line take me there?

W: Yes. Just get off at Cobham Station—the Milton Plaza is right next to it.

M: Great. ❷I'd like one single ticket, please.

W: ❸How about getting one of our passes? It's ten dollars per day, and it's available for various kinds of transportation in the city, including buses, trams, and subways. There's even a discount if you purchase our two-day or one-week pass. These passes will save you money if you use public transportation a lot while you're in town.

M: ❹Hmm…, no thanks. I'll be spending most of my time here at the conference itself.

設問68-70は次の会話と表に関するものです。

M: すみません，市内のMilton Plazaホテルに行く必要があります。空港線ではそこに行けますか。

W: はい。Cobham駅で降りるだけです。Milton Plazaはそのちょうど隣です。

M: よかったです。片道切符を1枚ください。

W: 当社のパスを購入してはいかがですか。1日あたり10ドルで，バス，トラム，地下鉄を含む市内のさまざまな交通機関でご利用いただけます。2日間や1週間のパスを購入されると割引もございます。市内にいる間に公共交通機関を頻繁にご利用される場合は，これらのパスはお金の節約になります。

M: ええと，結構です。会議にここでの時間のほとんどを費やすことになりますので。

Kellerton Transit Network Fares

❺ Single ticket $3.25
1-day pass $10.00
2-day pass $15.00
1-week pass $35.00

Kellerton Transit Network 運賃

片道切符 .... 3.25 ドル
1日パス .... 10 ドル
2日間パス .... 15 ドル
1週間パス .... 35 ドル

語句 □downtown 市内の，都市部の □get off (電車，バスなどから) 降車する □next to ～ ～の隣である
□single ticket 片道切符 □various kinds of ～ さまざまな～ □transportation 交通手段 □tram トラム，路面電車
□save (人) money (人) のお金の節約になる □fare 運賃

68.

Where most likely are the speakers?

(A) At a travel agency
(B) At a ticket office
(C) At a hotel
(D) At a shopping mall

話し手たちはおそらくどこにいますか。

(A) 旅行代理店
(B) 切符売り場
(C) ホテル
(D) ショッピングモール

語句 □travel agency 旅行代理店

正解 (B)

解説 話し手たちがおそらくどこにいるか，が問われています。❶で男性は目的地までの電車での行き方について尋ね，それに対し女性が案内をしています。そして男性は❷で「片道切符をください」と言っているので，この会話は切符売り場で行われていることが推測できます。(B)が正解となります。

69.

What does the woman suggest the man do?

(A) Visit the city hall
(B) Purchase a pass
(C) Postpone his trip
(D) Change his destination

女性は男性に何をするよう提案していますか。

(A) 市役所を訪問する
(B) パスを購入する
(C) 旅行を延期する
(D) 目的地を変更する

語句 □city hall 市役所　□destination 目的地

正解 (B)

解説 女性が男性に何を提案しているか，が問われています。女性は❸で「パスを購入してはどうか」と，パスの購入を勧めているので，(B)が正解となります。

言い換え get one of our passes → Purchase a pass

70.

Look at the graphic. How much will the man pay the woman?

(A) $10.00
(B) $35.00
(C) $15.00
(D) $3.25

図を見てください。男性は女性にいくら支払いますか。

(A) 10 ドル
(B) 35 ドル
(C) 15 ドル
(D) 3.25 ドル

正解 (D)

解説 図表問題で，男性は女性にいくら支払うかが問われています。男性は❷で「片道切符をください」と言っています。その後女性が複数の種類のパスを勧めていますが，最終的に男性が❹で女性の提案を断っているので，片道切符を購入することが分かります。運賃表を見ると，❺より片道切符は3.25ドルであることが分かるので，正解は(D)となります。

Part 4

♪ 107 W 🇬🇧

Questions 71 through 73 refer to the following announcement.

❶Starting today, we'll be offering free sample-size bottles of Amalo hand cream to customers. Any customer who spends at least 30 dollars is entitled to receive one. ❷However, don't just put the samples straight into the bag with their other purchases. ❸Ask the customer if they would like a sample first. We want to target people who are interested in cosmetics and may return to the store to buy other Amalo products in the future. ❹I'll give each of you the samples in baskets. Please set them next to your cash register.

設問71-73は次のアナウンスに関するものです。

本日より，Amaloハンドクリームのサンプルの大きさのボトルを無料でお客様に配る予定です。最低30ドルお買い上げいただいたお客様はみな，1つ受け取ることができます。ただし，サンプルをほかの購入品と一緒にただ袋に入れるだけではいけません。まず，お客様にサンプルが欲しいかどうか尋ねてください。化粧品に興味があり，将来ほかのAmalo製品を買いに店舗に戻ってくるかもしれない人々をターゲットにしたいと思っています。バスケットに入れたサンプルをそれぞれにお渡しします。各自のレジの隣に設置してください。

語句 □at least 少なくとも　□*be* entitled to *do* ～する資格がある　□put *A* straight into *B* AをそのままBに入れる
□target ～を対象にする　□cosmetic 化粧品　□in the future 将来

71.

Who most likely are the listeners?

(A) Delivery people
(B) Restaurant staff
(C) Sales representatives
(D) Store cashiers

聞き手は誰だと考えられますか。

(A) 配達人
(B) レストランの従業員
(C) 営業担当者
(D) 店舗のレジ係

語句 □sales representatives 営業担当者
□cashier レジ係

正解 (D)

解説 このトークの聞き手が誰か，が問われています。❶で「本日からサンプルの大きさのハンドクリームを客に配る」，❷で「サンプルをただ袋に入れるだけではいけない」と述べています。つまり，聞き手は客にサンプルを配り，かつ客の袋にサンプルを入れられる人ということが分かるので，(D)が正解となります。❹のcash register「レジ」もヒントになります。

72.

What are listeners asked to do?

(A) Work longer hours
(B) Talk to customers
(C) Hand out some flyers
(D) Register for a course

聞き手は何をするように求められていますか。

(A) より長い時間働く
(B) 客と話す
(C) チラシを配る
(D) 講座に参加登録する

語句 □flyer チラシ　□register for ～ ～に参加登録する

正解 (B)

解説 聞き手が何をするように求められているか，が問われています。❸で「まず客にサンプルが欲しいか尋ねるように」と言っています。これを「客と話す」と言い換えた(B)が正解です。flyerを手渡すとは言っていないので(C)は不正解です。サンプルにはチラシが付いてくるはずだと推測して選ばないようにしましょう。

言い換え Ask → Talk to

73.

What will the speaker do next?

(A) Set up a display
(B) Distribute some items
(C) Present marketing ideas
(D) Call potential customers

話し手は次に何をしますか。

(A) ディスプレイを設置する
(B) いくつかの品物を配る
(C) マーケティングのアイデアを発表する
(D) 見込み客に電話をする

語句 □set up ～ ～を設置する　□distribute ～を配る
□present ～を提出する，発表する
□potential customer 見込みのある客

正解 (B)

解説 話し手が次に何をするか，が問われています。話し手は❹で「サンプルを渡すので，それぞれ各自のレジの隣に設置してほしい」と述べています。これを言い換えた(B)が正解となります。

言い換え give → Distribute，samples → items

♪ 108 　M 🇨🇦

Questions 74 through 76 refer to the following announcement.

❶Welcome to Flinders' Gallery. Our current exhibition features photographs by young amateur photographers from around the world. They are all winning entries in their own regions so the quality is extremely high. ❷The exhibition is called *Nature in the City*. You can probably figure out the theme. ❸The photographers found small oases of nature in urban environments. ❹Proceeds from the ticket sales will be used to support various environmental projects within the state.

設問74-76は次のアナウンスに関するものです。

Flinders'ギャラリーへようこそ。現在の展示では，世界中の若いアマチュアの写真家による写真を特集しています。彼らはみなそれぞれの地域での入賞作品なので，品質は非常に高いです。展示会は『Nature in the City』といいます。おそらくテーマはお分かりでしょう。写真家たちは都会の環境に小さな自然のオアシスを見つけました。チケットの収益は州内のさまざまな環境プロジェクトを支援するために使われます。

語句 □winning entry コンテスト・競技での受賞者　□region 地域　□extremely 非常に　□oases oasis（オアシス）の複数形
　　　□urban 都会の　□environment 環境　□proceeds 収益金　□state 州

74.

Where does the announcement take place?

(A) At a national park
(B) At a photography studio
(C) At a department store
(D) At an art gallery

アナウンスはどこで行われていますか。

(A) 国立公園
(B) 写真スタジオ
(C) 百貨店
(D) 画廊

正解 (D)

解説 このアナウンスがどこで行われているか，が問われています。❶で「ここがギャラリーであること」と「写真を展示していること」が分かるので，当てはまるのは(D)の画廊です。

75.

Why does the speaker say, "You can probably figure out the theme"?

(A) The theme is repeated every year.
(B) The title is very descriptive.
(C) Many competitions have the same concept.
(D) Advertisements have been broadcast many times.

話し手はなぜ"You can probably figure out the theme"と言っていますか。

(A) テーマは毎年繰り返されているため。
(B) タイトルがとてもよく説明されているため。
(C) 数多くのコンテストが同じテーマを用いているため。
(D) 広告が何度も放送されているため。

正解 (B)

解説 意図問題です。問われている箇所は「おそらくテーマは分かるでしょう」という意味です。❷で「展示会名が『Nature in the City』である」と述べた後，この発言をしています。そして❸で「写真家たちが都会に自然を見つけた」と続けています。つまり，展示会名がテーマを説明していることが分かるので，それをdescriptiveと表現した(B)が正解となります。この語は「説明がされている」という意味で，少し難しい単語ですが，派生語のdescribe「～を説明する」，description「説明，描写」とセットで覚えておきましょう。

語句 □descriptive 説明された，記述された
　　　□concept テーマ，概念

76.

How will the money from admission fees be used?

(A) To improve the facilities
(B) To renovate a city library
(C) To pay for a guest speaker
(D) To fund conservation activities

入場料から得られるお金はどのように使われますか。

(A) 施設を改善するため
(B) 市立図書館を改装するため
(C) 招待講演者に支払うため
(D) 保護活動に資金を提供するため

正解 (D)

解説 入場料から得られるお金はどのように使われるか，が問われています。話し手は❹で「チケットの収益はさまざまな環境プロジェクトを支援するために使われる」と述べているので，環境を保護する活動への資金提供と言い換えた(D)が正解です。

言い換え support → fund

語句 □fund ～に資金提供する
　　　□conservation activity 保護活動

Questions 77 through 79 refer to the following excerpt from a meeting.

Good morning, everyone. Thanks for coming to the weekly meeting. ❶I asked Helga to come in and talk about the results of her research, but she's called in sick today, so we'll have to wait until next week for that. ❷It's unfortunate because I wanted to apply her findings to the various advertising campaigns you're working on. ❸Anyway, you should each explain the product you've been assigned and the campaign you've come up with. Your colleagues will offer advice and feedback on your ideas, which you can take into consideration.

設問77-79は次の会議の抜粋に関するものです。

みなさん，おはようございます。週1回の会議に来てくださりありがとうございます。私は調査の結果について話しにくるようHelgaさんに頼みましたが，今日病気で休むと電話があったため，それについては来週まで待つ必要があるでしょう。みなさんが取り組んでいるさまざまな宣伝キャンペーンに調査結果を適用したかったので残念です。それはともかく，みなさんそれぞれ，自分に割り当てられた製品と思いついたキャンペーンについて説明してください。同僚たちがあなたのアイデアについての助言をしますので，検討することができます。

語句 □call in sick 病欠の電話をする □apply A to B AをBに適用する □work on ～ ～に取り掛かる □assign ～を割り当てる □come up with ～ ～を思いつく

77.

What was Helga supposed to talk about?
(A) A change in company policy
(B) The budget for the department
(C) The outcome of a project
(D) Some requests from a client

Helgaは何について話すつもりでしたか。
(A) 会社の方針の変更
(B) 部署の予算
(C) プロジェクトの結果
(D) 顧客からの依頼

語句 □outcome 結果

正解 (C)

解説 Helgaが何について話すつもりだったか，が問われています。話し手は❶で「私は調査結果について話しにくるようHelgaさんに頼んだ」と述べています。ここから(C)が正解となります。Helgaが話すことが問われているので，Helgaという名前が出てきたら集中しましょう。

言い換え results → outcome, research → project

78.

What type of work do the listeners most likely do?
(A) Construction
(B) Advertising
(C) Product design
(D) Journal publishing

聞き手たちはどのような種類の仕事をしていると考えられますか。
(A) 建設
(B) 広告宣伝
(C) 製品デザイン
(D) 定期刊行物の出版

語句 □journal (新聞や専門誌の) 定期刊行物 □publishing 出版（業）

正解 (B)

解説 聞き手たちがおそらくどんな仕事をしているか，が問われています。❷で「みなさんが取り組んでいるさまざまな宣伝キャンペーン」と述べています。つまり，聞き手たちは宣伝に関わる仕事をしていることが分かるので，(B)が正解となります。

79.

What are listeners asked to do?
(A) Fill out forms
(B) Confirm a schedule
(C) Discuss an article
(D) Review projects

聞き手たちは何をするよう求められていますか。
(A) 用紙を記入する
(B) スケジュールを確認する
(C) 記事について議論する
(D) プロジェクトを見直す

語句 □fill out ～ ～に記入する □confirm ～を確認する

正解 (D)

解説 聞き手が何をするように求められているか，が問われています。話し手は❸で「みなさんそれぞれ担当製品とキャンペーン案について説明し，同僚たちがフィードバックする」と言っています。つまり，聞き手同士でプレゼンをし，助言しあうと分かるので，(D)が正解となります。Your colleaguesが聞き手自身も含むことを見抜く必要がある少し難しい問題です。

Questions 80 through 82 refer to the following broadcast.

Good morning, listeners. It's Wendy Nguyen with the morning traffic update from Radio 4HK. This week has been hard on commuters. ❶We've had a lot more cars on the road in the southern suburbs since the number of trains was reduced. We'll all just have to get used to it. ❷There is no remedy in sight so it will be best if you leave for work a little earlier. ❸Fortunately, the road widening project on Milton Street has paid off and there are far fewer delays there now. I'll be back in half an hour with another update.

設問80-82は次の放送に関するものです。

みなさん，おはようございます。Wendy Nguyenがラジオ4HKから朝の最新交通情報をお伝えします。今週は通勤者にとって厳しくなっています。電車の本数が減ってから，南部の郊外では道路上の車の数が増えています。私たちはみな，これに慣れる必要があります。解決策は今のところないので，少し早めに出社した方がよいでしょう。幸い，Milton道路の拡張計画は成果を上げつつあり，現在では大幅に遅れが減っています。30分後にまた最新情報をお伝えします。

> **語句** □*be* hard on ～にとって厳しい　□commuter 通勤者　□suburb 郊外　□get used to ～ ～に慣れる　□remedy 解決策
> □in sight 間近に　□widening 拡張　□pay off 効果をもたらす　□far（比較級の前について）かなり，大幅に　□delay 遅延

80.

Why has traffic increased?

(A) A train schedule has been changed.
(B) The population has grown.
(C) A new office building has opened.
(D) Some bus routes have been canceled.

なぜ交通量が増加していますか。

(A) 電車の運行スケジュールが変更になったため。
(B) 人口が増えたため。
(C) 新しいオフィスビスができたため。
(D) いくつかのバスのルートが運行中止になったため。

正解 (A)

解説 なぜ交通量が増えているか，が問われています。話し手は❶で「電車の本数が減ってから，道路上の車の数が増えた」と述べています。「電車の本数が減った」ことを「運行スケジュールの変更」と言い換えている(A)が正解です。

> **語句** □population 人口　□route 経路

81.

What does the speaker mean when she says, "We'll all just have to get used to it"?

(A) The current situation will not improve.
(B) Drivers should learn to drive in different conditions.
(C) Some new vehicles are becoming very expensive.
(D) The price of tickets will not be discounted.

話し手は"We'll all just have to get used to it"と言う際，何を意図していますか。

(A) 現状は改善されない。
(B) 運転手はいろいろな環境で運転できるようになるべきである。
(C) 一部の新車はとても高価になっている。
(D) チケット料金は割引されない。

正解 (A)

解説 意図問題です。問われている箇所の意味は，「私たちはみな，慣れる必要がある」という意味です。話し手は❶「電車の本数が減ってから，道路上の車の数が増えた」，❷「解決策は今のところない」と話しています。この話の流れから，「交通状況の改善の目処が立っていないため，当面はこの状況に慣れるしかない」という意図だと分かるので，(A)が正解となります。

> **語句** □current 現在の　□discount ～を割引する

82.

Why does Milton Road have less congestion?

(A) A traffic signal has been fixed.
(B) It has been widened.
(C) Larger buses are being used.
(D) A toll is being charged.

なぜMilton道路は混雑が減少していますか。

(A) 信号機が修理されたため。
(B) 拡張されたため。
(C) より大きなバスが使用されているため。
(D) 通行料が課されているため。

正解 (B)

解説 Milton道路はなぜ混雑が減少しているのか，が問われています。話し手は❸で，「Milton道路の拡張計画は成果を上げ，現在では大幅に遅れが減っている」と述べています。ここから(B)が正解となります。

> **語句** □congestion 混雑　□toll（有料道路等の）通行料金

Questions 83 through 85 refer to the following excerpt from a meeting.

OK, let's begin the monthly meeting of team leaders. ❶First of all, I've been asked to talk briefly about the company's new policies with regard to progress reports. They have to be submitted using new software called Pro-Report. This must take place once a week and whenever a major event takes place. The reason that we're making this change is the difficulty we had with the Norton Hall construction project. ❷The size of the project meant that we had multiple teams working at once and none of the teams seemed to know what the others were doing. Even though our next project is much smaller, this new procedure for submitting reports will be required. ❸It will be especially important this time because the work will take place in the middle of the city and we have to cooperate with local authorities.

設問83-85は次の会議の抜粋に関するものです。

はい，それでは毎月のチームリーダー会議を始めましょう。まず最初に，進捗報告書に関する会社の新しい方針について手短に説明するよう求められています。これらはPro-Reportと呼ばれる新しいソフトウェアを使用して提出される必要があります。これらは週に一度，そして重大な出来事が起こったときには必ず行われなければなりません。この変更を行う理由は，Nortonホールの建設プロジェクトで苦労したからです。プロジェクトの規模は，複数のチームが同時に作業していることを意味しており，どのチームもほかのチームが何をしているかを知らないようでした。私たちの次のプロジェクトはずっと小さいですが，この報告書提出に関する新しい手順は必須となります。今回は作業が市の中心部で行われ，自治体と協力しなければならないため，特に重要です。

語句 □first of all まず □briefly 簡潔に □with regard to ～ ～に関して □progress 進捗 □take place 開催する □procedure 手順 □cooperate with ～ ～と協力する □local authority 地方自治体

83.

What is the purpose of the talk?
(A) To welcome a new staff member
(B) To celebrate the completion of a job
(C) To explain a new procedure
(D) To review profit targets

話の目的は何ですか。
(A) 新しい従業員を歓迎すること
(B) 仕事の完了を祝うこと
(C) 新しい手順について説明すること
(D) 利益目標を確認すること

正解 (C)

解説 このトークの目的が問われています。❶で「進捗報告に関する会社の新方針についての説明をする。新しいソフトウェアを使用して提出する必要がある」と述べているので，進捗報告を提出する手順の変更を説明することが目的だと分かります。よって，(C)が正解です。

言い換え talk briefly about → explain

84.

What made the Norton Hall project difficult?
(A) It had a small budget.
(B) There was a lack of communication.
(C) There was a staff shortage.
(D) The location was very remote.

何がNortonホールプロジェクトを難しくしましたか。
(A) 予算が少なかった。
(B) コミュニケーションの不足があった。
(C) 人手が不足していた。
(D) 場所がとても遠かった。

正解 (B)

解説 Nortonホールの計画を難しくした理由が問われています。Nortonホールの建設プロジェクトの名を出し，続けて❷で苦労した理由について「複数のチームが同時に作業していて，ほかのチームが何をしているか知らないようだった」と述べています。チーム同士のコミュニケーションが不足していたと表した(B)が正解となります。

語句 □shortage 不足していること □remote 遠く離れて

85.

What is different about the new project?
(A) It involves a public building.
(B) The deadline is urgent.
(C) The building design is unique.
(D) It will take place in the city center.

新しい建設プロジェクトは何が異なりますか。
(A) 公共の建物と関連している。
(B) 期日が切迫している。
(C) 建物のデザインが独特である。
(D) 街の中心で行われる。

正解 (D)

解説 新プロジェクトは何が異なるか，が問われています。話し手は後半で，次のプロジェクトに触れており，「規模が小さい」，「書類提出に関する新しい手順が必須」，「市の中心部で行われる」，「自治体と協力が必要」といくつかポイントを述べています。このうち，❸の「市の中心部である」という部分を言い換えた(D)が正解となります。

言い換え in the middle of the city → in the city center

♪ 112 W 🇺🇸

Questions 86 through 88 refer to the following advertisement.

❶Would you like to sample authentic cuisine from different cultures? Then come on down to the annual Taste of Trenton festival this Saturday and Sunday. From early morning till sundown, Danvers Avenue will be packed with food stalls set up by the city's restaurants, plus arts and crafts booths, street vendors, and much, much more. ❷Due to street closures and limited parking availability, visitors are strongly advised to take the bus or subway to the festival. ❸For directions and the full timetable of activities, visit www.tasteoftrenton.org.

設問86-88は次の広告に関するものです。

さまざまな文化の本格料理を食べてみたいですか。それならば今週の土曜日と日曜日に，毎年恒例のTaste of Trenton祭りに来てください。早朝から日没まで，Danvers通りには市内のレストランが出店する屋台や，アートや工芸品のブース，露店などでいっぱいになります。通行止めや駐車可能な場所に限りがあるため，祭りにはバスか地下鉄で行くことが強く推奨されます。会場への行き方や全てのアクティビティのタイムテーブルについては，www.tasteoftrenton.orgをご覧ください。

語句 □sample 〜を試食する　□authentic 本格的な　□cuisine 料理　□come on down to 〜 〜に赴く　□food stall 屋台
□set up 〜を設営する　□craft 工芸品　□booth ブース　□street vendor 露店　□closure（道路等の）封鎖
□availability 空き　□directions 道順

86.

What is being advertised?

(A) A travel package
(B) A restaurant opening
(C) An auto repair service
(D) A food fair

何が宣伝されていますか。

(A) 旅行パック
(B) レストランの開店
(C) 自動車整備店
(D) 食のフェア

正解 (D)

解説 何が宣伝されているか，が問われています。❶で「さまざまな文化の本格料理を食べてみたいなら週末にTaste of Trenton祭りへ」と言っています。ここからこの宣伝が，多様な文化の料理が食べられるお祭りだと分かります。これをfood fairと言い換えた(D)が正解です。

語句 □travel package 旅行パック，パッケージツアー
□fair 祭り，展示会

87.

What does the speaker suggest listeners do?

(A) Bring rain gear
(B) Use public transportation
(C) Arrive as early as possible
(D) Purchase an online ticket

話し手は聞き手に何をするよう提案していますか。

(A) 雨具を持ってくる
(B) 公共交通機関を使う
(C) できる限り早く着く
(D) オンラインチケットを購入する

正解 (B)

解説 話し手が聞き手に提案していることが問われています。❷で「通行止めや駐車可能な場所に限りがあるため，祭りにはバスか地下鉄で行くように」と強く勧めています。ここから(B)が正解です。strongly advised to doが聞こえたら，ヒントが来るかもしれないと思って待ち構えましょう。

言い換え take the bus or subway → Use public transportation

語句 □rain gear 雨具　□public transportation 公共交通機関
□as early as possible できるだけ早く

88.

According to the speaker, what can listeners do on the Web site?

(A) Register for an activity
(B) Check a schedule
(C) Purchase tickets
(D) Order merchandise

話し手によると，聞き手はウェブサイトで何ができますか。

(A) アクティビティに参加登録する
(B) 予定を確認する
(C) チケットを購入する
(D) 商品を注文する

正解 (B)

解説 聞き手がウェブサイトで何ができるか，が問われています。❸で「会場への行き方や全てのアクティビティのタイムテーブルについては，www.tasteoftrenton.orgを見るように」と言っています。(B)が正解となります。

言い換え timetable → schedule

Questions 89 through 91 refer to the following telephone message.

Hi Gina, it's Derek. ❶I know we're supposed to meet at three thirty today to go over the proposal for the Hardwick Hotel project, but I'm afraid there's been a change in my schedule and I won't be available this afternoon. ❷However, I looked over the proposal during my lunch break—everything seemed fine to me. ❸So, to be honest, I don't think we really need to meet. You can go ahead and send it to the client, unless you have concerns about specific points. ❹If so, I'll have a little time tomorrow morning, so we can have a video chat. Let me know what you want to do. Thanks.

設問89-91は次の電話メッセージに関するものです。

もしもしGina, Derekです。Hardwickホテルのプロジェクトの提案書を検討するために今日の3時30分に会うことになっているのは分かっていますが, 残念ながらスケジュールに変更があり, 今日の午後は都合がつきません。しかし, 昼休みに提案書に目を通しましたが, 私には全て問題ないように思えました。なので, 正直なところ, 私たちは本当は会う必要はないのではと思います。特に気になる点がない限り, このままクライアントに送っても構いません。もし気になる点があれば, 明日の朝は少し時間があるので, ビデオチャットで話せます。希望を教えてください。よろしくお願いします。

語句 □go over 〜 〜を検討する　□I'm afraid 〜 すまないが〜　□look over 〜 〜に目を通す　□fine よい, 問題ない
□to be honest 正直に言うと　□go ahead 進める　□concern 心配事, 懸念　□specific 特別な　□if so もしそうならば
□video chat ビデオチャット（インターネット等を使用し音声と映像を介した会話）

89.

What is the purpose of the call?

(A) To request a document
(B) To cancel an appointment
(C) To give an update on a project
(D) To reschedule a client meeting

電話の目的は何ですか。

(A) 書類を依頼すること
(B) 約束をキャンセルすること
(C) プロジェクトの最新情報を伝えること
(D) 顧客との会議のスケジュールを変更すること

正解 (B)

解説 電話の目的が問われています。❶で「会う約束があったが, 都合がつかなくなった」と切り出し, ❸で「会う必要はないのでは」と提案しています。ここから予定をキャンセルするための電話をしているのだと分かるので(B)が正解です。

語句 □reschedule（予定を）変更する, 再設定する

90.

What does the speaker mean when he says, "everything seemed fine to me"?

(A) A proposal is ready to be submitted.
(B) The video length is suitable.
(C) He enjoyed a meal at a restaurant.
(D) He is satisfied with a test result.

話し手が "everything seemed fine to me" と言う際, 何を意図していますか。

(A) 提案書は提出する準備ができている。
(B) ビデオの長さは適切だ。
(C) 彼はレストランでの食事を楽しんだ。
(D) 彼はテストの結果に満足している。

正解 (A)

解説 意図問題です。問われている箇所は「私には全て問題ないように見える」という意味です。この発言の前に, ❷で「提案書を見た」と言い, その後❸で「提案書をクライアントに送ってよい」と言っています。話し手は提案書を提出してよい状態が整っていることを伝えたいのだと分かるので, (A)が正解です。

言い換え send → submitted

語句 □be satisfied with 〜 〜に満足する

91.

What does the speaker say he can do tomorrow?

(A) Place a new order
(B) Send a document
(C) Speak with a client
(D) Have an online meeting

話し手は明日何ができると言っていますか。

(A) 新規の注文をする
(B) 書類を送る
(C) 顧客と話す
(D) オンラインミーティングをする

正解 (D)

解説 話し手は明日何ができると言っているか, が問われています。話し手は❹で「明日の朝は時間があるので, ビデオチャットで話せる」と述べているので, (D)が正解です。

言い換え video chat → online meeting

語句 □place an order 発注する

Questions 92 through 94 refer to the following speech.

❶Good evening, and thank you for joining us at the Arden Convention Bureau. ❷I'm excited to introduce Mr. Abraham Felton. ❸I'm sure we all agree that this talented and dynamic entrepreneur is the perfect person to give an inspirational speech to kick off this year's International Entrepreneur Summit. He and his company have been assisting people in making life-changing career moves for more than 15 years. In addition to this work, Mr. Felton has started several small businesses, among them the exceedingly popular Life Coaching Incorporated. ❹Mr. Felton recently published his book *Motivation Station*, in which he instructs readers how to stay on top of their goals and achieve their dreams. Please welcome Mr. Abraham Felton with a warm round of applause!

設問92-94は次のスピーチに関するものです。

こんばんは，みなさん。Arden会議事務局にお集まりいただきありがとうございます。Abraham Feltonさんをご紹介できることに，とてもわくわくしています。この，才能があり精力的な起業家が，今年の国際起業家サミットを開始するための刺激的なスピーチをするのに最もふさわしい人物であることは，誰もが認めるところでしょう。彼と彼の会社は，人生を変えるような転職活動をする人々を15年以上にわたって支援してきました。この仕事に加えて，Feltonさんはいくつかの小規模事業を始め，その中には非常に人気のあるLife Coaching社があります。Feltonさんは最近，『Motivation Station』という本を出版しました。この本の中で，目標を達成し，夢を実現する方法を読者に教えています。Abraham Feltonさんを温かい拍手でお迎えしましょう！

語句　□convention bureau 会議事務局　□*be* excited to *do* 〜するのを楽しみにしている　□talented 才能ある　□dynamic 活力に満ちた　□entrepreneur 起業家　□inspirational 刺激となる　□kick off 〜 〜を始める　□life-changing 人生を変えるような　□move 活動　□in addition to 〜 〜に加えて　□exceedingly 非常に　□instruct 〜に教える　□achieve 〜を達成する　□a round of applause 拍手喝采

92.

Where most likely are the listeners?

(A) At a tourist office
(B) At a concert venue
(C) At a conference site
(D) At a movie theater

聞き手たちはどこにいると考えられますか。

(A) 観光案内所
(B) コンサート会場
(C) カンファレンス会場
(D) 映画館

正解 (C)

解説　聞き手はおそらくどこにいるか，が問われています。話し手は❶で「Arden会議事務局に集まってくれてありがとう」と述べ，これから行われるサミットについて説明しています。よって(C)が正解となります。

93.

Who is Mr. Felton?

(A) A university professor
(B) A film director
(C) A convention's founder
(D) A business owner

Feltonさんとは誰ですか。

(A) 大学教授
(B) 映画監督
(C) 会議の創始者
(D) 事業主

語句　□founder 創始者

正解 (D)

解説　Feltonさんが誰か，が問われています。話し手は❷でFeltonさんの名を出し，❸で「才能があり精力的な起業家」と述べているので，(D)が正解です。entrepreneurは少し難しいですが，TOEICにはよく出題される語なので，意味をしっかり押さえておきましょう。発音にも注意です。

言い換え　entrepreneur → business owner

94.

What has Mr. Felton recently done?

(A) Published a book
(B) Opened a school
(C) Acquired some businesses
(D) Decided to step down

Feltonさんは最近何をしましたか。

(A) 本を出版した
(B) 学校を開校した
(C) いくつかの事業を買収した
(D) 辞職を決断した

語句　□acquire 〜を買収する　□step down 辞職する

正解 (A)

解説　Feltonさんは最近何をしたか，が問われています。話し手は❹で，「Feltonさんは最近本を出版した」と述べているので，(A)が正解です。

Questions 95 through 97 refer to the following announcement and schedule.

The company is planning to issue everyone a new business card with a photo. ❶On Thursday, Ms. Tubman from the general affairs department will be handling the photo shoot. She'll be bringing a small camera to each department and taking a head shot of every employee. ❷The photo shoot will begin in our department, since we've got the most personnel. Try to arrange your schedule as much as possible so you'll be available during that time. ❸I recommend that you wear business attire, since these photos will be very important for making a good impression on your clients.

設問95-97は次のお知らせと予定表に関するものです。

会社は写真付きの新しい名刺を全員に発行する予定です。木曜日に，総務部のTubmanさんが写真撮影を担当します。彼女は小さなカメラを各部署に持っていき，従業員全員の顔写真を撮ります。職員が一番多いので，写真撮影は私たちの部署から始めます。その時間に対応できるように，可能な限りスケジュールを調整してください。顧客によい印象を与えるためにこれらの写真はとても重要ですので，ビジネス向けの服装を着てくることをおすすめします。

Photo Shoot Schedule

❹ Sales ········· 9:30 A.M.
Accounting ········· 11:00 A.M.
General affairs ········· 2:30 P.M.
Shipping ········· 3:00 P.M.

写真撮影スケジュール

営業 ········· 午前9時30分
経理 ········· 午前11時
総務 ········· 午後2時30分
物流 ········· 午後3時

語句 □issue *A B* AにBを発行する □general affairs department 総務部 □handle ～を取り扱う □head shot 顔写真 □personnel 職員，スタッフ □attire 服装 □impression 印象 □shipping 物流・出荷部門

95.

According to the speaker, what will Ms. Tubman do on Thursday?

(A) Print name cards
(B) Hire a photographer
(C) Upload photo data
(D) Visit each department

話し手によると，Tubmanさんは木曜日に何をしますか。

(A) 名刺を印刷する
(B) 写真家を雇う
(C) 写真のデータをアップロードする
(D) 各部署を訪れる

正解 (D)

解説 Tubmanさんは木曜日に何をするか，が問われています。話し手は❶で「木曜日に，総務部のTubmanさんが写真撮影する」と言い，続けて「彼女はカメラを各部署に持っていき顔写真を撮影する」と述べています。各部署に行くと分かるので(D)が正解です。Tubmanさんが撮影すると言っているので，(B)は不正解です。

語句 □hire ～を雇う

96.

Look at the graphic. Which department does the speaker belong to?

(A) Accounting
(B) Sales
(C) Shipping
(D) General affairs

図を見てください。話し手が所属しているのはどの部署ですか。

(A) 経理
(B) 営業
(C) 物流
(D) 総務

正解 (B)

解説 図表問題で，話し手の所属部署が問われています。❷で，「写真撮影は我々の部署から始める」と述べています。次にスケジュール表を見ると，最初に撮影を行うのは❹営業部です。以上より，営業部が話し手の所属している部署だと分かるので，(B)が正解となります。この問題はスケジュール表と選択肢の並びが異なります。表から部署名を読み取って，それに対応する選択肢を選ぶようにしてください。

97.

What are the listeners advised to do for the photo shoot?

(A) Pay the fee early
(B) Dress appropriately
(C) Book a studio
(D) Bring additional cameras

聞き手は写真撮影のために何をするよう勧められていますか。

(A) 料金を早く支払う
(B) ふさわしい服装をする
(C) スタジオを予約する
(D) 追加のカメラを持ってくる

正解 (B)

解説 聞き手が写真撮影で勧められていることが問われています。❸で，「顧客によい印象を与えるために，ビジネス向きの服装を着てくるように」と勧めているので，これを言い換えた(B)が正解となります。

言い換え wear → Dress

語句 □dress 衣服を着用する　□appropriately 適切に

Questions 98 through 100 refer to the following excerpt from a meeting and chart.

I'd like to discuss how we can increase the number of new members joining our association. ❶Last year, we fell short of our goal of 500. ❷While our growth was disappointing most of the year, we did gain a lot of members around the time of the annual convention. That's surely because people signed up to get the membership discount on the convention fee. We therefore need to create incentives for people to become new members during the rest of the year as well. ❸Okay, let me start with a few proposals and get your comments on them.

設問98-100は次の会議の抜粋とグラフに関するものです。

どのようにして我々の協会に入会する新規会員の数を増やすことができるかを話し合いたいと思います。昨年は，目標の500人に達することができませんでした。1年の大半は，伸びは期待外れでしたが，年次大会の時期には多くの会員を獲得しました。その理由は間違いなく，人々が大会の参加費用の会員割引を受けるために登録したからです。したがって，1年の中のほかの時期にも，人々が新規会員になるインセンティブをもうける必要があります。では，まず私からいくつか提案をさせてもらってから，みなさんのご意見を伺いたいと思います。

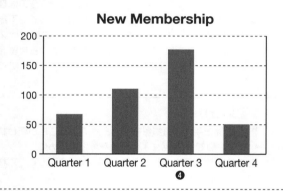

New Membership

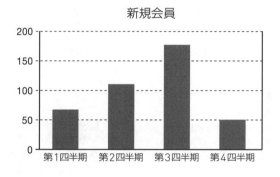

新規会員

❹

語句　□association 組織，協会　□fall short of ～ ～に達しない　□growth 成長　□disappointing 期待外れの
□gain ～を獲得する　□surely 確かに，間違いなく　□sign up to ～ ～に参加・登録する　□convention fee 集会費用
□incentive 奨励金，動機づけとなるもの

98.

According to the speaker, what happened last year at the association?

(A) Their office was relocated.
(B) Their membership fee was raised.
(C) They replaced a president.
(D) They failed to reach a target.

話し手によると，昨年は協会で何が起きましたか。

(A) 事務所が移転した。
(B) 会費が値上げされた。
(C) 会長を交代させた。
(D) 目標を達成できなかった。

正解 (D)

解説 昨年協会で何が起きたと話し手が言っているか，が問われています。話し手は❶で，「昨年は，目標人数に達することができなかった」と述べているので，(D)が正解だと分かります。fall short of ～はある基準や目標に結果が達していないことを表すので，「～を達成できない，達成し損ねる」という意味になります。

言い換え fell short of our goal → failed to reach a target

語句 □relocate ～に移転する　□raise（値段など）を上げる　□fail to *do* ～をし損ねる　□target 目標

99.

Look at the graphic. When was the annual convention held?

(A) In the Quarter 1
(B) In the Quarter 2
(C) In the Quarter 3
(D) In the Quarter 4

図を見てください。いつ年次大会が開かれましたか。

(A) 第1四半期
(B) 第2四半期
(C) 第3四半期
(D) 第4四半期

正解 (C)

解説 図表問題で，いつ年次大会が開催されたか，が問われています。❷で，「年次大会の時期には多くの会員を獲得した」と言っています。次にグラフを見ると，❹の第3四半期に多く会員を獲得しているので，この時期に年次大会が開催されたことが分かります。以上より正解は(C)となります。

100.

What will the speaker do next?

(A) Share some suggestions
(B) Answer the listeners' questions
(C) Set a sales goal
(D) Give feedback on an event

話し手は次に何をしますか。

(A) 提案を共有する
(B) 聞き手からの質問に答える
(C) 売上目標を決める
(D) イベントに関する意見を述べる

正解 (A)

解説 話し手は次に何をするか，が問われています。❸で，「まず私からいくつか提案をし，みなさんの意見を聞きたいと思う」と言っています。ここから，話し手は自分の提案・提言をほかのメンバーに共有する（share）と分かるので，これを言い換えた(A)が正解となります。ひょっとしたら会議の終わりなどに聞き手の質問に答えるかもしれませんが，トークの中では述べられていないので，(B)は不正解となります。

言い換え proposals → suggestions

語句 □suggestion 提案・提言

TEST 2　Part 4｜98-100

TEST 3

解答解説

正解一覧

設問番号	正解		設問番号	正解		設問番号	正解		設問番号	正解
□□□ 1	B		□□□ 26	B		□□□ 51	B		□□□ 76	D
□□□ 2	D		□□□ 27	B		□□□ 52	C		□□□ 77	B
□□□ 3	B		□□□ 28	C		□□□ 53	D		□□□ 78	C
□□□ 4	B		□□□ 29	A		□□□ 54	B		□□□ 79	C
□□□ 5	A		□□□ 30	C		□□□ 55	D		□□□ 80	A
□□□ 6	C		□□□ 31	B		□□□ 56	C		□□□ 81	D
□□□ 7	B		□□□ 32	A		□□□ 57	B		□□□ 82	B
□□□ 8	C		□□□ 33	B		□□□ 58	C		□□□ 83	D
□□□ 9	A		□□□ 34	C		□□□ 59	C		□□□ 84	B
□□□ 10	B		□□□ 35	B		□□□ 60	B		□□□ 85	A
□□□ 11	A		□□□ 36	D		□□□ 61	C		□□□ 86	C
□□□ 12	C		□□□ 37	A		□□□ 62	A		□□□ 87	B
□□□ 13	B		□□□ 38	B		□□□ 63	C		□□□ 88	D
□□□ 14	B		□□□ 39	D		□□□ 64	C		□□□ 89	A
□□□ 15	C		□□□ 40	D		□□□ 65	D		□□□ 90	B
□□□ 16	B		□□□ 41	B		□□□ 66	D		□□□ 91	D
□□□ 17	B		□□□ 42	D		□□□ 67	B		□□□ 92	D
□□□ 18	C		□□□ 43	D		□□□ 68	D		□□□ 93	B
□□□ 19	C		□□□ 44	D		□□□ 69	D		□□□ 94	D
□□□ 20	B		□□□ 45	A		□□□ 70	D		□□□ 95	C
□□□ 21	B		□□□ 46	D		□□□ 71	D		□□□ 96	A
□□□ 22	A		□□□ 47	C		□□□ 72	B		□□□ 97	C
□□□ 23	B		□□□ 48	D		□□□ 73	C		□□□ 98	B
□□□ 24	B		□□□ 49	A		□□□ 74	D		□□□ 99	C
□□□ 25	C		□□□ 50	A		□□□ 75	B		□□□ 100	D

1. ♪ 118 🇬🇧

(A) She's putting fruit into a cart.
(B) She's choosing some food.
(C) She's checking her watch.
(D) She's setting a basket onto a display case.

(A) 彼女はカートに果物を入れている。
(B) 彼女は食べ物を選んでいる。
(C) 彼女は腕時計を確認している。
(D) 彼女は陳列ケースの上にかごを置いている。

正解 (B)

解説 果物に手を伸ばしている女性の動作をchoose「～を選ぶ」を使って表している(B)が正解です。果物はfoodと，より抽象的な語で表されています。(A)はcartが写真には写っておらず，(C)はchecking her watchが，(D)はsetting a basketが女性の動作とは合いません。

❊ ❊ ❊

この問題では「果物」をfoodと表現していますが，Part 1では「果物，野菜」をproduce「農産物」と表現する問題もよく出題されます。

語句 □put A into B AをBに入れる □choose ～を選ぶ □check ～を確認する □set A onto B AをBの上に置く □display case 陳列ケース

2. ♪ 119 🇺🇸

(A) One of the men is pointing at a computer monitor.
(B) One of the men is taking out a book from his bag.
(C) One of the women is reading an article.
(D) One of the women is handing a book over a counter.

(A) 男性の1人はパソコンの画面を指さしている。
(B) 男性の1人はかばんから本を取り出している。
(C) 女性の1人は記事を読んでいる。
(D) 女性の1人はカウンター越しに本を手渡している。

正解 (D)

解説 カウンターの前の女性が本を男性にカウンター越しに手渡しています。その様子を動詞handを使って表している(D)が正解です。(A)はpointing at ～という動作を男性はしておらず，(C)はreading an articleの部分が女性の様子とは合いません。かばんを肩にかけ，手に本を持っている男性はいますが，taking out a book from his bagという動作はしていないので(B)は不正解です。

語句 □point at ～ ～を指さす □take out A from B AをBから取り出す □article 記事 □hand A over B AをB越しに手渡す

3. ♪ 120 🇨🇦

(A) A woman is holding some boxes.
(B) A man is pushing a wheelbarrow.
(C) They're kneeling on the ground.
(D) They're planting some flowers.

(A) 女性が箱を持ち上げている。
(B) 男性が手押し車を押している。
(C) 彼らは地面にひざまずいている。
(D) 彼らは花を植えている。

正解 (B)

解説 手押し車を押している男性の様子を簡潔に表している(B)が正解です。(A)は左側の女性がboxesを持っているわけではないので不正解です。(C)はkneelingという動作が，(D)はplanting some flowersが，写真の2人の人物の様子とは合っていません。

語句 □wheelbarrow 手押し車 □kneel ひざまずく □on the ground 地面に

　1. 1人の人物の写真　**2.** 2人以上の人物の写真　**3.** 2人以上の人物の写真

4. ♪ 121 🇦🇺

(A) Lampposts are being installed.
(B) Buildings are overlooking the road.
(C) Vehicles are parked at the side of a bridge.
(D) Pedestrians are crossing the street.

(A) 街灯が設置されているところである。
(B) ビルが通りを見下ろしている。
(C) 乗り物が橋の横に駐車されている。
(D) 歩行者が通りを横断している。

正解 (B)

解説 通りに沿って建っているビルの様子を，overlook「〜を見下ろす」を使って表している(B)が正解です。(A)は受動態の進行形 are being installed「設置されている最中だ」を使っていますが，これが正解になるためには写真に街灯の設置工事をしている人が写っている必要があります。Vehicles も bridge も写真に写ってはいますが，橋の横に乗り物が駐車されているわけではないので(C)は不正解，(D)は主語の Pedestrians「歩行者」が写真には写っていません。

語句 □lamppost 街灯　□install 〜を設置する　□overlook 〜を見下ろす　□park 〜を駐車する　□at the side of 〜 〜の横に
□pedestrian 歩行者　□cross 〜を横断する

5. ♪ 122 🇺🇸

(A) One of the women is making a presentation.
(B) One of the women is adjusting a microphone.
(C) A man is raising his hand.
(D) A man is typing on a keyboard.

(A) 女性の1人がプレゼンをしている。
(B) 女性の1人がマイクを調整している。
(C) 男性が手を挙げている。
(D) 男性がキーボードを打っている。

正解 (A)

解説 ホワイトボードの前に立ってプレゼンをしている女性を表している(A)が正解です。(B)は microphone が写真には写っておらず，adjusting という動作をしている女性もいません。(C)は raising his hand という動作を，(D)は typing on a keyboard という動作を男性はしていません。

語句 □make a presentation プレゼンをする　□adjust 〜を調整する　□type (キーボードで) 打ち込む

6. ♪ 123 🇦🇺

(A) The door has been left open.
(B) The wall is being painted.
(C) An awning extends over a window.
(D) A bicycle is exiting a garage.

(A) ドアは開いたままである。
(B) 壁にペンキが塗られているところである。
(C) 日よけが窓の上に広がっている。
(D) 自転車が車庫から出ようとしている。

正解 (C)

解説 窓の上にある日よけを描写している(C)が正解です。(A)は door が写真に写っていないので不正解，(B)は受動態の進行形 is being painted「塗られている最中だ」を使っているので，正解になるためには人が壁にペンキを塗っている最中の写真でなくてはいけません。(D)は自転車のある場所が garage「車庫」ではなく，なおかつ exiting「〜から出ている」という動作も行っていません。

語句 □awning 日よけ　□extend over 〜 〜の上に広がる　□exit 〜から出る　□garage 車庫

7. ♪ 125 M ◆ W ▤

Is there visitor parking at the factory?
(A) We just missed our train.
(B) Yes — only for three cars, though.
(C) The client visit is this afternoon.

工場に訪問客用の駐車場はありますか。
(A) 私たちはちょうど電車を逃したところです。
(B) はい――3台分だけですが。
(C) 顧客の訪問は今日の午後です。

正解 (B)

解説 「駐車場はあるか」と尋ねる問いかけに対して，「はい。3台分ある」と応答している(B)が正解です。(A)は問いかけのparkingと関連のあるtrainを使ったひっかけの応答です。(C)は問いかけにあるvisitorの派生語であるvisitを含んではいますが，問いかけとは話がかみ合いません。

語句 □factory 工場 □miss 〜を逃す □though 〜だけれども

8. ♪ 126 M ※ W ▤

What kind of topic are you going to present at the conference?
(A) Only during the afternoon session.
(B) It was a gift from my friend.
(C) Mainly about a performance review method.

会議で何のテーマについて発表する予定ですか。
(A) 午後のセッションの間だけです。
(B) それは私の友達からの贈り物でした。
(C) 主に人事評価の方法についてです。

正解 (C)

解説 What kind of 〜?「どんな〜か」を使った「会議で発表するテーマは何か」を尋ねる問いかけに対して，「主に人事評価の方法について」と応答している(C)が正解です。(A)は問いかけにあるconferenceに関連するsessionを含んだひっかけの選択肢，(B)は問いかけにあるpresentから連想されるgiftを含んではいますが，問いかけとは話がかみ合いません。

語句 □present 〜を発表する □conference 会議 □performance review 人事評価 □method 方法

9. ♪ 127 W ※ M ※

Mr. Watson called to say he needed to cancel the appointment today.
(A) Oh, did he give a reason?
(B) Actually, I needed four.
(C) A cancellation form.

ワトソンさんから電話があって，今日約束をキャンセルしなければいけないと言っていました。
(A) あら，彼は理由を言っていましたか。
(B) 実は4つ必要でした。
(C) キャンセル用紙です。

正解 (A)

解説 「ワトソンさんが約束をキャンセルしたいと言っている」という発言に対して，「キャンセルの理由を言っていたか」と聞き返している(A)が正解です。(B)は問いかけにあるneededを含んだひっかけの選択肢，(C)は問いかけにあるcancelの派生語cancellationを含んではいますが，発言とは話がかみ合いません。

語句 □need to do 〜する必要がある □appointment 約束 □cancellation キャンセル □form 用紙

10. ♪ 128 W ※ M ◆

How were your summer holidays?
(A) A direct flight.
(B) I had a great time with my family.
(C) Your room number is 703.

あなたの夏季休暇はどうでしたか。
(A) 直行便です。
(B) 私は家族と素晴らしい時間を過ごしました。
(C) あなたの部屋番号は703です。

正解 (B)

解説 Howを使った夏季休暇の感想を尋ねる問いかけに対して，「家族と素晴らしい時間を過ごした」と応答している(B)が正解です。(A)は問いかけにあるsummer holidaysから連想されるdirect flight「直行便」を含んだひっかけの選択肢です。

11. ♪129 M 🇨🇦 W 🇺🇸

Please write your signature here.
(A) Can I use your pen?
(B) They gave me a hand.
(C) Every weekend.

ここにあなたの署名をお願いします。
(A) あなたのペンを使ってもいいですか。
(B) 彼らは私を手伝ってくれました。
(C) 毎週末です。

正解 (A)

解説 Please を使った「署名を書いてください」という依頼に対して，「はい」を省略し「あなたのペンを使ってもいいか」と答えている (A) が正解です。(B) と (C) は共に問いかけとは関連のない内容の応答です。

12. ♪130 W 🇺🇸 W 🇬🇧

Which brochure design do you prefer?
(A) The designer said so.
(B) Three hundred pages.
(C) It's a hard choice.

どっちのパンフレットのデザインが好みですか。
(A) デザイナーがそう言いました。
(B) 300ページです。
(C) それは難しい選択ですね。

正解 (C)

解説 Which を使った「どちらのデザインが好みか」と尋ねる問いかけに対して，「難しい選択だ」，つまり「選べない」と応答している (C) が正解です。(A) は問いかけにある design の派生語である designer を含んだひっかけの選択肢，(B) は問いかけにある brochure から連想される pages を含んではいますが，問いかけとは話がかみ合いません。

13. ♪131 M 🇦🇺 W 🇬🇧

Who cleaned up the break room?
(A) Some cleaning supplies.
(B) Was there a problem?
(C) Yes, on a daily basis.

誰が休憩室を掃除しましたか。
(A) いくつかの清掃用品です。
(B) 何か問題がありましたか。
(C) はい，日常的にです。

正解 (B)

解説 Who を使った「誰が休憩室を掃除したか」と尋ねる問いかけに対して，「何かよくないことが起きたのでは」と問いかけの内容を解釈し，「何か問題があったか」と応答している (B) が正解です。(A) は問いかけにある cleaned up に関連する cleaning supplies を含んだひっかけの選択肢です。(C) は WH疑問文に Yes と答えている時点で不正解です。(B) を聞いたときに確信が持てなくても，消去法で答えを選ぶことができます。3つの選択肢を聞いたうえで判断しましょう。

語句 □clean up ～ ～を掃除する □break room 休憩室 □cleaning supplies 清掃用品 □on a daily basis 日常的に

Part 2 で登場する定番表現

（濵：濵﨑先生／大：大里先生）

大： 依頼，提案，勧誘を求める表現は一通り押さえましょう。依頼の表現なら，Will you ～?, Would you ～?, Can you ～?, Could you ～?, Please ～. など。提案の表現なら How about ～? , Shall I ～? など。勧誘の表現なら，Would you like ～?, Why don't we ～? などがあります。

濵： どれも大事な表現ですね。

大： 似たような表現ですが，意味合いが違ってきますからね。

濵： これらの表現を瞬時に理解できるよう，まずは文字を見たらすぐに日本語で意味が言える状態にしてください。そのうえで問いかけや選択肢の英語を何回も何回も音声を聞いて自分でも発音する，シャドウイングすることをおすすめします。英語を英語のまま理解できることが大切なので，その英文を読んだ瞬間，聞いた瞬間に理解できる状態を作ってください。

14. ♪ 132 W🇺🇸 M🇨🇦

Did Mr. Ramos call while I was out?
(A) It's out of stock.
(B) Not that I know of.
(C) You should call the technician.

私が外出している間，Ramos さんから電話がありましたか。
(A) それは在庫切れです。
(B) 私が知っている限りはありませんでした。
(C) 技術者に電話をするべきです。

正解 (B)

解説 「Ramosさんから電話があったか」という問いかけに対して，「私が知っている限りは（電話は）なかった」と応答している(B)が正解です。(A)は問いかけにあるoutを含んだひっかけの選択肢，(C)もcallを含んではいますが，問いかけとは話がかみ合いません。

15. ♪ 133 M🇦🇺 W🇬🇧

Would you be interested in applying for a library card?
(A) It will expire soon.
(B) Ten books.
(C) I don't live around here.

図書館の利用証の申し込みに興味がありますか。
(A) それはもうすぐ期限が切れます。
(B) 10冊の本です。
(C) 私はこのあたりに住んでいません。

正解 (C)

解説 提案や勧誘をする際の定番フレーズであるWould you be interested in 〜?「〜に興味がありますか」を使った，図書館の利用証を申し込むよう勧誘する問いかけに対して，「このあたりに住んでいない」と伝えて遠回しに断っている(C)が正解です。(A)はlibrary cardから連想されるexpireを使ったひっかけの選択肢，(B)はlibraryから連想されるbooksを含んではいますが，問いかけとは話がかみ合いません。

語句 □expire 期限が切れる　□around here このあたりに

16. ♪ 134 M🇨🇦 M🇦🇺

Will you contact the applicants or do you want me to?
(A) About sixty people.
(B) Can I ask you to do that?
(C) We released a new app.

あなたが候補者に連絡をしますか，それとも私にしてほしいですか。
(A) 約60人の人々です。
(B) あなたにそうするよう頼んでもいいですか。
(C) 私たちは新しいアプリを発表しました。

正解 (B)

解説 あなたと私のどちらが候補者に連絡するかという二者択一を問う問いかけに対して，「あなたに頼んでもいいか」と応答している(B)が正解です。(A)はapplicantsから連想される，人数を答えるひっかけの選択肢，(C)は問いかけにあるapplicantsと似た音のappを含んではいますが，問いかけとは話がかみ合いません。

語句 □contact 〜に連絡する　□applicant 候補者　□ask（人）to do（人）に〜するよう頼む　□release 〜を発表する
□app アプリ（applicationの略）

17. ♪ 135 M🇨🇦 W🇬🇧

Isn't Mr. Lopez coming to the exhibition with us?
(A) In the courtyard.
(B) He's going to meet us there.
(C) There are several works on display.

Lopez さんは私たちと一緒に展示会に来ないのですか。
(A) 中庭でです。
(B) 彼は私たちにそこで会う予定です。
(C) いくつかの作品が展示されています。

正解 (B)

解説 否定疑問文を使った「Lopezさんは一緒に来ないのか」と尋ねる問いかけに対して，現地で会う予定だと伝えている(B)が正解です。(A)は問いかけにあるexhibitionが開催される場所として連想されるcourtyardを含んだひっかけの選択肢，(C)は問いかけにあるexhibitionから連想されるon displayを含んではいますが，問いかけとは話がかみ合いません。

語句 □exhibition 展示会　□courtyard 中庭　□several いくつかの　□work 作品　□on display 展示されて

18. 🎵 136 W🇺🇸 M🇦🇺

Which hotel did you book for the business trip next week?
(A) Excellent room service.
(B) We can meet at the airport.
(C) City Central Hotel.

来週の出張のために，どのホテルを予約しましたか。
(A) 素晴らしいルームサービスです。
(B) 私たちは空港で会うことができます。
(C) City Central ホテルです。

正解 (C)

解説 Whichを使った「どのホテルを予約したか」と尋ねる問いかけに対して，「City Central ホテル」と応答している(C)が正解です。(A)は問いかけにあるhotelに関連するroom serviceを含んだひっかけの選択肢，(B)は問いかけにあるbusiness tripから連想されるairportを含んではいますが，問いかけとは話がかみ合いません。

語句 □business trip 出張　□excellent 素晴らしい

19. 🎵 137 W🇬🇧 W🇺🇸

I'd like to see the results of the product testing.
(A) The production line.
(B) Because it's too old.
(C) They'll be ready tomorrow.

製品テストの結果が見たいです。
(A) 生産ラインです。
(B) それは古すぎるからです。
(C) それは明日用意できます。

正解 (C)

解説 「製品テストの結果が見たい」という発言に対して，「明日用意できる」と伝えている(C)が正解です。(A)は問いかけにあるproductの派生語であるproductionを含んだひっかけの選択肢，(B)は問いかけとは話がかみ合いません。

語句 □I'd like to *do* 私は〜したい　□product 製品　□production 生産

20. 🎵 138 W🇬🇧 M🇨🇦

Have you had time to look over the customer files?
(A) The new filing cabinets have arrived.
(B) I'll do it this afternoon.
(C) In front of the door.

顧客ファイルに目を通す時間はありましたか。
(A) 新しい書類整理棚が届きました。
(B) 今日の午後にそれをやります。
(C) ドアの前です。

正解 (B)

解説 現在完了を使った「ファイルに目を通す時間はあったか」と尋ねる問いかけに対して，「午後にやる」，つまり「目を通す時間はなかった，まだ見ていない」と応答している(B)が正解です。(A)は問いかけにあるfilesに関連するfiling cabinets「書類整理棚」を含んだひっかけの選択肢，(C)は場所を聞かれた際の応答で，問いかけとは話がかみ合いません。

語句 □look over 〜 〜に目を通す　□filing cabinet 書類整理棚　□arrive 届く，到着する　□in front of 〜 〜の前に

21. 🎵 139 M🇨🇦 M🇦🇺

This restaurant is usually open on weekends, isn't it?
(A) A glass of water, please.
(B) They're undergoing renovation.
(C) Here's a cutting board.

このレストランは，いつも週末に開店していますよね？
(A) 1杯のお水をください。
(B) 今改装工事中です。
(C) まな板をどうぞ。

正解 (B)

解説 付加疑問文を使った「このレストランは週末に開いていますよね」という問いかけに対して，「改装工事中だ」と応答し，今は開いていないということを伝えている(B)が正解です。(A)は問いかけにあるrestaurantから連想されるA glass of water「1杯の水」を含んだひっかけの選択肢，(C)も問いかけにあるrestaurantから連想されるcutting boardを含んでいる選択肢ですが，問いかけとは話がかみ合いません。

語句 □a glass of 〜 1杯の〜　□cutting board まな板

🔑 **18.** WH疑問文　**19.** 平叙文　**20.** Yes/No疑問文　**21.** 付加疑問文・否定疑問文

22. ♪ 140 W 🏴󠁧󠁢󠁥󠁮󠁧󠁿 M 🇦🇺

正解 (A)

Don't forget to turn off your computer when you leave.
(A) Thanks for reminding me.
(B) Software developers.
(C) I left the copies on your desk.

帰る際にコンピューターの電源を消すのを忘れないでください。
(A) 思い出させてくれてありがとう。
(B) ソフトウェアの開発者たちです。
(C) コピーをあなたの机の上に置いておきました。

解説 否定の命令文を使った「コンピューターの電源を消すのを忘れないで」という依頼に対して，「思い出させてくれてありがとう」と感謝を伝えている(A)が正解です。(B)は問いかけにあるcomputerに関連するSoftwareを含んだひっかけの選択肢，(C)は問いかけにあるleaveの過去形leftを含んではいますが，問いかけとは話がかみ合いません。

語句 □forget to *do* 〜するのを忘れる　□turn off 〜 〜の電源を消す　□thanks for *doing* 〜してくれてありがとう　□remind 〜に思い出させる　□developer 開発者

23. ♪ 141 W 🇺🇸 M 🇨🇦

正解 (B)

Where can I get my mobile phone repaired?
(A) This phone can store thousands of photos.
(B) There's a shop on Third Street.
(C) It'll take a few weeks.

どこで携帯電話を修理できますか。
(A) この携帯電話は何千枚もの写真が保存できます。
(B) 3番通りにお店があります。
(C) 何週間かはかかるでしょう。

解説 Whereを使った「どこで携帯電話を修理できるか」と尋ねる問いかけに対して，お店のある場所を教えている(B)が正解です。(A)は問いかけにあるphoneを含んだひっかけの選択肢，(C)は問いかけから連想される，修理にかかる時間を答える応答ですが，問いかけに答えるものではありません。

語句 □repair 〜を修理する　□store 〜を保存する　□take (時間)がかかる　□a few 〜 2, 3の〜

24. ♪ 142 M 🇦🇺 W 🇺🇸

正解 (B)

You ordered some extra office supplies, didn't you?
(A) Please pay the extra fee at reception.
(B) They won't arrive until Thursday.
(C) At the year-end party.

追加の事務用品を発注したんですよね？
(A) 受付で追加の費用を支払ってください。
(B) それらは木曜日まで届きません。
(C) 忘年会でです。

解説 付加疑問文を使った「追加の事務用品を発注しましたよね」と確認する問いかけに対して，「木曜日まで届きません」と答えることで，すでに注文したことを示唆している(B)が正解です。(A)は問いかけにあるextraを含んだひっかけの選択肢，(C)は問いかけとは話がかみ合いません。

語句 □extra 追加の　□office supplies 事務用品　□fee 費用，料金　□reception 受付　□year-end 年末の

25. ♪ 143 W 🇺🇸 M 🇦🇺

正解 (C)

I'd like to sign up for this net-banking service.
(A) The national bank.
(B) I opened a business account.
(C) Okay, please fill out these documents.

このネットバンキングのサービスに申し込みたいのですが。
(A) 国立銀行です。
(B) 営業用の口座を開設しました。
(C) 分かりました，これらの書類に記入してください。

解説 「ネットバンキングのサービスに申し込みたい」という発言に対して，Okayと了承し，続けて何をすべきなのかを教えている(C)が正解です。(A)は問いかけにあるnet-bankingに関連するbankを含んだひっかけの選択肢，(B)は問いかけにあるnet-bankingの関連表現であるaccountを含んではいますが，問いかけとは話がかみ合いません。

語句 □I'd like to *do* 私は〜したい　□sign up for 〜 〜に申し込む　□national bank 国立銀行　□fill out 〜 〜に記入する

26. ♪ 144 M 🇦🇺 W 🇬🇧

When will this theater membership card expire?
(A) Tickets for two adults, please.
(B) It's written on the back of the card.
(C) There is a 20 percent discount for members.

この劇場会員カードはいつ期限が切れますか。
(A) 大人2人分のチケットをください。
(B) それはカードの裏側に書かれています。
(C) 会員には20パーセントの割引があります。

正解 (B)

解説 Whenを使って「会員カードはいつ期限が切れるのか」と尋ねる問いかけに対して、「カードの裏側に書かれている」と教えている(B)が正解です。(A)は問いかけにあるtheaterから連想されるticketsを含んだひっかけの選択肢、(C)は問いかけにあるmembershipの派生語であるmembersを含んではいますが、問いかけとは話がかみ合いません。

語句 □theater 劇場　□membership 会員であること　□expire 期限が切れる

---

27. ♪ 145 M 🇦🇺 W 🇺🇸

Would you like to send this letter by standard mail or express mail?
(A) The post office is on the corner.
(B) How much is the second option?
(C) I was impressed with the performance.

この手紙を普通便で送りたいですか、それとも速達便で送りたいですか。
(A) 郵便局は角にあります。
(B) 2つ目の選択肢はいくらですか。
(C) 私はパフォーマンスに感動しました。

正解 (B)

解説 「普通便と速達便のどちらがいいか」という二者択一を問う問いかけに対して、どちらかを選ぶのではなく、「2つ目の選択肢（速達便）はいくらか」と尋ねている(B)が正解です。(A)は問いかけにあるletterやexpress mailなどから連想されるpost officeを含んだひっかけの選択肢、(C)は問いかけにあるexpressと発音が似たimpressedを含んだひっかけの選択肢です。

語句 □Would you like to do? あなたは〜したいですか　□standard mail 普通便　□express mail 速達便　□post office 郵便局　□on the corner 角に　□be impressed with 〜 〜に感動する　□performance パフォーマンス

---

28. ♪ 146 W 🇬🇧 M 🇨🇦

Why don't you attend the management workshop next month?
(A) This is my most recent work.
(B) A new shopping mall.
(C) I participated in the same one last year.

来月のマネジメントの講習会に参加しませんか。
(A) こちらが私の最近の作品です。
(B) 新しいショッピングセンターです。
(C) 昨年同じものに参加しました。

正解 (C)

解説 Why don't you do?「〜しませんか」を使って講習会へ勧誘している問いかけに対して、「昨年同じものに参加した」と答え、誘いを断っている(C)が正解です。(A)は問いかけにあるworkshopと発音が被っているworkを使ったひっかけの選択肢、(B)もworkshopと発音が被っているshoppingを含む選択肢ですが、問いかけとは話がかみ合いません。

❖ ❖ ❖

 Why don't you do? は、「〜してはどう?」という意味ですが、直訳すると、「どうして〜しないの?」と理由を問うニュアンスも含まれます。今回は後者のニュアンスも出ていますね。

語句 □workshop 講習会　□recent 最近の　□work 作品　□participate in 〜 〜に参加する

---

29. 🎵 147 W 🇺🇸 M 🇦🇺

Have you worked with this event planning company before?
(A) Yes, about three years ago.
(B) The event was postponed.
(C) I plan on going.

このイベント企画会社と以前一緒に仕事をしたことがありますか。
(A) はい，3年ほど前にあります。
(B) そのイベントは延期されました。
(C) 私は行く予定です。

正解 (A)

解説 現在完了を使った「この会社と一緒に仕事をしたことがあるか」という問いかけに対して，「はい」と応答し，「3年ほど前にある」と続けている(A)が正解です。(B)は問いかけにあるeventを含んだひっかけの選択肢，(C)は問いかけにあるplanningの派生語の動詞planを含んではいますが，問いかけとは話がかみ合いません。

語句 □work with ~ ~と一緒に仕事をする　□before 以前　□postpone ~を延期する　□plan on *doing* ~する予定だ

---

30. 🎵 148 M 🇦🇺 W 🇺🇸

How about going to a café to discuss the upcoming project?
(A) Just a coffee, please.
(B) You can go up the stairs.
(C) Great, I'll bring my laptop.

次回のプロジェクトについて話し合うためにカフェに行くのはどうですか。
(A) コーヒーだけください。
(B) 階段で上にあがれます。
(C) いいですね，私のノートパソコンを持ってきます。

正解 (C)

解説 How about *doing*?「~するのはどうか」を使った「プロジェクトについて話し合うためにカフェに行くのはどうか」という勧誘に対して，「いいね」と応答し，「パソコンを持ってくる」と続けている(C)が正解です。(A)は問いかけにあるcaféに関連するcoffeeを含んだひっかけの選択肢，(B)は問いかけにあるupcomingの一部と発音が被っているupを含んだひっかけの選択肢です。

語句 □upcoming 次回の，来たるべき　□laptop ノートパソコン

---

31. 🎵 149 M 🇨🇦 W 🇬🇧

The new public relations manager will start working next week.
(A) A business magazine.
(B) Shall I organize a welcome party?
(C) That sales campaign was successful.

新しい広報部長が来週から働き始めます。
(A) ビジネス誌です。
(B) 歓迎会を準備しましょうか。
(C) その販促キャンペーンは成功しました。

正解 (B)

解説 「新しい広報部長が働き始める」という発言に対して，「歓迎会を準備しよう」と提案をしている(B)が正解です。(A)にあるbusiness magazineは最初の発言にあるpublic relationsなどから連想されますが，発言に対応する内容ではありません。(C)もpublic relationsから連想されるsales campaignを含んではいますが，発言とは話がかみ合いません。

語句 □public relations 広報部門　□start *doing* ~し始める　□organize ~を準備する　□welcome party 歓迎会
□sales campaign 販促キャンペーン，販売活動　□successful 成功した

Part 3

♪ 151 W 🇬🇧 M 🇦🇺

Questions 32 through 34 refer to the following conversation.

W: Hi, Bob. ❶I just got a call from Stephen. He was supposed to be here 20 minutes ago, but he said he's stuck in a traffic jam.

M: Oh, no. Will he make it to the company tour?

W: I doubt it. ❷I have to talk about our company in 20 minutes. I was hoping to rehearse with him beforehand.

M: ❸Let's rearrange the schedule. We'd planned to give the visitors a tour of the factory after the presentation. Let's do the tour first. That'll give you some time to prepare when he gets here.

設問32-34は次の会話に関するものです。

W: ねえ，Bob。ちょうどStephenから電話をもらったところなの。彼は20分前にはここにいるはずだったんだけど，交通渋滞に巻き込まれたと言っていたわ。

M: ええ，そんな。彼は会社見学には間に合うの？

W: どうかしら。私は20分後に私たちの会社について話さなければいけないの。事前に彼とリハーサルをしたいと思っていたのだけれど。

M: 予定を調整し直そう。プレゼンの後に，訪問客に工場見学をするよう予定していたよね。最初に見学をするようにしよう。そうすれば，彼が着いたときに，準備をする時間があるだろう。

語句 □*be supposed to do* ～することになっている □stuck 動けない □traffic jam 交通渋滞
　　　 □rehearse リハーサルをする □beforehand 事前に □rearrange ～の再調整をする □visitor 訪問者
　　　 □a tour of the factory 工場見学

32.

What problem does the woman mention?

(A) Her colleague is late.
(B) Some figures are wrong.
(C) A delivery has been delayed.
(D) There has been an equipment malfunction.

女性はどんな問題について述べていますか。

(A) 彼女の同僚が遅れている。
(B) いくつかの数値が間違っている。
(C) 配送が遅れている。
(D) 機器の故障がある。

正解 (A)

解説 女性がどんな問題について述べているか，が問われています。女性は❶で「Stephenから電話があり，20分前にここにいるはずが，交通渋滞に巻き込まれたと言っている」と述べているので，同僚が遅刻しているという問題について話していると分かります。ここから(A)が正解となります。配送が遅延しているわけではないので，(C)は不正解です。

語句 □figure 数値 □wrong 間違った □equipment 機器
　　　 □malfunction 故障

33.

What did the woman want to do with Stephen?

(A) Conduct a survey
(B) Practice a presentation
(C) Schedule a business trip
(D) Have a lunch meeting

女性はStephenと何がしたかったのですか。

(A) 調査を行う
(B) プレゼンの練習をする
(C) 出張を計画する
(D) 昼食会議をする

正解 (B)

解説 女性がStephenとしたかったことは何かが問われています。女性は❷で「20分後に私たちの会社について話さなければならない。事前に彼 (Stephen) とリハーサルをしたいと思っていた」と述べているので，「会社のことを話す」をpresentation，「リハーサル」をpracticeと言い表した(B)が正解となります。

言い換え rehearse → Practice

語句 □conduct ～を行う

34.

What does the man propose?

(A) Advertising a position
(B) Replacing some parts
(C) Altering a schedule
(D) Picking up a colleague

男性は何を提案していますか。

(A) 求人広告を出す
(B) いくつかの部品を取り替える
(C) 予定を変更する
(D) 同僚を迎えに行く

正解 (C)

解説 男性が何を提案しているか，が問われています。同僚の遅れに対し男性は❸で「予定を調整し直そう」と言い，プレゼン後にする予定だった工場見学を最初にすることを提案しています。これを「予定を変更する」と言い表した(C)が正解となります。

語句 □alter ～を変更する □pick up ～ ～を迎えに行く

Questions 35 through 37 refer to the following conversation with three speakers. M1: We have to install the wireless Internet service here by 11 o'clock if we want to make it to our next appointment in time. M2: Right. I hope we don't have any complications. If it's taking too long, we should just leave it and come back in the evening. W: Good morning. ❶I suppose you two are here to work on the network. M1: ❷That's right. ❸Jack Wang asked us to meet with him as soon as we got here. M2: ❹He's the only one with authorization to let us into the server room. W: I see. He'll be right with you. Please have a seat here while you wait. ❺I'll bring two cups of coffee for you. M1: Thank you very much.	設問35-37は次の3人の会話に関するものです。 M1: 次の予定に間に合わせるためには，11時までにワイヤレスインターネットをここにインストールしなければなりません。 M2: そうですね。何か面倒なことが起きないといいのですが。もし時間が長くかかりすぎるようなら，そのままにしておいて，夕方に戻ってきた方がよさそうです。 W: おはようございます。お2人はネットワークの工事のためにいらしていますよね。 M1: そうです。Jack Wangに，私たちがここに来たらすぐに会うようにと頼まれています。 M2: 私たちをサーバールームに入れる権限を持っているのは彼だけです。 W: 分かりました。彼はすぐにここに来ますよ。待っている間，こちらにおかけください。コーヒーを2杯お持ちします。 M1: どうもありがとうございます。

語句 □in time 間に合って □complication 厄介なこと □authorization 権限 □*be* right with ～ まもなく～のところに来る

35.

Who most likely are the men? (A) Job applicants (B) Network technicians (C) Interior designers (D) Hospital patients	男性たちは誰だと考えられますか。 (A) 求職者 (B) ネットワークの技術者 (C) インテリアデザイナー (D) 病院の患者

正解 (B)

解説 男性たちがおそらく誰なのか，が問われています。最初のやり取りで，男性2人がワイヤレスインターネットをインストールすることについて話しています。そのあと女性が登場し，❶で「2人はネットワーク工事で来たのか」と確認したのに対し，❷でM1が「そうだ」と答えています。よって，(B) が正解と分かります。

36.

According to the men, what is Jack Wang expected to do? (A) Issue their identification cards (B) Organize a factory tour (C) Fix a chair (D) Give them access to a room	男性たちによると，Jack Wangは何をすると期待されていますか。 (A) 彼らの身分証明書を発行する (B) 工場見学を計画する (C) いすを修理する (D) 彼らを部屋に入れる

正解 (D)

解説 Jack Wangは何をすると期待されているか，が問われています。❸で1人目の男性が「Jack Wangに，ここに来たらすぐに会うようにと頼まれている」，❹で2人目の男性が「私たちをサーバールームに入れる権限は彼だけが持っている」と述べているので，Jack Wangがある部屋へ入室させてくれることを期待していると分かります。以上から(D)が正解となります。

語句 □issue ～を発行する □identification card 身分証明書

37.

What does the woman offer to do? (A) Provide some refreshments (B) Give a free ride (C) Revise company information (D) E-mail a product catalog	女性は男性たちに何をすると申し出ていますか。 (A) 軽飲食物を提供する (B) 無料で送迎する (C) 会社の情報を修正する (D) 製品カタログをEメールで送る

正解 (A)

解説 女性が男性たちに申し出ていることについて問われています。女性は❺で，2人に「コーヒーを持ってくる」と言っているので，(A)が正解です。refreshmentはsandwichesやsnackなどの軽食や，coffeeなどの飲み物の言い換えとして頻出です。

言い換え coffee → refreshments

Questions 38 through 40 refer to the following conversation.

W: ❶I'd like to attend the premiere of *Winter Wonderland* tonight, if possible. Do I need a ticket?

M: No, production company employees can attend for free. You'll need a reservation, though. You'd better call the theater and make sure there are still seats available.

W: I'll give them a call now. Will you be attending?

M: Yes, of course. ❷I'm hoping to get some chance to chat with some other people in the film industry. It could generate more business for us in the future.

W: Good point.

M: ❸By the way, the premiere is starting an hour behind schedule. The director and some of the cast are going to greet the audience first.

設問38-40は次の会話に関するものです。

W: できれば，今夜の『Winter Wonderland』の試写会に参加したいんです。チケットが必要ですか。

M: いえ，製作会社の社員は無料で参加できますよ。ただ，予約が必要です。劇場に電話をして，まだ席が残っているか確認した方がいいです。

W: 今彼らに電話をします。あなたは参加しますか。

M: はい，もちろんです。映画業界のほかの人たちと話す機会を持てればいいなと思っています。将来的に，私たちの仕事をもっと生み出すことになるかもしれません。

W: その通りですね。

M: ところで，上映は予定よりも1時間遅れで始まります。まず，監督とキャストの何人かが観客にあいさつをすることになっています。

語句 □premiere 試写会，（映画の）初日　□for free 無料で　□you'd better *do* ～した方がよい　□chat with（人）（人）と話す　□film industry 映画業界　□generate ～を生み出す　□behind schedule 遅れて　□director 監督　□cast 配役

38.

What event does the woman want to attend?

(A) An art installation
(B) A movie screening
(C) A concert
(D) A sport competition

女性は何のイベントに参加をしたいですか。

(A) アートインスタレーション
(B) 上映会
(C) コンサート
(D) スポーツの大会

正解 (B)

解説 女性が参加したいイベントは何か，が問われています。女性は❶で「今夜試写会に参加したい」と言っているので(B)が正解です。❷でfilm industryと言っていることからも，映画に関するイベントに行くと分かります。premiereは映画や演劇の初日や，参加者が限定された試写会などを指す表現です。

言い換え premiere → movie screening

語句 □competition 競技会，大会

39.

What is the man planning to do tonight?

(A) Buy some clothing
(B) See a famous writer
(C) Use some equipment
(D) Speak with potential clients

男性は今夜何をする予定ですか。

(A) 服を買う
(B) 有名な作家に会う
(C) 道具を使う
(D) 見込み顧客と話す

正解 (D)

解説 男性は今夜何をするか，が問われています。男性は❷で「映画業界のほかの人たちと話したい。将来的に仕事を生み出すことになるかもしれない」と述べています。男性は今後の仕事の顧客になるかもしれない人と話したがっていることが分かるので，(D)が正解です。chatとは，「オンラインチャット」のほかに「おしゃべりをする」という意味もあります。

言い換え chat with → Speak with

語句 □potential client 見込み客，将来顧客となりそうな人

40.

What does the man say about tonight's event?

(A) It is attracting young people.
(B) It is sold out.
(C) It will be held at a new venue.
(D) It will start late.

男性は今夜のイベントについて何と言っていますか。

(A) 若者を惹き付けている。
(B) 売り切れである。
(C) 新しい会場で行われる。
(D) 遅れて始まる。

正解 (D)

解説 男性が今夜のイベントについて何と言っているか，が問われています。男性は❸で「上映は予定よりも1時間遅れで始まる」と述べているので，(D)が正解です。

言い換え starting an hour behind schedule → start late

語句 □attract ～を惹き付ける　□venue 開催地

Questions 41 through 43 refer to the following conversation.

M: Hi, this is Tom Shaw from Contek. Can you transfer me to Belinda Carnes?

W: ❶She's in a teleconference until eleven o'clock. Can I take a message?

M: Well, she sent me an e-mail about a server issue you've been experiencing. ❷These types of problems can be difficult to take care of remotely. Could I just drop by after lunch and do an on-site inspection?

W: ❸That would be great. The server has been acting up all week and it's affecting the whole network. ❹I'll tell Belinda to expect you early in the afternoon.

設問41-43は次の会話に関するものです。

M: もしもし，こちらはContekのTom Shawです。Belinda Carnesに転送してもらえますか。

W: 彼女は11時までテレビ会議中です。メッセージを承りましょうか。

M: ええと，彼女から，あなたのところで起こっているサーバーの問題についてEメールが来ました。このような種類の問題は，遠隔での対応が難しい場合があります。昼食後に立ち寄って，現地調査をしてもいいですか。

W: それはありがたいですね。今週はずっとサーバーの調子が悪くて，ネットワーク全体に影響が出ています。Belindaに午後の早い時間にあなたが来ることを伝えておきます。

語句 □teleconference テレビ会議　□server サーバー（サービスを提供する機器）　□issue 問題　□experience 〜を経験する
□take care of 〜 〜を処理する，世話をする　□remotely 遠隔で　□drop by 立ち寄る　□on-site 現場での
□inspection 調査　□act up 正常に動作しない　□affect 〜に影響を及ぼす

41.

What problem does the woman mention?

(A) She does not know the password.
(B) She cannot transfer a call.
(C) She has a scheduling conflict.
(D) She needs to leave the office.

女性は何の問題について述べていますか。

(A) 彼女はパスワードを知らない。
(B) 彼女は電話を転送できない。
(C) 彼女はスケジュールが重複している。
(D) 彼女は事務所を出発しなければならない。

正解 (B)

解説 女性が何の問題について述べているか，が問われています。Belinda Carnesに電話を転送してほしいという男性の依頼に対し，女性は❶「彼女は会議中だ」と答え，転送することができないことを伝えています。以上より(B)が正解となります。

語句 □scheduling conflict スケジュールの重複

42.

Who most likely is the man?

(A) A delivery driver
(B) A property developer
(C) A janitor
(D) A technician

男性は誰だと考えられますか。

(A) 配送運転手
(B) 不動産開発業者
(C) ビルの管理人
(D) 技術者

正解 (D)

解説 男性がおそらく誰なのか，が問われています。男性はサーバー問題について連絡を受けたと話した後，❷で「対応のために現地調査をしてよいか」と依頼しています。ここから男性は技術者であることが分かるので，(D)が正解です。

語句 □developer 開発者　□janitor 管理人，守衛

43.

What will the man do in the afternoon?

(A) Sort some merchandise
(B) Install a new system
(C) Reschedule a cleanup
(D) Visit the woman's office

男性は午後に何をしますか。

(A) 商品を仕分ける
(B) 新しいシステムをインストールする
(C) 清掃の予定を変更する
(D) 女性の事務所を訪れる

正解 (D)

解説 男性が午後に何をするか，が問われています。男性は❷で「昼食後に女性の会社を訪問してよいか」と尋ねているのに対し，女性は❸で同意しており，男性は女性の会社を訪問することが分かります。以上から正解は(D)となります。女性が❹で「Belindaに午後の早い時間にあなたが来ることを伝える」と言っていることからも，正解にたどりつくことができます。

言い換え drop by → Visit

語句 □sort 〜を仕分けする　□merchandise 商品
□install （ソフトウェア等）をインストールする
□cleanup 清掃

Questions 44 through 46 refer to the following conversation.

M: ❶Our contract with Triple-A Cleaning is up next month. I've been contacted by a few other services recently that are offering more competitive rates. I think we should go with one of them this time.

W: ❷Before we make a decision, let's see if Triple-A will come down on their price. We should give them a chance. ❸They've been very good so far.

M: Hmm, I agree. I'll get some quotes from other firms.

W: I'll have to leave this with you. ❹I'm taking a two-week holiday starting tomorrow. Send me an e-mail to let me know how it went, though.

設問44-46は次の会話に関するものです。

M: Triple-A 清掃社との契約が来月で終わります。もっと安い価格で提供しているほかのいくつかのサービスから最近連絡を受けています。今回はそのうちの1社と契約をするべきだと思います。

W: 決める前に，Triple-A社が値段を下げる気があるかどうか確認しましょう。彼らにチャンスを与えるべきです。今まで，彼らはとてもよくやっています。

M: ええ，そうですね。私はほかの会社から見積もりを取ります。

W: この件はあなたに任せないといけません。明日から2週間休暇をとるんです。でも，メールを送って，私にどうなったかを知らせてください。

語句 □contract 契約　□be up 上がる，終了する　□competitive rate ほかより安い価格　□go with ～ ～を選ぶ
□make a decision 決定する　□see if S V S がVかどうか確認する　□come down on ～ ～を下げる
□so far これまでのところ　□quote 見積もり　□firm 会社

44.

What are the speakers mainly discussing?

(A) A convention center
(B) A department budget
(C) A client's complaint
(D) A cleaning service

話し手たちは，主に何について話していますか。

(A) コンベンションセンター
(B) 部門予算
(C) 顧客からのクレーム
(D) 清掃サービス

正解 (D)

解説 話し手たちが主に何について話しているか，が問われています。男性が❶で「Triple-A 清掃社との契約が来月で終わる。より低価格な他社から連絡を受けている」と，清掃会社のサービスに関する話題を投げかけているので，正解は(D)となります。この問題のように，固有名詞となる会社名から，その会社のサービスが分かることもあります。

語句 □complaint クレーム，不満

45.

What does the woman mean when she says, "We should give them a chance"?

(A) They should request a discount.
(B) They should try a new supplier.
(C) They should provide better employee training.
(D) They should forgive a mistake.

女性が"We should give them a chance"と言う際，何を意図していますか。

(A) 割引を要求すべきだ。
(B) 新しい供給業者を試すべきだ。
(C) よりよい従業員教育を提供すべきだ。
(D) 間違いを許すべきだ。

正解 (A)

解説 女性の発言の意図を問う問題です。問われている箇所の意味は「彼らにチャンスを与えるべきだ」です。「もっと安いクリーニング会社と契約するべき」と言う男性に対し，女性は❷で，「決定をする前にTriple-A社が値下げしてくれるか確認しよう」と言った後，この発言をしています。さらにその後で，❸「彼らはよくやっている」と言っています。つまり，今契約している清掃会社に割引するかを問い合わせ，契約継続のチャンスを与えるべきだという意図で発言していることが分かります。よって，(A)が正解です。Triple-A社が過去にミスをしたわけではないので，(D)は不正解です。

語句 □supplier 供給会社　□forgive ～を許す

46.

What does the woman say she will do tomorrow?

(A) Visit a supplier
(B) Raise prices
(C) Attend a conference
(D) Take a vacation

女性は明日何をすると言っていますか。

(A) 供給業者を訪ねる
(B) 価格を上げる
(C) 会議に出席する
(D) 休暇をとる

正解 (D)

解説 女性が明日何をすると言っているか，が問われています。女性は❹で「明日から休暇をとる」と言っているので，(D)が正解となります。

言い換え two-week holiday → vacation

語句 □raise ～を上げる

Questions 47 through 49 refer to the following conversation with three speakers.

W1: Just one more thing before finishing today's staff meeting. ❶It's about the seminar we're giving in Bangalore in October for new users of our online sales platform. We need to find some local staff to help with registration and promotion. Do you have any idea how we should do that?

M: I advertised online when I did a seminar in Mumbai last time, but it took a long time to go through all the responses I got. ❷If I were you, I'd look for a staffing agency in Bangalore instead.

W1: That's probably a good idea. What do you think, Nadia?

W2: I agree. ❸I recently met someone in Bangalore who worked for a staffing agency. She might be able to help you. I'll send you her e-mail address and phone number.

設問47-49は次の3人の会話に関するものです。

W1: 今日のスタッフ会議を終える前に1つだけ。10月にBangaloreで行う予定の，オンライン販売プラットフォームの新規ユーザーに向けてのセミナーについてです。宣伝を手伝ってもらえる，現地のスタッフを見つける必要があります。どうやればいいかについて，何か意見はありますか。

M: 前回Mumbaiでセミナーをしたときには，オンラインで広告をしましたが，受け取った全ての返答を確認するのにとても時間がかかりました。私なら，その代わりにBangaloreの人材紹介会社を探します。

W1: それはいい考えかもしれません。あなたはどう思いますか，Nadia？

W2: 賛成です。私はBangaloreの人材紹介会社で働いている人に最近会いましたよ。彼女が助けてくれるかもしれません。彼女のEメールアドレスと電話番号をあなたに送りますね。

語句 □go through ~ ~を確認する □staffing agency 人材紹介会社

47.

What are the speakers planning to do?
(A) Visit another branch
(B) Take an online course
(C) Organize an event
(D) File some documents

話し手たちは何をする予定ですか。
(A) 別の支店を訪れる
(B) オンラインの講座を受ける
(C) イベントを運営する
(D) 書類を綴じる

正解 (C)

解説 話し手たちは何をする予定なのか，が問われています。女性は❶で「10月にセミナーをする予定だ」と述べています。「セミナー」をeventと抽象度が高い表現に言い換えた(C)が正解です。

言い換え seminar → event

語句 □course 研修 □organize ~を運営する

48.

What does the man suggest?
(A) Placing online advertisements
(B) Starting a project earlier
(C) Changing the moving date
(D) Working with local professionals

男性は何を提案していますか。
(A) オンライン広告を掲載すること
(B) プロジェクトを早く始めること
(C) 引っ越しする日を変えること
(D) その地域の専門家と協同すること

正解 (D)

解説 男性が何を提案しているか，が問われています。男性は❷で「私なら，Bangaloreの人材紹介会社を探す」と述べているので，これをwork with local professionals「現地の専門家と協同する」と言い換えた(D)が正解です。❷のIf I were you, I'd doは仮定法で，「もし私があなたなら~するのになあ」と相手の立場に立って提案する際に使われる表現です。

49.

What does Nadia say she will do?
(A) Provide contact information
(B) Help screen candidates
(C) Book a hotel
(D) Respond to an e-mail

Nadiaは何をすると言っていますか。
(A) 連絡先情報を提供する
(B) 候補者を絞るのを手伝う
(C) ホテルを予約する
(D) Eメールに返事をする

正解 (A)

解説 Nadiaは何をすると言っているか，が問われています。W1に意見を聞かれたNadiaは，同意を示した後，❸「Bangaloreの人材紹介会社で働いている人に会った。彼女のEメールアドレスと電話番号をあなたに送る」と述べています。ここから，NadiaがW1に連絡先を送付することが分かるので，(A)が正解です。メールアドレス，住所，電話番号などは，contact information「連絡先情報」と言い換えられます。

言い換え send → Provide

語句 □screen ~を絞り込む □candidate 候補者

Questions 50 through 52 refer to the following conversation.

M: Hi. Thanks for allowing me to visit your premises today to discuss the article.

W: Not at all. ❶I'm hoping it will help generate some more interest in the restaurant. Chef Truman has already been attracting a bit of attention. A lot of people have been asking about him.

M: I can imagine. ❷Is there any chance I could get an interview with him after the restaurant closes for the night? I'd like to speak to him without any distractions.

W: I'd have to ask him about that. If he doesn't mind, I'm sure we could arrange somewhere for you to sit down and talk here in the dining room. ❸There would be a lot of noise from the cleaning staff, though. It might be quieter while we're still serving dinner — near the end of the shift.

設問50-52は次の会話に関するものです。

M: こんにちは。今日は記事の話をするために，私をあなたの施設にお招きいただきありがとうございます。

W: とんでもありません。この記事をきっかけに，このレストランにもっと興味を持ってもらえればと思っています。Truman料理長はすでにちょっとした注目を集めています。多くの人が彼について聞きたがっています。

M: 想像できます。夜レストランが閉店した後に，彼にインタビューできる可能性はありますか。邪魔されずに，彼と話したいのですが。

W: それについては彼に聞かなければいけません。もし彼が構わなければ，ダイニングルームで，座ってお話しできる場所を用意できると思います。清掃業者の音がかなりうるさいかもしれません。私たちがまだディナーを提供している，勤務時間終了間際の方が静かかもしれません。

語句 □premise 店舗，建物　□generate 〜を生み出す　□interest in 〜 〜への関心　□attract attention 注目を引く
□distraction 邪魔　□mind 〜を気にする　□serve（サービス等）を提供する　□shift 交替勤務

50.

Where most likely are the speakers?

(A) In a restaurant
(B) In a publishing house
(C) In a convenience store
(D) In a cinema

話し手たちはどこにいると考えられますか。

(A) レストラン
(B) 出版社
(C) コンビニエンスストア
(D) 映画館

正解 (A)

解説 話し手たちがどこにいるのか，が問われています。冒頭の男性の発言から，話し手たちは女性が所属する施設にいると分かります。その後女性が❶で「この記事をきっかけに，このレストランにもっと興味を持ってもらえればと思っている」と述べているので，2人はレストランにいると推測できます。以上から正解は(A)となります。

語句 □publishing house 出版社

51.

What does the man ask about?

(A) Using the location to film a commercial
(B) Visiting outside of business hours
(C) Expanding the premises
(D) Lowering production costs

男性は何について尋ねていますか。

(A) その場所をコマーシャル撮影に使うこと
(B) 営業時間外に訪れること
(C) 敷地面積を広げること
(D) 生産コストを下げること

正解 (B)

解説 男性が何について尋ねているか，が問われています。男性は，❷で「夜レストランが閉店した後に，彼（料理長）にインタビューできる可能性はあるか」と尋ねています。ここから，男性が営業時間外にレストランを訪問したいことが分かるので，(B)が正解となります。

語句 □film 〜を撮影する

52.

What does the woman say happens at night?

(A) A different menu is offered.
(B) Prices are raised.
(C) The restaurant is cleaned.
(D) Some staff members leave.

女性は夜に何が起きると言っていますか。

(A) 異なるメニューが提供される。
(B) 値段が上がる。
(C) レストランが清掃される。
(D) 何人かのスタッフが去る。

正解 (C)

解説 女性は夜に何が起きると言っているか，が問われています。女性は料理長が構わなければ営業終了時間以降にダイニングルームで話せる場所を用意できると言った後，❸で「清掃業者の音がうるさいかもしれない」と言っています。よって，夜にはレストランの清掃があることが分かります。以上から正解は(C)となります。

Questions 53 through 55 refer to the following conversation.

M: Excuse me, I want to take the train to Westfield, but I can't find the platform.

W: ❶This is normally the platform for departures for Westfield, but that service has been cancelled while we inspect the tracks. There might be some damage from the storm yesterday. We're sorry for the inconvenience.

M: Oh, I didn't realize that. ❷I need to go to Westfield University to attend a training session this afternoon. Can you tell me how to get there?

W: To Westfield University, we have a direct bus. It leaves every fifteen minutes from just outside the East Exit. ❸You can buy a ticket at the ticket counter over there.

設問53-55は次の会話に関するものです。

M: すみません，Westfield行きの電車に乗りたいのですが，ホームが見つけられないのです。

W: こちらは普段はWestfield行きのホームなのですが，線路を点検している間，運行を見合わせています。昨日の嵐による損傷があるかもしれないのです。ご迷惑をおかけして申し訳ありません。

M: ああ，それは気が付きませんでした。午後に研修を受けるため，Westfield大学に行かなければいけません。そこへの行き方を教えてくれませんか。

W: Westfield大学へは，直行バスがあります。東口のすぐ外から，15分ごとに出発しています。あちらの切符売り場で切符を買うことができます。

語句 □platform 駅のホーム　□service 便，運行　□inspect ～を調査する　□track 線路　□damage 損傷　□storm 嵐　□training session 研修　□direct bus 直通バス　□ticket counter 切符売り場

53.

What is the problem?
(A) A platform is overcrowded.
(B) A station is under reconstruction.
(C) A storm is predicted.
(D) A service has been suspended.

何が問題ですか。
(A) 駅のホームがとても混みあっている。
(B) 駅が改築中である。
(C) 嵐が予測されている。
(D) 運行が一時中断されている。

正解 (D)

解説 何が問題か，が問われています。電車のホームを探しているという男性に，女性が❶で「線路点検の間，運行を停止している」と伝えています。これを言い換えた(D)が正解となります。

言い換え cancelled → suspended

語句 □overcrowded 混雑している，過密な　□under reconstruction 改築中の

54.

Why does the man need to go to Westfield?
(A) To visit his colleague
(B) To take part in a seminar
(C) To guide a tour
(D) To watch a sports match

なぜ男性はWestfieldに行く必要がありますか。
(A) 同僚を訪ねるため
(B) セミナーに参加するため
(C) ツアーを案内するため
(D) スポーツの試合を観戦するため

正解 (B)

解説 どうして男性がWestfieldに行く必要があるか，が問われています。男性は❷で「午後に研修を受けるため，Westfield大学に行かなければいけない」と言っているので，これを「セミナーに参加する」と言い換えた (B)が正解となります。今回の言い換え表現は鉄板なので，すばやく反応できるようにしておきましょう。

言い換え attend → take part in, training session → seminar

語句 □take part in ～ ～に参加する　□guide ～を案内する　□match 試合

55.

What will the man probably do next?
(A) Complete a form
(B) Request a reimbursement
(C) Change his seat
(D) Go to a counter

男性はおそらく次に何をしますか。
(A) 用紙に記入をする
(B) 払い戻しを依頼する
(C) 席を変更する
(D) カウンターに行く

正解 (D)

解説 男性がおそらく次に何をするか，が問われています。女性は「Westfield大学へは，直行バスがある」と男性に案内した後，❸で「切符売り場で切符購入ができる」と述べています。男性は，この後切符売り場に行くことが推測できるので，(D)が正解となります。

語句 □complete (書式など)に記入する　□reimbursement 払い戻し

Questions 56 through 58 refer to the following conversation.

M: Hi, Grant Services. How can I help you?

W: I have a house that I'd like to rent out. ❶Both the front and back lawns need to be mowed before a photographer comes in and takes some photographs the day after tomorrow. How much do you think it'll cost?

M: I can't tell you without seeing the property first. I could come around this afternoon and take a look. ❷It won't cost you anything to get a price estimate.

W: ❸I won't be there, but I'll leave the gate unlocked. ❹You can look around as much as you need. Can you give me a call once you know how much you'll charge?

M: Sure thing.

設問56-58は次の会話に関するものです。

M: もしもし，Grant Servicesです。いかがいたしましたか。

W: 貸し出したい家があります。明後日カメラマンが来て写真を撮れるように，家の前と裏の芝両方を刈る必要があるのです。いくらかかりそうでしょうか。

M: まず物件を見てみないと分かりかねます。今日の午後あたりに訪問して，確認できます。見積もりを取るのには，一切費用はかかりません。

W: 私はそこにいないのですが，門の鍵は開けておきます。必要なだけ，見て回っていただけます。いくらかかるかが分かったら，電話をくださいますか。

M: もちろんです。

語句 □rent out ~ ~を賃貸に出す　□lawn 芝生　□mow ~を刈る　□the day after tomorrow 明後日　□it won't cost (人) anything to do ~するのに (人) に費用はかからない　□price estimate 見積もり　□unlocked 鍵がかかっていない　□look around ~ ~を見て回る　□as much as (人) need (人) が必要な分だけ　□charge ~を請求する　□sure thing もちろん

56.

What kind of business does the man work for?

(A) A real estate agency
(B) A construction company
(C) A lawn care service
(D) A solar panel installer

男性はどんな会社で働いていますか。

(A) 不動産会社
(B) 建設会社
(C) 芝生手入れ業者
(D) ソーラーパネルの設置業者

正解 (C)

解説 男性がどんな会社で働いているか，が問われています。女性が❶で「家の芝を刈りたい」と言い，さらに男性に金額を尋ねているので，男性は芝を手入れする仕事をしていることが分かります。ここから正解は(C)となります。男性の職業ですが，女性の発言にヒントがある問題です。

語句 □solar panel ソーラーパネル　□installer 設置業者

57.

What does the man offer to do?

(A) Extend a warranty
(B) Give a free consultation
(C) Discount some parts
(D) Refund a deposit

男性は何をすると申し出ていますか。

(A) 保証期間を延長する
(B) 無料の査定をする
(C) 部品を割引する
(D) 保証金を返金する

正解 (B)

解説 男性が何をすると申し出ているか，が問われています。男性は女性の芝刈りの依頼に対して「物件を見ないといくらかかるか分からない」と言い，❷で「見積もりの訪問は費用がかからない」と言っているので，これを「無料の査定」と言い換えた(B)が正解です。consultationとは，このような見積もりの「査定」という意味もあります。

語句 □extend ~を延長する　□consultation 査定，相談　□refund ~を返金する

58.

What does the woman mean when she says, "but I'll leave the gate unlocked"?

(A) There is a security problem.
(B) She does not have a key.
(C) The man could let himself in.
(D) Staff members are on site.

女性が"but I'll leave the gate unlocked"と言う際，何を意図していますか。

(A) 安全上の問題がある。
(B) 彼女は鍵を持っていない。
(C) 男性は中に入ってもよい。
(D) 職員が現地にいる。

正解 (C)

解説 意図問題です。問われている表現は「しかし，門の鍵は開けておく」という意味です。❸で女性は「自分はその場にいない」と言った後，この発言をし，さらに❹で「あなたが必要なだけ見て回れる」と言っているので，ここから，見積訪問の際には，男性は自分で中に入ることができるという意図だと分かります。以上より，(C)が正解です。

語句 □let (人) in (人) を中に入れる　□on site 現場で

Questions 59 through 61 refer to the following conversation.

M: Hi. My name is Ken Yates. ❶I got your phone number from one of my colleagues, um, Tina Day. She said your company has a lot of experience marketing fitness centers and that you could help us with our upcoming campaign.

W: Yes. Ms. Day told me to expect your call. We helped her with a campaign when she was working for a health club in New York.

M: She said it went really well. ❷I was wondering if we could ask you to come in and meet with us to talk about our marketing plans.

W: I'd be happy to. ❸Please take a look at my Web site. You'll find a list of my rates there. Of course, the first meeting is free.

設問59-61は次の会話に関するものです。

M: こんにちは，私はKen Yatesです。同僚の1人から電話番号を受け取りました，ええと，Tina Dayからです。彼女はあなたの会社はフィットネスセンターを売り込むのに豊富な経験があり，あなたが私たちの次のキャンペーンを手伝ってくれるかもしれないと言っていました。

W: はい。あなたからお電話があるだろうということはDay様から聞いておりました。彼女がNew Yorkのスポーツクラブで働いていた際に，私どもがキャンペーンのお手伝いをいたしました。

M: 彼女はそれがとてもうまくいったと話していました。私たちのマーケティングプランについて話すために，あなたに会いにきてもらえないかと思っていたのですが。

W: 喜んでお伺いします。私のウェブサイトを見てください。料金表がそこに載っています。もちろん，初回のミーティングは無料です。

語句　□upcoming 来るべき　□health club スポーツクラブ　□go well うまくいく
　　　□be wondering if（人）could do（人）が～できればと思っている　□a list of ～ ～の一覧表　□rate 料金

59.

How did the man learn about the woman's firm?

(A) From a business directory
(B) From a newspaper advertisement
(C) From a co-worker
(D) From a Web site

男性はどのように女性の会社を知りましたか。

(A) ビジネス帳簿で
(B) 新聞広告で
(C) 同僚から
(D) ウェブサイトで

語句 □firm 会社 □directory 名簿

正解 (C)

解説 男性がどうやって女性の会社を知ったのか，が問われています。男性は❶で「同僚の1人から電話番号を受け取った」と述べ，その後女性の会社の話をしています。同僚を通じて女性の会社を知ったことが分かるので，正解は(C)です。

言い換え colleagues → co-worker

60.

What will the speakers discuss at the meeting?

(A) Motivational techniques
(B) Marketing strategies
(C) Product design
(D) Fitness training

話し手たちは会合で何を話し合いますか。

(A) モチベーションを高めるテクニック
(B) マーケティング戦略
(C) 製品設計
(D) フィットネストレーニング

語句 □motivational 動機づけとなる，モチベーションを高める □strategy 戦略

正解 (B)

解説 話し手たちが会合で何を話し合うか，が問われています。男性は❷で「会社のマーケティングプランについて話すために，会いにきてもらいたい」と述べているので，(B)が正解です。strategy「戦略」は，何かを達成するための計画のことを意味し，同義語としてはplanのほかに，method「方法」やapproach「手段」などがあります。

言い換え plans → strategies

61.

What does the woman suggest the man do before they meet?

(A) Watch a video
(B) Read a brochure
(C) Check a price list
(D) Visit a client

女性は男性に会う前に何をすることを勧めていますか。

(A) ビデオを見る
(B) パンフレットを読む
(C) 価格表を確認する
(D) 顧客を訪問する

語句 □brochure パンフレット

正解 (C)

解説 女性が男性に会う前に何を勧めているか，が問われています。女性は，男性の❷の依頼に対して同意した後，❸で「私のウェブサイトを見てください。料金表が載っている」と言っています。これを「価格表を確認する」と言い換えた(C)が正解です。パンフレットではなく，ウェブサイトの情報を見るように言っていますので，(B)は不正解です。

Questions 62 through 64 refer to the following conversation and price list.

W: Where do you want to stay when you're in Toronto? ❶Last time, you stayed at the Regent Hotel and you said that the rooms weren't spacious enough.

M: That's right. ❷I'll be training the new staff members for a whole week so I'd like to stay somewhere with kitchen facilities.

W: You mean somewhere like a holiday apartment?

M: Right. ❸The company pays me 70 dollars a night for accommodation, so just get me the best place you can arrange for that amount.

設問62-64は次の会話と価格表に関するものです。

W: あなたがTorontoにいる間、どこに滞在したいですか。前回はRegentホテルに宿泊して、部屋の広さは十分でなかったと言っていましたよね。

M: そうですね。まる1週間、新しい職員の研修を行いますから、キッチンがついたところに滞在したいです。

W: 貸別荘のようなところですか。

M: そうです。宿泊費用として、会社から1泊70ドル出ますから、その金額に見合う中で一番いい場所を用意してもらえますか。

Holiday Apartments	Price per night
DuPont Gardens (4.5 stars)	$110
Stallard Towers (4 stars)	$ 80
Clarendon Views (3.5 stars)	❹$ 65
Marcus Villas (3 stars)	$ 60

貸別荘	1泊あたりの料金
DuPont Gardens (星4.5)	110ドル
Stallard Towers (星4)	80ドル
Clarendon Views (星3.5)	65ドル
Marcus Villas (星3)	60ドル

語句 □spacious enough 十分に広い □a whole week まる1週間 □kitchen facilities 台所設備
□holiday apartment 貸別荘、リゾートマンション □per night 1泊あたり □star (ランクなどの) 等級、星

62.

According to the woman, what did the man say about the Regent Hotel?

(A) The rooms were cramped.
(B) The meals were delicious.
(C) The gym was inadequate.
(D) The staff was very professional.

女性によると，Regentホテルについて男性は何と言っていましたか。

(A) 部屋が窮屈だった。
(B) 食事がおいしかった。
(C) ジムが不十分だった。
(D) スタッフがとても専門的だった。

正解 (A)

解説 女性によると，Regentホテルについて男性が何と言っていたか，が問われています。女性は❶で，男性に「あなたは前回 Regent Hotel に宿泊したが，広さが十分でなかったと言っていた」と述べています。ここを言い換えた(A)が正解となります。「広くない」→「窮屈だ」のように，否定の表現を，対義語を用いて言い換えるパターンも出題されるので，押さえておきましょう。

言い換え weren't spacious enough → cramped

63.

What is the purpose of the man's trip to Toronto?

(A) To interview some applicants
(B) To purchase a business
(C) To run a training session
(D) To sign a contract

男性の Toronto への出張の目的は何ですか。

(A) 何人かの候補者を面接すること
(B) 事業を買収すること
(C) 研修会を運営すること
(D) 契約書にサインをすること

正解 (C)

解説 男性が Toronto に出張に行く目的が問われています。男性は❷で「新しい職員の研修を行う」と述べています。よって，(C)が正解です。runは，自動詞で「(機械などが)動く」という意味もありますが，他動詞で「(イベントや会社)を運営する」という意味でも用いられます。

64.

Look at the graphic. Which holiday apartment will the woman most likely reserve for the man?

(A) DuPont Gardens
(B) Stallard Towers
(C) Clarendon Views
(D) Marcus Villas

図を見てください。女性はどの貸別荘を男性のために予約すると考えられますか。

(A) DuPont Gardens
(B) Stallard Towers
(C) Clarendon Views
(D) Marcus Villas

正解 (C)

解説 図表問題で，女性がどの貸別荘を男性のために予約するか，が問われています。男性は，❸で「宿泊費用は会社から1泊70ドル出るので，それに見合う中で一番いい場所を用意してほしい」と述べています。価格表を見ると，70ドル以内で一番等級が高いところは❹の Clarendon Views と分かります。以上から正解は(C)となります。

♪ 162 W 🇺🇸 M 🇦🇺

Questions 65 through 67 refer to the following conversation and agenda.

W: ❶Jacob, I just learned that I have to go out of town on December 4, so I can't attend the weekly status meeting. Can you present the update for our team?

M: Um, sure. What do I need to do?

W: ❷I've already prepared presentation slides with some notes. I'll e-mail them to you today.

M: OK. I'll look them over and let you know if I have any questions. What time should I be there?

W: ❸The meeting starts at nine thirty. Our update is the first item on the agenda. If you're busy, you can always leave once you're done presenting.

設問65-67は次の会話と議題表に関するものです。

W: Jacob，私は12月4日に出張に行かなければいけないということが今分かったの。だから，週次の進捗会議には出席できないわ。私たちのチームの進捗を発表してもらえる？

M: ええと，もちろん。何をすればいいの？

W: すでにプレゼンのスライドとメモは準備したわ。今日Eメールで送るわね。

M: 分かった。それに目を通してから，何か質問があれば知らせるよ。何時に行けばいいの？

W: 会議は9時30分から始まるわ。私たちの進捗が議題の最初の項目になっているの。もしあなたが忙しければ，発表の後いつでも帰っていいわよ。

Status Meeting Agenda – December 4

TV commercial for Lavela	9:30 A.M.
Web advertisement for Gentek	10:00 A.M.
Short break	10:30 A.M.
Launch event for Redmond	10:45 A.M.
Magazine for Azuma	11:15 A.M.

進捗会議の議題 – 12月4日

Lavelaのテレビコマーシャル	午前9時30分
Gentekのウェブ広告	午前10時
小休憩	午前10時30分
Redmondの発売イベント	午前10時45分
Azumaの雑誌	午前11時15分

語句 □weekly 週1回の □status 進捗 □present ～を発表する □update 最新情報
□presentation slide プレゼン用のスライド □note メモ □look ～ over ～に目を通す □agenda 議題

65.

What problem does the woman mention?

(A) She lost some meeting minutes.

(B) She has not booked a ticket yet.

(C) She did not receive an update.

(D) She cannot give a presentation.

女性は何の問題について述べていますか。

(A) 彼女は議事録をなくした。

(B) 彼女はチケットを予約していない。

(C) 彼女はまだ最新の情報を受け取らなかった。

(D) 彼女は発表をすることができない。

語句 □meeting minutes 議事録

正解 (D)

解説 女性が何の問題について述べているか，が問われています。女性は❶で「出張に行かなければいけないので進捗会議には出席できない。代わりに進捗発表をしてくれないか」とお願いしています。ここから本来行うべきだった発表ができなくなったことが問題だと分かるので，(D)が正解となります。

言い換え present the update → give a presentation

66.

What does the woman say she will do today?

(A) Accompany her boss on a trip
(B) Call a travel agency
(C) Finish writing her proposal
(D) Send presentation materials

女性は今日何をすると言っていますか。

(A) 上司と出張に行く
(B) 旅行代理店に電話する
(C) 企画書を書き終える
(D) プレゼンの資料を送る

正解 **(D)**

解説 女性は今日何をすると言っているか，が問われています。女性は❷で「プレゼン用の資料を準備した。今日Eメールで送る」と述べています。よって，(D)が正解だと分かります。

言い換え presentation slides → presentation materials，e-mail → Send

語句 □accompany ～と一緒に行く
　　 □travel agency 旅行代理店

67.

Look at the graphic. Which topic will the man discuss at the meeting?

(A) A Web advertisement for Gentek
(B) A TV commercial for Lavela
(C) A magazine for Azuma
(D) A launch event for Redmond

図を見てください。男性は会議でどのトピックについて話しますか。

(A) Gentekのウェブ広告
(B) Lavelaのテレビコマーシャル
(C) Azumaの雑誌
(D) Redmondの発売イベント

正解 **(B)**

解説 図表問題で，男性は会議で何について話すか，が問われています。女性は❸で「会議は9時30分から始まる。私たちの進捗が議題の最初の項目になっている」と述べています。議題表を見ると会議の最初の項目は9:30からスタートするLavelaのテレビコマーシャルだと分かるので，(B)が正解となります。

語句 □launch event 発売イベント

Part 3でよくある会話のパターン

(濱：濱﨑先生／大：大里先生)

濱：Part 3の会話では，「退職する同僚のためのパーティー」，「ある商品を購入したいがその店にはないので店員がほかの店舗を紹介する」，「（聞かれてもいないのに）他人に自分のこれからの予定を詳しく説明する」などの場面が頻出です。

大：あるあるですよね。ほかにも，レストランが出てきたら，だいたい「外の席に座りたいが，うまっている」，「演奏バンドはお休み」，「特別メニューがある」などがお決まりのパターンです。

濱：確かに。あと，交通機関を利用している人は「急いでいる状況だ」ということがほとんどですよね。

大：そうそう。ビジネスシーンだったら，「コピー機に紙がない」，「用事が重なってプレゼンができなくなった」，「明日から休みなので業務代わって」など，急な話が多いですね。

66. 詳細　67. 図表問題 | 119

Questions 68 through 70 refer to the following conversation and floor plan.

W: What do you think—does this office suit your company's needs?

M: It does, although we'll need to paint it and refinish the floor. ❶I was just curious why the rent is higher than Suite 203 next door. It looks a similar size.

W: ❷Well, the view is better and there's more natural light from the windows in this office. ❸Plus, the square shape gives you more layout flexibility. But if you're concerned about the rent, I could show you Suite 203 as well.

M: No, that's okay. ❹We'll need to reconfigure the layout as our company grows, so a square office is definitely better for us.

設問68-70は次の会話と見取り図に関するものです。

W: どうでしょうか——このオフィスはあなたの会社が求めるものに合っていますか。

M: 合っていますが，ペンキを塗ったり床材を再仕上げしたりしないといけません。でも，なぜ隣の203号室よりも家賃が高いのかが気になりました。同じような広さのようです。

W: ええと，このオフィスは見晴らしがよく，窓からの自然光が多く入ってくるんです。加えて，正方形の部屋なので，レイアウトの融通が利くのです。しかしもし家賃が気になるのであれば，203号室もご覧いただけますよ。

M: いえ，それは大丈夫です。会社の成長に合わせて，レイアウトを再変更する必要があるので，正方形のオフィスの方が私たちにとって断然いいんです。

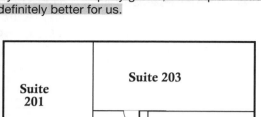

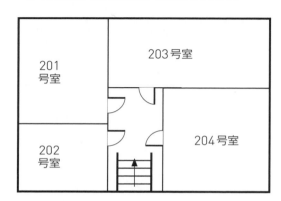

語句　□suit ～に合う　□refinish ～の表面を再仕上げする　□curious 気になる，好奇心が強い　□next door 隣の　□natural light 自然光　□square shape 正方形　□layout flexibility 間取りの融通性　□*be* concerned about ～ ～について心配する　□rent 家賃　□as well 同様に　□reconfigure ～を再構成する

68.

What does the man inquire about?

(A) The cost of building materials
(B) The size of some office furniture
(C) The deadline for a project
(D) The reason for a difference in rent

男性は何について尋ねていますか。

(A) 建築資材の費用
(B) オフィス家具の大きさ
(C) プロジェクトの締め切り
(D) 家賃の差額の理由

正解 (D)

解説 男性が何について尋ねているか，が問われています。男性は❶で「なぜ隣の203号室よりも（このオフィスの）家賃が高いのかが気になった」と述べており，家賃が異なる理由について尋ねていることが分かります。よって(D)が正解です。キーワードとなる男性の発言が，I was just curious why the rent is....と間接疑問文であることに注意しましょう。

語句 □inquire about ～ ～について尋ねる
□building material 建築資材
□office furniture オフィス用の家具　□deadline 期限

69.

Look at the graphic. Where are the speakers?

(A) In Suite 201
(B) In Suite 202
(C) In Suite 203
(D) In Suite 204

図を見てください。話し手たちはどこにいますか。

(A) 201号室
(B) 202号室
(C) 203号室
(D) 204号室

正解 (D)

解説 図表問題で，話し手たちがどこにいるのか，が問われています。女性は❷で「このオフィスは見晴らしがよく，窓からの自然光が多く入ってくる」，❸で「加えて，正方形の部屋なので，レイアウトの融通が利く」と述べています。ここから，今2人は正方形の部屋にいることが分かります。次に見取り図を見ると，203号室の隣の正方形の部屋は❺の204号室だと分かるので，(D)が正解となります。ちなみに正方形はsquareでしたが，長方形の部屋はrectangularと言います。

70.

What does the woman say about the square room?

(A) It has low-energy lighting.
(B) It is conveniently located.
(C) The rent is less expensive.
(D) The layout can be reconfigured.

女性は正方形の部屋について何と言っていますか。

(A) 低消費電力の照明がついている。
(B) 便利な場所に位置している。
(C) 家賃がほかと比べて安い。
(D) レイアウトが変更できる。

正解 (D)

解説 女性が正方形の部屋について何と言っているか，が問われています。女性は❸で「正方形の部屋なので，レイアウトの融通が利く」と言っているので，これを言い換えた(D)が正解となります。reconfigureの意味がはっきり分からなくても，男性が❹でreconfigureという語を使っているので，ここを聞き取れば正解を導けます。

言い換え layout flexibility → layout can be reconfigured

語句 □low-energy lighting 低消費電力の照明
□conveniently located 便利な場所にある

Part 4

♪ 165　M 🇦🇺

Questions 71 through 73 refer to the following telephone message.

Hello, Ms. Wang. ❶It's Kym Winters from Maxline Interiors. I'm calling regarding the carpet for your new apartment. At the meeting last week, we decided on the burgundy carpet to match the woodwork of the room. ❷I've just learned that the manufacturer of the brand we chose is no longer making the carpets in burgundy. Unfortunately, we'll need to come up with another color or choose a different brand. ❸I'll send you some catalogs by e-mail now, so could you take a look at them and make a decision? Everything else is going well. The painters have finished their work and the tilers and plumbers say they're just about done.

設問71-73は次の電話メッセージに関するものです。

もしもし，Wangさん。MaxlineインテリアのKym Wintersです。あなたの新しいアパートのカーペットの件でお電話しています。先週お会いした際に，私たちは部屋の木造部分に合うようにワインレッド色のカーペットに決めました。つい先ほど，私たちが選んだブランドのメーカーは，今はもうワインレッド色のカーペットを製造していないことを知りました。残念ながら，別の色を考えるか，別のブランドを選択する必要があります。今からカタログをEメールでお送りしますので，ご覧になって決断していただけますか。ほかは全て順調です。塗装業者は仕事を終えており，タイル職人や配管業者たちもおおむね終わったと言っています。

語句 □regarding ～について　□burgundy ワインレッド色の，赤紫色の　□match ～に合う　□woodwork 木造，木工
□manufacturer 製造業者　□brand ブランド，商標　□no longer ～ もはや～ない　□come up with ～ ～を思いつく
□take a look at ～ ～を見る　□painter 塗装業者　□tiler タイル職人　□plumber 配管業者
□*be* just about done ほとんど仕上がっている

71.

What kind of business does the speaker work for?

(A) A hotel
(B) A textile factory
(C) A plumbing company
(D) An interior decorating firm

話し手はどんな会社で働いていると考えられますか。

(A) ホテル
(B) 織物工場
(C) 配管工事会社
(D) 内装会社

正解 (D)

解説 話し手がどんな会社で働いているか，が問われています。❶で「MaxlineインテリアのKymです」と名乗り，「あなたのカーペットの件で電話している」，「先週会った際に，私たちは部屋に合うよう特定のカーペットに決めた」と続けているので，話し手はカーペットのような内装を扱う会社で働いていると考えられます。以上から(D)が正解です。

語句 □textile 繊維，織物
□plumbing company 配管工事会社
□interior decorating firm 内装会社

72.

What is the problem with the carpet?

(A) Its size
(B) Its availability
(C) Its quality
(D) Its cost

カーペットの何が問題ですか。

(A) サイズ
(B) 入手可能性
(C) 品質
(D) 価格

正解 (B)

解説 カーペットの何が問題か，が問われています。話し手は❷で「メーカーは，もうワインレッド色のカーペットを製造していない」と述べており，選んだカーペットが入手できない可能性があることが問題だと分かるので，(B)が正解となります。

語句 □availability 入手の可能性，利用できること

73.

What will the speaker do next?

(A) Negotiate a price
(B) Sign a contract
(C) Distribute some information
(D) Talk to the painters

話し手は次に何をしますか。

(A) 価格交渉をする
(B) 契約書にサインする
(C) 情報を配布する
(D) 塗装業者と話す

正解 (C)

解説 話し手が次に何をするか，が問われています。話し手は❸で「今からカタログをEメールで送る」と述べています。ここから，カーペットの資料を送付することが分かります。カタログをinformation「情報」と抽象的に言い換えた(C)が正解です。

語句 □negotiate ～について交渉する，～を取り決める
□contract 契約　□distribute ～を配布する

言い換え send → Distribute

Questions 74 through 76 refer to the following excerpt from a meeting.

❶This morning I read an article by Dr. Heather Ramsey at the University of Sterlington. She publishes a weekly article on business trends in the *Evening Gazette*. Her predictions are always very accurate and well researched so I think we should pay close attention. ❷She pointed out that people aged over 60 are exercising more and being more careful about what they eat. ❸As a health food company, I think we should be focusing more on that age group. I'll leave it at that, ❹but I strongly suggest that you all read the article.

設問74-76は次の会議の抜粋に関するものです。

今朝，Sterlington大学のHeather Ramsey博士の記事を読みました。彼女は『Evening Gazette』に景気動向に関する記事を毎週掲載しています。彼女の予測はいつも非常に正確でよく研究されているので，注視するべきだと思います。彼女は，60歳以上の人々はよりたくさん運動し，何を食べるかにより気を付けるようになっていると指摘しました。健康食品会社として，その年齢層にもっと焦点を当てるべきだと思います。この件についてはこのくらいにしておきますが，みなさんがこの記事を読むことを強く勧めます。

語句　□trend 傾向，動向　□prediction 予測　□accurate 正確な　□well researched よく研究がされている
□pay close attention 細心の注意を払う　□point out ～ ～を指摘する　□ leave it at that それで終わりとする

74.

What field does Dr. Ramsey work in?

(A) Medicine
(B) Education
(C) Engineering
(D) Business

Ramsey博士はどの分野で働いていますか。

(A) 医薬
(B) 教育
(C) 工学
(D) ビジネス

語句　□medicine 医学，医薬

正解 (D)

解説 Ramsey博士がどの分野で働いているのか，が問われています。話し手は❶でHeather Ramsey博士の記事に触れ，「彼女は景気動向に関する記事を毎週掲載している」と言っています。つまりRamsey博士は大学でビジネス分野を専門としていることが分かるので，(D)が正解です。business trends「景気動向」を聞き取れれば解きやすい問題です。

75.

What is stated about people over 60?

(A) They are continuing to work full time.
(B) They are leading healthier lifestyles.
(C) They spend more time with family.
(D) They eat out more often than other age groups.

60歳以上の人々について何が述べられていますか。

(A) フルタイムで働き続けている。
(B) より健康的なライフスタイルを送っている。
(C) 家族とより長い時間を過ごしている。
(D) ほかの年代より外食をする。

語句　□eat out 外食する

正解 (B)

解説 話し手は❷で「60歳以上の人々はよりたくさん運動し，何を食べるかにより気を付けるようになっている」と述べています。運動し，食に気を付けていることを，「健康的なライフスタイル」と言い換えた(B)が正解となります。食に気遣っているからといって，外食に行くとは限らないので(D)は不正解となります。

言い換え exercising more and being more careful about what they eat → leading healthier lifestyles

---

76.

What does the speaker mean when she says, "I'll leave it at that"?

(A) She does not want to carry something around.
(B) The listeners can find the article on her desk.
(C) She is finished with her research.
(D) She will not go into any more detail.

話し手が"I'll leave it at that"と言う際，何を意図していますか。

(A) 彼女はある物を持ち歩きたくない。
(B) 聞き手たちは彼女の机の上に記事を見つけることができる。
(C) 彼女は調査を終えた。
(D) 彼女はそれ以上詳しく説明するつもりはない。

語句　□go into ～ ～を説明する　□detail 詳細

正解 (D)

解説 意図問題です。話し手は❸で「健康食品会社として，その年齢層にもっと焦点を当てるべきだ」と言った後にI'll leave it at that.「この件はこのくらいにしておく」と述べています。そして❹「みなさんがこの記事を読むことを強く勧める」と続けています。ここから，話し手はRamsey博士の記事についての説明はこれ以上せず，聞き手自身が記事を読むことを促していることが分かるので(D)が正解です。(B)は机の上に置くとは言っておらず，(C)は調査を話し手が行った事実はないので，ここでは不正解です。

Questions 77 through 79 refer to the following speech.

❶Thank you for coming to our employee appreciation dinner party! This year's Teesdale Caribbean Carnival was a tremendous success. Surprisingly, we sold over 20 percent more tickets than last year despite the inclement weather, thanks to the effort made by all of you. ❷I especially would like to recognize our marketing director, Shuaib Erickson, for this success. His efforts on our social media accounts helped attract the younger generations to this traditional festival. We'll have him talk about this experience later. ❸All right, let's watch a short video summarizing the festival, followed by his speech.

設問77-79は次のスピーチに関するものです。

従業員感謝の夕食会にお越しいただきありがとうございます！今年のTeesdale Caribbeanカーニバルは大成功でした。驚いたことに，悪天候にもかかわらず，昨年より20パーセント以上も多くのチケットを売りました。これはみなさんによる努力のおかげです。この成功においては，マーケティングディレクターである，Shuaib Ericksonを特に評価したいと思います。彼の当社のソーシャルメディアアカウントへの努力はこの伝統的な祭りに若い世代を惹き付ける手助けとなりました。この経験については後で彼に話してもらいます。それでは，祭りを要約した短い映像を見て，続いて彼のスピーチを聞きましょう。

語句 □appreciation 感謝 □tremendous とても大きな，素晴らしい □surprisingly 驚いたことに □inclement weather 悪天候
□thanks to ～ ～のおかげで □effort 努力 □recognize 高く評価する □generation 世代
□summarize ～を要約する □followed by ～ その後に～が続く，続いて～

77.

Where is the speech taking place?

(A) At an awards ceremony
(B) At a company banquet
(C) At advertising workshop
(D) At a board meeting

スピーチはどこで行われていますか。

(A) 授賞式
(B) 会社の晩さん会
(C) 広告の研修会
(D) 取締役会

正解 (B)

解説 このスピーチがどこで行われているか，が問われています。話し手は❶で従業員感謝の夕食会に来てくれたことへの感謝を述べています。よって(B)が正解となります。最初の1文に根拠があるので聞き逃さないようにしましょう。

言い換え employee appreciation dinner party → company banquet

語句 □awards ceremony 授賞式 □banquet 晩さん会
□board meeting 取締役会

78.

According to the speaker, what has Shuaib Erickson done?

(A) Changed ticket prices
(B) Organized a cooking contest
(C) Run a social media account
(D) Designed a new company logo

話し手によると，Shuaib Ericksonは何をしましたか。

(A) チケットの価格を変更した
(B) 料理コンテストを主催した
(C) ソーシャルメディアアカウントを運用した
(D) 新しい会社のロゴをデザインした

正解 (C)

解説 話し手はShuaib Ericksonが何をしたと言っているか，が問われています。❷よりEricksonさんがソーシャルメディアアカウントの運用に関わったことが分かります。ここから，(C)が正解です。

語句 □organize ～を主催する □run ～を運用する

79.

What will the listeners most likely do next?

(A) Speak with guests
(B) Listen to a speech
(C) Watch a video
(D) Move to a different room

聞き手たちは次に何をすると考えられますか。

(A) ゲストと話す
(B) スピーチを聞く
(C) 映像を見る
(D) 違う部屋に移動する

正解 (C)

解説 聞き手たちが次に何をするか，が問われています。話し手は❸で「それでは，祭りを要約した短い映像を見て，続いてスピーチを聞きましょう」と述べているので，(C)が正解だと分かります。スピーチを聞くのは映像を見た後なので，(B)は不正解です。followed by ～は「続いて～」という意味です。順番を間違えないようにしましょう。

Questions 80 through 82 refer to the following broadcast.

Welcome back to WROK 102.5, your number-one rock station. ❶This weekend is the annual Sunset 10K charity race. ❷Don't forget that both lanes of the Sunset Bridge will be closed on Sunday from ten A.M. until about three P.M., to make room for the more than 3,000 runners expected to participate in the race. Other parts of the route will not be completely closed, but with the number of runners and spectators, your best bet is to avoid driving in the area throughout Sunday. ❸For up-to-date information and bulletins about the race, check the Sunset 10K Web site.

設問80-82は次の放送に関するものです。

あなたの一番のロック音楽専門放送局である，WROK 102.5へようこそ。今週末は，毎年恒例のSunset 10Kのチャリティーレースです。レースに参加すると予想される3,000人以上のランナーのために，Sunset橋の2車線とも，日曜日の午前10時から午後3時まで閉鎖されることを忘れないでください。ルートのほかの部分は完全には閉鎖されませんが，ランナーや観客の混雑のため，日曜日中はその地域での運転を避けるのが最善の策です。レースに関する最新情報や速報については，Sunset 10Kのウェブサイトをご覧ください。

TEST 3 | Part 4 | 77-82

語句 □rock station ロック音楽専門の（ラジオ）放送局　□lane 車線　□make room for ～ ～のスペースを作る　□expected to do ～すると見込まれる　□participate in ～ ～に参加する　□route 経路　□completely 完全に　□spectator 観客　□one's best bet ～の最善策　□avoid ～を避ける　□throughout ～を通じて，～中　□up-to-date 最新の　□bulletin ニュース速報

80.

What is the broadcast mainly about?

(A) A sports event
(B) An outdoor concert
(C) A film festival
(D) A grand opening

放送は主に何についてですか。

(A) スポーツイベント
(B) 野外コンサート
(C) 映画祭
(D) グランドオープン

正解 (A)

解説 この放送が主に何についてか，が問われています。話し手は❶で「今週末は，毎年恒例のSunset 10Kのチャリティーレースだ」と切り出し，その後もこのイベントに関わる情報について述べているので，スポーツイベントについて話していると分かります。以上から(A)が正解となります。rock stationにつられて(B)を選ばないように注意しましょう。

言い換え charity race → sports event

81.

What does the speaker say will happen on Sunday?

(A) A street will be under construction.
(B) A winner will be awarded.
(C) A race will be broadcast.
(D) A bridge will be closed to vehicles.

話し手は日曜日に何が起こると言っていますか。

(A) 道路が工事中になる。
(B) 優勝者が表彰される。
(C) レースが放送される。
(D) 橋が車両に対して閉鎖される。

正解 (D)

解説 話し手が日曜日に何が起こると言っているか，が問われています。話し手は❷で「Sunset橋の2車線とも，日曜日に閉鎖される」と述べています。これを言い換えた(D)が正解です。レースが放送されるかどうかは言及されていないので，(C)は不正解です。

語句 □award ～を表彰する　□broadcast ～を放送する

82.

According to the speaker, what can listeners find on a Web site?

(A) A concert schedule
(B) Updates about a race
(C) A list of songs
(D) Traffic conditions

話し手によると，聞き手たちはウェブサイトで何を見ることができますか。

(A) コンサートのスケジュール
(B) レースに関する最新情報
(C) 曲のリスト
(D) 交通状況

正解 (B)

解説 話し手によると，聞き手がウェブサイトで何を確認できるか，が問われています。話し手は❸で「レースの最新情報や速報についてはウェブサイトを見るように」と言っています。よって(B)が正解です。(D)交通状況もウェブサイトに掲載されていそうですが，話し手は言及していません。

言い換え up-to-date information → Updates

語句 □update 最新情報　□traffic condition 道路状況

Questions 83 through 85 refer to the following excerpt from a meeting.

Before we wrap up, ❶I wanted to mention that the public relations team will put out a series of articles on the Web site in early April. ❷They will highlight the great work our colleagues have been doing in the community for various charities. I'm hoping this will inspire others to get involved, too. ❸All the employees are encouraged to contribute to the society we live in. If there's anyone on your team who you think should be featured, give their name to Becky Shaw in public relations after this meeting. ❹Next week, she'll contact selected employees to discuss their activities and get the information she needs to write the articles.

設問83-85は次の会議の抜粋に関するものです。

切り上げる前に，広報チームが4月初旬にウェブサイトに連載記事を掲載する予定であることを述べたいと思います。これらによって私たちの同僚がさまざまな慈善事業のために地域社会で行っている素晴らしい仕事を目立たせることになるでしょう。私はこれが，ほかの人たちの参加を鼓舞することも望んでいます。全従業員が自分たちの住む社会に貢献することを推奨されています。特集されるべきだと思う人があなたのチームにいたら，この会議の後に広報チームのBecky Shawに名前を伝えてください。彼女は来週，活動について話し合って記事を書くために必要な情報を得るため，選ばれた従業員に連絡を取ります。

語句 □wrap up 終了する　□put out ～ ～を掲載する　□highlight ～ ～を目立たせる，強調する
□contribute to ～ ～に貢献する

83.

What will the company do in April?

(A) Announce the winner of an award
(B) Recruit volunteers for an activity
(C) Organize an event for charity
(D) Publish articles online

会社は4月に何をしますか。

(A) 受賞者を発表する
(B) ある活動のボランティアを募る
(C) チャリティーイベントを組織する
(D) インターネット上に記事を掲載する

正解 (D)

解説 会社が4月に何をするか，が問われています。❶で「広報チームが4月にウェブサイトに連載記事を掲載する」と述べているので，(D)が正解です。publishは「インターネット上に～を発表・掲載する」という意味もあります。

言い換え put out → Publish, Web site → online

84.

What does the speaker imply when she says, "I'm hoping this will inspire others to get involved"?

(A) She is trying to raise funds for a charity.
(B) She hopes more people will do volunteer work.
(C) She wants the employees to show more leadership.
(D) She would like the listeners to make suggestions.

話し手が"I'm hoping this will inspire others to get involved"と言う際，何を意図していますか。

(A) チャリティーのための資金調達をしようとしている。
(B) より多くの人にボランティア活動をしてもらいたい。
(C) 従業員にもっとリーダーシップを発揮してほしい。
(D) 聞き手たちに提案をしてもらいたい。

正解 (B)

解説 意図問題です。問われている箇所は「これがほかの人の参加を鼓舞することを望んでいる」という意味です。❷で「ウェブサイトの記事が同僚の慈善事業のための仕事を目立たせる」，❸で「全従業員が社会に貢献することが推奨されている」と言っているので，「今回の記事によって，多くの人が触発されボランティアを行ってほしい」という意図だと分かります。以上より，(B)が正解となります。

語句 □raise funds 資金を調達する

85.

According to the speaker, what will Becky Shaw do next week?

(A) Interview some employees
(B) Arrange a photo shoot
(C) Present a new plan
(D) Give assignments to volunteers

話し手によると，来週Becky Shawは何をしますか。

(A) 従業員をインタビューする
(B) 写真撮影を手配する
(C) 新しい計画を発表する
(D) ボランティアに仕事を頼む

正解 (A)

解説 来週Becky Shawは何をするか，が問われています。話し手は❹で「来週彼女（Show）が記事を書くために選ばれた従業員に連絡を取る」と言っています。つまり，Showは従業員を取材することが分かるので，これをinterviewと言い換えた(A)が正解となります。

👤 【会議】 **83.** 詳細　**84.** 意図問題　**85.** 次の行動

Questions 86 through 88 refer to the following excerpt from a meeting.

Thank you for getting here on time. Now that we're all here, I'd like to start our weekly meeting. I have some exciting news for you today. ❶While it's good news, it is likely to make your jobs showing people around the museum a little harder in the short term. ❷A local art collector has kindly donated her entire collection to the museum, and it's a substantial number of paintings and sculptures. I have an inventory here, which I will give you all a copy of. ❸Over the next few weeks, in preparation for the new exhibition, I'd like you all to research the artworks, and take some time to look at each of them in detail.

設問86-88は次の会議の抜粋に関するものです。

時間通りにこちらにお集まりいただきありがとうございます。全員揃いましたので，週の定例会議を始めたいと思います。今日はみなさんをわくわくさせるお知らせがあります。これはよいニュースではありますが，短期的に美術館でお客様をご案内する仕事が少し大変になるかもしれません。地元の美術品収集家が親切にも全てのコレクションを美術館に寄贈してくれました。相当量の絵画と彫刻です。こちらに目録があるので，後ほどコピーしてみなさんにお渡しします。今後数週間にわたって，この新しい展示会の準備をするために，みなさんに美術品を調査していただき，それぞれを詳細に見るお時間を取っていただきたいと思います。

語句 □Now that S V 今はS Vであるので　□*be* likely to *do* ～しそうである　□show（人）around（人）に～を案内する　□in the short term 短期間では　□substantial かなりの　□sculpture彫刻　□inventory リスト，目録　□in preparation for ～ ～の準備を行うために　□in detail 詳細に

86.

Who most likely is the intended audience for the talk?

(A) University students
(B) A group of artists
(C) Curators
(D) Postal workers

話の対象となる聴衆は誰だと考えられますか。

(A) 大学生
(B) 芸術家のグループ
(C) 学芸員
(D) 郵便局員

語句 □curator 学芸員　□postal worker 郵便局員

正解（C）

解説 聞き手はおそらく誰か，が問われています。❶で「美術館を案内するあなたたちの仕事が少し大変になるかもしれない」と述べています。美術館のスタッフだと分かるので，(C)が正解となります。

87.

What has occurred at the museum?

(A) Some letters have been collected.
(B) A number of artworks have been donated.
(C) The budget has been increased.
(D) Visitor numbers have fallen.

美術館で何が起きましたか。

(A) いくつかの手紙が集められた。
(B) たくさんの美術品が寄贈された。
(C) 予算が増えた。
(D) 来館者数が減っている。

語句 □visitor number 訪問者数

正解（B）

解説 美術館で何が起きたか，が問われています。話し手は❷で「地元の美術品収集家が全てのコレクションを美術館に寄贈してくれた。相当量の絵画と彫刻だ」と言っているので，それを受動態で表した(B)が正解です。

言い換え paintings and sculptures → artworks

88.

What are the listeners asked to do?

(A) Help with publicity
(B) Attend an auction
(C) Prepare a guest list
(D) Examine some art

聞き手たちは何をするよう求められていますか。

(A) 広報を手伝う
(B) オークションに参加する
(C) 来場者リストを準備する
(D) 美術品を調査する

語句 □publicity 広報

正解（D）

解説 聞き手たちは何をするように求められているか，が問われています。話し手は❸で「美術品を調査してそれぞれを詳細に見る時間を取ってほしい」と聞き手に依頼しています。ここから(D)が正解です。examineは「～をくまなく調べる，観察する，検査する」という意味で，TOEICでは頻出の語です。

Questions 89 through 91 refer to the following telephone message.

Hello, this is Craig Duval at the Glover Gallery. I'm calling about the exhibition opening that you're catering for tomorrow. ❶I just discovered that there was an administrative error and there will actually be around eighty people attending, not fifty as I originally said. Would it be possible to increase our order to cover that many guests? ❷You can charge us extra if necessary, since this is a last-minute request. ❸I'd appreciate it if you could let me know as soon as possible. If you can't accommodate the extra number of people, we'll just buy some sandwiches and appetizers to go with the food you serve. Thank you.

設問89-91は次の電話メッセージに関するものです。

もしもし，GloverギャラリーのCraig Duvalです。明日あなたが私たちにケータリングしてくれる予定の展示会初日の件でお電話しました。私はつい先ほど管理上のミスがあることを発見しました。実際に出席するのは80人程度で，私が最初にお伝えした50人ではありません。その人数の招待客の分を補うために注文を増やすことは可能ですか。直前の依頼なので，必要なら追加料金をご請求いただいても構いません。できるだけ早くご連絡いただければ幸いです。追加人数への対応が難しければ，御社が出す料理と一緒に出せるようにサンドイッチと前菜を買うことにします。よろしくお願いいたします。

語句 □exhibition 展示会　□cater ケータリングする　□discover 〜を発見する　□administrative 管理上の
□error 間違い　□around およそ　□originally 当初　□cover 〜を補う，埋める　□extra 追加（料金）
□if necessary もし必要であれば　□last-minute 直前の　□accommodate 〜に対応する　□appetizer 前菜，軽食

89.

Why is the speaker calling?

(A) To report a mistake
(B) To reserve some seats
(C) To request a refund
(D) To cancel an order

なぜ話し手は電話をしていますか。

(A) 間違いを報告するため
(B) 座席を予約するため
(C) 払い戻しの請求をするため
(D) 注文をキャンセルするため

正解 (A)

解説 話し手が電話をしている理由が問われています。話し手はケータリングの件だと切り出した後，❶で伝えた人数に間違いがあったことを伝えています。errorをmistakeと言い換えた(A)が正解となります。

言い換え error → mistake

語句 □refund 払い戻し（金）

90.

What does the speaker offer to do?

(A) Send some invitations
(B) Make an additional payment
(C) Arrange accommodations
(D) Use another catering company

話し手は何をすることを申し出ていますか。

(A) 招待状を送る
(B) 追加料金を支払う
(C) 宿泊施設を手配する
(D) ほかのケータリング会社を使う

正解 (B)

解説 話し手は何をすることを申し出ているか，が問われています。話し手は出席人数が当初より増えるため，注文を増やすことができるかと尋ね，さらに❷で「必要なら追加料金を請求してもらってもよい」と言っています。ここから，追加で支払いをすると申し出ていることが分かるので，(B)が正解となります。

言い換え extra → additional

語句 □additional payment 追加の支払い
□accommodation 宿泊施設

91.

What does the speaker ask the listener to do?

(A) Keep some food refrigerated
(B) Bring extra plates
(C) Submit an updated invoice
(D) Respond promptly

話し手は聞き手に何をするよう頼んでいますか。

(A) いくつかの食品を冷蔵しておく
(B) 予備の皿を持ってくる
(C) 最新の請求書を送る
(D) すぐに返事をする

正解 (D)

解説 話し手が聞き手に何をするよう頼んでいるか，が問われています。話し手は❸で聞き手に早急な返答を求めているので，これを言い換えた(D)が正解です。I'd appreciate it if you could 〜「〜していただけるとありがたい」は依頼の定型表現です。promptlyは「早急に，ちょうどに」という意味を表す副詞で，Part 5にも登場する語です。

言い換え as soon as possible → promptly

語句 □refrigerate 〜を冷蔵する　□promptly すぐに

Questions 92 through 94 refer to the following announcement.

We've received a notice from the state government informing us of a change to the regulations with regard to the loading and unloading of vehicles. ❶Apparently, there've been too many accidents lately and they want to enforce stricter regulations to avoid unnecessary danger to employees. ❷We already have a code that's stricter than the government guidelines, but employees are still required to undergo the government training program. That's all there is to it. ❸We can't avoid this requirement. ❹They've also stipulated that workers wear high visibility vests. We've purchased them and will be distributing them to employees on Monday morning.

設問92-94は次のアナウンスに関するものです。

州政府から車両の積み下ろしに関する規則の変更を知らせる通知書を受け取りました。どうやら，最近事故があまりにも多く，従業員に不要な危険が及ばないよう規則を強化したいようです。当社にはすでに政府のガイドラインより厳しい規則がありますが，それでも従業員は政府のトレーニングプログラムを受けることが求められています。それだけのことです。この要求を回避することはできません。また彼らは，作業員が高視認性のベストを着用するということを定めました。それらを購入したので，月曜日の朝に従業員に配布します。

語句 □state government 州政府 □inform A of B AにBのことを知らせる □regulation 規則 □with regard to ～ ～について □load（荷など）を載せる □unload ～の荷を下ろす □apparently どうやら～らしい □enforce ～を強化する □be required to do ～することを求められる □undergo ～を受ける，経験する □stipulate ～を規定する □visibility 視認性 □purchase ～を購入する □distribute ～を配布する

92.

According to the speaker, why are changes being made?

(A) To reduce costs
(B) To enhance the company's image
(C) To increase vacation time
(D) To improve safety

話し手によると，なぜ変更が行われていますか。

(A) コストを削減するため
(B) 会社のイメージを高めるため
(C) 休暇を増やすため
(D) 安全性を向上させるため

正解（D）

解説 なぜ変更が行われているか，が問われています。❶で「最近事故が多く，従業員に危険が及ばないよう規則を強化したいようだ」と言っています。(D)が正解となります。avoid unnecessary danger「不要な危険を避ける」をimprove safetyと言い換えています。

93.

What does the speaker mean when she says, "That's all there is to it"?

(A) The new procedure is very simple.
(B) The company must comply with the rules.
(C) A device was easier to use than expected.
(D) Some employees will be excused from participating.

話し手が"That's all there is to it"と言う際，何を意図していますか。

(A) 新しい手順は非常に簡単である。
(B) 会社は規則に従う必要がある。
(C) ある機器は想像していたより使いやすかった。
(D) 一部の従業員は参加することを免れる。

正解（B）

解説 意図問題です。問われている箇所は，「それが全てだ，それだけのことだ」という意味です。❷で「従業員は政府のプログラムを受けなければならない」と話した後にこの発言をしています。その後❸で「この要求は回避できない」と言っているので，トレーニングプログラムを受けるというルールに従う必要があることを示唆していることが分かります。この「～に従う」をcomply with ～を使って言い表した(B)が正解となります。

語句 □comply with ～ ～に従う □be excused from ～ ～を免除される

94.

What will happen on Monday?

(A) The company will be closed.
(B) A meeting will be scheduled.
(C) New equipment will be installed.
(D) Special clothing will be provided.

月曜日に何が起こりますか。

(A) 会社が閉められる。
(B) 会議が予定されている。
(C) 新しい機器が導入される。
(D) 特殊な衣服が提供される。

正解（D）

解説 月曜日に何が起こるか，が問われています。話し手は❹で「作業員にベストを着用させる。それらを購入したので，月曜日の朝に従業員に配布する」と述べています。ベストをspecial clothingと言い換えた(D)が正解となります。

言い換え be distributing → be provided

Questions 95 through 97 refer to the following advertisement and voucher.

HandyOne is a mobile phone company with a difference. We offer super cheap SIM cards that'll allow you to connect to major networks for a fraction of the regular rate. ❶Furthermore, customers who sign up for a plan of 12 months or more can get a complimentary cell phone. Now, we are offering a prepaid plan that allows you to save even more. ❷Pay for 6 months in advance and get 10 percent off. Take the 12-month plan and get 15 percent off. Take the 18-month plan and get 20 percent off and people who choose the 24-month plan get a whopping 30 percent off. ❸This Monday is our tenth anniversary. ❹Check the Sun newspaper for a coupon which offers a further discounted rate on one of our plans.

設問95-97は次の広告とクーポン券に関するものです。

HandyOne社は一味違う携帯電話会社です。当社は，通常と比べてわずかな料金で主要なネットワークに接続できるとても安価なSIMカードをご提供しています。さらに，12カ月以上のプランにご加入いただいたお客様は，無料の携帯電話を手に入れることができます。今なら，さらに節約できるプリペイドプランもご提供しています。事前に6カ月分お支払いいただくと，10パーセント割引になります。12カ月プランをお選びいただくと，15パーセント割引になります。18カ月プランで20パーセント割引，そして24カ月プランをお選びいただいた方は30パーセントもの大きな割引が得られます。今週の月曜日は当社の10周年記念です。Sun新聞で，プランの1つにさらに割引率が適用されるクーポン券をチェックしてください。

Discount Voucher
HandyOne Prepaid SIM Card

6-Month Plan ··········· **10%** off
12-Month Plan ·········· **15%** off
18-Month Plan ·········· **25%** off
24-Month Plan ·········· **30%** off

(Non-corporate Contracts Only)

クーポン券
HandyOne プリペイド SIM カード

6 カ月プラン ······ **10 パーセント**割引
12 カ月プラン ······ **15 パーセント**割引
18 カ月プラン ······ **25 パーセント**割引
24 カ月プラン ······ **30 パーセント**割引

(個人契約のみ)

語句 □mobile phone 携帯電話　□allow（人）to do（人）が〜するのを可能にする　□connect 接続する
□a fraction of 〜 ほんのわずかな〜　□rate 料金　□furthermore さらに　□sign up for 〜 〜に登録する
□complimentary 無料の　□prepaid プリペイドの　□even（比較級の前で）より，一層　□in advance 事前に
□whopping とても大きな　□anniversary 記念日　□discounted 割引された　□non-corporate 個人の，法人ではない

95.

What can customers who choose a plan of 12 months receive?

(A) Tickets for a concert
(B) The option to choose a phone number
(C) A free mobile phone
(D) A chance to win a vacation for two

12カ月のプランを選んだ客は何を受け取ることができますか。

(A) コンサートのチケット
(B) 電話番号を選ぶ権利
(C) 無料の携帯電話
(D) 2人分の旅行券を獲得するチャンス

語句 □win 〜を獲得する

正解（C）

解説 12カ月のプランを選んだ客が何を受け取ることができるか，が問われています。話し手は❶で「12カ月以上のプランに加入した客は，携帯電話を無料で手に入れられる」と述べているので，(C)が正解です。TOEICでは携帯電話のことはcell phoneやmobile phoneと呼びます。

言い換え complimentary → free，cell phone → mobile phone

96.

What will most likely happen this Monday?

(A) The company will commemorate an anniversary.
(B) A new product will be introduced.
(C) Employees will attend a training session.
(D) A new store will open.

今週の月曜日に何が起こると考えられますか。

(A) 会社が記念日を祝う。
(B) 新製品が披露される。
(C) 従業員が研修会に参加する。
(D) 新店舗が開店する。

正解 (A)

解説 今週の月曜日におそらく何が起こるか，が問われています。話し手は❸で「今週の月曜日は当社の10周年記念だ」と述べています。よって(A)が正解となります。

語句 □commemorate 〜を祝う，記念する

97.

Look at the graphic. Which plan will be further discounted?

(A) The 6-month plan
(B) The 12-month plan
(C) The 18-month plan
(D) The 24-month plan

図を見てください。どのプランがさらに割引されますか。

(A) 6カ月プラン
(B) 12カ月プラン
(C) 18カ月プラン
(D) 24カ月プラン

正解 (C)

解説 図表問題で，どのプランがさらに割引されるか，が問われています。❷でさまざまなプランの割引について伝えているので，図のクーポン券と照らし合わせながら聞くと，18カ月プランのみ，図表と音声の値が異なります。❹で「クーポン券ではさらに割引をする」と言っているので，18カ月プランだけさらに割引されたということが分かります。以上から(C)が正解となります。

Part 4でよくあるトークの流れ

（濱：濱﨑先生／大：大里先生）

濱： Part 4で頻出のトークとして僕が真っ先に思い浮かべるのが，「誰かの紹介をするためのスピーチ」ですね。話し手は多くの場合「司会者」で，紹介されるのは著名人，昇進・昇格する人，新しく会社や団体などに加わる人，退職する人などさまざまです。

大： 何かの授賞式での受賞者の紹介，受賞者自身が賞を受け取った直後に話すスピーチも多いですよね。

濱： 誰かを紹介するスピーチの場合は，司会者が人物の経歴を説明して，紹介を受けた人がいよいよ登場，というところでトークが終わるというパターンが王道ですね。

大： 受賞者自身が話すときには，大変だったことや，「受賞したのはチームメンバーなしには語ることができない。ありがとう，ありがとう」（「ありがとう」がなぜか2回繰り返されることはあります）と他の人への感謝について述べ，最後に今後の展望について話すこともあります。

Questions 98 through 100 refer to the following announcement and weather forecast.

I'd like to give a reminder about our annual team-building day this Thursday. ❶Some people have expressed concern about the weather, but even though it will be overcast and cool, there's little chance of rain, according to the forecast. Therefore, we'll go ahead with the planned activities at Munro Park. ❷Just to be safe, it might be a good idea to wear waterproof shoes and bring a poncho or a jacket with a hood, since we will be outside most of the time, except during lunch. ❸You should all have received an e-mail with plans for the day. The bus will leave the office at nine A.M. sharp and take us straight to the park.

設問98-100は次のアナウンスと天気予報に関するものです。

今週の木曜日の，毎年恒例のチームビルディングの日についてお知らせしたいと思います。天気についての懸念がある方もいらっしゃいますが，天気予報によると，曇りで涼しくなるものの，雨が降る可能性はほとんどありません。したがって，Munro公園で予定されている活動を進めたいと思います。昼食時以外はほとんどの時間屋外にいるので，念のために防水の靴を履き，ポンチョかフード付きのジャケットを持ってくるとよいでしょう。当日の予定を記載したEメールをみなさんは受け取っているはずです。バスは午前9時ちょうどに事務所を出発し，公園まで直行します。

May 18	May 19	May 20	May 21
Sunny	Cloudy	Rainy	Rainy
22°C	14°C	17°C	19°C

5月18日	5月19日	5月20日	5月21日
晴れ	曇り	雨	雨
22度	14度	17度	19度

語句 □reminder リマインダー □team-building チームビルディング，チームをまとめるための取り組み
□be overcast 空が雲で覆われている □go ahead with ～ ～を進める □just to be safe 念のため □waterproof 防水の
□poncho ポンチョ □sharp （～時）きっかりに □straight to ～ まっすぐ～へ

98.

Look at the graphic. When is the team-building day?

(A) On May 18
(B) On May 19
(C) On May 20
(D) On May 21

図を見てください。チームビルディングの日はいつですか。

(A) 5月18日
(B) 5月19日
(C) 5月20日
(D) 5月21日

正解 (B)

解説 図表問題で，チームビルディングの日はいつか，が問われています。話し手は❶でチームビルディングの日の天気について「天気予報によると，曇りだが，雨が降る可能性はほとんどない」と言っています。次に，天気予報を見ると，曇りの日は5月19日なので，(B)が正解となります。❶で木曜日と言っていますが，天気予報の図に曜日がないためトーク中の天候についての発言から正解を求める必要があります。

図表問題では，図表上にある「選択肢と同一ではない部分」に注目して解答するようにします。今回，選択肢と同一でない部分は，天気と気温です。「天気が正解の決め手になる場合」には18日か19日のいずれかが正解になることが予想できます。なぜなら20日と21日はいずれも雨という同じ天気だからです。気温に着目すると，一番暖かい日（18日），一番寒い日（19日）などがヒントになる可能性があります。このように，トークを聞く前の段階で図表のどこを読むべきなのか，そしてそこから何を得られるのかを常に意識して「能動的」に正解を取りにいくようにしてみてください。

99.

What does the speaker advise listeners to do?

(A) Check the weather forecast
(B) Meet at the park entrance
(C) Wear suitable clothing
(D) Bring their own lunch

話し手は聞き手に何をするよう勧めていますか

(A) 天気予報を確認する
(B) 公園の入口で会う
(C) 適切な服を着る
(D) 自分の昼食を持ってくる

正解 (C)

解説 話し手が聞き手に勧めていることが問われています。❷で「昼食時以外は屋外にいるので，ポンチョかフード付きのジャケットを持ってくるとよい」と言っています。つまり，天候に合わせて調整できる服を持ってくるよう勧めています。これをsuitable clothing「適切な服」と表現した(C)が正解となります。

語句 □weather forecast 天気予報　□suitable 適切な
□clothing 衣服，衣類

100.

What were listeners sent by e-mail?

(A) A travel itinerary
(B) A meeting agenda
(C) A map of Munro Park
(D) A schedule of activities

聞き手たちは何をEメールで送られましたか。

(A) 旅程表
(B) 会議の議題
(C) Munro公園の地図
(D) アクティビティの予定表

正解 (D)

解説 聞き手たちは何をEメールで送られたか，が問われています。❸で「当日の予定を記載したEメールを全員が受け取っているはず」と述べています。この「当日の予定」を言い換えた(D)が正解となります。なお，(A)のitineraryも「予定」を意味しますが，この語は「旅行に出かける際の詳細な予定，旅程表」を意味するので，ここでは不正解となります。

言い換え plans → schedule

語句 □itinerary 旅程表　□agenda 議題

TEST 4

解答解説

正解一覧

設問番号	正解	設問番号	正解	設問番号	正解	設問番号	正解
□□□ 1	B	□□□ 26	C	□□□ 51	B	□□□ 76	C
□□□ 2	A	□□□ 27	C	□□□ 52	A	□□□ 77	C
□□□ 3	B	□□□ 28	C	□□□ 53	A	□□□ 78	A
□□□ 4	D	□□□ 29	A	□□□ 54	D	□□□ 79	C
□□□ 5	C	□□□ 30	B	□□□ 55	D	□□□ 80	A
□□□ 6	C	□□□ 31	C	□□□ 56	A	□□□ 81	A
□□□ 7	A	□□□ 32	B	□□□ 57	B	□□□ 82	C
□□□ 8	B	□□□ 33	D	□□□ 58	C	□□□ 83	C
□□□ 9	A	□□□ 34	D	□□□ 59	B	□□□ 84	A
□□□ 10	B	□□□ 35	C	□□□ 60	D	□□□ 85	D
□□□ 11	B	□□□ 36	B	□□□ 61	C	□□□ 86	C
□□□ 12	B	□□□ 37	C	□□□ 62	B	□□□ 87	A
□□□ 13	A	□□□ 38	A	□□□ 63	D	□□□ 88	D
□□□ 14	C	□□□ 39	B	□□□ 64	B	□□□ 89	A
□□□ 15	C	□□□ 40	D	□□□ 65	C	□□□ 90	C
□□□ 16	B	□□□ 41	B	□□□ 66	A	□□□ 91	C
□□□ 17	A	□□□ 42	D	□□□ 67	C	□□□ 92	B
□□□ 18	C	□□□ 43	D	□□□ 68	B	□□□ 93	A
□□□ 19	C	□□□ 44	C	□□□ 69	B	□□□ 94	B
□□□ 20	C	□□□ 45	C	□□□ 70	A	□□□ 95	C
□□□ 21	B	□□□ 46	A	□□□ 71	D	□□□ 96	C
□□□ 22	A	□□□ 47	A	□□□ 72	B	□□□ 97	B
□□□ 23	B	□□□ 48	C	□□□ 73	A	□□□ 98	A
□□□ 24	C	□□□ 49	B	□□□ 74	A	□□□ 99	D
□□□ 25	C	□□□ 50	C	□□□ 75	C	□□□ 100	B

Part 1

1. ♪ 176

(A) She's walking down a hallway.
(B) She's sitting on a stool.
(C) She's greeting a customer.
(D) She's handing over a document.

(A) 彼女は廊下を歩いている。
(B) 彼女はスツールに座っている。
(C) 彼女は顧客にあいさつをしている。
(D) 彼女は書類を手渡している。

正解 (B)

解説 スツールに座っている女性の様子を表している(B)が正解です。(A)はwalkingという動作とhallwayという場所が写真の様子とは合わず、(C)は動作のgreetingという様子が合わないだけでなく、customer「顧客」も写真には写っていません。(D)のhanding over a document「書類を手渡している」も、女性の行っている動作とは合いません。

語句 □hallway 廊下　□stool スツール，丸いす　□greet ～にあいさつをする　□hand over ～ ～を手渡しする

2. ♪ 177

(A) The woman's using a tool.
(B) The woman's sewing a garment.
(C) The man's collecting litter.
(D) The man's fixing a railing.

(A) 女性が工具を使っている。
(B) 女性が衣服を縫っている。
(C) 男性がごみを集めている。
(D) 男性が手すりを修理している。

正解 (A)

解説 ドリルのような工具を使って作業をしている女性の様子をtool「工具」を使って表している(A)が正解です。(B)のsewing a garmentは女性の行っている動作とは合わず、(C)のcollecting litter、(D)のfixing a railingは、男性のしている動作とは合いません。litter「ごみ」とrailing「手すり」は、Part 1でしばしば登場する重要単語です。

語句 □tool 工具　□sew ～を縫う　□garment 衣服　□collect ～を集める　□litter ごみ　□fix ～を修理する　□railing 手すり

3. ♪ 178

(A) A worker is sweeping the floor.
(B) Some cubicles are unoccupied.
(C) Some computers are set up next to each other.
(D) A garbage can is overflowing with trash.

(A) 従業員が床を掃いている。
(B) いくつかのブースが空いている。
(C) いくつかのパソコンが隣りあって設置されている。
(D) ごみ箱がごみであふれている。

正解 (B)

解説 ブースに人がいない様子をunoccupiedを使って描写している(B)が正解です。(A)は主語のA workerが写真には写っておらず、(C)も主語のSome computersが写真には写っていません。同様に(D)の主語A garbage canも、写真には写っていません。基本的に写真に写っていない物（人）が登場する英文が聞こえたら不正解です。徹底的に意識しておくとよいでしょう。

語句 □worker 従業員　□sweep ～を掃く　□cubicle ブース　□unoccupied 空いている　□set up ～ ～を設置する　□next to each other 隣りあって　□garbage can ごみ箱　□overflow あふれる　□trash ごみ

　1. 1人の人物の写真　**2.** 2人以上の人物の写真　**3.** 人物の写っていない写真

4. ♪ 179 🇺🇸

(A) They're standing by a sofa.
(B) They're arranging some seats.
(C) One of the men is folding his jacket.
(D) One of the men is writing on a piece of paper.

(A) 彼らはソファのそばに立っている。
(B) 彼らはいくつかのいすを並べている。
(C) 男性の1人はジャケットをたたんでいる。
(D) 男性の1人は紙に書いている。

正解 (D)

解説 紙に何かを書いている男性の様子を表している(D)が正解です。(A)は standing, (B)は arranging, (C)は folding が, 写真に写っている人たちの動作とは合致しません。

語句 □arrange 〜を並べる □fold 〜をたたむ □write on 〜 〜に書く

---

5. ♪ 180 🇨🇦

(A) A man is assembling a rack.
(B) A man is bundling some newspapers.
(C) A file is being removed from a shelf.
(D) A copier has been positioned by the door.

(A) 男性は棚を組み立てている。
(B) 男性が新聞を縛っている。
(C) ファイルが棚から取り出されているところである。
(D) コピー機がドアのそばに設置されている。

正解 (C)

解説 棚からファイルを取り出そうとしている男性を, A file「ファイル」を主語にし, 受動態の進行形 is being removed from「〜から取り出されている最中だ」を使って描写している(C)が正解です。(A)は assembling が, (B)は bundling some newspapers が男性の動作とは合わず, (D)は主語の copier が写真には写っていません。

語句 □assemble 〜を組み立てる □rack 棚 □bundle 〜を縛る □remove *A* from *B* AをBから取り出す
□shelf 棚 □copier コピー機 □position 〜を設置する

---

6. ♪ 181 🇬🇧

(A) Some chefs are surrounding a table.
(B) Utensils are being carried to a sink.
(C) Light fixtures have been hung from the ceiling.
(D) Some pots are being polished.

(A) 何人かのシェフがテーブルを囲んでいる。
(B) 台所用具が流しに運ばれているところである。
(C) 照明器具が天井からつるされている。
(D) いくつかの壺がみがかれているところである。

正解 (C)

解説 写真中央にある, 天井からつるされている照明器具を受動態の現在完了形で描写している(C)が正解です。(A)は人が写真に写っていない時点で不正解です。(B)と(D)は受動態の進行形が使われていますが, (C)と異なり「〜されている最中だ」という意味になるため, これが正解になり得るには動作をしている人が写真に写っている必要があります。

語句 □surround 〜を囲む □utensil 台所用具 □*be* carried to 〜 〜に運ばれる □sink 流し □light fixture 照明器具
□hang 〜をつるす □ceiling 天井 □polish 〜をみがく

Part 2

7. 🎵 183 W 🇺🇸 M 🇨🇦

Ms. Franklin has just been promoted, right?
(A) Yes, she's our new manager now.
(B) I have an interview at two.
(C) She made a promotional video.

Franklinさんは昇進したばかりですよね。
(A) はい，彼女は，今は私たちの新しいマネージャーです。
(B) 2時に面接があります。
(C) 彼女は宣伝ビデオを作りました。

正解 (A)

解説 「Franklinさんは昇進したばかりですよね」という問いかけに，Yesと答えて「今は私たちの新しいマネージャーだ」という具体的な情報を付け加えている(A)が正解です。文末にrightを付けると，「～ですよね？」と確認する表現になり，付加疑問文と同様の働きをします。(B)は問いかけにあるpromotedから連想されるinterviewを使ったひっかけの選択肢，(C)もpromotedの派生語であるpromotionalを含んではいますが，問いかけとは話がかみ合いません。

語句 □promote ～を昇進させる　□interview 面接　□promotional 宣伝用の

8. 🎵 184 M 🇦🇺 W 🇬🇧

How should I contact you?
(A) Simon hasn't updated our contact list yet.
(B) My phone number is on the business card.
(C) On Saturday afternoon.

どのようにあなたにご連絡すればよいですか。
(A) Simonは私たちの連絡先リストをまだ更新していません。
(B) 私の電話番号が名刺にあります。
(C) 土曜日の午後にです。

正解 (B)

解説 Howを使い，連絡する方法を尋ねている問いかけに対して，「電話番号は名刺にある」と応答している(B)が正解です。(A)は問いかけにあるcontactを名詞で使ったひっかけの選択肢です。(C)は問いかけがWhen「いつ」を問うものであれば正解になり得ます。

語句 □contact ～に連絡する　□update ～を更新する　□contact list 連絡先リスト　□business card 名刺

9. 🎵 185 M 🇨🇦 W 🇬🇧

I think we should relocate to a larger office.
(A) Let's look for some rental properties online.
(B) My office is on the seventh floor.
(C) Yes, it's on my desk.

私たちはより大きな事務所に移転するべきだと思います。
(A) インターネット上で賃貸物件をいくつか探してみましょう。
(B) 私の事務所は7階にあります。
(C) はい，それは私の机の上にあります。

正解 (A)

解説 「大きな事務所に移転するべきだと思う」という発言に対して，「物件をいくつか探してみよう」と肯定的に応答している(A)が正解です。(B)は問いかけにあるofficeを含んではいますが，問いかけとは話がかみ合いません。(C)は問いかけにあるofficeから連想されるon my desk「私の机の上」を含んではいますが，こちらは物がある場所を聞かれた際に使う応答です。

語句 □relocate to ～ ～に移転する　□look for ～ ～を探す　□rental property 賃貸物件

10. 🎵 186 W 🇬🇧 M 🇦🇺

Can you reserve a conference room for tomorrow?
(A) Here, have some tea.
(B) Peter already did that.
(C) I'll meet you tomorrow.

明日のために会議室を予約してもらえますか。
(A) はい，お茶をどうぞ。
(B) Peterがすでにそれをしました。
(C) 明日会いましょう。

正解 (B)

解説 Can you ～?を使った「会議室を予約してもらえるか」という依頼に対して，「Peterがすでに（予約）した」という応答をしている(B)が正解です。(A)は問いかけと関連のない応答，(C)は問いかけにあるtomorrowを含んではいますが，こちらも問いかけとは話がかみ合いません。

語句 □reserve ～を予約する　□conference room 会議室

11. ♪ 187 M 🇦🇺 W 🇺🇸

Who's covering your work during your leave?
(A) For about three months.
(B) I was wondering if you could.
(C) It's covered with plastic.

休暇中，誰があなたの仕事をしますか。
(A) 約3カ月間です。
(B) あなたにやってもらえないかと思っていました。
(C) それはビニールで覆われています。

正解 (B)

解説 Whoを使って「誰があなたの仕事をしますか」と尋ねる問いかけに対して，I was wondering if ～「～かと思っていました」を使って応答している(B)が正解です。(A)は問いかけにあるduringに関連するForを使ったひっかけの選択肢，(C)は問いかけにあるcoveringの変化した形であるcoveredを使ってはいますが，問いかけの内容には対応していません。

語句 □cover ～を代行する，肩代わりする □be covered with ～ ～で覆われている □plastic ビニール

12. ♪ 188 M 🇨🇦 W 🇺🇸

Is the pharmacy next door still open?
(A) Some instructions for the medication will be provided.
(B) It normally closes at seven.
(C) Check the closet later.

隣の薬局はまだ開いていますか。
(A) 薬についていくつかの指示が提供されます。
(B) 普段は7時に閉まります。
(C) 後でクローゼットを確認してください。

正解 (B)

解説 「薬局はまだ開いているか」と尋ねる問いかけに対して，「7時に閉まる」と具体的な営業終了時刻を伝えている(B)が正解です。(A)は問いかけにあるpharmacyに関連するmedicationを使ったひっかけの選択肢，(C)は問いかけにあるopenの対義語であるcloseと発音が似ているclosetを使ったひっかけの選択肢です。

語句 □pharmacy 薬局 □normally 普段 □closet クローゼット

13. ♪ 189 M 🇦🇺 W 🇬🇧

How many applications have we received for the accountant position?
(A) We got five so far.
(B) On the Web site.
(C) I'd like to open an account.

会計士の職に，何件の応募を受け取りましたか。
(A) 今のところ5人です。
(B) ウェブサイトでです。
(C) 口座を開きたいです。

正解 (A)

解説 How manyを使って会計士の職への応募の数を尋ねる問いかけに対して，「5人」と具体的に応答している(A)が正解です。(B)は問いかけとは関連のない内容，(C)は問いかけにあるaccountantと発音が被っているaccountを使ったひっかけの選択肢です。

語句 □application 応募 □accountant 会計士 □position 職 □account 口座

リスニングで苦手なアクセント・発音の克服法

(濵：濵﨑先生／大：大里先生)

大： 特定の国の人の音声が聞き取りにくい，という声はよく聞きます。私はオーストラリア男性の発音が苦手でした。

濵： オーストラリアやイギリスのナレーターが話す言葉が聞き取りづらいと言う人，多いですよね。僕自身は，英語学習を始めた頃から，ずっとイギリス人ナレーターの英語ばかりを聞き続けてきたので，アメリカ英語よりもイギリス英語の方が格段に聞き取りやすいです。要は「その国の英語への慣れ」ではないでしょうか。

大： なるほど。苦手なナレーターがいたら，その国の人が話す発音やアクセントを徹底的に研究し，真似して音読してみるとよいでしょう。

14.
♪ 190 M 🇨🇦 W 🇬🇧

Shall I drive you to the station?
(A) Oh, I didn't know that.
(B) A car mechanic.
(C) That's very kind of you.

駅まで車で送りましょうか。
(A) ああ、私はそれを知りませんでした。
(B) 自動車整備士です。
(C) ご親切にどうもありがとうございます。

正解 (C)

解説 Shall I ～?「～しましょうか」を使った「駅まで車で送ろうか」という提案に対して、「ありがとう」とお礼を述べている (C) が正解です。(A) は問いかけとは関連のない内容、(B) は問いかけにある drive から連想される car mechanic「自動車整備士」を含んでいますが、こちらも問いかけとは話がかみ合いません。

語句 □drive ～を車で送る　□mechanic 整備士

15.
♪ 191 W 🇬🇧 M 🇦🇺

How far are we from the airport?
(A) The flight to Seoul.
(B) About three hours.
(C) I think we should take a taxi.

私たちは空港からどれくらいの距離にいますか。
(A) Seoulへのフライトです。
(B) 約3時間です。
(C) 私たちはタクシーを使うべきだと思います。

正解 (C)

解説 How far ～?「～の距離はどのくらいですか」を使って、空港からの距離を尋ねる問いかけに対して、具体的な距離は言わずに「タクシーを使うべき」と答えることで、遠いことを示唆している (C) が正解です。(A) は問いかけにある airport に関連する flight を使ったひっかけ、(B) は How long ～?を使った時間を尋ねる問いかけに対応する応答です。

語句 □airport 空港　□flight フライト、便　□take ～を利用する

16.
♪ 192 M 🇦🇺 W 🇺🇸

Why is it taking so long to get my prescription ready?
(A) Three different pills.
(B) Sorry, we'll get it done soon.
(C) To Hartville Clinic.

なぜ処方薬を準備するのにこんなに時間がかかっているのですか。
(A) 3つの異なる錠剤です。
(B) すみません、すぐに終わらせます。
(C) Hartville診療所へです。

正解 (B)

解説 Why を使って「なぜ処方薬の準備に時間がかかっているのか」と尋ねる問いかけに対して、「すぐに終わらせる」と応答している (B) が正解です。(A) は問いかけにある prescription から連想される pills を使ったひっかけの選択肢、(C) も prescription から連想される Clinic を使ったひっかけの選択肢ですが、いずれも問いかけとは話がかみ合いません。

✦✦✦

Why ～?と理由を尋ねる問いかけですが、ここでは「なぜこんなに時間がかかっているの?」と怒っているニュアンスがあります。そのため謝罪をし、「(理由など述べず) すぐやります!」と答えている、というわけです。通常の会話でも自然なやり取りですよね。

語句 □prescription 処方薬　□different 異なる　□pill 錠剤　□clinic 診療所

17.
♪ 193 W 🇬🇧 M 🇦🇺

I'm afraid this seat is taken.
(A) Oh, I'll find another one then.
(B) I came here alone.
(C) Fill in the attendance sheet.

すみませんが、この席は埋まっています。
(A) ああ、それなら別のところを見つけます。
(B) 私はここに1人で来ました。
(C) 出席シートに記入してください。

正解 (A)

解説 「この席は空いていない」という発言に対して、「ほかの席を探す」と応答している (A) が正解です。one は seat「席」を指しています。レストランや映画館などでの客同士のやり取りだと考えられます。(B) はレストランなどで「何名様ですか」などと尋ねられた場合の応答、(C) は問いかけにある seat と発音が似ている sheet を使ったひっかけの選択肢です。

語句 □I'm afraid すみませんが　□alone 1人で　□fill in ～ ～に記入する　□attendance 出席

---

18. ♪ 194 W 🇺🇸 M 🇨🇦

What would you like in your coffee?
(A) Thank you for making copies.
(B) There's some in the refrigerator.
(C) Just some milk, please.

コーヒーに何を入れたいですか。
(A) コピーを取ってくれてありがとうございます。
(B) 冷蔵庫の中に少しあります。
(C) ミルクだけをお願いします。

正解 (C)

解説 「コーヒーに何を入れたいか」と尋ねる問いかけに対して，「ミルクだけをお願い」と応答している(C)が正解です。(A)は問いかけにあるcoffeeと発音が似ているcopiesを使ったひっかけの選択肢。(B)はcoffeeと関連のあるrefrigeratorを含んではいますが，問いかけとは話がかみ合いません。

✦ ✦ ✦

「コーヒー」と「コピー」は，韓国語では発音が似ているため，判別が難しいそうです。TOEIC受験者が多い韓国人向けのひっかけとしてよく出てきます。

語句 □Thank you for *do*ing ～してくれてありがとう □refrigerator 冷蔵庫

19. ♪ 195 M 🇦🇺 M 🇨🇦

This fundraising event was very successful, wasn't it?
(A) It's held every year.
(B) One of the largest halls in the city.
(C) I'm satisfied with the result, too.

この資金集めのイベントは大成功でしたよね。
(A) それは毎年行われています。
(B) 市内最大のホールの1つです。
(C) 私も結果に満足しています。

正解 (C)

解説 付加疑問文を使った「資金集めのイベントは大成功でしたよね」と尋ねる問いかけに対して，「結果に満足しています」と同意している(C)が正解です。(A)は問いかけにあるeventから連想されるis held every yearを含んだひっかけの選択肢ですが，成功したかどうかの答えとしては不適切です。(B)もeventの開催場所として連想されるhallを含んではいますが問いかけに答えるものではありません。

語句 □fundraising 資金集めの □successful 成功した □*be* held 行われる □*be* satisfied with ～ ～に満足している
□result 結果

20. ♪ 196 M 🇦🇺 W 🇬🇧

Can I help you install the accounting software on your computer?
(A) Several manufacturing plants.
(B) It was shipped from the warehouse.
(C) That would be helpful.

あなたのパソコンに経理ソフトをインストールするのを手伝いましょうか。

(A) いくつかの製造工場です。
(B) それは倉庫から出荷されました。
(C) それは助かります。

正解 (C)

解説 Can I help you ～?「～するのを手伝いましょうか」を使った「ソフトをインストールするのを手伝う」という提案に対して，「助かる」と答えている(C)が正解です。(A)はcomputerから連想されるmanufacturingを含む応答ですが，話がかみ合いません。(B)は問いかけとは関係のない内容の選択肢です。

語句 □accounting software 経理ソフト □manufacturing plant 製造工場 □helpful 助けになる，役に立つ

21. ♪ 197 W 🇺🇸 W 🇬🇧

Will the plumbers come in the morning or afternoon?
(A) It will be sunny tomorrow.
(B) They'll come in the morning.
(C) A building repair cost.

配管業者は午前中に来ますか，それとも午後に来ますか。
(A) 明日は晴れるでしょう。
(B) 彼らは午前に来ます。
(C) 建物の修繕費用です。

正解 (B)

解説 「配管業者は午前と午後のどちらに来るか」という問いかけに対して，「午前中」と応答している(B)が正解です。(A)は問いかけにあるwill「〜でしょう」を含んだひっかけの選択肢，(C)は問いかけにあるplumbersから連想されるbuilding repairを含んだ応答ですが，こちらも問いかけの内容とは話がかみ合いません。

✦ ✦ ✦

plumberは，家庭での水漏れを修理する業者をイメージすると分かりやすいでしょう。TOEICではよく登場する職業の1つです。

語句 □plumber 配管業者 □repair cost 修繕費用

22. ♪ 198 M 🇨🇦 W 🇬🇧

Ms. Fieldhouse is out of the office until noon.
(A) Can I leave a message for her?
(B) It's at Melville Convention Center.
(C) Her speech was very informative.

Fieldhouseさんは正午まで事務所にいません。
(A) 彼女に伝言を残してもよろしいですか。
(B) それはMelville会議場にあります。
(C) 彼女のスピーチはとても有益でした。

正解 (A)

解説 「Fieldhouseさんは正午まで事務所にいない」という発言に対して，「伝言を残してもよいか」と依頼している(A)が正解です。(B)は問いかけにあるout of the office「事務所にいない」から，「どこかに仕事で出かけていて，会議に出席しているのでは」と勘違いした人がひっかかる選択肢です。(C)は問いかけの主語Ms. Fieldhouseを代名詞にしたHerを含んではいますが，こちらも問いかけとは話がかみ合いません。

語句 □leave 〜を残す □convention center 会議場 □informative 有益な

23. ♪ 199 W 🇺🇸 M 🇦🇺

How long is the welcome speech going to be at the awards ceremony?
(A) There are seats up front.
(B) We're still working on the timetable.
(C) The keynote speaker.

授賞式での歓迎のあいさつは，どのくらい長くなる予定ですか。
(A) 前に席があります。
(B) 私たちはまだ予定表に取り組んでいるところです。
(C) 基調演説者です。

正解 (B)

解説 How longを使って歓迎のあいさつの長さを尋ねる問いかけに対し，「まだ予定表に取り組んでいるところだ」と答え，まだ決まっていないことを示している(B)が正解です。(A)は問いかけにあるawards ceremonyから連想されるseatsを含んだひっかけの選択肢，(C)は問いかけにあるspeechに関連するkeynote speakerを含んでいますが，問いかけとは話がかみ合いません。

語句 □welcome speech 歓迎のあいさつ □awards ceremony 授賞式 □up front 前に □work on 〜 〜に取り組む
□keynote speaker 基調演説者

24. ♪ 200 W 🇺🇸 M 🇦🇺

Do you have this shirt in a larger size?
(A) Double-sided copies would be better.
(B) The room is big enough.
(C) Sorry, they've just sold out.

このシャツの，より大きいサイズはありますか。
(A) 両面コピーの方がよいでしょう。
(B) この部屋は十分大きいです。
(C) すみません，ちょうど売り切れてしまいました。

正解 (C)

解説 「より大きいサイズのシャツはあるか」と尋ねる問いかけに対して，「売り切れた」，つまり「ない」と応答している(C)が正解です。(A)はsizeから連想されるDoubleを含んではいますが問いかけとは関連がなく，(B)は問いかけにあるlargerの関連語のbig enoughを含んではいますが，問いかけの内容とは話がかみ合いません。

語句 □double-sided 両面の

🔊 **21.** 選択疑問文 **22.** 平叙文 **23.** WH疑問文 **24.** Yes/No疑問文

25. 🎵 201 M 🇨🇦 W 🇬🇧

The upcoming marketing seminar has been canceled.
(A) That meeting was very long.
(B) The cancellation process.
(C) Will the participation fee be reimbursed?

次回のマーケティングセミナーは中止されました。
(A) あの会議はとても長かったです。
(B) 取消手続きです。
(C) 参加費は払い戻しされますか。

正解 (C)

解説 「セミナーは中止された」という発言に対して，「参加費は払い戻されるか」と質問をしている(C)が正解です。(A)は問いかけにあるseminarから連想されるmeetingを含むひっかけの選択肢，(B)は問いかけにあるcanceledの派生語であるcancellationを含んだひっかけの選択肢です。

語句 □upcoming 次回の　□seminar セミナー　□cancel ～を中止する　□cancellation 取消　□process 手続き
□participation 参加　□reimburse ～を払い戻す

26. 🎵 202 M 🇨🇦 W 🇺🇸

Is Ms. Ivanov coming to work at ten?
(A) Let's take a walk.
(B) Early in the morning.
(C) Her work shift has changed.

Ivanovさんは10時に仕事に来ますか。
(A) 散歩しましょう。
(B) 早朝です。
(C) 彼女の仕事のシフトは変更されました。

正解 (C)

解説 「Ivanovさんは10時に仕事に来るか」という問いかけに対して，「シフトは変更された」と答え，「10時には来ない」と示唆している(C)が正解です。(A)は問いかけにあるworkと発音が似ているwalkを含んだひっかけの選択肢，(B)は問いかけにあるat tenに関連するin the morningを含んだひっかけの選択肢です。

語句 □take a walk 散歩する

27. 🎵 203 W 🇺🇸 M 🇦🇺

How often do you go on business trips overseas?
(A) It's popular for travelers.
(B) Mine works really well.
(C) About once every two months.

どのくらいの頻度で海外出張に行きますか。
(A) それは旅行者に人気です。
(B) 私のものはとてもよく機能しています。
(C) 約2カ月に1度です。

正解 (C)

解説 How oftenを使って，海外出張に行く頻度を尋ねる問いかけに対して，「2カ月に1度」と具体的に答えている(C)が正解です。(A)は問いかけにあるtripsに関連するtravelersを含んだひっかけの選択肢，(B)は問いかけにあるbusinessから連想されるworkを含んだひっかけの選択肢です。ここではworkは「機能する」という意味です。

語句 □How often ～? どれくらいの頻度で～ですか　□go on a business trip 出張に行く　□overseas 海外に
□work 機能する

28. 🎵 204 W 🇬🇧 M 🇦🇺

Why does this jacket have a yellow tag?
(A) A clothing company.
(B) Next to the department store.
(C) Because these are sales items.

なぜこのジャケットには黄色いタグが付いているのですか。
(A) 服飾の会社です。
(B) デパートの隣です。
(C) これらはセール商品だからです。

正解 (C)

解説 Whyを使って「なぜこのジャケットに黄色いタグが付いているのか」と尋ねる問いかけに対して，「セール商品だから」と応答している(C)が正解です。(A)は問いかけにあるjacketに関連するclothingを含んだひっかけの選択肢，(B)はWhereなどを使って物がある場所などを問われた場合の応答です。

語句 □clothing 服飾，衣類　□next to ～ ～の隣

29. ♪ 205 M 🇦🇺 W 🇺🇸

Do you prefer this colorful design or that simple one?
(A) Let's ask Gill's opinion.
(B) A famous designer in Tokyo.
(C) Yes, we'd love to.

あなたはこのカラフルなデザインが好きですか，それともあのシンプルなものが好きですか。
(A) Gillの意見を聞きましょう。
(B) 東京で有名なデザイナーです。
(C) はい，喜んで。

正解 (A)

解説 選択疑問文を使った，「カラフルなデザインとシンプルなもののどちらが好きか」という問いかけに対して，第三者の意見を聞くことを提案している(A)が正解です。このやり取りが行われている場面は，会社での会議の場などであることが想像できます。(B)は問いかけにあるdesignの派生語であるdesignerを含んだひっかけの選択肢，(C)は選択疑問文の問いかけに対してYesを使って応答している時点で不適切な応答です。

語句 □prefer 〜を好む　□design デザイン　□opinion 意見　□designer デザイナー

---

30. ♪ 206 W 🇺🇸 M 🇨🇦

We need to bring our own laptops to the workshop, don't we?
(A) Various kinds of laptops are on sale.
(B) You can use mine if you don't have one.
(C) Here's your receipt.

私たちは講習会に自分たちのノートパソコンを持っていく必要がありますよね。
(A) さまざまな種類のノートパソコンが特売中です。
(B) もし持っていなければ，私のを使っていいですよ。
(C) こちらが領収書です。

正解 (B)

解説 付加疑問文を使った「ノートパソコンを持っていく必要がありますよね」と尋ねる問いかけに対して，「私のを使ってもいい」と申し出ている(B)が正解です。(A)は問いかけにあるlaptopsを含んだひっかけの選択肢，(C)は問いかけの内容とは関連のない内容です。

---

31. ♪ 207 W 🇬🇧 M 🇨🇦

Would you like me to return this projector to the administration office?
(A) On the fifth floor.
(B) The project went very well.
(C) I'll be using it this afternoon, too.

管理事務所にこのプロジェクターを返却しましょうか。
(A) 5階にです。
(B) そのプロジェクトはとてもうまくいきました。
(C) 私は今日の午後もこれを使う予定です。

正解 (C)

解説 Would you like me to *do*?「私に〜してほしいですか，〜しましょうか」を使い，「プロジェクターを返却しましょうか」と提案している問いかけに対して，「午後も使う」と言ってまだ返却しないでいいことを示唆している(C)が正解です。(A)はWhich floor「何階」などを使って，階数などを聞かれた場合の応答，(B)は問いかけにあるprojectorと発音が被っているprojectを使ったひっかけの選択肢です。

語句 □return *A* to *B* AをBに返却する

学習を継続するコツ

(濵：濵﨑先生／大：大里先生)

濵： 挫折せず，継続的に学習を続けるコツは「スモールステップ」で進めていける学習計画を作成することだと思います。やるべきことを小分けにし，日々着実に進めていくことが大切です。

大： そうですね。勉強を進める中で，「どこで行き詰まったか」を書き出しておき，いったん時間を置いてから翌日・翌週以降チャレンジすることも重要です。肝心なのは「どこまで分かったか」，「どこが分からないか」，を明確にすることです。

濵： そもそもTOEIC対策の勉強をするということは，「外国語」の勉強をするということなのです。簡単なはずがありません。

大： 行き詰まる，というのは学習している中でよくあることですし，きちんと学習をしている証拠です。学習していない人はそもそも行き詰まりすらしません。自分に自信を持っていきましょう！

Part 3

♪ 209   W 🇬🇧   M 🇨🇦

Questions 32 through 34 refer to the following conversation.

W: Hi, Ahmed. I heard that you've been visiting some factories in Taiwan. Did you see anything interesting?

M: I certainly did. ❶At Friday's meeting, I'm going to suggest that we send a few of the plant managers to see how things are done over there. We have a lot to learn.

W: I hope I get to go. ❷We really need to bring down the cost of our televisions and computers. I'd love to find a way to do that.

M: ❸I'm sure we'll be able to make some big savings in manufacturing when we start adopting some of their systems.

設問32-34は次の会話に関するものです。

W: こんにちは，Ahmed。あなたが台湾のいくつかの工場を訪れていたと聞きました。何か興味深いことはありましたか。

M: 間違いなくありましたよ。金曜日の会議で，何人かの工場長を派遣して，あちらでどのように物事が行われているのかを見てもらうよう提案するつもりです。私たちはたくさん学ぶべきことがあります。

W: 私も行ってみたいです。私たちは本当に，テレビとコンピューターの生産コストを下げなければいけません。その方法をぜひ見つけたいです。

M: 彼らのシステムのいくつかを適用し始めれば，製造において大きく節約することができるようになると思いますよ。

> **語句** □certainly 間違いなく，確かに　□get to *do* ～させてもらえる，～する機会を得る　□bring down ～（価格）を下げる　□savings 節約　□adopt ～を採用する

32.

What will the man recommend at the meeting?

(A) Hiring an advertising agency
(B) Visiting a facility
(C) Reading an article
(D) Taking a course

男性は会議で何を勧めますか。

(A) 広告代理店を雇うこと
(B) 施設を訪れること
(C) 記事を読むこと
(D) 講座を受けること

> **語句** □advertising agency 広告代理店

正解 (B)

解説 男性が会議で何を勧めるか，が問われています。男性は❶で「今度の会議で，何人かの工場長を派遣し，（台湾の工場を）見てもらうよう提案するつもりだ」と述べているので，(B)が正解です。facilityは施設全般を示す語で，工場の言い換えとしても出題されます。質問文のrecommendから依頼・提案・勧誘・申し出の設問だと判断して音声を聞くと，提案・勧誘の定番表現I'm going to suggest ～に気づきやすくなります。

33.

What kind of company do the speakers work for?

(A) A travel agency
(B) A printing company
(C) A law firm
(D) An appliance manufacturer

話し手たちはどんな会社で働いていますか。

(A) 旅行代理店
(B) 印刷会社
(C) 法律事務所
(D) 電化製品メーカー

正解 (D)

解説 話し手たちはどんな会社で働いているか，が問われています。女性は❷で「テレビとコンピューターの生産コストを下げなければいけない」と述べています。ここから，電化製品を製造している会社だと分かるので，(D)が正解です。

34.

What improvement does the man expect?

(A) Delivery speed will increase.
(B) Sales figures will improve.
(C) Fewer errors will occur.
(D) Production costs will decrease.

男性はどんな改善を期待していますか。

(A) 配達のスピードが上がる。
(B) 売上高が改善する。
(C) エラーが少なくなる。
(D) 製造コストが減少する。

> **語句** □sales figures 売上高　□error 誤り

正解 (D)

解説 男性がどのような改善を期待しているか，が問われています。男性は❸で「彼ら（台湾の工場）のシステムのいくつかを適用すれば，製造において大きく節約できる」と述べていますので，Production costsを使ってこれを言い換えた(D)が正解です。売上高に関しては会話には出てきませんので，(B)は不正解となります。

> **言い換え** make some big savings in manufacturing → Production costs will decrease.

Questions 35 through 37 refer to the following conversation.

M: ❶We have fewer and fewer diners these days and I think it's because the décor in here is getting a little dated. Perhaps we should think about doing some renovations.

W: Right. I was talking to the manager of Pelican's on Forman Street yesterday. She said they paid 23 thousand dollars to do up their interior.

M: ❷23 thousand? Wow. That's more than I expected. ❸Do you think our budget can cover the expense?

W: That's what I'm wondering, Joe. ❹I think we should consider relocating to somewhere better if we are going to spend a lot of money on the interior.

設問35-37は次の会話に関するものです。

M: この頃食事客はどんどん少なくなっていますが，ここの内装が少し古くなっているせいだと思います。改装をすることを考えた方がいいかもしれません。

W: そうですね。昨日Forman通りのPelican'sの店長と話していました。彼女は2万3000ドル支払って内装工事をしたと言っていました。

M: 2万3000ですか。わあ。思ってたよりも多いですね。私たちの予算でその出費をまかなえると思いますか。

W: 私もそれを心配していたんです，Joe。もしも内装に多くのお金をかけるのであれば，もっといい場所に移転することを検討した方がいいと思います。

語句 □diner 食事客　□décor 内装　□dated 時代遅れの　□renovation 改装　□do up ～ ～を改装する
　　　　□interior 内装　□expect ～を予想する，期待する　□cover the expense 出費をまかなう

35.

What are the speakers mainly discussing?

(A) Creating a new menu
(B) Spending more on advertising
(C) Remodeling a restaurant
(D) Going out for dinner

話し手たちは何を主に話していますか。

(A) 新しいメニューを作ること
(B) 宣伝にもっと費用をかけること
(C) レストランを改装すること
(D) 夕食に出かけること

正解 (C)

解説 話し手たちが何について話しているか，が問われています。男性が❶で「この頃私たちの食事客が少なくなっている。内装の改装を考えた方がいい」と言っています。これを動詞remodelを使って言い換えた(C)が正解となります。

言い換え renovations → remodeling

語句 □remodel ～を改装する　□go out 外出する

36.

What does the man imply when he says, "That's more than I expected"?

(A) They have a lot of options to choose from.
(B) They may not have enough money for a plan.
(C) They can take their time making a decision.
(D) They should conduct some more research.

男性が "That's more than I expected"と言う際，何を示唆していますか。

(A) 彼らには選ぶことができるたくさんの選択肢がある。
(B) 彼らは計画のために十分な資金がないかもしれない。
(C) 彼らは決断のために時間をかけることができる。
(D) 彼らはもっと調査をするべきである。

正解 (B)

解説 意図問題です。問われている表現は「思っていた以上だ」という意味です。男性は❷「2万3000ドルか」と金額を聞き返した後にこの発言をし，続けて❸で「予算でまかなえると思うか」と尋ねています。改装にかかる費用が予想以上で，予算が足りるか心配だと示唆していると分かるので，(B)が正解です。

語句 □option 選択肢　□conduct ～を行う

37.

What does the woman suggest?

(A) Hiring a consultant
(B) Making a reservation online
(C) Moving to a new location
(D) Advertising in a newspaper

女性は何を提案していますか。

(A) コンサルタントを雇うこと
(B) 予約をオンラインで行うこと
(C) 新しい場所に移転すること
(D) 新聞で宣伝すること

正解 (C)

解説 女性が提案していることが問われています。女性は❹で「内装に大金をかけるのであれば，移転を検討した方がよいのでは」と提案しているので，(C)が正解です。I think we should ～「私たちは～すべきだと思う」は少し遠回しな提案表現です。押さえておきましょう。

言い換え relocating to → Moving to

語句 □consultant コンサルタント，相談役

Questions 38 through 40 refer to the following conversation.

M: **❶Dr. Nelson, I really enjoyed your talk about environmentally friendly workplace practices.** My name is Stan Washington, and I organize events for our local Chamber of Commerce. **❷Would you be interested in giving a similar presentation for us?**

W: I'm glad you're enjoying the seminar, Stan. **❸Would you mind e-mailing me some details about your organization, what sort of event you have in mind, and any other specifics?** Here's my business card.

M: Thank you. Of course. **❹I'll do that as soon as I get back to my office.**

設問38-40は次の会話に関するものです。

M: Nelson博士，環境にやさしい職場での慣行についての講演，とても興味深かったです。私の名前はStan Washingtonです。地元の商工会議所でのイベントを運営しています。同じような発表を私たちにしていただくことに，興味がおありでしょうか。

W: セミナーを楽しんでいただいているようでうれしいです，Stan。あなたの団体についての詳細情報，どんなイベントを考えているのかや，そのほかの詳細について私にEメールで送っていただけますか。こちらが私の名刺です。

M: ありがとうございます。もちろんです。事務所に戻ったらすぐにやります。

| 語句 | □talk 講演，講話　□organize（イベント）を運営する　□detail 詳細　□organization 組織，団体　□what sort of ～ どんな種類の～　□have ～ in mind ～を考えている　□specific 詳細　□business card 名刺　□as soon as S V SがVするとすぐに　□get back to ～ ～に戻る |

38.

Where does the conversation most likely take place?

(A) At a seminar
(B) At a medical clinic
(C) At an art exhibition
(D) At a construction site

会話はどこで行われていると考えられますか。

(A) セミナー
(B) 診療所
(C) 美術展
(D) 建設現場

正解 (A)

解説 この会話がおそらくどこで行われているか，が問われています。男性が❶で女性の講演に関する感想を言い，女性もその後「セミナーを楽しんでくれてうれしい」と言っています。ここからこの場は，セミナー会場での場面だと推測できるので，(A)が正解となります。

| 語句 | □medical clinic 診療所　□art exhibition 美術展　□construction site 建設現場 |

39.

What does the man ask the woman to do?

(A) Make a donation
(B) Deliver a lecture
(C) Join an organization
(D) Conduct some research

男性は女性に何をするよう頼んでいますか。

(A) 寄付をする
(B) 講義をする
(C) 団体に加入する
(D) 研究を行う

正解 (B)

解説 男性は女性に何をするように頼んでいるか，が問われています。男性は❷で「発表を私たちにしてもらえないか」と言っています。発表を行うことを言い換えた(B)が正解です。Would you be interested in ～？「～に興味はありますか」は遠回しな依頼表現として使われます。選択肢のdeliverは「（スピーチや講義）を行う」という意味です。Part 5の語彙問題でも出題されるので押さえておきましょう。

言い換え giving a similar presentation → Deliver a lecture

| 語句 | □donation 寄付　□deliver（講義・スピーチ）を行う |

40.

What does the man say he will do?

(A) Introduce some colleagues
(B) Arrange an appointment
(C) Visit the woman's office
(D) Send some information

男性は何をすると言っていますか。

(A) 同僚を紹介する
(B) 約束を取り決める
(C) 女性の事務所を訪ねる
(D) 情報を送る

正解 (D)

解説 男性が何をすると言っているか，が問われています。女性に❸で「詳細をEメールで送ってもらえるか」と言われたことを受け，❹で「事務所に戻ったらすぐにやる」と応答しているので，(D)が正解です。

言い換え e-mailing → Send

| 語句 | □arrange ～を手配する，調整する |

Questions 41 through 43 refer to the following conversation with three speakers.

M:　Hi, guys.　❶I just wanted to let you know that we'll be having some work carried out on the building on Thursday so you can work from home that day.　Just take anything you'll need home with you on Wednesday evening.

W1:　❷That might be a problem for us.

W2:　❸Yeah, we've invited some clients to come and look at the designs we created.

M:　Well, there's no way you can do it here.　You can either go to the clients' or rent a meeting room nearby.

W1:　The clients are in Seattle.　It's too far.　So, we'll have to rent a room.　I hope there's somewhere available on such short notice.

M:　❹I saw a sign for Savago Meeting Space across the road. They might have some space.　If they don't, let me know and I'll help you find a place.

W2:　I'll give them a call now.

設問41-43は次の3人の会話に関するものです。

M:　こんにちは，みなさん。木曜日にこの建物で工事を行うことになっているので，その日は在宅勤務することができるということをただ伝えたかったんです。水曜日の晩に，必要なものを家に持ち帰るようにしてください。

W1:　それは私たちには問題があるかもしれませんね。

W2:　はい，顧客を何人か呼んで，私たちが作成したデザインを見てもらうことになっているんです。

M:　ええと，それはここでは絶対に無理です。顧客のもとに行くか，近くの会議室を借りるかですね。

W1:　顧客はSeattleにいるんです。遠すぎます。だから，部屋を借りる必要がありますね。こんな直前に，どこか空いているところがあればいいのですが。

M:　Savagoミーティングスペースの看板を通りの向こう側で見かけましたよ。彼らの所に空いている部屋があるかもしれません。もしなければ，教えてください。どこか別の場所を見つけるのを手伝います。

W2:　今からそちらに電話をかけてみます。

語句　□carry out 〜を実行する　□work from home 在宅勤務をする　□there's no way S can V SがVできるわけがない
　　　　□either *A* or *B* AかBのいずれか　□nearby 近くに　□too far 遠すぎる　□on such short notice こんな直前に

41.

What is scheduled for Thursday?

(A) A sporting event
(B) Some maintenance work
(C) A company holiday
(D) A product launch

木曜日に何が予定されていますか。

(A) スポーツイベント
(B) メンテナンス工事
(C) 会社の休日
(D) 商品の発売

正解 (B)

解説 木曜日に予定されていることが問われています。男性が❶で「木曜日にこの建物で工事を行う」と述べています。会社の建物の工事を「メンテナンス工事」と言い換えた(B)が正解となります。

語句 □launch 発表，発売

42.

What do the women need to do?

(A) Install some software
(B) Postpone a meeting
(C) Visit an apartment
(D) Meet some clients

女性たちは何をしなければいけませんか。

(A) ソフトウェアをインストールする
(B) 会議を延期する
(C) アパートを訪れる
(D) 顧客に会う

正解 (D)

解説 2人の女性がしなくてはいけないことは何か，が問われています。冒頭の男性の，在宅で仕事をするようにという発言を受け，女性2人が，❷「それは問題だ」，❸「顧客を何人か呼んで，作成したデザインを見てもらうことになっている」と言っています。ここから2人は顧客に会う必要があることが分かるので，(D)が正解です。「～する必要がある」とはっきりとは言っていないため，状況を理解して答えなければなりません。会議を延期するという話はしていないため，(B)は不正解となります。

言い換え invited some clients to come
→ Meet some clients

語句 □install ～をインストールする
□postpone ～を延期する

43.

What does the man suggest?

(A) Canceling an appointment
(B) Flying to Seattle
(C) Posting a notice
(D) Renting a room

男性は何を提案していますか。

(A) 予定を中止すること
(B) Seattleへ飛行機で行くこと
(C) 知らせを掲示すること
(D) 部屋を借りること

正解 (D)

解説 男性が提案していることが問われています。工事と顧客の訪問がバッティングしているという情報を受け，男性が「顧客のもとに行くか，近くの会議室を借りるか」という2つの案を出し，❹で「あるミーティングスペースの看板を見かけた，そこに空いている部屋があるかもしれない。なければ別の場所を探すのを手伝う」と述べています。近くの会議室を借りることを言い換えた(D)が正解となります。

語句 □fly to ～ ～へ飛行機で移動する　□post ～を掲示する

Part3 の3人の会話を解くポイント

(濱：濱﨑先生／大：大里先生)

濱： 3人の会話だからといって，ほかのトークと大きく解き方が変わることはないと思います。ほかのセットよりも話し手の話すスピードがほんの少しだけ速くなる程度でしょうか。

大： 3人ということにビビらず，ほかのトークと同じように，「会話の流れをつかむ」ということを主眼に置くことが重要ですよね。例えば，「Aさんの電話をBさんが受け，CさんにつないでAさんとCさんの会話になる」とか，「Aさんが売り込みのプレゼンをし，BさんとCさんが質問している」など，互いの関係性と会話の流れに注意して聞くと，意外と理解しやすいです。

大： まず，Questions XX-YY refer to the following conversation with three speakers.ときたら，あ，3人の会話が来たな！　と覚悟を決めましょう。

濱： 質問文に複数形の the men や the women が入っている問題があれば，そのセットには3人の話し手が登場すると事前に分かります。「次はやや速い会話が来るぞ」と気を引き締めましょう。

Questions 44 through 46 refer to the following conversation.

W: Hello, I bought a desk from your store yesterday and now I'm trying to put it together at home. ❶It doesn't look like all the parts I need are in the box.

M: Oh, I'm really sorry. Which ones are missing?

W: There are supposed to be twelve screws, but I can only find six. ❷I live nearby, so I don't mind going back to the store if you could just hand me the missing items.

M: Thank you very much. You can pick up the screws at the customer service counter. ❸Give me the model number and I'll have the staff get them ready for you.

設問44-46は次の会話に関するものです。

W: もしもし，昨日あなたのお店で机を買い，今家で組み立てようとしているところです。私が必要とする部品の全てが箱の中に入っているわけではないようなのですが。

M: ああ，申し訳ございません。どの部品が欠けていますか。

W: ネジが12本あるはずなのですが，6本しか見つかりません。すぐ近くに住んでいるので，足りない部品を渡していただけるのであれば，お店に戻っても構いませんよ。

M: 本当にありがとうございます。カスタマーサービスカウンターでネジをお受け取りいただけます。型番を教えていただければ，部品をスタッフに用意させます。

語句 □put ～ together ～を組み立てる □be supposed to do ～であるはずだ □screw ネジ □don't mind doing ～するのを気にしない □hand A B AにBを渡す □pick up ～ ～を受け取る □model number 型番

44.

What problem does the woman mention?

(A) Some information has not been provided.
(B) A delivery has not arrived.
(C) Some items are missing.
(D) The instructions are incorrect.

女性はどんな問題について述べていますか。

(A) ある情報が提供されていない。
(B) 配達が到着していない。
(C) いくつかのものが欠けている。
(D) 説明書が間違っている。

正解 (C)

解説 女性がどんな問題について述べているか，が問われています。女性は購入品について，❶で「必要とする部品の全てが箱の中にあるわけではないようだ」と述べています。この状況をmissing「欠けている」を使って言い換えた(C)が正解となります。

語句 □instructions 説明書 □incorrect 正しくない

45.

What does the woman offer to do?

(A) Provide her address
(B) Call the courier
(C) Return to a store
(D) Reschedule a meeting

女性は何をすることを申し出ていますか。

(A) 住所を教える
(B) 宅配業者に電話する
(C) お店に戻る
(D) 会議の予定を変更する

正解 (C)

解説 女性は何をすることを申し出ているか，が問われています。女性は❷で「近くに住んでいるので，足りない部品を渡してもらえるなら，お店に戻っても構わない」と述べているので，(C)が正解です。

言い換え going back to → Return to

語句 □provide ～を与える □courier 宅配，配送業者

46.

What does the man ask the woman for?

(A) The model number
(B) The color of the item
(C) Her e-mail address
(D) The number of some parts

男性は何を女性に求めていますか。

(A) 型番
(B) 商品の色
(C) 彼女のEメールアドレス
(D) 部品の数

正解 (A)

解説 男性が女性に何を求めているか，が問われています。男性は❸で「(購入した商品の) 型番を教えてくれれば，部品をスタッフに用意させる」と述べています。以上から正解は(A)となります。

Questions 47 through 49 refer to the following conversation.

W: Well, that meal was delicious. Thanks for inviting me out to lunch.

M: I really enjoyed it, too. ❶I was hoping to get a taxi back to the office, but there don't seem to be any around.

W: No, I guess a lot of people had the same idea. ❷There's a subway station just over there.

M: Good idea. We'd better hurry.

W: ❸Right, you have a meeting with Mr. Holmes from two P.M. You wouldn't want to be late. Please let me know how it went later so that I can talk to my manager about it tomorrow morning.

設問 47-49 は次の会話に関するものです。

W: さて，食事はとてもおいしかったです。昼食に招待してくれてありがとうございます。

M: 私もとても楽しみました。タクシーで事務所に戻りたいと思っていたのですが，周りには1台もいないようですね。

W: いませんね，たくさんの人が同じ考えだったんでしょう。地下鉄の駅がすぐそこにありますよ。

M: いい考えです。急いだ方がいいですね。

W: そうですね，あなたは午後2時にHolmesさんとの会議があります。遅刻したくはないでしょう。明日の午前中に私が部長とその話ができるように，あとでどうだったか教えてください。

語句 □there don't seem to be ～ ～がないようだ □had better do ～した方がよい

47.

Where most likely are the speakers?

(A) On a street
(B) In an office
(C) At a hotel
(D) On a boat

話し手たちはどこにいると考えられますか。

(A) 路上
(B) 事務所
(C) ホテル
(D) ボート

正解 (A)

解説 話し手がいる場所はどこか，が問われています。男性の❶「タクシーで事務所に戻りたいが，周りにいないようだ」や，女性の❷「あちらに地下鉄の駅がある」から，現在話し手たちは路上にいることが推測されます。正解は(A)です。

48.

What will the speakers probably do next?

(A) Call a taxi
(B) Contact a client
(C) Catch a train
(D) Cancel an appointment

話し手たちはおそらく次に何をしますか。

(A) タクシーを呼ぶ
(B) 顧客に連絡する
(C) 電車に乗る
(D) 約束を取り消す

正解 (C)

解説 話し手たちがおそらく次に何をするか，が問われています。事務所に戻る手段について，女性が❷で「地下鉄の駅がある」と言い，男性も「いい考えだ」と同意しているので，(C)が正解です。直前のやり取りで，タクシーはないと述べているので，(A)は不正解です。この設問は，話し手たちの次の行動を問うものですが，2問目なので設問タイプは「詳細」に分類しています。

49.

When is the man's appointment?

(A) This morning
(B) This afternoon
(C) Tomorrow morning
(D) Tomorrow afternoon

男性の約束はいつですか。

(A) 今日の午前中
(B) 今日の午後
(C) 明日の午前中
(D) 明日の午後

正解 (B)

解説 男性の約束はいつか，が問われています。男性の「急いだ方がいい」という発言を受け，女性が❸で「あなたは午後2時に会議がある」と言っているので，正解は(B)となります。その後女性はtomorrow morningと言っていますが，これは女性が部長と話す時間なので(C)は不正解です。

TEST 4 | Part 3 | 44▸49

Questions 50 through 52 refer to the following conversation.

W: ❶Terry, the contractor sent us a quote for the warehouse repairs. Have you seen it?

M: I was in a meeting all morning. What did you think of it?

W: It seemed reasonable. At any rate, we need the work done immediately. ❷I talked to the warehouse manager earlier, and he said they would have a hard time keeping our furniture stock dry if it rains.

M: OK. ❸Tell the contractor to go ahead with the roof repairs. ❹We can't afford to run the risk of our merchandise getting water-damaged.

設問50-52は次の会話に関するものです。

W: Terry，請負業者が倉庫の修理の見積書を送ってきました。見ましたか。

M: 私は午前中ずっと会議に出ていました。あなたはどう思いましたか。

W: 妥当だと思います。いずれにしても，直ちに修理を行わなければいけません。先ほど倉庫の管理人と話したのですが，雨が降ったら家具の在庫が濡れないようにするのに苦労するだろうと言っていました。

M: 分かりました。請負業者に屋根の修理を進めるよう伝えてください。私たちの商品が水で濡れて傷んでしまうリスクを冒す余裕はありません。

語句 □contractor 請負業者，建設業者　□quote 見積もり　□reasonable 価格が妥当な，手頃な　□at any rate いずれにせよ　□immediately すぐに　□earlier 先ほど　□have a hard time *doing* ～するのに苦労する　□go ahead with ～ ～を進める　□afford to *do* ～する余裕がある　□merchandise 商品　□get water-damaged 水で濡れて傷む

50.

What are the speakers discussing?

(A) A furniture delivery
(B) A company budget
(C) A cost estimate
(D) A hiring plan

話し手たちは何を話していますか。

(A) 家具の配送
(B) 会社の予算
(C) 料金の見積もり
(D) 採用計画

正解 (C)

解説 話し手たちが何について話しているか，が問われています。女性が❶で「請負業者が倉庫の修理の見積書を送ってきた」と言っているので，(C)が正解となります。

言い換え quote → cost estimate

語句 □estimate 見積もり

51.

What do the speakers mention about the warehouse?

(A) It does not have electricity.
(B) Its roof is damaged.
(C) Its lease has expired.
(D) It will be closed soon.

話し手たちは倉庫について何を述べていますか。

(A) 電気がない。
(B) 屋根が傷ついている。
(C) 賃貸借契約が終了した。
(D) もうすぐ閉鎖される。

正解 (B)

解説 話し手たちが倉庫について何と言っているか，が問われています。女性は❷で「倉庫の管理人が，雨が降ったら家具の在庫が濡れないようにするのに苦労するだろうと言っていた」と述べ，❸で男性が屋根の修理を進めようと言っています。ここから，倉庫の屋根が損傷していることが分かるので，damagedを使って言い換えた(B)が正解となります。

語句 □lease 賃貸借契約　□expire （期限などが）切れる

52.

What is the man concerned about?

(A) The deterioration of the items
(B) The lack of storage space
(C) The delay of the delivery
(D) The cost for the repair

男性は何について心配していますか。

(A) 商品の劣化
(B) 保管スペースの欠如
(C) 配送の遅れ
(D) 修理の費用

正解 (A)

解説 男性が心配していることは何か，が問われています。❹から男性は，商品が水に濡れたときの劣化を心配していることが分かります。これをdeteriorationという表現で言い換えた(A)が正解となります。deteriorationは語彙問題としてPart 5でも出題されるので，ここで覚えておきましょう。動詞のdeteriorate「劣化する」と，その反意語のameliorate「改善する」もセットで押さえておいてください。

言い換え merchandise → items

語句 □deterioration 悪化，劣化　□storage 保管

Questions 53 through 55 refer to the following conversation.

M: ❶I need to get a set of keys made for the new employee in the sales department.

W: ❷She's replacing Larry so why don't you give her his old set? He doesn't need them anymore.

M: Unfortunately, he took them with him to the new branch office and I can't wait around for him to send them back.

W: Fair enough. ❸The only place around here that makes keys is Humphries.

M: That's in Donaldson. ❹I'm not driving all the way out there and back.

W: Leave it to me. ❺I've got to visit a client near there this morning. I'll get them made on my way back.

設問53-55は次の会話に関するものです。

M: 営業部の新しい従業員のために，鍵一式を作る必要があります。

W: 彼女はLarryの後任ですから，彼の古い一式を渡してはどうですか。彼はもうそれらを必要としていないですし。

M: 残念ながら，彼は新しい支店に鍵を持っていってしまったのです。彼に送り返してもらうのを待つことはできません。

W: 仕方がないですね。このあたりで鍵を作るのはHumphries社しかありません。

M: それはDonaldsonにありますよ。あそこまで運転して行って帰ってきたくはありません。

W: 私に任せてください。今日の午前中に，あの近くの顧客を訪ねなければいけないんです。帰り道に作ってもらいます。

語句 □a set of ~ ~一式　□fair enough もっともである　□on *one's* way back 帰り道で

53.

Who most likely is Larry?

(A) A former colleague
(B) A team leader
(C) A job candidate
(D) A new consultant

Larryはおそらく誰ですか。

(A) 元同僚
(B) チームリーダー
(C) 採用候補者
(D) 新しいコンサルタント

正解 (A)

解説 Larryはおそらく誰なのか，が問われています。男性が❶で「営業部の新しい従業員用の鍵の手配が必要だ」と言っているのに対し，女性が❷で「彼女はLarryの後任だ」と述べています。ここからLarryは話し手達の元同僚だと分かります。以上から正解は(A)です。

54.

Why does the man say, "That's in Donaldson"?

(A) He cannot find a map.
(B) He is very familiar with the town.
(C) He has purchased the wrong ticket.
(D) He thinks the shop is too far away.

男性はなぜ，"That's in Donaldson"と言っていますか。

(A) 地図を見つけることができないから。
(B) その街をよく知っているから。
(C) 間違ったチケットを購入したから。
(D) 店が遠すぎると思っているから。

正解 (D)

解説 意図問題です。問われている箇所は，「それはDonaldsonにある」という意味です。女性が❸で「このあたりで鍵を作るのはHumphries社しかない」と言った後に男性がこの発言をしています。そして，❹で「そこまで運転したくはない」と言っています。鍵を作る店があるDonaldsonへの道のりが遠いことを示唆していると分かるので，(D)が正解です。❹のI'm not driving ... は現在進行形で，近い未来についての意志を表しています。

語句 □*be* familiar with ~ ~をよく知っている

55.

What does the woman say she will do?

(A) Return a car
(B) Arrange a celebration
(C) Greet a new staff member
(D) Have some keys made

女性は何をすると言っていますか。

(A) 車を返却する
(B) 祝賀会を手配する
(C) 新しい社員を出迎える
(D) 鍵を作ってもらう

正解 (D)

解説 女性が何をすると言っているかが問われています。女性は❺で「今日の午前中に，近くの顧客を訪ねる必要がある。帰りにそれら（＝鍵）を作ってもらう」と言っています。ここから鍵の手配を彼女が行うということが分かるので，正解は(D)です。〈have [get] ＋目的語＋過去分詞〉で，「(目的語)を~してもらう」という意味になります。

Questions 56 through 58 refer to the following conversation.

M: Hi. ❶I'd like to talk with a sales representative about getting some solar panels installed on the roof of my house.

W: I see. I can help you with that. Is it the house you currently live in?

M: Yes, it is.

W: ❷In that case, I can have the panels installed for you at no extra cost. It's a special offer we're running this week for domestic customers.

M: That's great news. ❸Can you send me some brochures and data about the various brands and models you sell?

W: Certainly. Just give me your home address and I'll put them in the mail for you today.

設問56-58は次の会話に関するものです。

M: もしもし。ソーラーパネルを自宅の屋根に取り付けることについて、営業担当の方と話したいのですが。

W: かしこまりました。私がそれについてお手伝いできます。それはあなたが今お住まいの家ですか。

M: はい、そうです。

W: それでしたら、追加料金なしでパネルを取り付けることができます。これは国内のお客様に向けて今週実施している特別なサービスです。

M: それは素晴らしい話ですね。あなた方が販売しているさまざまなブランドとモデルについてのパンフレットとデータを送っていただけますか。

W: もちろんです。ご自宅の住所を教えていただければ、本日中に郵送いたします。

語句 □solar panel ソーラーパネル □in that case その場合 □at no extra cost 追加料金なしで
□special offer 特別なサービス □run ～を実施する □domestic 国内の □brochure パンフレット
□various さまざまな □certainly もちろんです、かしこまりました □put ～ in the mail ～を郵送する

56.

What kind of business does the woman work for?

(A) A solar panel company
(B) An Internet service provider
(C) A gardening company
(D) A maintenance agency

女性はどんな会社で働いていますか。

(A) ソーラーパネルの会社
(B) インターネット接続業者
(C) 造園会社
(D) メンテナンス業社

正解 (A)

解説 女性がどんな会社で働いているか、が問われています。❶で男性が「ソーラーパネル設置の件で、営業担当と話したい」と切り出し、それに対し女性が「私が対応する」と答えているので、(A)が正解となります。

57.

What does the woman offer?

(A) A price estimate
(B) Free installation
(C) A coupon code
(D) A product demonstration

女性は何を提供していますか。

(A) 価格の見積もり
(B) 無料の取り付け
(C) クーポンコード
(D) 商品の実演

正解 (B)

解説 女性が提供しているものは何か、が問われています。女性は❷で「追加料金なしでパネルを取り付けられる」と述べています。これを言い換えた(B)が正解となります。at no extra cost「追加料金なしで」とは、パネル自体の購入には代金がかかるけれど、設置の追加料金は取らないという意味です。

言い換え at no extra cost → Free

語句 □installation 設置 □demonstration 実演

58.

What does the man ask the woman to do?

(A) Send an invoice
(B) Recommend a product
(C) Provide some promotional materials
(D) Share an address

男性は女性に何をするよう頼んでいますか。

(A) 請求書を送る
(B) 製品を勧める
(C) 販促物を送る
(D) 住所を共有する

正解 (C)

解説 男性が女性に頼んでいることは何か、が問われています。男性は❸で「販売している製品のパンフレットとデータを送ってほしい」と依頼しています。このパンフレットとデータをpromotional materialsと言い換えた(C)が正解です。

言い換え send → Provide、brochures and data → promotional materials

語句 □invoice 請求書 □promotional material 販促物

Questions 59 through 61 refer to the following conversation.

M: Excuse me, I have a seven A.M. flight tomorrow, so I need to leave here around five o'clock. Does your airport shuttle bus run at that time?

W: Yes, the service starts at four A.M. and runs every 30 minutes after that. ❶Please make sure you give yourself enough time to check out before the bus leaves.

M: OK. Do I need a reservation?

W: That's not necessary. Would you like a wake-up call in the morning?

M: That would be helpful. Please call room 803 at four fifteen.

W: ❷I'll make a note of that in our system right now.

設問59-61は次の会話に関するものです。

M: すみません。明日，私は午前7時のフライトなので，ここを5時頃に出発しないといけないのです。空港のシャトルバスはその時間に運行していますか。

W: はい，午前4時から運行しており，その後は30分間隔で運行しています。バスが出発する前に，チェックアウトする時間を十分に確保してください。

M: 分かりました。予約は必要ですか。

W: それは必要ありません。モーニングコールはいかがですか。

M: そうしていただけると助かります。803号室に4時15分にコールしてください。

M: ただいまこちらのシステムにその旨を記録しておきます。

語句 □shuttle bus シャトルバス　□wake-up call モーニングコール　□make a note of ～ ～を記録しておく

59.

Where most likely are the speakers?

(A) At a travel agency
(B) At a hotel
(C) At a bus station
(D) At an airport

話し手たちはおそらくどこにいますか。

(A) 旅行代理店
(B) ホテル
(C) バス停
(D) 空港

正解 (B)

解説 話し手たちはおそらくどこにいるのか，が問われています。空港へのシャトルバスの時刻を問い合わせる男性に対し，女性が❶で「出発前にチェックアウトする時間を十分に確保するように」とお願いしています。ここから，ホテルのフロントでの会話であるということが推測できるので，(B)が正解です。

語句 □travel agency 旅行代理店

60.

What does the woman ask the man to do?

(A) Check the weather report
(B) Download an itinerary
(C) Make a reservation
(D) Check out early

女性は男性に何をするよう頼んでいますか。

(A) 天気予報を確認する
(B) 旅程をダウンロードする
(C) 予約をする
(D) 早めにチェックアウトする

正解 (D)

解説 女性が男性に頼んでいることが問われています。❶で女性は男性に「出発前にチェックアウトする時間を十分に確保するように」と依頼しています。このことをearlyを使って表した(D)が正解となります。

61.

What will the woman do next?

(A) Make a phone call
(B) Photocopy a document
(C) Enter a request
(D) Cancel a booking

女性は次に何をしますか。

(A) 電話をかける
(B) 文書をコピーする
(C) 依頼を入力する
(D) 予約をキャンセルする

正解 (C)

解説 女性が次に何をするか，が問われています。男性がモーニングコールの依頼をすると，女性は❷で「すぐにシステムに記録する」と述べています。よって，(C)が正解となります。

言い換え make a note of → Enter

語句 □photocopy ～をコピーする　□enter ～を入力する

Questions 62 through 64 refer to the following conversation and map.

W: We need to decide where to put the bridge in McGregor Park. Do you have any ideas?

M: ❶I'd like to put the bridge between Camping Area 1 and the parking area, where there's a bend in the road.

W: That's fine with me. ❷I'll speak with some construction companies today and get a price estimate.

M: ❸Make sure you mention that we need it done no later than June. We expect a lot of rain after that, which would hold up construction for weeks.

設問62-64は次の会話と地図に関するものです。

W: McGregor公園のどこに橋をかけるかを決めなければいけません。何か考えはありますか。

M: キャンプ場1と駐車場の間に橋をかけたいと思います。道が曲がっているところです。

W: 私はそれでいいと思います。今日，何社かの建設会社と話して見積もりを取ります。

M: 遅くとも6月までに終えなくてはいけないと必ず伝えてくださいね。その後は雨がたくさん降ると予想されるので，何週間も工事が滞ることになってしまいます。

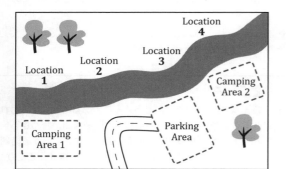

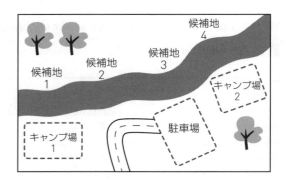

語句　□bend 曲がり目，カーブ　□be fine with (人) (人) にとってそれでよい　□price estimate　見積もり
□no later than ～ 遅くとも～に　□hold up ～ ～を停滞させる

62.

Look at the graphic. Where will the bridge most likely be built?

(A) Location 1
(B) Location 2
(C) Location 3
(D) Location 4

図を見てください。おそらく橋はどこに建設されますか。

(A) 候補地1
(B) 候補地2
(C) 候補地3
(D) 候補地4

正解 (B)

解説 図表問題で，どこに橋を建設するのか，が問われています。男性が❶で「キャンプ場1と駐車場の間，道が曲がっているところに橋をかけたい」と言い，女性もThat's fine with me.「それでいいと思う」と賛同しています。地図から，その場所は候補地2にあたると分かるので，正解は(B)となります。bendとは，曲げられたものや，道路のカーブを意味します。

63.

What does the woman say she will do today?

(A) Visit a construction site
(B) Conduct a survey
(C) Prepare a map
(D) Request some quotes

女性は今日何をすると言っていますか。

(A) 建設現場を訪れる
(B) 調査を実施する
(C) 地図を用意する
(D) 見積もりを依頼する

- -

語句 □conduct ～を実行する　□survey 調査
　　　□quote 見積もり

正解 (D)

解説 女性が今日，何をすると言っているか，が問われています。女性は❷で「今日何社かの建設会社と話して見積もりを取る」と述べているので，(D)が正解だと分かります。

言い換え price estimate → quotes

✦ ✦ ✦

 この問題はdoes the woman sayと設問にありますので，「女性が正解につながるヒントを言う」ことが分かりますね。

64.

When is the deadline for the construction of the bridge?

(A) May
(B) June
(C) July
(D) August

橋の工事の期限はいつですか。

(A) 5月
(B) 6月
(C) 7月
(D) 8月

正解 (B)

解説 橋の工事の期限はいつか，が問われています。男性は❸で「遅くとも6月までに（工事を）終えなくてはいけない」と述べているので(B)が正解です。この問題はno later than Juneの表現を正しく理解しないと間違う可能性があります。no later than ～は，「～より遅いということなく」，つまり「遅くとも～まで」という意味です。no later than June, by (the end of) June, by June at the latestと言い換えができます。もしもbefore Juneと言っていたら，「6月より前」，つまり5月中に工事を終えている必要があるということになります。時系列を示す語は正解を決定する要素になるので意味の違いを把握しましょう。

Questions 65 through 67 refer to the following conversation and graph.

W: Well, the annual sales figures are in. ❶It looks like we'll have to merge a couple of the dealerships. They just haven't sold enough vehicles to cover the running costs.

M: I know we agreed that any dealership that didn't reach at least $200,000 in sales revenue would be merged with one of the others, but this one's so close to the goal. ❷Perhaps I could go and see if there's anything we can do to help them make it over the line.

W: It's worth a try. I can come with you, too. When would you like to go?

M: ❸Well, I don't have anything on my schedule for next week.

W: Fine with me. I really hope there's something we can do, but if sales seem unlikely to improve, we really need to move forward with the merger.

設問65-67は次の会話とグラフに関するものです。

W: さて，年間売上高が出ました。いくつかの販売店を統合しなければいけないようですね。運営費をまかなうのに十分なだけの自動車を販売していないんです。

M: 売上高が最低20万ドルに達していない販売店は，ほかの販売店と統合されるということで合意をしたのは分かっていますが，この販売店は目標にとても近いですね。よろしければ私が行って，目標を超えるのを助けるために何かできることがないか見てくることもできます。

W: やってみる価値はありますよ。私もあなたと一緒に行けます。いつ行きたいですか。

M: ええと，来週であれば，私は予定が何もありません。

W: いいですよ。何か私たちにできることがあればいいなとは思いますが，もし売り上げが改善しそうにない場合は，どうしても統合を進めなければいけません。

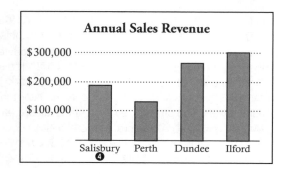

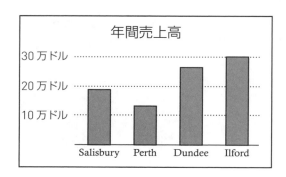

語句 □annual 毎年の □sales figures 売上高 □merge ～を統合する，合併する □a couple of ～ いくつかの～
□dealership 販売代理店 □cover (費用)をまかなう □running cost 運営費 □reach ～に到達する
□at least 少なくとも □sales revenue 売上収入 □worth a try 試す価値がある □fine with (人) (人)はそれでよい
□seem unlikely to *do* ～しそうにない □move forward with ～ (計画)を進める

65.

What kind of business do the speakers most likely work at?

(A) A taxi company
(B) A shipping company
(C) A car dealership
(D) An advertising agency

話し手たちはおそらくどんな会社で仕事をしていますか。

(A) タクシー会社
(B) 配送会社
(C) 自動車販売代理店
(D) 広告代理店

正解 (C)

解説 話し手たちはおそらくどんな会社で仕事をしているか，が問われています。女性が❶で「販売店を統合しなければいけない。運営費をまかなえるだけの自動車を販売していない」と言っています。よって，(C)が正解です。

語句 □car dealership 自動車販売代理店

66.

Look at the graphic. Which location will the speakers most likely visit?

(A) Salisbury
(B) Perth
(C) Dundee
(D) Ilford

図を見てください。話し手たちはおそらくどの場所を訪れますか。

(A) Salisbury
(B) Perth
(C) Dundee
(D) Ilford

正解 (A)

解説 図表問題です。話し手たちが訪問する場所が問われています。男性は，❷で「目標を超えるのを助けるために何かできることがないか見てくることができる」と話しています。この「目標」は，前文より20万ドルだということが分かります。次にグラフの❹から目標の売り上げの20万ドルに少しだけ届いていないのは，Salisburyだと分かります。以上から正解は(A)です。

67.

When will the speakers most likely take a trip?

(A) Today
(B) Tomorrow
(C) Next week
(D) Next month

話し手たちはおそらくいつ出張に行きますか。

(A) 今日
(B) 明日
(C) 来週
(D) 来月

正解 (C)

解説 話し手たちがおそらくいつ出張するか，が問われています。女性が「いつ行きたいか」と尋ねると，男性が❸で「来週私は予定が何もない」と提案し，女性も了承しています。以上から正解は(C)です。

Questions 68 through 70 refer to the following conversation and schedule.

M: How did the interviews for the marketing manager position go today?

W: ❶Well, the first candidate after lunch was excellent. ❷She had exactly the mix of qualifications and technology industry experience we're looking for.

M: Sounds great. We really need to fill the position as soon as possible. Can you contact her right away and ask when she could start working?

W: Okay, I'll do that. ❸Maybe we can arrange lunch with her and other staff.

M: I think having an opportunity to get to know our staff will be beneficial for her. ❹Let me take care of arrangements this time. I did it the last time a new employee joined, so I know what to do.

設問68-70は次の会話と予定表に関するものです。

M: 今日のマーケティング部長の面接はどうでしたか。

W: ええと，昼食後の最初の候補者はとても優秀でした。彼女はまさに私たちが求めている資格と，技術産業界での経験を兼ね備えていました。

M: 素晴らしいですね。できるだけ早くこの職位を埋める必要があります。すぐに彼女に連絡を取って，いつから働き始めることができるか聞いてもらえますか。

W: 分かりました。そうします。もしかしたら，彼女とほかのスタッフとのランチを手配してもいいかもしれません。

M: 私たちのスタッフのことを知ってもらう機会があるのは彼女にとって有益だと思います。今回の調整は私にやらせてください。前回，新入社員が入ってきたときに行ったので，何をすればいいかは分かっています。

Interview Schedule – May 24

9:00 A.M.   Megumi Takahashi
11:00 A.M.   Jumilla Keene
             Lunch Break
❺1:30 A.M.   Erin Scully
3:00 A.M.   Fang Wei

面接スケジュール - 5月24日

午前 9 時　Megumi Takahashi
午前 11 時　Jumilla Keene
　　　　昼食休憩
午後 1 時 30 分　Erin Scully
午後 3 時　Fang Wei

語句 □position 職　□candidate 候補者　□exactly まさしく　□mix of A and B AとBを兼ね備える　□qualification 資格　□sound ～のようだ　□fill ～を埋める　□right away 早急に　□opportunity 機会　□get to know ～ ～を知るようになる　□last time 前回

68.

Look at the graphic. Which candidate are the speakers talking about?

(A) Megumi Takahashi
(B) Erin Scully
(C) Fang Wei
(D) Jumilla Keene

図を見てください。話し手はどの候補者について話していますか。

(A) Megumi Takahashi
(B) Erin Scully
(C) Fang Wei
(D) Jumilla Keene

正解 (B)

解説 図表問題です。話し手たちがどの候補者について話しているか，が問われています。男性が今日の面接について質問すると，女性が❶で「昼食後の最初の候補者はとても優秀だった」と答えています。次に，図表のスケジュールを見ると，❺から昼食後の最初の面接は Erin Scully だと分かるので，正解は (B) となります。

69.

What is required for the position?

(A) A business degree
(B) Previous experience in the field
(C) Knowledge of accounting
(D) Foreign language skills

職位に求められることは何ですか。

(A) 経営学の学位
(B) ある分野での過去の経験
(C) 会計に関する知識
(D) 外国語の能力

正解 (B)

解説 職位について求められるのは何か，問われています。女性は❷で「彼女は私たちが求めている資格と，技術産業界での経験があった」と述べています。つまり，今回の職位には「資格」と「これまでの経験」が求められることが分かります。後者を言い換えた (B) が正解となります。

言い換え technology industry experience → Previous experience in the field

語句 □require ～を必要とする　□degree 学位
□previous 過去の　□field 分野　□accounting 会計

70.

What does the man offer to do?

(A) Organize a luncheon
(B) Inform a candidate of the results
(C) Make a revised offer
(D) Attend a budget meeting

男性は何をすると申し出ていますか。

(A) 昼食会を企画する
(B) 候補者に結果を知らせる
(C) 修正した提案を伝える
(D) 予算会議に出席する

正解 (A)

解説 男性が何をすると申し出ているか，が問われています。女性が❸で「ランチを手配してもいいかもしれない」と意見を述べているのに対し，男性は❹で「私にやらせてほしい」と申し出ています。つまり，昼食会を企画することを申し出ているということが分かるので，(A) が正解となります。

語句 □organize ～を企画・運営する
□inform A of B AにBを知らせる
□revised 修正した

Part 4

♪ 223　w 🇬🇧

Questions 71 through 73 refer to the following advertisement.

Get ready to barbecue this summer!　❶Harry's DIY is having a big grill sale this weekend, with all grills and accessories 25 percent off.　❷From compact grills for small patios to large grills for professional use, we have the largest selection in the area.　No matter what you're looking for, Harry's DIY has it! Don't miss out on these big savings.　❸And, as always, local delivery and assembly are free.　Visit Harry's DIY on Main Street in Westlake.

設問71-73は次の広告に関するものです。

今年の夏のバーベキューの準備をしましょう！ Harry's DIYは今週末にグリルの大セールを予定していて，全てのグリルや付属品が25パーセントオフになります。小さな中庭向けのコンパクトなグリルから，業務用の大きいサイズのグリルまで，この地域で最大の品ぞろえがございます。どんなものをお探しでも，Harry's DIYにございます！この大きな節約の機会をお見逃しなく。そして，いつもの通り，地域内の配送や組み立ては無料です。WestlakeのMain通りのHarry's DIYにぜひお越しください。

語句 □get ready to *do* 〜する準備をする　□grill グリル，焼き網　□accessory 付属品　□compact コンパクトな，小型の　□patio 中庭　□professional use 業務用　□selection 品ぞろえ　□miss out on 〜 〜の機会を逃す　□savings 節約　□as always いつもの通り　□assembly 組み立て

71.

What type of business is most likely being advertised?

(A) A design studio
(B) A flower shop
(C) A supermarket
(D) A hardware store

どんな種類の会社が宣伝されていると考えられますか。

(A) デザイン事務所
(B) 花販売店
(C) スーパーマーケット
(D) ホームセンター

正解 (D)

解説 どんな種類の会社が宣伝されているか，が問われています。話し手は❶で「今週末にグリルの大セールを予定していて，全てのグリルや付属品が割引になる」と述べているので，グリル製品を販売しているお店だと分かります。よって正解は(D)です。

語句 □hardware store ホームセンター

72.

What feature of the store does the speaker emphasize?

(A) Its many branches
(B) Its wide selection
(C) Its knowledgeable staff
(D) Its convenient location

話し手はお店のどんな特徴を強調していますか。

(A) 多くの支店
(B) 幅広い品ぞろえ
(C) 知識豊富なスタッフ
(D) 便利な立地

正解 (B)

解説 話し手はお店のどんな特徴を強調しているか，が問われています。話し手は❷で「コンパクトなグリルから，大きいサイズのグリルまで，この地域で最大の品ぞろえがある」と述べています。幅広い品ぞろえをwide selectionと表現した(B)が正解です。

言い換え largest selection → wide selection

語句 □branch 事業所，支社
　　　□knowledgeable 知識が豊富である
　　　□convenient 便利な

73.

According to the speaker, what does the store offer to local customers?

(A) Free delivery
(B) Cooking classes
(C) A brochure
(D) A guarantee

話し手によると，店は地域の顧客に何を提供していますか。

(A) 無料の配送
(B) 料理教室
(C) パンフレット
(D) 保証

正解 (A)

解説 話し手によると，店は地域の顧客に何を提供するのか，が問われています。話し手は❸で，「地域への配送や組み立ては無料」と述べているので，(A)が正解となります。

語句 □guarantee 保証（書）

Questions 74 through 76 refer to the following excerpt from a meeting.

❶I've decided to replace all the printers in the company. There are big savings if we use the same brand in every department. ❷We have some leftover budget this year, so we don't have to choose the cheapest one. I mean, more expensive printers might be cheaper to run in the long term. I've asked salespeople from the four major brands to come in and explain their products. We'll end the meeting after you've heard each of them. ❸Later, you can send me an e-mail to let me know which one you liked. I'll make a decision based on your feedback.

設問74-76は次の会議の抜粋に関するものです。

会社のプリンターを全て買い替えることにしました。全ての部署で同じブランドを使えば，大きなコストの節約になります。今年は予算がいくらか残っていますので，一番安いものを選ぶ必要はありません。つまり，もっと高価なプリンターの方が，長期的に見ると運用費は安いかもしれないということです。4つの主要なブランドの営業担当者に，来て彼らの製品について説明するよう頼みました。それぞれの説明を聞いた後，会議を終わります。後程，私にEメールでどれが気に入ったかを教えてください。みなさんの意見に基づいて決定をしようと思います。

語句 □replace 〜を取り替える，更新する　□savings 節約　□leftover 残った　□run 作動する　□in the long term 長期的には □later 後で　□based on 〜 〜に基づいて

74.

What is the talk mainly about?

(A) What kind of printers to buy
(B) Where to go for a company retreat
(C) Who should receive a sales award
(D) How to improve an advertising campaign

トークは主に何についてですか。

(A) どんなプリンターを買うべきか
(B) 社員旅行でどこに行くべきか
(C) 誰が優秀販売賞をもらうべきか
(D) 宣伝キャンペーンをどうやって向上させるか

語句 □sales award 販売部門の優秀賞

正解 (A)

解説 このトークは主に何についてか，が問われています。話し手は❶で「会社のプリンターを買い替えることにした」と話し，購入の予算やブランドについての話を続けています。どのプリンターを購入するかについて話していると分かるので，(A)が正解となります。

75.

What does the speaker say about the budget?

(A) It will be announced soon.
(B) It will be increased next year.
(C) There is some left.
(D) There is a new rule regarding spending.

話し手は予算について何と言っていますか。

(A) まもなく公表される。
(B) 翌年増やされる。
(C) 少し残っている。
(D) 支出に関して新しいルールがある。

語句 □regarding 〜について　□spending 支出

正解 (C)

解説 話し手が予算について何と言っているか，が問われています。話し手は❷で「今年は予算が残っている」と言っているので，(C)が正解となります。

76.

What are listeners requested to do after the meeting?

(A) Interview candidates for an award
(B) View some online videos
(C) Indicate a preferred product
(D) Make an announcement to department members

聞き手は会議の後で何をすることを頼まれていますか。

(A) 賞の候補者を面接する
(B) オンラインビデオを見る
(C) 気に入った製品を知らせる
(D) 部署のメンバーに告知する

語句 □preferred お気に入りの

正解 (C)

解説 聞き手が会議後に何をするようにお願いされているか，が問われています。話し手は❸で「後でEメールでどれが気に入ったかを教えてほしい」と依頼しています。これを「気に入った製品を知らせる」と表現した(C)が正解となります。部署のメンバーに知らせるわけではないので，(D)は不正解です。

言い換え let me know → Indicate

Questions 77 through 79 refer to the following announcement.

Welcome, everyone, to the 5th Luncheon of the Bolton Writers Association. Please take a moment to introduce yourself to the other writers at your table. ❶Lunch will be served shortly, followed by a special lecture by the celebrated author, Emily Garding. I know we're all looking forward to that. Just one thing. ❷It's indicated in the program that the lecture will be given at Beverly Hall. This should be the Daggles Auditorium. ❸Finally, don't forget to collect your gift bag on your way out. This year's gift is a special leather pencil case with our logo.

設問77-79は次のアナウンスに関するものです。

みなさん，Bolton作家協会の第5回昼食会へようこそ。テーブルのほかの作家の方々に自己紹介をする時間を少し取ってください。まもなく昼食が提供されます。その後に，有名な著者であるEmily Garding氏の特別講演があります。みなさんはこれを楽しみにしていることかと思います。1つだけ。プログラムには，講演はBeverlyホールで行われるとあります。こちらは，Daggles講堂であるべきです。最後に，お帰りの際にギフトが入った袋を持っていくのを忘れずに。今年のギフトは協会のロゴいりの特別革製ペンケースです。

語句 □luncheon 昼食会　□take a moment to *do* 少し時間を取って〜する　□shortly まもなく
□followed by 〜 その後〜がある　□on *one's* way out お帰りの際に　□leather 革

77.

Who most likely is Ms. Garding?

(A) A professor
(B) A lawyer
(C) A novelist
(D) An actor

Gardingさんは誰だと考えられますか。

(A) 教授
(B) 弁護士
(C) 小説家
(D) 俳優

語句 □novelist 小説家

正解 (C)

解説 Emily Gardingさんはおそらく誰か，が問われています。❶でcelebrated author「有名な著者」と紹介されています。authorは「著者，作家」という意味なので，選択肢の中で(C)のnovelistが最も近いと判断できます。(C)が正解です。

言い換え author → novelist

78.

Why does the speaker say, "This should be the Daggles Auditorium"?

(A) To correct a mistake
(B) To make a suggestion
(C) To turn down a request
(D) To show his excitement

話し手はなぜ"This should be the Daggles Auditorium"と言っていますか。

(A) 間違いを正すため
(B) 提案をするため
(C) 要求を断るため
(D) 興奮を伝えるため

語句 □correct 〜を直す　□turn down 〜 〜を断る
□excitement 興奮

正解 (A)

解説 意図問題です。話し手は，❷で「プログラムには講演はBeverlyホールで行われるとある」と述べた後に，問われている箇所「これはDaggles講堂であるべきだ」という発言をしています。つまり，プログラムに書かれている講演の会場の表記は誤りであることを示唆していると分かるので，(A)が正解となります。意図問題の発言以降はFinallyと話題を転換しているので，その後の部分には根拠は出てきません。

79.

What are the listeners encouraged to do?

(A) Present their opinions
(B) Watch a video
(C) Pick up a bag
(D) Bring their laptops

聞き手は何をするよう促されていますか。

(A) 意見を発表する
(B) ビデオを見る
(C) 袋を受け取る
(D) 自分のノートパソコンを持ってくる

語句 □laptop ノートパソコン

正解 (C)

解説 聞き手が何をするように促されているか，が問われています。❸で「帰る際にギフトが入った袋を持っていくのを忘れずに」と言っているので，(C)が正解となります。gift bagとは，かばんのプレゼントではなく，ギフトが入った袋のことを言います。

✣ ✣ ✣

 日本語ではバッグというと，通勤かばんやショルダーバックをイメージしがちですが，英語では紙袋（paper bag）やビニール袋（plastic bag）などもbagで表します。

言い換え collect → Pick up

Questions 80 through 82 refer to the following speech.

Good evening, everyone. ❶It's a great honor for me to announce the winner of the Excellence Award for Museum Marketing. This year's winner is the Dulwich Art Center, for *Strange Perspectives*. To promote this exhibition on the life and work of Francesca Mosca, the museum ran an ambitious online campaign, that made highly creative use of the paintings featured in the show. ❷It also shared short videos of artists and critics talking about the painter's importance on its Web site and social media. The result was the most popular exhibition in the center's history, with over 300,000 visitors. ❸I'd like to invite the center's director to come up on stage now to accept the award on behalf of the center.

設問80-82は次のスピーチに関するものです。

こんばんは、みなさん。美術館マーケティングの優秀賞受賞者を発表するのは、私にとってとても光栄なことです。今年の受賞者は『Strange Perspectives』のDulwichアートセンターです。Francesca Moscaの生涯と作品についてのこの展覧会を宣伝するために、美術館は大がかりなオンラインでのキャンペーンを行いました。それは、展覧会で特集されている絵画をとてもクリエイティブな方法で利用したものでした。また、その画家の重要性について芸術家や批評家が話している短いビデオを、ウェブサイトとソーシャルメディア上で共有しました。その結果、センターの歴史の中で最も人気が高い展覧会となり、30万人以上の来館者がありました。館長をこれからステージ上にお招きして、センターを代表して賞を受け取ってもらおうと思います。

> **語句** □honor 名誉 □promote ～を促進する □ambitious 大がかりな □make use of ～ ～を利用する
> □feature ～を特集する □critic 批評家 □on behalf of ～ ～を代表して

80.

What is the purpose of the speech?

(A) To present an award
(B) To share a goal
(C) To introduce a new colleague
(D) To announce a product release

スピーチの目的は何ですか。

(A) 賞を授与すること
(B) 目標を共有すること
(C) 新しい同僚を紹介すること
(D) 製品の発売を発表すること

正解 (A)

解説 スピーチの目的は何か、が問われています。話し手は❶で「優秀賞受賞者を発表する」と述べています。この後も受賞者についての説明が続くので、このスピーチの目的は賞の贈呈だと分かります。よって、(A)が正解です。

言い換え announce the winner → present an award

81.

What did the museum do as part of the campaign?

(A) Posted some videos online
(B) Designed a new Web site
(C) Collaborated with a TV show
(D) Expanded an exhibition room

キャンペーンの一環として、美術館は何をしましたか。

(A) いくつかのビデオをオンライン上に投稿した
(B) 新しいウェブサイトをデザインした
(C) テレビ番組と共同した
(D) 展示室を拡大した

正解 (A)

解説 キャンペーンの一環として美術館が何をしたか、が問われています。「美術館が大がかりなオンラインキャンペーンを行った」と述べた後、❷で「ビデオをウェブサイトやソーシャルメディアで共有した」と言っているので、それを言い換えた(A)が正解です。❷のItは、the museumを指します。復習の際には、文の主語や指示代名詞が指しているものを意識しながら、再度音声を聞いてみましょう。

言い換え shared → Posted,
on its Web site and social media → online

> **語句** □post ～を投稿する
> □collaborate with ～ ～と共同して取り組む
> □expand ～を拡大する

82.

According to the speaker, what will happen next?

(A) Refreshments will be served.
(B) Some music will be played.
(C) A director will appear on stage.
(D) An artist will make a speech.

話し手によると、次に何が起こりますか。

(A) 軽食が配られる。
(B) 音楽が演奏される。
(C) 館長がステージ上に登場する。
(D) 芸術家がスピーチをする。

正解 (C)

解説 話し手によれば次に何が起こるか、が問われています。話し手は❸で「館長をこれからステージ上に招いて、賞を受け取ってもらう」と述べているので、(C)が正解となります。

言い換え come up on stage → appear on stage

> **語句** □refreshment 軽食

Questions 83 through 85 refer to the following excerpt from a workshop.

❶Most of the advertising advice I will give today is tailored especially for landscape gardeners. However, some of it applies to virtually any business. ❷For example, if you advertise in print, it's a good idea to include a voucher for 10 to 20 percent off. People like to think they're getting a good deal. These days, people look for everything on the Internet, so even if you forget to include some important information like your address, people who want a bargain will find you using the Internet. That's provided you have a Web site. That brings us to the next topic. Every small business needs to have a Web site. Creating a Web site is not for everyone. ❸It's a good idea to hire a professional, but take a look at their portfolio before you do.

設問83-85は次のワークショップの抜粋に関するものです。

本日私がお伝えする広告に関するアドバイスのほとんどは，特に造園業者の方向けのものです。しかしながら，そのうちのいくつかは，実質的にはどんな業種にも当てはまります。例えば，印刷物で宣伝をするのであれば，10～20パーセントオフの割引券を含めておくのはいい考えかもしれません。人は自分たちがお得な取り引きをしているのだと思いたいものです。最近では，人々は何もかもインターネット上で探しますから，あなたが伝えたい重要な情報，例えば住所などを入れ忘れたとしても，掘り出し物を見つけたい人たちは，インターネットを使ってあなたのことを見つけるでしょう。それはあなたがウェブサイトを持っていればという条件付きですが。そこで，次の話題に移ります。どの小さな会社もウェブサイトを持っていなければいけません。ウェブサイトを作るのは，誰にでもできることではありません。プロを雇うのはいい考えですが，そうする前に彼らの代表的な作品を見るようにしましょう。

語句 □be tailored for ～ ～向けのものである，～に合わせて作られたものである □landscape gardener 庭園業者 □apply to ～ ～に適用する □virtually 事実上 □in print 印刷して □good deal いい取り引き □bargain 掘り出し物 □portfolio 代表的な仕事，作品

83.

Who most likely is the intended audience for the workshop?

(A) Sporting teams
(B) Web designers
(C) Professional gardeners
(D) Gardening enthusiasts

このワークショップが意図している聞き手は誰だと考えられますか。

(A) スポーツチーム
(B) ウェブデザイナー
(C) プロの庭師
(D) ガーデニング愛好家

正解 (C)

解説 このトークが誰を聞き手と意図して話されているものか，を問う設問です。❶で「本日私が伝える広告に関するアドバイスのほとんどが，特に造園業者の方に向けたものだ」と述べています。よって，(C)が正解となります。

語句 □enthusiast 愛好家

84.

What does the speaker recommend including in an advertisement?

(A) A discount coupon
(B) A photograph of the product
(C) Customer reviews
(D) An e-mail address

話し手は広告に何を含めるべきだと勧めていますか。

(A) 割引券
(B) 製品の写真
(C) カスタマーレビュー
(D) Eメールアドレス

正解 (A)

解説 話し手が広告に何を含めるべきだと言っているか，が問われています。話し手は❷で「印刷物で宣伝する場合は，割引券を含めておくのがよい」と述べているので，(A)が正解です。

言い換え voucher → discount coupon

85.

According to the speaker, what should listeners do when choosing a Web designer?

(A) Ask colleagues for an introduction
(B) Receive a price estimate
(C) Check their credentials
(D) Look at their previous work

話し手によると，聞き手たちはウェブデザイナーを選ぶときに何をすべきですか。

(A) 同僚に紹介を頼む
(B) 価格見積もりを受け取る
(C) 資格認定書を確認する
(D) 以前の仕事を見る

正解 (D)

解説 話し手によると，ウェブデザイナーを選ぶ際に何をすべきか，が問われています。話し手は❸で，「プロを雇う前に彼らの代表的な作品を見るように」と言っています。ウェブサイトを作るという文脈なので，professional「プロ」はウェブデザイナーのことだと分かります。よって，(D)が正解です。

言い換え portfolio → previous work

語句 □credentials 資格（を証明するもの）

Questions 86 through 88 refer to the following telephone message.

Hi. ❶It's Peter Maxwell from Bradbury Rentals returning your call about extending the rental period on some equipment for an extra day. I checked with my boss and we are able to do that, ❷so please go ahead and return the equipment on May eighteenth. During the last call, you didn't mention the cameras you're renting — only the audio equipment. ❸Please let us know what your intentions are regarding the video equipment. We don't have any reservations yet, but that could change at any moment. ❹If you no longer need the equipment, but don't have time to return it, let us know. We have a very reasonable pickup service.

設問86-88は次の電話メッセージに関するものです。

こんにちは。BradburyレンタルのPeterMaxwellです。機器の貸出期間をあと1日延ばすことについて、いただいたお電話に折り返しおかけしています。上司に確認したところ、そうすることは可能ですので、どうぞ5月18日に機器をご返却ください。前回のお電話ではオーディオ機器についてだけで、あなたがレンタルしているカメラについては言及がありませんでした。ビデオ機器に関してのあなたの意向を教えてください。まだ予約は受けていませんが、いつ変わってもおかしくありません。もし、あなたはもう機器が必要ないけれども、返却する時間がないという場合は、お知らせください。私どもにはお手頃な回収サービスがあります。

語句 □extend 〜を延長する □rental period 貸出期間 □extra 追加の □mention 〜について言及する □intention 意向
□no longer 〜 もはや〜ではない □reasonable 手頃な □pickup service 回収サービス

86.

What does the speaker mean when he says, "we are able to do that"?

(A) He can fix some equipment.
(B) Some information will be modified.
(C) A period can be extended.
(D) He can change his shift.

話し手が "we are able to do that" と言う際、何を意図していますか。

(A) 彼は機器を修理できる。
(B) 情報が修正される。
(C) 期間を延長できる。
(D) 彼はシフトを変更できる。

正解 (C)

解説 意図問題です。問われている箇所の意味は「そうすることは可能だ」という意味です。話し手は❶で「貸出期限があと1日延ばせないかという電話に折り返している」と言った後にこの発言をし、続けて❷で「どうぞ5月18日にご返却ください」と続けています。ここから、貸出期限を延長することが可能であることを示唆していると分かるので、(C)が正解です。

語句 □modify 〜を修正する

87.

What does the speaker ask about?

(A) Video equipment
(B) Construction tools
(C) Delivery vehicles
(D) Audience seating

話し手は何について尋ねていますか。

(A) ビデオ機器
(B) 建設用工具
(C) 配送用車両
(D) 観客席

正解 (A)

解説 話し手が何について尋ねているか、が問われています。❸で「ビデオ機器に関しても(ほかの機器同様延長するか)意向を教えてほしい」と述べているので、正解は(A)です。Please let us know 〜 . が、何かを尋ねるときの表現であることに注意しましょう。

88.

What does the speaker say his company is willing to do?

(A) Pay for repairs
(B) Carry out some cleaning
(C) Install some software
(D) Retrieve some items

話し手は彼の会社は何をする用意があると言っていますか。

(A) 修理費用を支払う
(B) 清掃を行う
(C) ソフトウェアをインストールする
(D) 商品を回収する

正解 (D)

解説 話し手は、彼の会社が何をする用意があると言っているか、が問われています。話し手は❹で、「もし、機器が必要ないが返却する時間がないという場合は、手頃な回収サービスがある」と言っています。ここから話し手の会社は機器を回収する用意があることが分かるので、「回収する」をretrieveを使って表した(D)が正解となります。

言い換え pickup → Retrieve

語句 □willing to do 〜する用意がある □retrieve 〜を回収する

Questions 89 through 91 refer to the following announcement.

Thank you for shopping at Merrick's. ❶Please note that we've just extended our weekend hours, so you can enjoy shopping for fresh produce from nine A.M. to eight P.M., Monday through Sunday. What's more, customers who spend at least fifteen dollars on dairy products will receive a complimentary cup of ice cream. Finally, we're promoting waste reduction. ❷If you bring your own shopping bag, you'll receive ten cents off your purchase.

設問89-91は次のアナウンスに関するものです。

Merrick'sでお買い物いただき，ありがとうございます。ちょうど週末の営業時間を延長したところであることをご承知おきください。月曜日から日曜日の午前9時から午後8時まで，生鮮食品のお買い物をお楽しみいただけます。さらに，乳製品を15ドル以上お買い上げのお客様は，無料のアイスクリーム1カップを差し上げます。最後に，当店はごみの削減を推進しています。ご自分の買い物袋をお持ちいただければ，購入額から10セント割引になります。

語句 □shop 買い物をする　□Please note that S V SがVであることをご承知おきください　□fresh produce 生鮮食品　□what's more さらに　□dairy product 乳製品　□complimentary 無料の　□promote ～を促進する　□waste ごみ　□reduction 削減

89.

Where is this announcement taking place?

(A) At a supermarket
(B) At a restaurant
(C) At a gardening store
(D) At a furniture store

このアナウンスはどこで行われていますか。

(A) スーパーマーケット
(B) レストラン
(C) 園芸店
(D) 家具店

正解 (A)

解説 このアナウンスがどこで行われているか，が問われています。❶で「生鮮食品のお買い物を」と言っています。選択肢の中で生鮮食品を取り扱うのは(A)です。produceは名詞で「農作物」という意味です。Part 1の写真描写問題にも出るので，押さえておきましょう。

90.

What has recently happened at Merrick's?

(A) It has introduced a new marketing policy.
(B) A certain product has sold out.
(C) It has started opening for longer hours.
(D) A store manager has been replaced.

Merrick'sで最近何が起こりましたか。

(A) 新しいマーケティング方針を導入した。
(B) ある製品が売り切れた。
(C) より長い時間営業し始めた。
(D) 店長が代わった。

正解 (C)

解説 Merrick'sで最近起こったことが問われています。❶からMerrick'sは週末の営業時間を延長したことが分かるので，(C)が正解です。〈have just ＋過去分詞〉は「ちょうど～したところだ」という現在完了の表現で，最近行ったことを表すということも押さえておきましょう。

言い換え extended our weekend hours → It has started opening for longer hours.

語句 □certain ある，一種の

91.

What does the speaker recommend listeners do?

(A) Give feedback
(B) Pay in cash
(C) Use their own bags
(D) Join a membership

話し手は聞き手に何をすることを勧めていますか。

(A) 意見を述べる
(B) 現金で支払う
(C) 自分の買い物袋を使う
(D) 会員になる

正解 (C)

解説 話し手が聞き手に勧めていることが問われています。話し手は❷で「自分の買い物袋を持ってくれば割引を受けられる」と述べているので，「自分の買い物袋を使う」と言い換えた(C)が正解となります。If you do ～, you'll do ...「～すれば，…できます」は何かを勧めるときの表現で，広告やアナウンスなどでよく使われます。覚えておきましょう。

言い換え bring your own shopping bag → Use their own bags

語句 □in cash 現金で　□membership 会員（の身分）

Questions 92 through 94 refer to the following news report.

❶This is KXR Radio's Laurence Zander reporting to you from City Hall, as Penelope Wyatt, our newly elected mayor, will soon address members of the public and the news media. We only have hints about the nature of the announcement. ❷Many expect an initiative to build more affordable housing in the city, a central promise in Ms. Wyatt's campaign. At this point, however, it's anybody's guess. ❸KXR listeners will have all the answers shortly. ❹You'll be hearing from Penelope Wyatt in her own words soon.

設問92-94は次のニュースレポートに関するものです。

KXRラジオのLaurence Zanderが市役所からお届けしています。私たちの新しく選出された市長である，Penelope Wyattが市民とメディアに向かってまもなく演説をします。発表の内容については，手掛かりしかありません。多くの人はWyattの選挙運動の公約の中心である，より多くの手頃な価格の住宅を町に建設する構想についてのものだと予測しています。しかし，この時点では，それはあらゆる人の推測です。KXRをお聞きのみなさんはまもなく全ての答えを手に入れるでしょう。Penelope Wyattから，彼女自身の言葉で，まもなく聞くことになります。

語句 □newly elected 新たに選出された　□address ～に向けて話す　□nature 本質　□initiative 構想，新しい取り組み
□affordable 手頃な　□central promise 中心となる公約　□campaign 選挙運動　□shortly まもなく

92.

Who is Ms. Wyatt?

(A) A talk show host
(B) A local political figure
(C) A corporate spokesperson
(D) A real estate developer

Wyattさんは誰ですか。

(A) トークショーの司会者
(B) 地元の政治家
(C) 企業の広報担当者
(D) 不動産開発業者

語句 □local 地元の，その土地の　□figure 人物
□corporate 企業の

正解 (B)

解説 Wyattさんが誰か，が問われています。❶でPenelope Wyattを our newly elected mayor「新たに選出された市長」と言っています。「市長」を「地元の政治家」と言い換えた(B)が正解となります。figureは「数字」，「像」などの意味がありますが，ここでは「人物」という意味で使われています。

言い換え mayor → local political figure

93.

What does the speaker imply when he says, "it's anybody's guess"?

(A) No one knows what will happen.
(B) Everyone should be prepared for the discussion.
(C) Further research will be conducted.
(D) Some confusion is anticipated.

話し手が "it's anybody's guess"と言う際，何を意図していますか。

(A) 何が起こるか誰も知らない。
(B) 全ての人が議論の準備をしておくべきだ。
(C) 更なる調査が行われる。
(D) 混乱が予想されている。

語句 □anticipate ～を予想する

正解 (A)

解説 意図問題です。問われている箇所は直訳すると，「それはあらゆる人の推測だ」という意味です。話し手は，❷で「多くの人が（演説内容は）Wyattの公約の中心となる構想だと予測している」と言った後にこの発言をしています。その後，❸で「このラジオを聞いている人はまもなく全ての答えを手に入れる」と言っているので，実際の演説内容はまだ不明で誰にも分からないということを示唆していると分かります。以上より(A)が正解です。

94.

What will the listeners most likely do next?

(A) Send some messages
(B) Listen to a speech
(C) Visit a Web site
(D) Go to City Hall

聞き手は次に何をすると考えられますか。

(A) メッセージを送る
(B) スピーチを聞く
(C) ウェブサイトを訪れる
(D) 市役所に行く

正解 (B)

解説 聞き手は次に何をするか，が問われています。話し手は❹で「Penelope Wyattから，彼女自身の言葉で，まもなく聞くことになる」と言っているので，まもなくWyatt氏が登場し，演説を始めることが考えられます。(B)が正解です。ラジオ中継は市役所から行われていますが，聞き手が市役所に行くわけではないため(D)は不正解です。

言い換え hearing → Listen to

Questions 95 through 97 refer to the following excerpt from a meeting and graph.

Here are some findings from our recent market research. ❶We asked consumers to choose their favorite among four leading bicycle companies, including ours. ❷As this graph shows, we ended up in third place. However, we had only slightly fewer votes than second-placed Gabro. Their main focus is consumers under 30— the same as ours. Our marketing therefore needs to distinguish our company's brand from Gabro. Today, I'd like for us to brainstorm some ideas on how we can do that. First, let's compare some of their advertising materials with ours. ❸I'll give you ten minutes, so please take a look at the handouts on the table.

設問95-97は次の会議の抜粋とグラフに関するものです。

こちらが私たちの最近のマーケット調査の結果の一部です。消費者に、当社を含む4つの主要な自転車の会社の中で一番好きなブランドを選んでもらいました。このグラフが示す通り、当社は3位にとどまりました。しかしながら、2位のGabroよりもほんの少しだけ少ない票数でした。当社と同じく、彼らは30歳以下の消費者をメインターゲットにしています。それゆえに、我々のマーケティングは、当ブランドとGabroを差別化しなければいけません。今日は、それをどうしたらできるかについてのアイデアをブレインストーミングしてみたいと思います。まず、彼らの広告素材と私たちのものをいくつか比べてみましょう。10分間差し上げますので、テーブルの上にある資料をご覧ください。

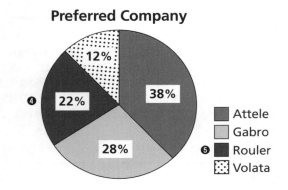

Preferred Company

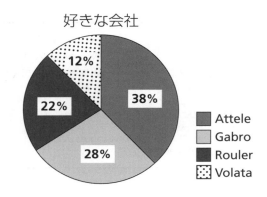

好きな会社

Attele
Gabro
Rouler
Volata

語句　□finding（調査などの）結果　□consumer 消費者　□the same as ～ ～と同様　□distinguish A from B AとBを区別する
□brainstorm ブレインストーミングする　□compare ～を比較する　□advertising material 広告素材　□handout 資料
□preferred 好みの

95.

What product does the speaker's company sell?

(A) Market research reports
(B) Mobile phones
(C) Bicycles
(D) Office supplies

話し手の会社はどんな製品を販売していますか。

(A) 市場調査報告書
(B) 携帯電話
(C) 自転車
(D) 事務用品

正解 (C)

解説 話し手の会社が何を販売しているか，が問われています。話し手は❶で「消費者に，当社を含む4つの主要自転車会社の中で一番好きなブランドを選んでもらった」と述べているので，(C)が正解となります。

96.

Look at the graphic. What company does the speaker work for?

(A) Attele
(B) Gabro
(C) Rouler
(D) Volata

図を見てください。話し手はどの会社で働いていますか。

(A) Attele
(B) Gabro
(C) Rouler
(D) Volata

正解 (C)

解説 図表問題で，話し手の会社はどれかが問われています。話し手は❷で「当社は3位だった」と述べています。円グラフを見ると，3位に相当する企業は❹だと分かります。この❹に該当するのは，❺から(C) Roulerだと分かり，これが正解となります。

 図表問題で注意すべきなのは，「図表問題では選択肢にある表現がトーク内に出てきた場合，それが正解になる可能性は極めて低い」ということです。今回も，トークに不正解の選択肢(B)のGabroがそのまま登場していました。あくまでも図表上にある情報をもとに正解を決めることが肝要です。

97.

What will the listeners do next?

(A) Turn on their computers
(B) Read some materials
(C) Fill out a questionnaire
(D) Work with a partner

聞き手は次に何をしますか。

(A) コンピューターを起動する
(B) 資料を読む
(C) アンケート用紙に記入する
(D) パートナーと作業をする

語句 □turn on ～ ～を起動する
□questionnaire アンケート用紙

正解 (B)

解説 聞き手が次に何をするか，が問われています。話し手は❸で「10分間で，テーブル上の資料を見るように」と依頼しています。(B)が正解となります。take a look atとreadは完全に一致する表現ではないですが，「資料を見る」ことと「資料を読む」ことは，ここではほぼ同義と言えます。

言い換え take a look at → Read，handouts → materials

Questions 98 through 100 refer to the following telephone message and list.

Hello. My name's Rod Namath. ❶It appears that I left my watch at the gym last night while I was working out. ❷Um … it's a digital watch with a square face. If it's been turned in, I'd appreciate it if you'd give me a call. ❸The watch isn't particularly valuable, but it was given to me for my birthday so it's very important that I get it back. Please give me a call back at 083-555-9532. If I don't pick up, please just leave a message. I'll get back to you as soon as possible.

設問98-100は次の電話メッセージとリストに関するものです。

もしもし。私の名前はRod Namathです。昨夜トレーニング中に，ジムに腕時計を置き忘れてしまったようなのです。ええと…四角い文字盤のデジタル時計です。もし届けられていれば，電話をいただけるとありがたいです。腕時計自体は特に高価ではないのですが，誕生日にもらったものなので，取り戻すことは重要なのです。083-555-9532に電話をください。もし私が電話に出なければ，メッセージを残してください。できるだけ早くかけ直します。

Watches in Lost Property

Watch A	Watch B	Watch C	Watch D

落とし物の時計

腕時計A	腕時計B	腕時計C	腕時計D

語句 □it appears that S V どうやらSはVであるようだ　□leave 〜を置き忘れる　□work out トレーニングをする
□digital デジタル式の　□square face 四角い文字盤　□turn in 〜 〜を届ける　□particularly 特に
□valuable 高価な　□get 〜 back 〜を取り戻す　□get back to 〜 〜に折り返し連絡する
□lost property 遺失物

98.

Where most likely is the speaker calling?

(A) A fitness center
(B) An online store
(C) A cinema
(D) An airline

話し手はどこに電話していると考えられますか。

(A) フィットネスセンター
(B) オンラインストア
(C) 映画館
(D) 航空会社

正解 (A)

解説 話し手がどこに電話しているか，が問われています。話し手は❶で「昨夜トレーニング中に，ジムに腕時計を置き忘れてしまったようだ」と言っています。(A)が正解となります。

言い換え gym → fitness center

99.

Look at the graphic. Which most likely is the speaker's watch?

(A) Watch A
(B) Watch B
(C) Watch C
(D) Watch D

図を見てください。どれが話し手の腕時計だと考えられますか。

(A) 腕時計A
(B) 腕時計B
(C) 腕時計C
(D) 腕時計D

正解 (D)

解説 図表問題で，話し手の腕時計はどれか，が問われています。話し手は❷で「四角い文字盤のデジタル時計」と言っているので，それに該当する時計を図で確認すると，(D) が正解だと分かります。squareのみを聞いて(B)を選ばないようにしましょう。丸い文字盤はround face，アナログ時計はanalog watchと言うので，それぞれイメージを持てるようにしておきましょう。

100.

What does the speaker say about the watch?

(A) It cost a lot of money.
(B) It was a gift.
(C) It is an imported product.
(D) It can only be bought online.

話し手は腕時計について何と言っていますか。

(A) 高価だった。
(B) 贈り物だった。
(C) 輸入品である。
(D) オンラインでのみ購入できる。

正解 (B)

解説 話し手が腕時計について何と言っているか，が問われています。話し手は❸で「腕時計自体は特に高価ではないが，誕生日にもらったもの」と言っているので，これを言い換えた(B)が正解となります。腕時計自体は高価ではないと言っているので，(A)は不正解です。

言い換え given to me for my birthday → gift

語句 □cost ～がかかる　□imported 輸入の

TOEIC 受験本番前のルーティーン

(濱：濱﨑先生／大：大里先生)

濱：僕は，試験の前日に，必需品である筆記用具，腕時計，受験票，眼鏡などを忘れることのないよう，しっかりと準備して当日持っていく鞄の中にしまっておきます。

大：なるほど。天候や会場へのアクセスなどによって，傘など，受験票に書いていないものを追加してもいいですね。

濱：当日慌てないのが大切ですからね。僕は，シャーペンはマークシート専用として売られているものを2本用意し，消しゴム，腕時計も，2つずつ用意しています。

大：本番前日にしておくことと言えば，暴飲暴食せずよく寝る。これに尽きます。前日に知識を詰め込んでも，詰め込んだところが当日出題されるわけではありません。当日のために脳の回転，集中力，体調といったコンディションを整えることがとても重要です。

濱：その通りですね。当日は開場時間に会場入りすることができるよう，時間に十分余裕を持って自宅を出るようにしましょう。

大：Good luck!

TEST 5

解答解説

正解一覧

設問番号	正解	設問番号	正解	設問番号	正解	設問番号	正解
□□□ 1	A	□□□ 26	C	□□□ 51	B	□□□ 76	B
□□□ 2	A	□□□ 27	C	□□□ 52	C	□□□ 77	C
□□□ 3	D	□□□ 28	A	□□□ 53	D	□□□ 78	B
□□□ 4	D	□□□ 29	A	□□□ 54	A	□□□ 79	D
□□□ 5	B	□□□ 30	C	□□□ 55	D	□□□ 80	A
□□□ 6	D	□□□ 31	B	□□□ 56	B	□□□ 81	A
□□□ 7	A	□□□ 32	C	□□□ 57	D	□□□ 82	D
□□□ 8	B	□□□ 33	B	□□□ 58	D	□□□ 83	D
□□□ 9	C	□□□ 34	C	□□□ 59	C	□□□ 84	B
□□□ 10	B	□□□ 35	C	□□□ 60	B	□□□ 85	D
□□□ 11	B	□□□ 36	A	□□□ 61	C	□□□ 86	A
□□□ 12	C	□□□ 37	D	□□□ 62	C	□□□ 87	B
□□□ 13	B	□□□ 38	B	□□□ 63	D	□□□ 88	A
□□□ 14	B	□□□ 39	D	□□□ 64	B	□□□ 89	C
□□□ 15	A	□□□ 40	D	□□□ 65	A	□□□ 90	A
□□□ 16	C	□□□ 41	A	□□□ 66	A	□□□ 91	D
□□□ 17	B	□□□ 42	B	□□□ 67	D	□□□ 92	A
□□□ 18	C	□□□ 43	C	□□□ 68	C	□□□ 93	B
□□□ 19	B	□□□ 44	A	□□□ 69	D	□□□ 94	C
□□□ 20	A	□□□ 45	B	□□□ 70	A	□□□ 95	C
□□□ 21	B	□□□ 46	D	□□□ 71	B	□□□ 96	C
□□□ 22	A	□□□ 47	C	□□□ 72	D	□□□ 97	A
□□□ 23	C	□□□ 48	D	□□□ 73	D	□□□ 98	A
□□□ 24	C	□□□ 49	D	□□□ 74	C	□□□ 99	D
□□□ 25	A	□□□ 50	C	□□□ 75	A	□□□ 100	D

1. ♪ 234 🇨🇦

(A) She's wearing an apron.
(B) She's bagging some merchandise.
(C) She's cleaning a counter.
(D) She's browsing a brochure.

(A) 彼女はエプロンを着ている。
(B) 彼女は商品を袋に入れている。
(C) 彼女はカウンターを掃除している。
(D) 彼女はパンフレットに目を通している。

正解 (A)

解説 エプロンを着用している女性の様子を描写している(A)が正解です。(B)にあるbaggingは、動詞bag「〜を袋に入れる」の現在分詞です。bagは名詞「かばん, 袋」として使われることが多いですが, Part 1ではこのように動詞として使われることもあります。(C)はcleaningが女性の動作と合わず, (D)はbrowsingの目的語のbrochureが写真に写っていません。

語句 □apron エプロン □bag 〜を袋に入れる □merchandise 商品 □browse 〜を拾い読みする, 閲覧する
□brochure パンフレット

2. ♪ 235 🇬🇧

(A) A man's watering some plants.
(B) Some baskets have been stacked on the ground.
(C) A man's wearing a pair of gloves.
(D) Some trees are being trimmed.

(A) 男性が植物に水をやっている。
(B) かごが地面に積み上げられている。
(C) 男性はグローブを身に着けている。
(D) 木々が切られているところである。

正解 (A)

解説 植物に水をやっている男性の様子を描写している(A)が正解です。wateringは動詞water「〜に水をやる」の現在分詞です。Part 1ではwaterが動詞として使われることがしばしばあります。(B)はここでは不正解ですが, 受動態の完了形have been stacked「積み上げられた状態だ」という表現はPart 1によく出題されます。男性は手に何も身に着けていないので(C)は不正解です。(D)は, are being trimmedが写真と一致しません。

✦ ✦ ✦

(A)の表現は, Some plants are being watered.と受動態の進行形の形でも出題されたことがあります。

語句 □water 〜に水をやる □plant 植物 □stack 〜を積み上げる □trim 〜を刈る, 手入れする

3. ♪ 236 🇺🇸

(A) They are operating some machines.
(B) They are paving a street.
(C) A ladder is propped against a vehicle.
(D) Doors of a vehicle have been left open.

(A) 彼らは機械を操作している。
(B) 彼らは道路を舗装している。
(C) はしごが乗り物に立てかけられている。
(D) 乗り物のドアが開いたままになっている。

正解 (D)

解説 写真には大型の車が写っており, その後部のドアが開いたままになっています。この様子を現在完了を使って描写している(D)が正解です。(A)はoperating some machines「機械を操作している」が, (B)はpaving「〜を舗装している」が写真の様子とは合いません。(C)の主語A ladderは写真には写っていますが, 乗り物に立てかけられているわけではありません。

語句 □operate 〜を操作する □pave 〜を舗装する □ladder はしご
□be propped against 〜 〜に立てかけられている □vehicle 乗り物 □be left open 開いたままである

4. ♪237 🇦🇺

(A) He's tying his shoelaces.
(B) He's building a fence.
(C) He's adjusting a bicycle seat.
(D) He's gripping a handle.

(A) 彼は靴ひもを結ぼうとしている。
(B) 彼は柵を組み立てている。
(C) 彼は自転車のサドルを調整している。
(D) 彼はハンドルを握っている。

正解 (D)

解説 自転車のハンドルを握っている男性の動作を描写している (D) が正解です。(A) は tie「〜を結ぶ」という動作を男性はしていません。(B) は building が、(C) は adjusting が写真の様子とは一致しません。

語句 □tie 〜を結ぶ　□shoelace 靴ひも　□adjust 〜を調整する　□bicycle seat 自転車のサドル　□grip 〜を握る

5. ♪238 🇬🇧

(A) A shuttle bus is leaving the terminal.
(B) A ramp leads to the aircraft.
(C) Some luggage is being loaded into a compartment.
(D) Some people are exiting from an airport terminal.

(A) シャトルバスがターミナルを出ようとしている。
(B) タラップが飛行機に通じている。
(C) いくつかの荷物が収納スペースに詰め込まれているところである。
(D) 何人かの人々が空港のターミナルから出てくるところである。

正解 (B)

解説 タラップと飛行機が繋がっている様子を表している (B) が正解です。ramp「タラップ」は難易度の高い単語ですが覚えておきましょう。(A) は terminal が写真に写っておらず、(C) は主語の Some luggage が、そして (D) も主語の Some people が写真には写っていません。(C) の is being loaded into は受動態の進行形〈be 動詞＋ being ＋過去分詞〉「〜されている最中だ」が使われており、「(荷物が) 詰め込まれている最中だ」という意味を表します。

語句 □aircraft 飛行機　□be loaded into 〜 〜に詰め込まれる　□compartment 収納スペース　□exit from 〜 〜から出る

6. ♪239 🇺🇸

(A) Some staff are sweeping the floor.
(B) Some diners are having a meal in a restaurant.
(C) There are items displayed in a store window.
(D) There are umbrellas set up outdoors.

(A) 何人かの従業員が床を掃いている。
(B) 何人かの食事客がレストランで食事をしている。
(C) 店の窓に商品が陳列されている。
(D) パラソルが外に設置されている。

正解 (D)

解説 戸外に設置されているパラソルを There are 〜「〜がある」を使って表した (D) が正解です。set up outdoors は umbrellas を後ろから修飾しています。(A) は主語の Some staff が、(B) は主語 Some diners が写真には写っていません。(C) にある a store window も写真には写っていません。

語句 □staff 従業員　□sweep 〜を掃く　□diner 食事客　□have a meal 食事をする　□item 商品　□display 〜を陳列する　□umbrella パラソル　□set up 〜 〜を設置する　□outdoors 外に

Part 2

7. 🎵 241 W 🇬🇧 M 🇦🇺

I have an appointment with Ms. Grace at nine.
(A) I'll let her know you're here.
(B) To meeting room D.
(C) She's come here twice.

Graceさんと9時にお約束があります。

(A) 彼女にあなたが来たことを知らせます。
(B) 会議室Dにです。
(C) 彼女はここに2度来たことがあります。

正解 (A)

解説 「Graceさんと9時に約束がある」という発言に対して、「彼女にあなたが来たことを知らせる」と対応している(A)が正解です。会社の受付などで来客に対応する際のやり取りであると考えられます。(B)は問いかけにあるappointmentから連想されるmeeting「会議」を含んだひっかけの選択肢、(C)は問いかけにあるMs. Graceの代名詞であるSheから始まる文ですが、最初の発言とは話がかみ合いません。

語句 □appointment 約束　□let（人）do（人）に〜させる　□twice 2回

8. 🎵 242 W 🇺🇸 M 🇨🇦

Shall I turn on the heater?
(A) Three minutes in hot water.
(B) Yes — it's quite cold in the room.
(C) You should turn right at the corner.

暖房をつけましょうか。

(A) お湯の中で3分です。
(B) はい——部屋はとても寒いです。
(C) その角で右に曲がってください。

正解 (B)

解説 Shall I 〜?「〜しましょうか」を使った「暖房をつけましょうか」と提案する問いかけに対して、「はい（つけてほしい）、部屋は寒い」と応答している(B)が正解です。(A)は問いかけにあるheaterから連想されるhotを含んだひっかけの選択肢、(C)は問いかけにあるturnを含んではいますが、問いかけとは話がかみ合いません。

語句 □turn on 〜 〜（の電源）をつける　□heater 暖房　□quite かなり　□turn 曲がる

9. 🎵 243 W 🇬🇧 M 🇨🇦

How much is this flower pot?
(A) A new pair of glasses.
(B) There's a long line outside the shop.
(C) It's on the price tag.

この植木鉢はいくらですか。

(A) 新しい眼鏡です。
(B) 店の外には長い行列があります。
(C) 値札に書いてあります。

正解 (C)

解説 How muchを使った植木鉢の値段を尋ねる問いかけに対して、具体的な値段を答える代わりに、「値札に書いてある」と応答している(C)が正解です。(A)は問いかけとは関係のない内容、(B)は問いかけにあるHow muchという言葉が発せられる場所として連想されるshopが含まれてはいますが、問いかけとは話がかみ合いません。

✢✢✢

WH疑問文は、このように「○○に情報がある」という返答が正解になることもあります。

語句 □flower pot 植木鉢　□a pair of glasses （1つの）眼鏡　□outside 〜の外　□price tag 値札

10. 🎵 244 M 🇦🇺 W 🇺🇸

When will you transfer to the Busan Branch?
(A) A travel expense report.
(B) On July twenty-second.
(C) It's in San Francisco.

いつBusan支店に異動になりますか。

(A) 出張経費報告書です。
(B) 7月22日です。
(C) San Franciscoにあります。

正解 (B)

解説 Whenを使い、相手に異動する時期を尋ねる問いかけに対して、具体的な日付を伝えている(B)が正解です。(A)は問いかけにあるtransfer to 〜から連想されるtravel「出張」を含んだひっかけの選択肢、(C)はWhereを使って場所を尋ねられた場合の応答です。

語句 □transfer to 〜 〜に異動する　□travel expense 出張経費

11. ♪ 245 W 🇺🇸 M 🇨🇦

Do you know how to use the payroll software?
(A) The date hasn't been decided yet.
(B) I haven't been trained yet.
(C) The manufacturing process.

給与支払いソフトの使い方が分かりますか。

(A) 日付はまだ決められていません。
(B) まだ研修を受けていません。
(C) 製造過程です。

正解（B）

解説 「ソフトの使い方が分かるか」と尋ねる問いかけに対して，「まだ研修を受けていない」と答え，分からないことを示唆している(B)が正解です。「～は分かるか」と尋ねられて，「まだ～したことがない」と，遠回しに答えるのはPart 2定番の応答です。(A)と(C)はともに問いかけとは関係のない内容です。

語句 □how to *do* ～する方法 □payroll 給与 □yet まだ □train ～を訓練する，養成する □manufacture ～を製造する

12. ♪ 246 W 🇬🇧 M 🇦🇺

Do you take a train or bus to work?
(A) I attended a networking event.
(B) Yes, I bought a new bicycle.
(C) I usually drive.

仕事に電車で来ますか，それともバスで来ますか。

(A) 交流会に参加しました。
(B) はい，私は新しい自転車を買いました。
(C) 私は普段運転をします。

正解（C）

解説 「電車とバスのどちらで来るか」という二者択一の問いかけに対して，そのどちらでもなく，「(車を)運転する」と応答している(C)が正解です。(A)は問いかけにあるworkと発音が被っているnetworkingを含んだひっかけの選択肢，(B)は問いかけにある交通手段から連想されるbicycleを含んではいますが，選択疑問文にYesと答えている時点で不正解です。

13. ♪ 247 M 🇨🇦 W 🇺🇸

Aren't you analyzing customer feedback?
(A) Please answer the survey by tomorrow.
(B) That's what Joe is doing.
(C) On page 15.

あなたが顧客のフィードバックを分析しているのではないのですか。

(A) 明日までにアンケートに答えてください。
(B) それはJoeがしていることです。
(C) 15ページにです。

正解（B）

解説 問いかけは否定疑問文です。「顧客からのフィードバックを分析しているのではないのか」と尋ねる問いかけに対して，「Joeがやっている」と答え，自分はやっていないことを示唆している(B)が正解です。(A)は問いかけにあるfeedbackから連想されるsurveyを含んだひっかけの選択肢，(C)は「どのページに掲載されているか」を尋ねられた場合の応答です。

リスニング力アップのためのおすすめ勉強法
（濱：濱﨑先生／大：大里先生）

大： 自分のレベルに合わせた勉強法を選ぶことが大切です。初心者の方は，「このタイプの設問は得意だから必ず解く」「このタイプは考えすぎるとほかに影響が出るから捨てる」など，まず自分の状態を把握することから始めましょう。

濱： 状況を把握して，戦略を立てるのですね。

大： そうです。濱﨑先生はどんなトレーニングがおすすめですか。

濱： 中級者の方だったら，僕が一番おすすめなのがシャドウイング。文意を全て理解したスクリプトを使い，最初はスクリプトを見ながらオーバーラッピングをする。慣れてきたらスクリプトを見ないで読むシャドウイングにも挑戦してみてください。

大： うんうん。今よりも上のレベルを目指すには，自分の苦手を探し，克服し続けることが大切です。リスニングスコアが450点くらいまではまだまだ聞き取れない音があるはず。文章が短いPart 2の音声を聞いて真似をするなどのトレーニングを繰り返して克服しましょう。

濱： いずれのトレーニングの場合も，自分の話している声を録音し，うまく言えてない部分をきちんと確認して修正していくと効果的ですよ。

14. ♪248 M 🇦🇺 W 🇬🇧

Is this full-time position still available?
(A) Put it on the counter.
(B) Yes. Can you send us a résumé?
(C) It's fully booked.

この常勤職はまだ空いていますか。

(A) それをカウンターの上に置いてください。
(B) はい。私たちに履歴書を送ってもらえますか。
(C) 全て予約されています。

正解 (B)

解説 「この常勤職はまだ空いているか」という問いかけに対して、「はい（空いている）」と応答し、「履歴書を送ってもらえるか」と続けている(B)が正解です。(A)は問いかけにあるpositionから連想されるon the counter「カウンターの上に」を含んだひっかけの選択肢です。(C)は問いかけにあるfullの派生語であるfullyを含んだひっかけの選択肢です。

✦ ✦ ✦

 full-timeはpermanentと言い換えができます。反意語はtemporary「一時的な，臨時の」です。

語句 □full-time 常勤の □available 空いている □résumé 履歴書 □fully 全て，完全に □book ～を予約する

15. ♪249 W 🇺🇸 M 🇦🇺

Are these figures in this customer data correct?
(A) I double-checked them.
(B) Its sales were positive last quarter.
(C) We didn't buy that.

この顧客データのこれらの数字は正しいですか。

(A) 私がそれらをダブルチェックしました。
(B) 前四半期それの売り上げは好調でした。
(C) 私たちはあれを買いませんでした。

正解 (A)

解説 「データの数字は正しいか」を尋ねる問いかけに対して、Yes/Noで答えずに、「ダブルチェックした（ので正しいはずだ）」と応答している(A)が正解です。(B)は問いかけにあるfiguresやcustomerから連想されるsalesを含んだひっかけの選択肢、(C)もcustomerから連想されるbuyを含んではいますが、問いかけとは話がかみ合いません。

語句 □figure 数字 □correct 正しい □double-check ～をダブルチェックする □sales 売り上げ □positive 好調な
□quarter 四半期

16. ♪250 M 🇨🇦 W 🇬🇧

The bus runs every ten minutes, doesn't it?
(A) To get a driver's license.
(B) Ten o'clock in the morning.
(C) You can find a timetable online.

バスは10分ごとに運行していますよね？

(A) 運転免許を取るためです。
(B) 午前10時です。
(C) インターネット上で時刻表を見ることができます。

正解 (C)

解説 付加疑問文を使ってバスの運行間隔を尋ねる問いかけに対して、「インターネット上で時刻表を見ることができる」と応答している(C)が正解です。(A)は問いかけにあるbusに関連するdriverを含んだひっかけの選択肢、(B)は問いかけにあるtenを含んではいますが、問いかけとは話がかみ合いません。

語句 □every ～ minutes ～分ごとに □license 免許 □timetable 時刻表

17. ♪251 W 🇺🇸 M 🇨🇦

How about getting some food delivered?
(A) A table for three, please.
(B) Can I see the menu?
(C) I'm very glad to see you again.

出前をお願いするのはどうですか。

(A) 3名用のテーブルをお願いします。
(B) メニューを見てもいいですか。
(C) またお会いできてとてもうれしいです。

正解 (B)

解説 How about doing?「～するのはどうか」を使って「出前を取りませんか」と提案する問いかけに対して、「メニューを見てもいいか」と前向きに応答している(B)が正解です。問いかけにはget ～ done「～を…の状態にする」という表現が使われています。(A)は問いかけにあるfoodから連想されるtable「（レストランの）テーブル」を含んだひっかけの選択肢、(C)は問いかけとは全く関連のない内容です。

語句 □be glad to do ～してうれしい

18. ♪ 252 M 🇨🇦 W 🇺🇸

Why are there so many people on this street?
(A) At the branch on Pelzia Street.
(B) I don't like crowded places.
(C) They're waiting for the parade.

なぜこの通りにこんなに多くの人がいるのですか。

(A) Pelzia通りの支店でです。
(B) 人混みは好きではありません。
(C) 彼らはパレードを待っているのです。

正解 (C)

解説 Whyを使って「なぜ通りにこんなに人がいるのか」と尋ねる問いかけに対して、「彼らはパレードを待っている」と具体的な理由を答えている(C)が正解です。(A)は問いかけにあるstreetを含んだひっかけの選択肢、(B)は問いかけにあるmany peopleから連想されるcrowded places「混んでいる場所」を含むひっかけの選択肢です。

語句 □crowded 混み合った □wait for ~ ~を待つ □parade パレード

---

19. ♪ 253 M 🇦🇺 W 🇺🇸

The workshop yesterday was very interesting.
(A) Thirty pages long.
(B) What was the topic?
(C) Because it's an old version.

昨日の講習会はとても興味深かったです。

(A) 30ページの長さです。
(B) テーマは何でしたか。
(C) 古い型だからです。

正解 (B)

解説 「講習会はとても興味深かった」という発言に対して、「(講習会の)テーマは何だったか」と答えて興味を示している(B)が正解です。(A)はテキストなどのページ数を聞かれた際の応答、(C)は問いかけとは関係のない内容です。

語句 □workshop 講習会 □version 型

---

20. ♪ 254 W 🇬🇧 M 🇨🇦

How many people came to the job fair yesterday?
(A) More than we expected.
(B) Yeah, that was great.
(C) A summer internship program.

昨日の就職フェアに何人来ましたか。

(A) 私たちが予想していたよりも多かったです。
(B) はい、それは素晴らしかったです。
(C) 夏期インターンシッププログラムです。

正解 (A)

解説 How manyを使って就職フェアに来場した人数を尋ねる問いかけに対して、具体的な数字を答えるのではなく、「予想よりも多かった」と抽象的に答えている(A)が正解です。(B)は問いかけが就職フェアの感想を尋ねるものであれば正解になり得ます。(C)は問いかけにあるjob fairから連想されるinternshipを含んではいますが、問いかけとは話がかみ合いません。

語句 □job fair 就職フェア □more than ~ ~より多い □expect ~を予想する、期待する □internship インターンシップ、職業体験

---

21. ♪ 255 W 🇬🇧 M 🇦🇺

Where is the nearest parking garage from here?
(A) My permit expired.
(B) There's one on Main Street.
(C) Park maintenance is going on.

ここから一番近い駐車場はどこですか。

(A) 私の許可証は期限が切れています。
(B) Main通りに1つあります。
(C) 公園の整備が行われています。

正解 (B)

解説 Whereを使って一番近い駐車場の場所を尋ねる問いかけに対して、「Main通りにある」と応答している(B)が正解です。(A)は問いかけにあるparking garageから連想されるpermitを含んだひっかけの選択肢、(C)も問いかけにあるparkを含んではいますが、こちらも問いかけとは話がかみ合いません。

語句 □parking garage 駐車場 □permit 許可証 □expire 期限が切れる

22. 🎵 256 M 🇦🇺 W 🇺🇸

Who do you have a meeting with this morning?
(A) I'm not seeing anyone until one P.M.
(B) Until tomorrow morning.
(C) My supervisor recommended me for the project.

今日の午前中は誰と会議がありますか。

(A) 午後1時まで誰とも会いません。
(B) 明日の午前中までです。
(C) 私の上司がこのプロジェクトに私を推薦しました。

正解 (A)

解説 Whoを使った「今日の午前中は誰と会議があるのか」を尋ねる問いかけに対して、「午後1時までは誰とも会わない」と応答している(A)が正解です。(B)は問いかけにあるmorningを含んだひっかけの選択肢、(C)はWhoに対して「上司」と答えてはいますが、続く部分が問いかけとは関係のない内容です。

語句 □supervisor 上司　□recommend *A* for *B* AをBに推薦する

---

23. 🎵 257 M 🇨🇦 W 🇬🇧

Could you update the hiring information on our Web site now?
(A) One of the most famous sightseeing spots.
(B) I finally got a job offer.
(C) Sorry, I need to leave the office now.

今ウェブサイトの採用情報を更新していただけますか。

(A) 最も有名な観光地の1つです。
(B) 私はついに仕事の依頼を得ました。
(C) すみません、私は今事務所を出発しなければいけません。

正解 (C)

解説 Could you ～?「～していただけますか」を使った「ウェブサイトを更新してもらえますか」と丁寧な依頼をする問いかけに対して、Sorryと断り、「今事務所を出発しなければいけない」と理由を続けている(C)が正解です。(A)は問いかけとは関係のない内容、(B)は問いかけにあるhiringから連想されるgot a job offer「仕事の依頼を得た」を使ったひっかけの選択肢です。

語句 □update ～を更新する　□famous 有名な　□sightseeing spot 観光地　□finally ついに　□offer 依頼
□need to *do* ～する必要がある　□leave ～を出発する

---

24. 🎵 258 W 🇺🇸 M 🇦🇺

How's the advertising project going?
(A) You can use mine.
(B) It tasted nice.
(C) I'm on a different team.

宣伝プロジェクトはどうなっていますか。

(A) 私のものを使っていいですよ。
(B) それはおいしかったです。
(C) 私は違うチームにいます。

正解 (C)

解説 状況を尋ねるHow's ～ going?「～はどうなっていますか」を使った、宣伝プロジェクトの進捗を尋ねる問いかけに対して、「私は違うチームにいる」と答え、その情報を持っていないことを示唆している(C)が正解です。(A)は問いかけとは関係のない内容、(B)はHowを使って食事などの感想を求められた際に使われる応答です。

語句 □advertising 宣伝　□taste ～の味がする

---

25. 🎵 259 M 🇦🇺 W 🇺🇸

Where's conference room 403?
(A) Please follow me.
(B) I'm sorry to hear that.
(C) On the fifth of March.

会議室403はどこですか。

(A) 私についてきてください。
(B) それを聞いて残念です。
(C) 3月5日にです。

正解 (A)

解説 Whereを使って会議室の場所を尋ねる問いかけに対して、「私についてきて」と案内している(A)が正解です。

語句 □conference room 会議室　□follow ～についていく

---

26. ♪ 260 M 🇨🇦 W 🇬🇧

Feel free to call me if there's anything you'd like to ask.
(A) It's rather cold today.
(B) On our way to the airport.
(C) Thanks, I will.

もし何か聞きたいことがありましたら，遠慮なく電話してください。

(A) 今日は寒いですね。
(B) 空港に向かう途中です。
(C) ありがとうございます，そうします。

正解 (C)

解説 「聞きたいことがあれば遠慮なく電話して」という発言に対して，「そうする」と応答している(C)が正解です。Feel free to do は命令文の形ですが，「遠慮なく～してください」と依頼するときの表現です。(A)は問いかけにあるcallと発音が似たcoldを使ったひっかけの応答です。(B)は問いかけとは関係のない内容です。

語句 □would like to do ～したい　□on one's way to ～ ～へ行く途中で

27. ♪ 261 W 🇬🇧 M 🇦🇺

Do you want to have coffee here or bring it back to the office?
(A) This café looks familiar.
(B) Bring enough water, please.
(C) It looks like all the tables are full.

あなたはここでコーヒーを飲みたいですか，それとも事務所に持って帰りたいですか。

(A) このカフェは見覚えがあります。
(B) 十分な水を持ってきてください。
(C) 全ての席は埋まっているようです。

正解 (C)

解説 「コーヒーをここで飲むか，それとも事務所に持って帰るか」という選択疑問文の問いかけに対して，「席が埋まっているようだ」，つまり「ここでは飲めないので事務所に持って帰ろう」という趣旨の応答をしている(C)が正解です。(A)は問いかけにあるcoffeeに関連するcaféを含んだひっかけの選択肢，(B)もcoffeeに関連するwaterを含んではいますが，問いかけとは話がかみ合いません。

語句 □bring A back to B AをBに持って帰る　□look familiar 見覚えがある　□it looks like ～ ～のようだ

忙しい日々の中で，英語の学習を継続するには

(濱：濱崎先生／大：大里先生)

濱： よく，「どうやったら勉強する時間が作れますか」と聞かれますが，まずは「忙しい」，「時間がない」という言葉を口にするのをやめましょう。

大： テレビやネット，SNSを見る時間を「減らす」工夫を積み上げると意外と時間が確保できるのでは，と思います。連続でなくても細切れでもいいので，平日1日2～3時間は確保したいです。

濱： 「スキマ時間」を使うだけでも，目標達成は可能です！　早めに出勤してデスクで勉強をする，昼休みは1人で食事を手早く済ませ，残りの時間は勉強をするといったことでも時間を作ることができますね。短時間でやる場合は，復習の音読など手軽なものに特化した方が効率的にできます。

大： 移動時や，身支度を整えるまでの10分，20分といった短い時間にも学習できますね。

28. ♪ 262 W 🇬🇧 M 🇨🇦

What do you think of these presentation slides?
(A) Maybe you can make the font size bigger.
(B) It's a very nice gift.
(C) These are made of steel.

このプレゼンのスライドについてどう思いますか。

(A) フォントのサイズをもっと大きくしてもいいのかもしれません。
(B) それはとてもよい贈り物です。
(C) これらは鋼鉄製です。

正解 (A)

解説 What do you think of 〜?「〜についてどう思うか」を使った，プレゼンのスライドの感想を求める問いかけに対して，「フォントのサイズをもっと大きくしてもいいかもしれない」と提案をしている(A)が正解です。(B)は問いかけにあるpresentationから連想されるpresentと同義語であるgiftを含んだひっかけの選択肢，(C)は問いかけにあるtheseを含んではいますが，話がかみ合いません。

語句 □slide スライド　□be made of 〜 〜でできている

---

29. ♪ 263 W 🇺🇸 M 🇨🇦

Why don't we go to the movies after work?
(A) Let's invite some other colleagues, too.
(B) We're moving next year.
(C) In front of the theater.

仕事の後，映画を観に行きませんか。

(A) ほかの同僚も誘ってみましょう。
(B) 私たちは来年引っ越す予定です。
(C) 劇場の前でです。

正解 (A)

解説 Why don't we 〜?「〜しませんか」という勧誘表現を使った問いかけに対して，「ほかの同僚も誘ってみよう」と肯定的な応答をしている(A)が正解です。(B)は問いかけにあるmoviesと発音が被っているmovingを使ったひっかけ，(C)もmoviesから連想されるtheaterを含んではいますが，問いかけとは話がかみ合いません。

語句 □invite 〜を誘う，招待する　□colleague 同僚　□move 引っ越す　□in front of 〜 〜の前に

---

30. ♪ 264 W 🇺🇸 M 🇦🇺

Isn't the entry for the design competition due in two weeks?
(A) Sure, you can use it.
(B) The new office is across town.
(C) It was rescheduled for next month.

設計コンペの申し込みは2週間後が期限ではありませんか。

(A) もちろんです，どうぞそれを使ってください。
(B) 新しい事務所は街の向こう側にあります。
(C) いいえ，それは来月に変更になりました。

正解 (C)

解説 否定疑問文を使った「申し込みは2週間後ではないか」と尋ねる問いかけに対して，「来月になった」と応答している(C)が正解です。(A)はSureと応答してはいますが，後に続く内容がかみ合いません。(B)は問いかけとは関係のない内容です。

語句 □design competition 設計コンペ，デザイン競技会　□across 〜の向こう側に　□reschedule 〜の予定を変更する

---

31. ♪ 265 W 🇬🇧 M 🇦🇺

My computer is running very slowly these days.
(A) It's currently out of stock.
(B) You should call a technician.
(C) Just a five-minute walk.

この頃私のコンピューターは動作がとても遅いです。

(A) それは今在庫が切れています。
(B) 技術者に電話をするべきです。
(C) 徒歩でたった5分です。

正解 (B)

解説 「コンピューターの動作が遅い」という発言に対して，「技術者に電話すべき」とアドバイスをしている(B)が正解です。(A)は問いかけとは話がかみ合わず，(C)は問いかけにあるrunningから連想されるwalkを含んだひっかけの選択肢です。

語句 □run 動作する　□these days この頃　□currently 現在　□out of stock 在庫切れで　□technician 技術者

🎵 267 　M 🇦🇺 　W 🇺🇸

Questions 32 through 34 refer to the following conversation.

M: Good morning, listeners. ❶I'm Malcolm Waters and this is Radio 4TG. On this morning's program, I'm talking with Jackie Razor. She's the writer of *Making It Work* — a popular new book on running a successful business. Welcome to the show.

W: Thanks, Malcolm. It's lovely to be back in the studio here at 4TG. As you said, I'm here to talk about *Making It Work*. ❷I'm a first-time writer, and the success I'm experiencing with this book has been really unexpected.

M: Well, I read it yesterday and I was very impressed. Can I ask you how long it took you to complete?

W: ❸I was working on it for three years, so it has been a big part of my life.

設問32-34は次の会話に関するものです。

M: リスナーのみなさん，おはようございます。私は Malcolm Watersで，こちらはRadio 4TGです。今朝の番組では，Jackie Razor氏とお話します。彼女は成功を収める事業経営についての人気の新刊『Making It Work』の著者です。番組へようこそ。

W: ありがとう，Malcolm。4TGのスタジオにまた戻ってこられてうれしいです。おっしゃる通り，『Making It Work』について話すためにここに来ました。私は本を書くのは初めてで，この本で成功を収めるなんて，本当に予測していなかったことでした。

M: いやあ，昨日本を読んで，とても感動しました。完成までにどのくらい時間がかかったのかお尋ねしてもいいですか。

W: 3年間取り組んでいましたので，私の人生の大きな部分を占めてきました。

語句　□run ～を経営する　□show 番組　□lovely 素晴らしい　□as（人）said（人）が言ったように
　　　□*be* here to *do* ここで～する　□first-time 初めての　□unexpected 思いがけない　□a big part of ～ ～の大きな部分

32.

Who most likely is the man?

(A) A librarian
(B) A business analyst
(C) A radio host
(D) A publisher

男性は誰だと考えられますか。

(A) 司書
(B) ビジネスアナリスト
(C) ラジオの司会者
(D) 出版社の人

正解 (C)

解説　男性が誰なのか，が問われています。男性はリスナーに呼びかけた後，❶で「私はMalcolm Waters，こちらはRadio 4TGです」と名乗り，番組の内容について触れているので，男性はラジオ番組の司会者であると推測できます。以上より，正解は(C)となります。

語句　□librarian 図書館員，司書
　　　□host（テレビ・ラジオ番組の）司会者

33.

What does the woman say about *Making It Work*?

(A) It has received an award.
(B) It is her first book.
(C) It was reviewed in a newspaper.
(D) It will go on sale soon.

女性は『Making It Work』について何と言っていますか。

(A) 賞を受賞した。
(B) 彼女の最初の著書である。
(C) 新聞で批評された。
(D) もうすぐ発売される。

正解 (B)

解説　女性が本について何と言っているか，が問われています。男性が「彼女は『Making It Work』の著者だ」と女性を紹介した後，女性が❷で「本を書くのは初めてだった」と言っているので，『Making It Work』は彼女の最初の著書であると分かります。以上から正解は(B)です。

語句　□on sale 発売されて

34.

How long did it take to write the book?

(A) One year
(B) Two years
(C) Three years
(D) Four years

本の執筆にどれくらいかかりましたか。

(A) 1年間
(B) 2年間
(C) 3年間
(D) 4年間

正解 (C)

解説　本の執筆にどれくらいかかったのか，が問われています。男性が「（本を）完成させるのにどれくらいかかったのか」と尋ねると，女性が❸で「3年間取り組んでいた」と話しているので，(C)が正解となります。

Questions 35 through 37 refer to the following conversation.

W: ❶We need a new carpet for the waiting room. We should get one today because we have an important visitor coming tomorrow.

M: Let's go to the carpet store on Black Street this afternoon. I hear they have a big selection.

W: ❷I can't go because I'll be in a meeting all afternoon.

M: OK. ❸I'll send you photos of the ones I like. You can tell me which one to buy.

設問35-37は次の会話に関するものです。

W: 待合室に新しいじゅうたんが必要ですね。明日重要な来客があるから，今日中に手に入れないといけませんね。

M: 今日の午後，Black通りのじゅうたん販売店に行きましょう。品ぞろえが豊富だと聞いています。

W: 午後いっぱい会議に出なければいけないので，私は行けません。

M: 分かりました。私が気に入ったものの写真を送ります。どれを買えばいいか教えてください。

[語句] □waiting room 待合室　□a big selection 豊富な品ぞろえ

35.

What does the woman say about the carpet?

(A) It was installed professionally.
(B) It was very expensive.
(C) It should be replaced.
(D) It will be cleaned soon.

女性はじゅうたんについて何と言っていますか。

(A) プロによって設置された。
(B) とても高かった。
(C) 交換されるべきである。
(D) もうすぐ清掃される。

[語句] □replace ～を交換する

[正解] (C)

[解説] 女性がじゅうたんについて何と言っているか，が問われています。女性は❶で「待合室に新しいじゅうたんが必要だ」と言っています。今あるものに代わって新しいじゅうたんを買うべきだということを示唆していると分かるので，(C)が正解です。ここでのnewというのは「今のものに代わる新しいもの」という意味です。よって，「新しいじゅうたんが必要だ」という発言は，「今あるじゅうたんが交換されるべきだ」に言い換えることができます。「新しいものが必要」→「今あるものを交換する必要がある」という論理に気づけるかどうかがポイントです。

❖ ❖ ❖

選択肢は全てフルセンテンスですが，先読みの際には，「最低限読むべき部分」だけを読んでおく方法もあります。(A)は installed professionally，(B)は very expensive，(C)は should be replaced，(D)は cleaned soon だけを読んで理解しておくようにすれば効率的です。

36.

What will the woman do this afternoon?

(A) Join a meeting
(B) Assemble furniture
(C) Inspect an apartment
(D) Call a colleague

女性は今日の午後何をしますか。

(A) 会議に参加する
(B) 家具を組み立てる
(C) アパートを視察する
(D) 同僚に電話をする

[語句] □inspect ～を調査する

[正解] (A)

[解説] 女性が今日の午後に何をするか，が問われています。女性は，❷で「午後いっぱい会議に出なければいけない」と述べているので，正解は(A)となります。

[言い換え] be in → Join

37.

What does the man say he will do?

(A) Measure a room
(B) Drive to a shop
(C) Call a supplier
(D) Provide pictures

男性は何をすると言っていますか。

(A) 部屋を測定する
(B) 店まで運転する
(C) 供給業者に電話する
(D) 写真を提供する

[語句] □measure ～を測定する

[正解] (D)

[解説] 男性がこの後何をするか，が問われています。男性は❸で「写真を送る。どれがいいか教えてほしい」と応答しています。写真を送付することを言い換えた(D)が正解となります。

[言い換え] send → Provide, photos → pictures

Questions 38 through 40 refer to the following conversation.

W: Excuse me. Can you tell me where I can find the stepladders?

M: Sure. ❶They're near the end of the next aisle. You'll see the paint, rollers, and brushes on your right, and the stepladders are just beyond them.

W: Thanks. I have this discount coupon. I got it the last time I shopped here. Is it still valid?

M: I don't see an expiration date on it. I'll call a supervisor and ask her to confirm. ❷Can you wait a couple of minutes?

W: OK. ❸If I'm not here when you get back, I might be looking at wood in the lumber section.

設問38-40は次の会話に関するものです。

W: すみません。脚立がどこにあるか教えていただけますか。

M: もちろんです。隣の通路の端近くにあります。ペンキ，ローラー，ブラシが右側にあり，脚立はそれらをちょうど過ぎたところにあります。

W: ありがとうございます。私はこの割引券を持っています。前回ここで買い物をした際にもらいました。こちらはまだ有効ですか。

M: 有効期限が見当たりませんね。上司を呼んできて，確認してもらいます。何分かお待ちいただけますか。

W: 分かりました。もしあなたが戻ってきたときに私がここにいなかったら，木材売り場で木材を見ているかもしれません。

語句 □stepladder 脚立 □aisle 通路 □paint ペンキ，塗料 □brush ブラシ □discount coupon 割引券 □last time S V（過去形）前回SがVしたとき □valid 有効な □expiration date 有効期限 □supervisor 上司 □confirm ～を確認する □a couple of ～ 2，3の～，数個の～ □get back 戻る □lumber section 木材売り場

38.

Where is the conversation most likely taking place?

(A) At a conference center
(B) At a hardware store
(C) At an airport
(D) At a museum

会話はどこで行われていると考えられますか。

(A) 会議場
(B) ホームセンター
(C) 空港
(D) 美術館

語句 □hardware store ホームセンター

正解 (B)

解説 会話がどこで行われているか，が問われています。女性の「脚立がどこにあるか」という質問に，男性が❶で「隣の通路の端近くで，ペンキ，ローラー，ブラシが右側にあり，脚立はそれらを過ぎたところにある」と案内しています。よって，この会話はそれらの商品を販売している店舗，つまりホームセンターで行われていることが推測できます。よって(B)が正解です。

39.

What does the man ask the woman to do?

(A) Attend an upcoming event
(B) Write a product review
(C) Schedule a vacation
(D) Wait for him to return

男性は女性に何をすることを頼んでいますか。

(A) 次回のイベントに参加する
(B) 製品レビューを書く
(C) 休暇の予定を立てる
(D) 彼が戻ってくるのを待つ

語句 □upcoming 来たるべき □product review 製品レビュー

正解 (D)

解説 男性が女性に頼んでいること，が問われています。男性が❷でCan you ～？という依頼表現を使い，「少し待ってもらえないか」と頼んでいます。以上より正解は(D)となります。

40.

What will the woman most likely do next?

(A) Call a customer service line
(B) Clean a room
(C) Speak with a client
(D) Browse some products

女性は次に何をすると考えられますか。

(A) カスタマーサービスに電話する
(B) 部屋を掃除する
(C) 顧客と話す
(D) 商品を見て回る

語句 □line（電話）回線 □browse ～を見て回る

正解 (D)

解説 女性が次に何をするか，が問われています。男性の「少し待ってほしい」という依頼に対し，女性は❸で「あなたが戻ってきたときに私がここにいなかったら，木材売り場にいるかも」と，この場を離れて，商品を見ていることを示唆した発言をしています。以上から，(D)が正解です。browseは，「ざっと何かを見る」というイメージの単語です。店で人が商品を眺めている買い物の場面や，browse a book「本を閲覧する」という場面で使われます。Part 1にも時折出現します。

言い換え looking at → Browse

Questions 41 through 43 refer to the following conversation.

M: ❶Do we have enough bottles of water for everyone taking part in the fun run on Sunday? ❷I heard there was a rush of late entries.

W: I'm glad you mentioned that. ❸It had completely slipped my mind. Drinks are included in the registration fee this year, aren't they?

M: Yes, but it won't be a problem. ❹The supplier hasn't delivered them yet. Just call them with the updated number before you leave today.

W: Will do. I'll call them now so I don't forget.

設問41-43は次の会話に関するものです。

M: 日曜日の市民マラソンに参加する全員分の水はありますか。締め切り間際の申し込みが殺到したと聞きましたが。

W: それを言ってくれてよかったです。完全に忘れていました。今年は飲み物は登録料に含まれているんですよね。

M: はい，でも問題にはならないと思います。供給業者からはまだ配達されていません。あなたが今日帰る前に，彼らに新しい数を電話で伝えればいいです。

W: そうします。忘れないように，今から電話をします。

語句 □take part in ~ ~に参加する □fun run 市民マラソン □a rush of ~ ~の殺到 □late entry 締め切り間際の申し込み □mention ~を言う □registration fee 登録料 □updated 更新された

41.

What are the speakers mainly discussing?

(A) Arrangements for an event
(B) The location of a new store
(C) An increase in running costs
(D) The timing of an annual sale

話し手たちは主に何について話し合っていますか。

(A) イベントの準備
(B) 新店舗の場所
(C) 運営費の増加
(D) 年間セールの時期

正解 (A)

解説 話し手たちが何を話しているか，が問われています。男性が❶で「日曜日の市民マラソン参加者用の水は全員分あるか」と言い，その後もイベントの準備について話しているので，(A)が正解です。

語句 □arrangement 調整，準備 □running cost 運営費 □timing 時期 □annual 毎年の

42.

Why does the woman say, "I'm glad you mentioned that"?

(A) She did not want to talk about a topic.
(B) She had forgotten about something.
(C) She thinks the man is very knowledgeable.
(D) She enjoyed the man's talk.

女性はなぜ"I'm glad you mentioned that"と言っていますか。

(A) 彼女はその話題について話したくなかったから。
(B) 彼女はあることを忘れていたから。
(C) 彼女は男性がとても知識が豊富であると思っているから。
(D) 彼女は男性の話を楽しんだから。

正解 (B)

解説 意図問題です。問われている発言は「それを言ってくれてよかった」という意味です。男性が❶❷で「市民マラソンに参加する全員分の水はあるか。締め切り間際の申し込みが殺到している」と言ったのに対し，女性はこの発言をしています。女性は続けて❸で「忘れていた」と言っており，女性は，男性が確認した水のことを忘れていたと分かるので，(B)が正解となります。

語句 □knowledgeable 精通している

43.

What does the man suggest the woman do?

(A) Rent some equipment
(B) Update the Web site
(C) Contact a supplier
(D) Reply to an e-mail

男性は女性に何をするよう提案していますか。

(A) 機器を借りる
(B) ウェブサイトを更新する
(C) 供給業者に連絡する
(D) Eメールに返信をする

正解 (C)

解説 男性が女性に提案していることが問われています。男性が❹で「供給業者からまだ水が配達されていない。新しい数を伝えればいい」と言っています。これを「供給業者に連絡する」と言い換えた(C)が正解です。

言い換え call → Contact

語句 □equipment 機器，設備

Questions 44 through 46 refer to the following conversation.

W: ❶Ms. Jones is leaving the company this week. We should get her something as a going-away gift.

M: ❷Let's order some flowers from the florist across the street. She seems to like flowers — she always has some on her desk. We could go over there at lunchtime and choose a nice bouquet.

W: Good idea. ❸Let's have them delivered on Friday afternoon. That way we can give them to her at the weekly meeting.

設問44-46は次の会話に関するものです。

W: Jonesさんは今週会社を去る予定です。送別品として彼女に何か渡さないといけませんね。

M: 通りの向かいの生花店で花を注文しましょう。彼女のデスクにはいつも花がありますし，彼女は花が好きなようです。昼食時にそこに行って，すてきな花束を選んでもいいですね。

W: いい考えですね。金曜の午後に届けてもらいましょう。そうすれば週次会議で彼女に渡すことができます。

語句 □going-away gift 送別時の記念品 □florist 生花店 □bouquet 花束 □That way S can V そうすればSはVできる

44.

What does the woman say about Ms. Jones?

(A) She will quit her job.
(B) She will lead a training session.
(C) She will be promoted.
(D) She will test a new product.

Jonesさんについて女性は何と言っていますか。

(A) 仕事を辞める。
(B) 研修の進行を務める。
(C) 昇進する。
(D) 新しい製品をテストする。

正解 **(A)**

解説 女性がJonesさんについて何と言っているか，が問われています。女性は❶で「Jonesさんは今週会社を去る予定だ」と言っているので，これを言い換えた(A)が正解です。

言い換え leaving the company → quit her job

leave the company「会社を去る」の言い換え表現としては，quit「(自分の意志で)会社を辞める」，retire「引退する，勇退する」，be laid off「(会社都合で)解雇される」などがあります。

語句 □quit ～を辞める
□be promoted 昇進する
□test ～をテストする，～を試す

45.

What does the man suggest?

(A) Contacting Ms. Jones soon
(B) Placing an order
(C) Completing a survey
(D) Sending an invitation

男性は何を提案していますか。

(A) Jonesさんにすぐに連絡をとること
(B) 注文をすること
(C) アンケートに記入すること
(D) 招待状を送ること

正解 **(B)**

解説 男性が提案していることが問われています。男性は❷で「通りの向かいの生花店で花を注文しよう」と送別の品を注文することを提案しています。これを言い換えた(B)が正解です。

言い換え order → Placing an order

語句 □place an order 注文する
□survey アンケート調査

46.

When will the weekly meeting most likely be held?

(A) On Tuesday
(B) On Wednesday
(C) On Thursday
(D) On Friday

週次会議はいつ行われると考えられますか。

(A) 火曜日
(B) 水曜日
(C) 木曜日
(D) 金曜日

正解 **(D)**

解説 週次会議はいつ行われるか，が問われています。女性は，男性の送別品として花を注文するというアイデアに賛同し，❸で「金曜の午後に届けてもらおう。週次会議で彼女に渡せる」と言っています。ここから，会議は金曜日に行われると考えられるので，正解は(D)となります。Fridayという解答根拠が，weekly meeting よりも先に出てきます。送別品をそのタイミングで渡せるという文脈を理解し，正解を導けるようにしておきましょう。

Questions 47 through 49 refer to the following conversation.

W: ❶I have to get over to the East End and take a look at the office space the real estate agent told us about.

M: I'd like to go with you to lend a hand, if that's okay.

W: Sure, thanks. We have to fill out a report on any office we are considering before head office will give us permission to rent it. ❷Do you have the form on your computer?

M: Um … No, I don't. I'll ask head office to send me a copy. It'll only take a few minutes. When will we visit the new office?

W: ❸Well, I'm a bit busy today, so let's go tomorrow — after lunch.

設問47-49は次の会話に関するものです。

W: East Endに行って，不動産業者が教えてくれたオフィスのスペースを見てこないといけないんです。

M: よかったら，一緒に行って手伝いますよ。

W: もちろん，ありがとうございます。本社から賃貸の許可をもらう前に，検討しているオフィスについて報告書を記入しないといけないんです。あなたのコンピューター上に書式はありますか。

M: ええと…，いえ，私は持っていないです。1部送ってもらえるように本社に頼みます。数分しかかからないはずです。いつ新しいオフィスを訪れましょうか。

W: ええと，今日は少し忙しいので，明日，昼食の後に行きましょう。

語句 □take a look at 〜 〜を見る　□real estate agent 不動産業者　□lend a hand 手を貸す，手伝う　□fill out 〜 〜に記入する　□head office 本社　□permission 許可　□form 書式　□copy 部（数）

47.

What does the woman say she needs to do?

(A) Demonstrate some products
(B) Extend a deadline
(C) Inspect a location
(D) Attend a ceremony

女性は何をする必要があると言っていますか。

(A) いくつかの製品を実演する
(B) 締め切りを延ばす
(C) 場所を視察する
(D) 式典に参加する

正解 (C)

解説 女性が何をする必要があると言っているか，が問われています。女性は❶で「オフィスのスペースを見てこないといけない」と言っています。(C)が正解です。

言い換え take a look → Inspect, office space → location

語句 □demonstrate 〜を実演する　□extend 〜を延長する　□ceremony 式典

48.

What does the woman ask the man about?

(A) A vehicle reservation
(B) A discount offer
(C) An address
(D) A document

女性は男性に何について尋ねていますか。

(A) 車の予約
(B) 割引の提供
(C) 住所
(D) 書類

正解 (D)

解説 女性は男性に何について尋ねているか，が問われています。女性は「報告書への記入が必要」だと切り出し，❷で「あなたのコンピューター上に書式はあるか」と尋ねています。この書式を言い換えた(D)が正解となります。

言い換え form → document

49.

When will the speakers take a trip?

(A) This morning
(B) This afternoon
(C) Tomorrow morning
(D) Tomorrow afternoon

話し手たちはいつ出張をしますか。

(A) 今日の午前中
(B) 今日の午後
(C) 明日の午前中
(D) 明日の午後

正解 (D)

解説 話し手たちがいつ出張をするか，が問われています。まず，前半で2人は，オフィススペースを見にいくという話をしており，質問文にあるtripは2人でオフィススペースを見にいくことだと分かります。男性が「いつ行くか」と尋ねたところ，女性が❸で「明日の昼食後に行こう」と言っています。ここから(D)が正解となります。

言い換え after lunch → afternoon

Questions 50 through 52 refer to the following conversation with three speakers.

M1: Hi. Welcome to Max Gains Gym. ❶I'd just like to apologize in advance for a few of the treadmills being out of order. There's a line of people waiting for access to one.

W: Oh, that's fine. We weren't planning on running. I have a question. I have a monthly membership, but I've brought my friend along today. ❷Would it be possible for her to just join for the day?

M1: Umm, recently there have been some changes to the rules, so I have to ask my supervisor. Harold, do we still have 24-hour membership plans?

M2: ❸Yes, you'll have to sign her up online, though. We can't provide membership at the counter anymore.

W: I see. ❹No problem, I can do it on my phone.

設問50-52は次の3人の会話に関するものです。

M1: こんにちは。Max Gainsジムにようこそ。いくつかのランニングマシーンが故障していることについて，先にお詫びをさせていただきます。1台の利用を待つ人の行列ができています。

W: あら，それは構いません。私たちは走るつもりはなかったです。質問があります。私は月額会員なのですが，今日は友達を連れてきました。彼女が1日だけ参加することは可能でしょうか。

M1: ええと，実は最近いくつかのルールが変わったので，上司に尋ねなくてはいけません。Harold，24時間会員のプランはまだありますか。

M2: もちろんです。24時間会員のプランもあります。ただ，オンラインで登録していただく必要があります。カウンターでの会員登録はもうできないんです。

W: 分かりました。問題ありません。自分の電話でできます。

語句 □in advance 事前に □treadmill ランニングマシーン □out of order 故障して □access to ～ ～を利用する権利，機会 □bring（人）along（人）を連れてくる □sign（人）up（人）を登録する □provide membership 会員の身分を与える

50.

According to the conversation, what happened at the gym?

(A) The business is closed for the day.
(B) An employee has not come to work.
(C) Some equipment is unavailable.
(D) Membership dues have increased.

会話によると，ジムで何が起きましたか。

(A) 今日は営業していない。
(B) 従業員が仕事に来ていない。
(C) 一部の設備が利用できない。
(D) 会費が上がった。

正解 (C)

解説 ジムで起こったことは何か，が問われています。M1は，❶で「いくつかのランニングマシーンが故障している」と言っています。これを「設備が利用できない」と言い換えた(C)が正解です。

言い換え treadmills → equipment, out of order → unavailable

語句 □membership dues 会費

51.

What does the woman ask about?

(A) Gym clothes
(B) Temporary membership
(C) Operating hours
(D) Special discounts

女性は何について尋ねていますか。

(A) 運動着
(B) 一時会員
(C) 営業時間
(D) 特別割引

正解 (B)

解説 女性が何について尋ねているか，が問われています。女性は❷で「友人が1日だけ利用することはできるか」と聞いています。これをtemporary「一時的な」を使って言い換えた(B)が正解です。

語句 □gym clothes 運動着 □operating hours 営業時間

52.

What will the woman most likely do next?

(A) Read a manual
(B) Take a photo
(C) Use her mobile phone
(D) Look at a map

女性は次に何をすると考えられますか。

(A) マニュアルを読む
(B) 写真を撮る
(C) 彼女の携帯電話を使う
(D) 地図を見る

正解 (C)

解説 女性が次に何をするか，が問われています。M2が❸で「オンライン登録が必要だ。カウンターではできない」と伝えています。これに対し，女性が❹で「自分の電話でできるから問題ない」と応答しています。ここから，女性は自分の電話を使って友人の登録をすることが分かるので，(C)が正解となります。

Questions 53 through 55 refer to the following conversation.

M: Good news. ❶I've managed to schedule an appointment for you to meet with Jeff Holmes at Dalton Historical Museum at two P.M. on Thursday.

W: Thanks for that. I'd like you to come with me to the museum and take notes. ❷You should also take a look at their requirements for the new wing in case you need to discuss the building plans when I'm out of the office.

M: ❸I can't on Thursday afternoon. I have an online meeting with Tim Shaw. I could change it if you really need me to be at the meeting.

W: Tell Tim that I'm sorry, but this meeting is more important. You'll have to talk with him some other time.

設問53-55は次の会話に関するものです。

M: いいお知らせです。あなたがJeff Holmesに木曜日の午後2時にDalton歴史博物館で会えるように，何とか約束の予定を入れることができました。

W: それはありがとう。あなたも博物館に一緒に来て，メモを取ってほしいです。私が事務所にいないときに，建築計画について話さなければいけなくなったときに備えて，彼らの新館についての要件にも目を通しておいた方がいいですよ。

M: 木曜の午後は無理なんです。Tim Shawとのオンライン会議があります。もしどうしても会合に出席してほしいのであれば，変更することができます。

W: Timには申し訳ないと伝えてほしいですが，こちらの会合の方がもっと重要です。彼とは別の機会に話をするようにしてくださいね。

語句 □manage to do 何とかして〜する □take notes メモを取る □take a look at 〜 〜を見る □requirement 要件
□wing 建物，館 □some other time 別の機会に

53.

What does the man say he has done?

(A) Attended a seminar
(B) Worked on the budget
(C) Unloaded a shipment
(D) Set up a meeting

男性は何をしたと言っていますか。

(A) セミナーに出席した
(B) 予算案に取り組んだ
(C) 積み荷を降ろした
(D) 会合を設定した

正解 (D)

解説 男性が何をしたと言っているか，が問われています。男性は❶で「女性とJeff Holmesさんが会えるよう，予定を入れた」と言っています。これを言い換えた(D)が正解となります。

言い換え schedule an appointment → Set up a meeting

54.

Where do the speakers most likely work?

(A) At a construction firm
(B) At an art gallery
(C) At a hotel
(D) At a software company

話し手たちはどこで働いていると考えられますか。

(A) 建築会社
(B) 画廊
(C) ホテル
(D) ソフトウェア会社

正解 (A)

解説 話し手たちはどこで働いているか，が問われています。女性は❷で「建築計画について話す必要がある場合に備えて，新館についての要件に目を通す必要がある」と建築に関わる話をしています。ここから，この2人は建築会社で働いていると推測できるので，(A)が正解です。

語句 □construction 建設

55.

What does the man mean when he says, "I have an online meeting with Tim Shaw"?

(A) He knows the client well.
(B) He will get an update on a project.
(C) He is familiar with some software.
(D) He has a scheduling conflict.

男性が "I have an online meeting with Tim Shaw"と言う際，何を意図していますか。

(A) その顧客のことをよく知っている。
(B) プロジェクトについての最新情報を得る。
(C) ソフトウェアに詳しい。
(D) スケジュールの都合が合わない。

正解 (D)

解説 意図問題です。問われている文は「Tim Shawとのオンライン会議がある」という意味です。男性は，女性に一緒に博物館に来てほしいと言われた後，❸「木曜の午後は参加できない」と言い，続けてこの発言をしています。ここから，男性は予定が合わないことを伝えていると分かるので，(D)が正解となります。scheduling conflictは，複数の計画が重なって都合が合わないことを意味する，TOEIC頻出表現なので必ず覚えておきましょう。

語句 □be familiar with 〜 〜に精通している
□scheduling conflict ダブルブッキング

Questions 56 through 58 refer to the following conversation with three speakers.

M: Ms. Waters, I have something we need to discuss. Um… Ms. Carter, this might be important for you to hear, too.

W1: I'm listening.

W2: What is it?

M: ❶I had a phone call from one of our clients in Seattle. She said the staff at the Seattle office have been late returning calls. Perhaps it's understaffed.

W1: ❷Actually, we're closing down that office. That area is not profitable compared to the others.

W2: Right. ❸We just don't have enough clients in Seattle. Customers in that area will be taken care of with the online chat support.

M: I see. ❹Shall I explain the situation to the client?

W1: You don't have to. We're already contacting them all individually to notify them of the change. It's just taking a bit of time.

設問56-58は次の3人の会話に関するものです。

M: Watersさん，話したいことがあるのですが。ええと…，Carterさん，これはあなたも聞いておいた方がいいかもしれません。

W1: 聞いています。

W2: 何ですか。

M: Seattleにいる私たちの顧客の1人から電話がありました。彼女は，Seattleの事務所にいる職員から電話が返ってくるのが遅くなっていると言っていました。人手が足りないのかもしれません。

W1: 実は，その事務所は閉める予定なのです。あそこはほかと比べて利益を出していないんです。

W2: そうなんです。とにかくSeattleに十分な数の顧客がいないんです。その地域のお客様は，オンラインのチャットサポートで対応するようになります。

M: 分かりました。顧客に状況を説明しましょうか。

W1: しなくて大丈夫です。変更について，すでに全員に個別に連絡しているところです。少し時間がかかっているだけです。

56.

Why is the man talking to the women?

(A) To suggest an advertising strategy
(B) To discuss a client's concern
(C) To request some time off work
(D) To report the outcome of a business trip

男性はなぜ女性たちに話しかけているのですか。

(A) 広告の戦略について提案するため
(B) 顧客の心配について話し合うため
(C) 休暇を申し込むため
(D) 出張の成果を報告するため

正解 (B)

解説 男性が女性2人に話しかけている理由が問われています。男性は❶で「顧客の1人から電話があり，Seattleにある事務所の職員の電話が返ってくるのが遅くなったと言っていた」と，クレームが入ったことを述べています。これをconcern「心配，懸念」と言い換えた(B)が正解となります。

57.

What do the women say about Seattle?

(A) It will host an athletic event soon.
(B) They have not visited the area.
(C) They have launched an advertising campaign there.
(D) It is not a profitable area for the business.

女性たちはSeattleについて何と言っていますか。

(A) 運動イベントをもうすぐ主催する。
(B) その地域を訪れたことがない。
(C) そこで広告キャンペーンを開始した。
(D) 事業にとって利益の出る地域ではない。

正解 (D)

解説 女性2人がSeattleについて何と言っているか，が問われています。1人目の女性が❷で「実は，その事務所は閉める予定だ。ほかと比べて利益を出していない」と述べ，2人目の女性も同意し，❸で「Seattleに十分な数の顧客がいない」と続けています。ここから(D)が正解です。

58.

What does the man offer to do?

(A) Send a memo
(B) Visit a branch
(C) Schedule some training
(D) Contact a client

男性は何をすることを申し出ていますか。

(A) メモを送る
(B) 支社を訪ねる
(C) 研修の予定を立てる
(D) 顧客に連絡する

正解 (D)

解説 男性が申し出ていることは何か，が問われています。男性は❹で「顧客に状況を説明しましょうか」と顧客へ連絡することを申し出ているので，これをcontact「〜に連絡する」を使って言い換えた(D)が正解です。

Questions 59 through 61 refer to the following conversation.

M: ❶Freda, I saw you on *Brisbane in Focus* last night. I didn't know you'd been asked to appear on television.

W: Oh, you saw that? I was so nervous. *Brisbane in Focus* generally covers stories about new things happening in Brisbane. Construction of our new hotel starts next week, so they wanted to interview me about the design and the construction schedule.

M: You needn't have been nervous! I was very impressed. ❷You sounded like a professional announcer.

W: Thanks for saying that. That reminds me. ❸You have to speak about the project budget at the meeting on Friday afternoon. Let me know if you need a hand checking the figures.

設問59-61は次の会話に関するものです。

M: Freda，昨夜の『Brisbane in Focus』であなたを見ましたよ。テレビに出演するよう頼まれていたなんて知りませんでした。

W: あら，見たんですか。とても緊張しました。『Brisbane in Focus』はいつも，Brisbaneで起こっている新しいことについての話を扱うんです。来週私たちの新しいホテルの建設が始まるので，デザインや建設計画について私にインタビューしたいということだったんです。

M: 緊張する必要なんてありませんでしたよ！ とても感動しました。あなたはプロのアナウンサーのようでしたよ。

W: そう言っていただいてありがとうございます。それで思い出しました。金曜の午後の会議で，あなたはプロジェクトの予算について話す必要があります。もし数字を確認するのに手が必要だったら，教えてください。

語句 □appear 登場する　□nervous 緊張して　□generally 通常は　□cover ～を扱う　□happen 起こる
□interview ～にインタビューをする　□impressed 感動して　□remind ～に思い出させる
□figure 数字，数値

59.

What are the speakers talking about?

(A) A restaurant review
(B) A smartphone application
(C) A television show
(D) An upcoming movie

話し手たちは何について話していますか。

(A) レストランの評価
(B) スマートフォンのアプリ
(C) テレビ番組
(D) 近日公開の映画

正解 (C)

解説 話し手たちが話していることが問われています。男性が❶で「昨夜あなたを見た。テレビに出るなんて知らなかった」と話しかけているので，正解は(C)です。television showという単語は会話に出てきませんが，❶でtelevisionが出てくるので『Brisbane in Focus』はテレビ番組であるということが分かります。

語句 □review 評価，感想
□application (スマートフォン等の) アプリ
□show 番組
□upcoming 来たるべき，もうすぐ公開される

60.

What does the man say about the woman?

(A) She will lead a training program.
(B) She is good at public speaking.
(C) She has recently returned from her vacation.
(D) She has obtained a new qualification.

男性は女性について何と言っていますか。

(A) 研修の指揮をとる予定だ。
(B) 公の場で話すのがうまい。
(C) 休暇から最近戻ってきた。
(D) 新たな資格を取得した。

正解 (B)

解説 男性が女性について言っていることが問われています。テレビでインタビューを受けた，と話している女性に，男性は❷で「プロのアナウンサーのようだった」と言っています。それを「公の場で話すのがうまい」と言い換えた(B)が正解となります。

語句 □public speaking 公の場で話すこと
□obtain ～を取得する □qualification 資格

61.

What will be discussed at the meeting on Friday?

(A) A hiring policy
(B) A production delay
(C) Project expenses
(D) A software update

金曜日の会議で何が話し合われますか。

(A) 採用方針
(B) 生産の遅れ
(C) プロジェクトの費用
(D) ソフトウェアのアップデート

正解 (C)

解説 金曜日の会議で何が話し合われるか，が問われています。女性が❸で「金曜の午後の会議で，あなたはプロジェクトの予算について話す必要がある」と言っています。これを言い換えた(C)が正解となります。

言い換え budget → expenses

語句 □hiring policy 採用方針 □expense 費用

覚えておきたいリスニングの受験中のコツ

(濱:濱﨑先生／大:大里先生)

大： TOEICの試験，特にリスニングでは集中力も大切ですよね。

濱： そうですね。集中力を鍛えることも意識してトレーニングしていきましょう。日ごろから最低でも45分間は連続して集中し，勉強してみてください。

大： 試験中にはあえて「オフ」のタイミングを作るのもいいです。途中で深呼吸するなど，ふっと休む間を作ると集中力が保てます。本番では，自分に余裕を持たせる工夫も大事ということです。

濱： 試験会場よりもうるさいカフェや電車内で勉強するなど，常に「本番よりも厳しい」環境で学習するようにすると，本番で余裕を持てるかもしれません。

大： 本番が始まったら，気持ちの切り替えも意識したいですね。例えば，聞き逃して解けなかった問題があったとき，試験中に悩んで引きずってしまうと，他で点数を取れるはずだったところも取れなくなってしまいます。「テストが終わったらまたトレーニングしよう」と思って，その場では気持ちよく諦めることも必要です。

Questions 62 through 64 refer to the following conversation and list.

W: Hi. ❶I'm interested in submitting some photographs to this year's Santana Photography Contest.

M: Are you a professional or an amateur?

W: ❷I'm a professional photographer, not an amateur. I work at the *Coalfield Times* newspaper.

M: That's good, we don't have any more amateur spots available. ❸Anyway, you'll have to come to our office and fill out the entry form in person. You'd better come in today because we won't be accepting any more entries after seven P.M. tonight.

Entry Fees	
Student	$40.00
Amateur	$50.00
Semi-professional	$70.00
❹Professional	$100.00

設問62-64は次の会話とリストに関するものです。

W: こんにちは。今年のSantana写真コンテストに写真を何枚か出品したいのですが。

M: プロの方ですか，それともアマチュアの方ですか。

W: 私はアマチュアではなく，プロのカメラマンです。Coalfield Times紙で働いています。

M: それはよかったです。アマチュアの枠にはもう空きがなかったので。それはそうと，こちらのオフィスに来て，応募用紙に直接記入をしてもらわなければいけません。今日の午後7時以降はもう応募を受け付けませんので，今日来た方がいいですよ。

エントリー費	
学生	40ドル
アマチュア	50ドル
セミプロ	70ドル
プロ	100ドル

語句　□*be* interested in ～ ～に興味がある　□amateur アマチュア　□spot 枠，参加枠　□available 空いている
　　　□fill out ～ ～に記入する　□entry form 応募用紙　□had better *do* ～した方がよい
　　　□accept ～を受け付ける

62.

What is the woman calling about?

(A) A sporting competition
(B) An academic lecture
(C) A photography contest
(D) A trade fair

女性は何について電話をしていますか。

(A) スポーツの大会
(B) 学術講義
(C) 写真コンテスト
(D) 展示会

正解 (C)

解説 女性が何について電話しているか，が問われています。❶から，女性は写真コンテストについて電話していることが分かるので，(C)が正解です。

63.

Look at the graphic. How much will the woman be required to pay?

(A) $40.00
(B) $50.00
(C) $70.00
(D) $100.00

図を見てください。女性はいくら支払うことを要求されますか。

(A) 40ドル
(B) 50ドル
(C) 70ドル
(D) 100ドル

正解 (D)

解説 図表問題で，女性がいくら払う必要があるか，が問われています。女性は❷で「プロのカメラマンだ」と言っています。図表のエントリー費を参照すると，❹からプロのカメラマンは100ドルを払う必要があると分かるので，正解は(D)です。

64.

What will the woman most likely do today?

(A) Attend an information session
(B) Visit the man's office
(C) Send a product sample
(D) Have an interview

女性は今日何をすると考えられますか。

(A) 説明会に出席する
(B) 男性の事務所を訪ねる
(C) 製品見本を送る
(D) 面接を受ける

正解 (B)

解説 女性が今日何をするか，が問われています。男性が❸で「オフィスに来て，応募用紙に直接記入をしてもらわなければならない。今日の午後7時以降は応募を受け付けないので，今日来た方がいい」と話しています。ここから女性は今日，男性のいる事務所に行くと考えられるので，(B)が正解となります。

言い換え come in → Visit

語句 □information session 説明会
□product sample 製品見本　□interview 面接

Questions 65 through 67 refer to the following conversation and map.

M: I have an appointment at Sizemore Seafood this afternoon. ❶They're replacing the refrigeration unit in their cold room, and I'm hoping to convince them to buy one of ours.

W: Great. They've bought one from us before. ❷Their office is on Douglass Street, but there's no parking there. So, you'll need to park on the narrow street that runs alongside Old Canal.

M: I'm glad you told me that.

W: Let's go out for lunch when you get back. ❸Give me a call and let me know what time to meet you.

設問65-67は次の会話と地図に関するものです。

M: 今日の午後にSizemore Seafoodとの約束があります。彼らは冷蔵室の冷却装置を取り替えるんですが，私たちの商品を購入するよう説得できたらいいなと思っています。

W: いいですね。彼らは以前私たちの商品を購入したことがあります。彼らの事務所はDouglass通りにありますが，そこには駐車場はありません。ですので，Old運河沿いの細い道に駐車する必要があります。

M: それを教えてもらえてよかったです。

W: あなたが戻ってきたら，一緒に昼食に行きましょう。何時に待ち合わせればよいか私に電話で教えてください。

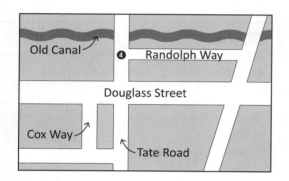

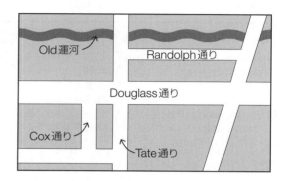

語句 □replace ～を交換する □refrigeration unit 冷却装置一式 □cold room 冷蔵室 □convince ～を説得する
□parking 駐車場 □run alongside ～ ～と並行している □get back 戻る

65.

Who most likely are the speakers?

(A) Salespeople
(B) Computer technicians
(C) Chefs
(D) City employees

話し手たちは誰だと考えられますか。

(A) 営業担当者
(B) コンピューター技術者
(C) シェフ
(D) 市の職員

正解 **(A)**

解説 話し手たちがおそらく誰なのか，が問われています。男性はある会社と約束があると言った後，❶で「我々の商品を購入するよう説得したい」と話し，女性がその直後に賛同しているので，この2人は製品を販売する担当者であると推測できます。以上から，正解は(A)です。

語句 □chef シェフ，料理人

66.

Look at the graphic. Where does the woman suggest the man park his car?

(A) On Randolph Way
(B) On Douglass Street
(C) On Cox Way
(D) On Tate Road

図を見てください。女性は男性がどこに車を停めることを提案していますか。

(A) Randolph通り
(B) Douglass通り
(C) Cox通り
(D) Tate通り

正解 **(A)**

解説 図表問題で，女性は男性にどこに駐車するように提案しているか，が問われています。女性は，❷で「(顧客の)事務所はDouglass通りにあるが，そこに駐車場はない。Old運河沿いの細い道に駐車する必要がある」と述べています。ここから，Old運河沿いの道に車を停めることを提案していると分かります。地図を見ると，Old運河沿いの細い道は❹のRandolph通りなので，(A)が正解となります。この問題を解くカギは，runs alongside Old Canalを正しく理解することです。alongsideは「～と並んで，並行して」という意味の前置詞です。

67.

What does the woman ask for?

(A) A morning call
(B) Ideas for a new menu
(C) A weather forecast
(D) A meeting time

女性は何を求めていますか。

(A) モーニングコール
(B) 新しいメニューについての提案
(C) 天気予報
(D) 待ち合わせの時間

正解 **(D)**

解説 女性が求めているものは何か，が問われています。女性は❸で「何時に待ち合わせればよいか私に電話で教えてほしい」と待ち合わせの時間を知らせることを求めているので，ここから(D)が正解だと分かります。

言い換え what time to meet you → A meeting time

✦ ✦ ✦

ask forは「～を求める」という意味で使われます。askは「～に尋ねる」や「～を頼む」という意味の方が馴染みがあるので，高得点者でも意味を勘違いする場合があります。要注意です。

語句 □weather forecast 天気予報

Questions 68 through 70 refer to the following conversation and coupon.

W: I have your order as two large deluxe pizzas, one cheesecake, and a liter of cola. Is that all?

M: Yes, thanks. ❶How long will it take to make the pizzas?

W: It shouldn't take more than 20 minutes. ❷If you give me your mobile phone number, I'll call you when they're ready.

M: That'd be great. My number is 090-555-8382.

W: Thanks. Oh, I almost forgot. Since your order is over 30 dollars, you get this coupon. ❸If you come back tomorrow, you'll get a free drink.

設問68-70は次の会話とクーポン券に関するものです。

W: Lサイズのデラックスピザを2つ，チーズケーキを1つ，1リットルのコーラの注文を承りました。以上でよろしいですか。

M: はい，ありがとうございます。ピザを作るのにどのくらい時間がかかりますか。

W: 20分もかからないはずです。携帯電話の番号を教えていただければ，用意ができ次第お電話します。

M: それだとありがたいです。番号は090-555-8382です。

W: ありがとうございます。ああ，忘れるところでした。30ドル以上ご注文いただいたので，こちらのクーポン券をお受け取りいただけます。明日また来店されたら，ドリンクを1杯無料でもらえます。

Matei Pizza and Pasta – Coupon

★ **Saturdays and Sundays**
Free dessert with any pizza or pasta

★ **Mondays and Tuesdays**
Free garlic bread with any pizza or pasta

❹ ★ **Wednesdays**
A free drink with any pizza or pasta

★ **Thursdays and Fridays**
A free appetizer with any pizza or pasta

Matei Pizza and Pasta －クーポン券

★土曜日と日曜日
どのピザやパスタにも無料のデザートがつきます

★月曜日と火曜日
どのピザやパスタにも無料のガーリックブレッドがつきます

★水曜日
どのピザやパスタにも無料のドリンクがつきます

★木曜日と金曜日
どのピザやパスタにも無料の前菜が一品つきます

語句 □deluxe デラックスな，豪華な　□a liter of ～ 1リットルの～　□Is that all?（商品注文時に）以上でよろしいですか
□almost もう少しで

68.

What does the man ask about?

(A) The price
(B) The delivery service
(C) The preparation time
(D) The size

男性は何について尋ねていますか。

(A) 価格
(B) 配送サービス
(C) 用意にかかる時間
(D) サイズ

解説 男性が何について尋ねているか，が問われています。男性は，冒頭で女性が注文の復唱をした後に，❶で「ピザを作るのにどのくらい時間がかかるか」と尋ねています。これをpreparation timeと短く言い換えた(C)が正解となります。

語句 □preparation time 準備時間

69.

What does the woman offer to do?

(A) Process a membership application
(B) Arrange a home delivery
(C) Open the restaurant early
(D) Call the man when his order is ready

女性は何をすることを申し出ていますか。

(A) 会員申込を処理すること
(B) 自宅への配達を手配すること
(C) レストランを早めに開店すること
(D) 注文の用意ができたら男性に電話をすること

正解 (D)

解説 女性は何することを申し出ているか，が問われています。女性は❷で「携帯電話の番号を教えてくれれば，用意ができ次第電話する」と申し出ているので，これを言い換えた(D)が正解です。I'll do「～します」は，単なる未来だけではなく話し手の意思も表し，申し出の表現として使われます。

語句 □process ～を処理する
□membership application 会員申込

70.

Look at the graphic. On which day is the conversation taking place?

(A) Tuesday
(B) Wednesday
(C) Thursday
(D) Friday

図を見てください。会話はどの曜日に行われていますか。

(A) 火曜日
(B) 水曜日
(C) 木曜日
(D) 金曜日

正解 (A)

解説 図表問題で，この会話がいつ行われているか，が問われています。女性は男性にクーポンを渡した後，❸で「明日また来店したら，ドリンクを1杯無料でもらえる」と言っています。クーポン券を見ると，❹からドリンクが1杯無料になるのは，水曜日です。この会話が行われているのは，その前日，つまり火曜日であると分かるので，(A)が正解です。

Part 4

♪ 281　M 🇦🇺

Questions 71 through 73 refer to the following excerpt from a meeting.

❶I'd like to take this opportunity to thank everyone for your hard work during this busy season. ❷With so many international visitors in town, we've barely had enough staff. I know the guides and drivers have all been doing extra tours to keep up with demand, and I really appreciate that. Now that we're getting close to winter, I expect the number of bookings to drop significantly. ❸In fact, I think that we'll be able to close the office for one day for an outing. There's a new surfing museum in Sunbury, and its manager wants us to consider including it in our tours. She's offering free admission as well as lunch for whoever comes. ❹I hope everyone will be able to join us.

設問71-73は次の会議の抜粋に関するものです。

この場を借りて，この繁忙期におけるみなさんの熱心な働きに感謝したいと思います。町を訪れる海外からの観光客が大変多く，私たちはかろうじてやっていくだけの人数の従業員しかいませんでした。需要に応じるため，ガイドや運転手全員が追加のツアーを行っていることは知っていますし，それに対してとても感謝しています。今はもう冬に近づいてきているので，予約数が大幅に減ることを予想しています。実際に，日帰り旅行のため1日事務所を閉めることができると思います。Sunburyに新しいサーフィン博物館があり，そこのマネージャーが当社のツアーにそこを含めることを検討してほしいと思っているそうです。彼女が，来る人には誰でも昼食と入場無料を提供すると言ってくれています。みなさんが参加できることを願っています。

語句 □busy season 繁忙期　□barely かろうじて　□keep up with ～ ～についていく　□demand 需要　□drop（数値が）落ちる　□significantly 著しく　□in fact 実際は　□outing 小旅行，外出　□free admission 入場無料

71.

What is the main purpose of the talk?
(A) To announce a change in company policy
(B) To express gratitude to staff members
(C) To request assistance with a project
(D) To recommend a local restaurant

トークの主な目的は何ですか。
(A) 会社の方針の変更を知らせること
(B) 従業員に感謝を伝えること
(C) プロジェクトの手伝いを要請すること
(D) 地元のレストランを勧めること

正解 (B)

解説 トークの目的が問われています。❶で「この場を借りて，繁忙期のみなさんの熱心な熱心な働きぶりに感謝したい」と述べ，さらに具体的な情報を続けています。ここから，従業員に感謝を伝えるのが目的だと分かるので，(B)が正解となります。

言い換え thank → express gratitude

語句 □express gratitude 感謝の意を示す

72.

Where do the listeners most likely work?
(A) At a shipping company
(B) At a machine factory
(C) At a supermarket
(D) At a travel agency

聞き手はおそらくどこで働いていますか。
(A) 配送会社
(B) 機械工場
(C) スーパーマーケット
(D) 旅行会社

正解 (D)

解説 聞き手がおそらくどこで働いているか，が問われています。❷で「町を訪れる海外からの観光客が多かった。需要に応じるため追加のツアーを行っている」と述べています。ここから，このトークは観光客に対応し，ツアーを行う会社，つまり(D)のtravel agency「旅行会社」の従業員にあてられたものだと分かり，これが正解となります。

語句 □travel agency 旅行会社

73.

What does the speaker suggest listeners do?
(A) Use a discount coupon
(B) Wear appropriate clothing
(C) Reserve a hotel room
(D) Take a trip

話し手は聞き手が何をすることを提案していますか。
(A) 割引券を使用する
(B) 適切な服を着る
(C) ホテルを予約する
(D) 旅行をする

正解 (D)

解説 話し手が聞き手に提案していることが問われています。話し手は❸で「（閑散期になると）日帰り旅行のために1日事務所を閉めることができる」，❹で「みんなが参加できることを願っている」と言っています。以上より話し手は，日帰り旅行を提案していることが分かるので，(D)が正解となります。❸のoutingは「小旅行，外出」という意味で出題されます。

言い換え outing → trip

語句 □appropriate 適切な

Questions 74 through 76 refer to the following speech.

Thank you all for attending this banquet in honor of Peter Dolby. Of course, we're all very sad that he's leaving us, but this is a celebration. ❶We're here to thank him for his 20 years of hard work at Broline Cinemas and to wish him well in his retirement. ❷Twenty years ago when I hired Peter, I had just been made CEO of the company, and he was my first hiring decision. I think I made the right choice. ❸With Peter in charge of marketing, our ticket sales more than doubled. I've put together a short video which includes some photographs and footage of Peter over the years. ❹But first, I'll invite him up on stage to give us a few words. Please give him a warm welcome.

設問74-76は次のスピーチに関するものです。

Peter Dolbyを祝うこの宴会にお集まりいただき，みなさんありがとうございます。もちろん彼が去ってしまうのはとても悲しいですが，これは祝賀会です。私たちは彼のBroline Cinemasでの20年に及ぶ熱心な働きに感謝し，退職後の幸運を祈るためにここに集まっています。20年前，私がPeterを採用したとき，私はちょうど会社の最高経営責任者になったばかりで，彼は初めて私が採用決定をした人でした。正しい選択をしたと思います。Peterがマーケティング担当になり，チケットの売り上げは2倍以上になりました。長年にわたるPeterの写真や映像を含む，短いビデオを編集しました。ですがまずは，一言もらうために彼をステージ上にお招きします。どうぞ温かな歓迎をお願いいたします。

語句 □in honor of 〜 〜を称えて　□leave（会社など）を辞める　□retirement 退職　□hiring decision 雇用の決定　□in charge of 〜 〜の担当　□footage 映像　□over the years 何年にもわたる

74.

What is the purpose of the event?
(A) To launch a new product
(B) To enjoy a musical performance
(C) To send off a colleague
(D) To provide training

イベントの目的は何ですか。
(A) 新製品を発表すること
(B) 音楽の演奏を楽しむこと
(C) 同僚を見送ること
(D) 研修を行うこと

正解 (C)

解説 このスピーチが行われているイベントの目的が問われています。話し手は冒頭でこの会がPeter Dolbyを祝う会であることを述べた後，❶で「私たちは彼（Peter）の長年の働きに感謝し，退職後の幸運を祈るためにここにいる」と述べています。同僚に別れを告げることが目的であることが分かるので，(C)が正解となります。

語句 □launch 〜を発表する

75.

What does the speaker mean when she says, "I think I made the right choice"?
(A) She hired a valuable employee.
(B) She selected a good meal plan.
(C) She successfully organized an event.
(D) She advertised at the right time.

話し手が "I think I made the right choice" と言う際，何を意図していますか。
(A) 貴重な従業員を雇った。
(B) いい食事のプランを選んだ。
(C) イベントの計画がうまくいった。
(D) ちょうどいいときに広告を出した。

正解 (A)

解説 意図問題です。問われている箇所は「正しい選択をしたと思う」という意味です。話し手は❷で「私がPeterを採用した」と言った後に，この発言をしています。その後❸で話し手は「Peterがマーケティング担当になり，チケットの売り上げが上がった」と述べています。ここから，Peterを採用したことを指して「正しい選択」と言っていると分かるので，(A)が正解となります。

語句 □valuable 貴重な　□meal plan 食事プラン

76.

What will the speaker most likely do next?
(A) Present an award
(B) Ask an employee for a speech
(C) Demonstrate a product
(D) Show a video

話し手はおそらく次に何をしますか。
(A) 賞を授与する
(B) 従業員にスピーチを依頼する
(C) 商品を実演する
(D) 映像を見せる

正解 (B)

解説 話し手はおそらく次に何をするか，が問われています。話し手は❹で「一言もらうために彼（Peter）をステージ上に招く」と述べています。これを言い換えた(B)が正解となります。❹の前にビデオの話が出てきますが，直後にすることではないので，(D)は不正解です。

語句 □demonstrate 〜を実演する

Questions 77 through 79 refer to the following announcement.

❶That just about brings us to the end of this morning's training session. I trust you all learned a lot about our production, quality control, and distribution process. ❷Before we finish, though, I'd like you all to take a moment to fill out this survey form about the session. There are only a few questions, so it shouldn't take very long. ❸In a few minutes, we'll all have lunch. Unfortunately, we're a bit far from any restaurants and the company cafeteria is closed today. ❹So, I've made catering arrangements. I hope you're all OK with sandwiches. That's all that was available, I'm afraid.

設問77-79は次のアナウンスに関するものです。

このあたりで午前中の研修会は終わりです。みなさんが私たちの生産，品質管理，そして流通過程についてたくさんのことを学んでくれたと確信しています。ただ，終了する前に研修会についてのアンケート用紙に記入するお時間をいただきたいと思います。ほんの少しの質問だけですので，そう長くはかからないはずです。数分後にみなで昼食をとる予定です。残念なことに，どのレストランもやや遠く，社員食堂は本日閉まっています。ですから，ケータリングの手配をいたしました。サンドイッチでみなさんが問題なければよいのですが。恐れ入りますが，それしか準備できなかったのです。

語句 □just about おおむね，ほぼ □bring A to B AにBをもたらす □training session 研修 □trust ～だと確信する
□quality control 品質管理 □distribution process 流通過程 □take a moment to do 時間を取って～する
□survey 調査票，アンケート □take long 時間が長くかかる □a bit far 少々遠い
□catering arrangement ケータリング □I'm afraid 恐縮ですが

77.

Where does the announcement most likely take place?

(A) At a celebration
(B) At a shareholders' meeting
(C) At an orientation seminar
(D) At a movie premiere

アナウンスはおそらくどこで行われていますか。

(A) 祝賀会
(B) 株主総会
(C) オリエンテーションセミナー
(D) 映画の初公開

語句 □shareholders' meeting 株主総会
□orientation オリエンテーション
□movie premiere 映画の初公開

正解 (C)

解説 このアナウンスがどこで行われているか，が問われています。話し手は❶で「午前中の研修会は終わりだ」と述べ，研修会で学んだ内容について触れています。ここから，研修の場面だと分かります。選択肢の中で研修会に関連するものは(C)です。orientation seminarは新入生・新入社員を迎え入れる研修を意味し，training sessionと言い換えができます。

言い換え session → seminar

78.

What are listeners asked to do?

(A) Watch a short film
(B) Complete a form
(C) Welcome a guest
(D) Evaluate a product

聞き手は何をするよう求められていますか。

(A) 短い映画を見る
(B) フォームに記入する
(C) 客をもてなす
(D) 製品を評価する

語句 □evaluate ～を評価する

正解 (B)

解説 聞き手は何をお願いされているか，が問われています。話し手は❷で，I'd like you to do「～してほしい」という依頼表現を使い，「研修会についてのアンケート用紙に記入してほしい」と述べているので，これを言い換えた(B)が正解となります。fill out とcompleteはPart 7の言い換えでも出現するので瞬時に判断できるようにしておきましょう。なお，製品を評価しているわけではないので(D)は不正解です。Evaluate a session「研修会を評価する」であれば正解でした。

言い換え fill out this survey form → Complete a form

79.

What does the speaker say will happen soon?

(A) A performance will begin.
(B) Visitors will arrive.
(C) A winner will be announced.
(D) Lunch will be served.

話し手はまもなく何が起こると言っていますか。

(A) 公演が始まる。
(B) 訪問者が到着する。
(C) 勝者が発表される。
(D) 昼食が出される。

正解 (D)

解説 話し手は何が起こると言っているか，が問われています。話し手は❸で「数分後に昼食をとる」，❹で「ケータリングを手配した」と述べています。よって，昼食が出されると分かるので，(D)が正解となります。

Questions 80 through 82 refer to the following broadcast.

❶Good morning, listeners. Well, I've got some disappointing news for you. Organizers of this year's *Jazzy Park* free jazz concert have announced that the event has been canceled. ❷It appears that there has been some damage to the outdoor seating area and the venue will need to close while repairs are done. ❸Ticket holders will be sent an e-mail explaining the situation. They've promised that people who have their tickets canceled this time will be given priority when tickets for next year's event become available.

設問80-82は次の放送に関するものです。

リスナーのみなさん，おはようございます。ええと，今朝は残念なニュースがあります。今年のJazzy Parkの無料ジャズコンサートの主催者が，イベントが中止されることを発表しました。屋外の座席エリアに損傷があり，修理が終わるまで会場は閉鎖される必要があるようです。チケットの持ち主には，状況を説明するEメールが送られます。彼らは，今回チケットをキャンセルする人たちは，来年のイベントのチケットが入手可能になった際に優先権を与えられることを約束しています。

語句　□organizer イベント主催者　□seating 座席　□ticket holder チケット保有者　□priority 優先権

80.

When is the broadcast taking place?

(A) In the morning
(B) At noon
(C) In the afternoon
(D) At night

放送はいつされていますか。

(A) 朝
(B) 正午
(C) 午後
(D) 夜

正解 (A)

解説 放送がいつされているかが問われています。❶で「おはようございます」と話し手が述べているので正解は(A)です。この問題の根拠は冒頭の一言のみで，ほかには一切出てきません。このように，根拠がトークの冒頭にのみ登場する問題もあります。聞き逃さないように，特にトークの出だしには注意して聞きましょう。

81.

Why has the concert been canceled?

(A) Some repairs will be carried out.
(B) A performer is no longer available.
(C) Inclement weather has been forecast.
(D) Too few people purchased tickets.

なぜコンサートは中止されましたか。

(A) 修理が行われる。
(B) 演奏者がもう空いていない。
(C) 悪天候が予報された。
(D) チケットを購入した人が少なすぎた。

正解 (A)

解説 なぜコンサートが中止されたか，が問われています。話し手はコンサートの中止に触れた後，❷で「屋外の座席エリアに損傷があり，修理が終わるまで会場を閉鎖する必要がある」と理由を述べています。ここから(A)が正解です。

✦ ✦ ✦

選択肢(D)にあるtooは「〜過ぎて（…できない）」，fewも「ほとんど〜ない」という否定的な意味を含む単語です。肯定文の形でも否定的な内容を表すことに注意しましょう。

語句　□carry out 〜 〜を実行する　□no longer 〜 もはや〜ない　□inclement weather 悪天候

82.

What will be sent to ticket holders?

(A) A program
(B) A coupon
(C) A refund
(D) A message

チケット保有者には何が送られますか。

(A) プログラム
(B) 割引券
(C) 払い戻し
(D) メッセージ

正解 (D)

解説 チケット保有者に何が送られるか，が問われています。話し手は❸で「チケットの持ち主には，状況を説明するEメールが送られる」と言っているので，これをmessageと言い換えた(D)が正解です。

言い換え e-mail → message

語句　□refund 払い戻し（金）

Questions 83 through 85 refer to the following talk.

❶Welcome to the Hanson Hardware weekend workshop. Every week, one of our department heads runs a free workshop for our customers. ❷Last week we covered painting the exterior of your house. This week we'll be talking about painting interiors. A very different set of techniques are needed and indeed, you'll even need to use different equipment and paint types. I have printed out a handy manual for each of you. It describes what you'll need and even shows each step with handy illustrations. ❸On the last page, you'll find the number for our store. Please call us if you need any advice.

設問83-85は次のトークに関するものです。

Hanson Hardwareの週末ワークショップへようこそ。毎週，部門長の1人が顧客向けに無料のワークショップを運営しています。先週は，自宅の外壁塗装を扱いました。今週は室内の塗装についてお話します。全く異なる一連の技術が必要とされ，それどころか異なる備品やペンキの種類を使わなければなりません。みなさんそれぞれに，便利なマニュアルを印刷しました。それはみなさんが必要なものや，便利なイラスト付きで1つ1つの作業手順までをも示しています。最後のページには，店の番号が書いてあります。何かアドバイスが必要でしたら，お電話ください。

語句　□run 〜を運営する　□exterior 外装　□interior 室内，内装　□a set of 〜 一連の〜　□indeed それどころか，本当に
　　　□handy 便利な　□manual マニュアル，手引書　□illustration イラスト，図表

83.

Who is the workshop intended for?

(A) Sales representatives
(B) Software users
(C) Factory workers
(D) Store customers

ワークショップは誰に向けられていますか。

(A) 営業担当者
(B) ソフトウェア利用者
(C) 工場労働者
(D) 店の顧客

正解 (D)

解説　ワークショップの対象者が問われています。話し手は❶で，「Hanson Hardwareの週末ワークショップにようこそ。毎週顧客向けに無料のワークショップを運営している」と述べているので，正解は(D)となります。

語句　□sales representative 営業担当者

84.

What is the subject of the workshop?

(A) Customer service
(B) Home renovations
(C) Work schedules
(D) Business promotion

ワークショップの主題は何ですか。

(A) 顧客サービス
(B) 家の改装
(C) 仕事のスケジュール
(D) 事業推進

正解 (B)

解説　ワークショップのテーマは何かが問われています。話し手は❷で「先週は自宅の外壁塗装を扱った。今週は室内の塗装について話す」と言っています。これをHome renovationという言葉でまとめて表した(B)が正解となります。renovationは「建物をよい状態に戻す」というイメージでとらえましょう。

語句　□subject 主題，テーマ　□renovation 改装
　　　□business promotion 事業推進

85.

What can be found on the last page of the manual?

(A) An order form
(B) Sales figures
(C) Product descriptions
(D) Contact information

マニュアルの最後のページに何が見つけられますか。

(A) 注文フォーム
(B) 売上高
(C) 製品説明
(D) 連絡先情報

正解 (D)

解説　マニュアルの最後のページに何を見つけることができるか，が問われています。話し手は❸で「最後のページには，店の番号が書いてある。何かアドバイスが必要なら電話を」と言っているので，(D)が正解です。

言い換え　the number for our store → Contact information

語句　□sales figure 売上高　□description 説明

Questions 86 through 88 refer to the following telephone message.

Hi. It's Carol Weaver from Gleeson Photography calling. ❶I understand that you are looking for some pictures of Tulloch Castle for your tour brochure. As it happens, I have some excellent shots. They were taken in the middle of summer so the sky is reasonably clear. They're very dramatic photographs. They were taken in color but I can convert them to black and white, if you like. ❷The castle is getting a lot of interest recently so a lot of people are asking about exclusive rights to photos. They won't be available for long. You're a local company, so it might be easiest for you to come and visit my studio in person to take a look. ❸You can call my secretary at 555-8234 to set up an appointment.

設問86-88は次の電話メッセージに関するものです。

こんにちは。Gleeson Photography社のCarol Weaverと申します。ツアーパンフレット用にTulloch城の写真を数枚お探しのようですね。実は，素晴らしい写真がございます。真夏に撮られたため，空がほどよく澄んでいます。とても印象的な写真です。カラーで撮られていますが，ご希望でしたら白黒に変更することもできます。城は最近高い関心を集めており，多くの人から写真の独占使用権についてお問い合わせをいただいております。長くは入手可能な状態にはならないでしょう。あなた方は地元の会社なので，私のスタジオに直接お越しいただき，ご覧いただくのが最も簡単かもしれません。予約をとるには，555-8234の私の秘書までお電話ください。

語句 □brochure パンフレット　□as it happens 偶然にも，実は　□shot 写真　□in the middle of ～ ～の半ばに
□reasonably ほどよく　□dramatic 印象的な　□in person 直接（その場にいる）　□set up ～ ～を設定する

86.

What is the main purpose of the message?

(A) To describe some photographs
(B) To offer a discount
(C) To accept an invitation
(D) To make an apology

メッセージの主な目的は何ですか。

(A) 写真を説明すること
(B) 割引を提供すること
(C) 招待を受け入れること
(D) 謝罪をすること

正解 (A)

解説 メッセージの目的が問われています。話し手は聞き手に対し❶で「ある城の写真を探しているようだが，素晴らしい写真がある」と述べ，その後も写真についてさらに詳しく説明しています。これをdescribe「～を説明する」という単語を使って言い表した(A)が正解です。

87.

What does the speaker mean when she says, "They won't be available for long"?

(A) She does not plan to order more items.
(B) She has some other potential buyers.
(C) Stock levels depend on the season.
(D) Staff will leave early today.

話し手が "They won't be available for long" と言う際，何を意図していますか。

(A) より多くの商品を注文する予定がない。
(B) ほかに数人の買う見込みのある客がいる。
(C) 在庫水準は季節による。
(D) 従業員たちは今日早く退社する。

正解 (B)

解説 意図問題です。問われている箇所は「入手可能な状態は長くは続かない」という意味です。話し手は❷「写真の独占使用権について多くの問い合わせを受けている」と言った後にこの発言をしていることから，この写真はほかにも買い手がいるということを示唆していると分かります。これをother potential buyers「ほかに見込みのある買い手」と表現した(B)が正解です。

語句 □potential 見込みのある，潜在的な

88.

What does the speaker suggest?

(A) Communicating with her assistant
(B) Attending a conference
(C) Taking part in a tour
(D) Buying some equipment

話し手は何を提案していますか。

(A) アシスタントと連絡を取り合うこと
(B) 会議に出席すること
(C) ツアーに参加すること
(D) 備品を買うこと

正解 (A)

解説 話し手が提案していることが問われています。話し手は❸で「予約の際は秘書に電話を」と述べています。これを言い換えた(A)が正解です。You can ～. という表現は，単に相手の能力について述べるときだけでなく，文脈によっては「あなたは～することができますよ」と提案する際の表現として使われます。押さえておきましょう。

言い換え call → Communicating with.
secretary → assistant

Questions 89 through 91 refer to the following announcement.

❶Gladstone Rail would like to inform passengers on the eleven thirty-five A.M. train for Newark that the meal service on the train has been canceled. ❷The train's kitchen has been closed unexpectedly due to an equipment malfunction. Passengers whose ticket included a meal in the dining car can receive a partial refund. ❸You may apply for a refund online by visiting the Gladstone Rail Web site.

設問89-91は次のアナウンスに関するものです。

Gladstone鉄道は，午前11時35分Newark行きの列車の乗客の方々に，車内の食事サービスが中止されたことをお知らせいたします。列車のキッチンが設備の故障のため，予期せず閉鎖されました。食堂車内での食事代込みのチケットをお持ちの乗客の方々は，一部払い戻しを受けることができます。Gladstone鉄道のウェブサイトを訪問いただき，オンラインで払い戻しの申請をすることができます。

語句 □meal service 食事提供サービス　□unexpectedly 予期せず　□due to ～ ～が原因で
　　　□equipment malfunction 設備故障　□partial refund 一部払い戻し

89.

Who most likely is the speaker?

(A) A restaurant manager
(B) A supermarket employee
(C) A railway employee
(D) A theater manager

話し手はおそらく誰ですか。

(A) レストランの経営者
(B) スーパーマーケットの店員
(C) 鉄道会社の職員
(D) 劇場支配人

語句 □railway employee 鉄道会社の職員

正解 (C)

解説 話し手が誰か，が問われています。❶より，話し手は列車の乗客に向けてアナウンスしていると分かるので，正解は(C)です。話し手は誰か，を問う設問では，その人の職業を問う場合が多いです。会社名，肩書きや，相手に呼び掛けるときの呼称などに注意しながら聞きましょう。

90.

Why has the meal service been canceled?

(A) Some equipment became unavailable.
(B) A delivery was delayed.
(C) It was not profitable.
(D) Some ingredients were unavailable.

なぜ食事サービスは中止されましたか。

(A) 一部の設備が使用できなくなった。
(B) 配達が遅れた。
(C) 利益をもたらさなかった。
(D) 一部の材料が手に入らなかった。

語句 □profitable 利益を上げている　□ingredient 原料

正解 (A)

解説 どうして食事サービスが中止されたのか，が問われています。話し手は❷で「列車のキッチンが設備の故障のため，予期せず閉鎖された」と述べています。これをunavailableと言い換えた(A)が正解です。

言い換え equipment malfunction → Some equipment became unavailable

---

91.

What are affected people advised to do?

(A) Bring their own meals
(B) Use a coupon
(C) Reschedule their visit
(D) Go to a Web site

影響を受けた人々は何をするよう勧められていますか。

(A) 自分の食事を持参する
(B) 割引券を使用する
(C) 訪問の予定を変更する
(D) ウェブサイトを訪れる

語句 □affect ～に影響する

正解 (D)

解説 影響を受けた人々は何をすることを勧められているか，が問われています。質問文の「影響を受けた人々」とは，Passengers whose ticket included a meal in the dining car「食堂車での食事代込みのチケットを持っている乗客」のことだと分かります。話し手は❸で「Gladstone鉄道のウェブサイトを訪問すればオンラインで払い戻しの申請ができる」と言っているので，鉄道会社のウェブサイトを訪れることを勧めていると分かります。以上より(D)が正解です。

Questions 92 through 94 refer to the following broadcast.

❶Every week on *Consumer Choice*, we test a product and see if it lives up to the claims on its advertisements.　This week, we're reviewing Super One Floor Wax.　❷This is a new product from the Super One Company and they claim that it will protect your wooden floors from damage from the sun as well as wear and tear from people walking on it.　Let's be honest, though.　They all say that.　❸On today's program, we'll be putting that claim to the test.　❹First, we'll follow the steps shown in the helpful instructional video on the company's Web site.　Then we'll put it through a series of tough tests.

設問92-94は次の放送に関するものです。

『Consumer Choice』では毎週，製品を検査し，製品の広告の主張にかなっているかを確かめます。今週はSuper One フロアワックスを調査していきます。こちらはSuper One社の新製品で，日光による損傷に加えて，人がその上を歩くことによる摩耗から板張りの床を守ると主張しています。ですが，正直に言いましょう。みなそう言うものです。本日の番組では，その主張を検査したいと思います。はじめに，同社のウェブサイトにある役に立つ説明動画で示されている手順に従います。それから厳しい一連の検査に製品をかけていきます。

> 語句 □test 〜を検査する　□live up to 〜 〜に応える　□claim 主張，〜であると主張する　□wear and tear 摩耗
> □put *A* through *B* *A*に*B*を受けさせる

92.

What is the main purpose of the broadcast?

(A) To give feedback on a product
(B) To cover business news
(C) To announce a new law
(D) To report on a sporting event

放送の主な目的は何ですか。

(A) ある製品について意見を述べること
(B) ビジネスニュースを報道すること
(C) 新しい法律を発表すること
(D) スポーツイベントを報じること

正解 (A)

解説　放送の目的が何か，が問われています。話し手は❶で「『Consumer Choice』では毎週，製品を検査し，製品の広告の主張通りかを確認する」と言っています。このことをgive feedback on 〜「〜について意見を述べる」という表現を使い，言い換えた(A)が正解です。

> 語句 □cover 〜を報道する

93.

What does the speaker imply when she says, "They all say that"?

(A) Many people share the same opinion.
(B) Some information might not be dependable.
(C) Some labels need to be changed.
(D) An interview was not interesting.

話し手が"They all say that"と言う際，何を意図していますか。

(A) 多くの人が同じ意見を共有している。
(B) 情報の一部が信頼できない可能性がある。
(C) 一部のラベルが変更されなければならない。
(D) あるインタビューが面白くなかった。

正解 (B)

解説　意図問題です。問われている箇所は，「彼らはみなそう言う」という意味です。話し手は❷で「今回検査する製品は日光による損傷に加えて摩耗から板張りの床を守るとSuper One社は主張している」と言った後に問われている発言をし，❸では「本日は，その主張を検査する」と続けています。「その主張が信頼できないかもしれないので，本当なのかを確認する」という意図だと分かります。信頼性があやしいことをmight not be dependableと表現した(B)が正解です。

> 語句 □dependable 信頼できる

94.

What can visitors to the Web site do?

(A) Read user reviews
(B) Purchase tickets
(C) Receive a visual instruction
(D) Take part in a survey

ウェブサイトへの訪問者は何ができますか。

(A) 使用者のレビューを読む
(B) チケットを購入する
(C) 視覚的な使用説明を受ける
(D) 調査に参加する

正解 (C)

解説　ウェブサイトへの訪問者は何ができるか，が問われています。話し手は❹で「（ワックスを扱う）同社のウェブサイトにある説明動画で示されている手順に従う」と言っているので，ここからウェブサイトでは説明動画が見られることが分かります。以上より(C)が正解となります。

言い換え　instructional video → a visual instruction

> 語句 □take part in 〜 〜に参加する

Questions 95 through 97 refer to the following excerpt from a meeting and table.

❶Thanks for inviting me here today to discuss the opening of a new branch of Golden Age Furniture. ❷My company, Sterling Analysis, has been hired to investigate the feasibility of a few potential locations. We have used surveys, information from the local council, and even counted the number of vehicles and pedestrians in each location to determine the best place to open a new store. We think the overall best location is Strathpine. ❸However, there is a big weakness and I would like to address that first.

設問95-97は次の会議の抜粋と表に関するものです。

Golden Age家具店の新しい支店の開店について話し合うために，本日私をここにお招きいただきありがとうございます。弊社Sterling Analysisは，いくつかの候補となる場所の実現性を調査するために雇われました。私たちは，新店舗を開店するための最良の場所を決定するため，アンケート調査や地方自治体からの情報を使用し，それぞれの場所の乗り物と歩行者の数までも計測しました。私たちは総合的に見て最良の場所はStrathpineだと考えています。しかしながら大きな弱点がありますので，そのことをまずは取り上げたいと思います。

Strathpine

	Poor	Average	Good	Excellent
❹ Renovation expenses	✓			
Construction costs	N/A	N/A	N/A	N/A
Growth predictions			✓	
Current population				✓

Strathpine

	悪い	平均的	よい	とてもよい
改装費用	✓			
建築費用	該当なし	該当なし	該当なし	該当なし
成長予測			✓	
現在の人口				✓

語句　□opening 新規開店　□investigate ～を調査する　□feasibility 実現性　□local council 地方自治体
□overall 総合的な　□weakness 弱点　□address ～を取り上げる　□growth prediction 成長予測

95.

What is the main topic of the meeting?

(A) Hiring new staff members
(B) Establishing an educational institution
(C) Opening a new store
(D) Relocating a business

会議の主な話題は何ですか。

(A) 新しい従業員を雇うこと
(B) 教育施設を設立すること
(C) 新しい店舗を開くこと
(D) 会社を移転すること

正解 (C)

解説 会議の主な話題が問われています。話し手は❶で「家具店の新しい支店の開店について話し合うため」と言っているので、(C)が正解となります。

言い換え branch → store

語句 □establish 〜を設立する
□educational institution 教育施設，学校

96.

Who most likely is the speaker?

(A) A store manager
(B) A furniture designer
(C) A business consultant
(D) A real estate agent

話し手は誰だと考えられますか。

(A) 店の経営者
(B) 家具デザイナー
(C) ビジネスコンサルタント
(D) 不動産業者

正解 (C)

解説 話し手は誰か，が問われています。話し手は❷で「弊社は，候補となる場所の実現性を調査するために雇われた」と言い，さらに具体的な情報を続けています。話し手は店舗開店のためのさまざまな調査を行う，ビジネスコンサルタントだと分かります。以上から正解は(C)です。

97.

Look at the graphic. What will the speaker most likely discuss next?

(A) Renovation expenses
(B) Construction costs
(C) Growth predictions
(D) Current population

図を見てください。話し手は次に何について話すと考えられますか。

(A) 改装費用
(B) 建築費用
(C) 成長予測
(D) 現在の人口

正解 (A)

解説 図表問題で，話し手が次に何について話すか，が問われています。話し手は❸で「しかしながら大きな弱点があるため，まずそれについて話したい」と述べています。次にリストを見ると，❹の「改装費用」が唯一「悪い」という評価になっています。以上から(A)が正解となります。

✤ ✤ ✤

本文中のaddressは動詞で「〜を取り上げる」という意味で使われています。addressは多義語で，「住所」という意味以外にも「〜に対して演説をする」や「〜に対処する」，address A to Bで「AをBに向ける」といった使われ方をします。

Questions 98 through 100 refer to the following advertisement and calendar.

If you're a part of a sports team looking for a venue for training and games, you should consider the Browning Sports Complex on Gregory Drive in Runaway Bay. ❶The recently-completed building houses a fully-equipped gym as well as courts for basketball, badminton, futsal, squash, and tennis. ❷With our online booking system, you can schedule games and practice sessions easily and even negotiate for time with other users. ❸You should act quickly, though the schedule is already completely full on Fridays, Saturdays, and Sundays until the end of the year. Also, please note that on August twenty fifth we'll be closed due to maintenance work.

設問98-100は次の広告とカレンダーに関するものです。

もしあなたがトレーニングや試合向けの施設を探しているスポーツチームの一員ならば，Runaway Bay のGregory 通りにあるBrowning スポーツ複合施設を検討するべきです。最近完成したばかりの建物は，バスケットボールやバドミントン，フットサル，スカッシュやテニス向けのコート及び，設備の整ったジムを有しています。私たちのオンライン予約システムで試合や練習を簡単に計画でき，ほかの利用者と時間を交渉することさえもできます。すでに年末までの金，土，日曜の予定は全て埋まっていますが，すぐに行動すべきです。また，8月25日はメンテナンス作業のため閉館となることにご注意ください。

August

Friday 21	Saturday 22	Sunday 23	Monday 24

8月

金曜日 21日	土曜日 22日	日曜日 23日	月曜日 24日

語句 □venue 会場，場所　□recently-completed 最近完成した　□house ～を有している　□fully-equipped 完備された
□futsal フットサル　□squash スカッシュ　□booking system 予約システム　□practice session 練習
□negotiate for ～ ～のことで交渉する　□act 行動する

98.

What does the speaker say about the Browning Sports Complex?

(A) It is newly constructed.
(B) It has a swimming pool.
(C) It is publicly owned.
(D) It is open 24 hours a day.

話し手はBrowningスポーツ複合施設について何と言っていますか。

(A) 新しく建てられた。
(B) プールがある。
(C) 公共所有されている。
(D) 24時間開いている。

語句 □newly 新規に　□publicly 公共に

正解 (A)

解説 話し手はBrowningスポーツ複合施設について何と言っているか，が問われています。冒頭で，このトークはBrowningスポーツ複合施設についての広告だと分かります。❶で「最近完成したばかりの建物は，多様なスポーツ向けのコート及び，設備の整ったジムを有している」と述べているので，この施設の建物が最近建てられたことが分かります。以上より(A)が正解となります。

言い換え The recently-completed building → It is newly constructed

---

99.

What is available for users of the facilities?

(A) Free changing rooms
(B) A parking garage
(C) A newsletter
(D) Online reservations

施設の利用者は何が利用できますか。

(A) 無料の更衣室
(B) 駐車場
(C) 会報
(D) オンライン予約

語句 □changing room 更衣室

正解 (D)

解説 ❷でWith our online booking system「オンライン予約システムでは」と言っているので，この施設ではオンライン予約が可能と分かります。よって，(D)が正解です。そのあとのyou can schedule games and practice sessions easilyでも，予約のことを話しているので，ここをヒントに答えることもできます。

言い換え our online booking system → Online reservations

100.

Look at the graphic. When can listeners book the courts?

(A) On August 21
(B) On August 22
(C) On August 23
(D) On August 24

図を見てください。聞き手はいつコートの予約ができますか。

(A) 8月21日
(B) 8月22日
(C) 8月23日
(D) 8月24日

正解 **(D)**

解説 図表問題で，聞き手はいつコートの予約ができるか，が問われています。話し手は❸で「年末まで金，土，日曜の予定は埋まっている」と話しています。図表より，金，土，日にあたるのは8月21日〜23日ですから，予約できるのは月曜の8月24日だと分かります。以上より正解は(D)となります。

TEST 5 Part 4 | 98-100

「壁越え」を目指して勉強しているあなたへ

（濱：濱﨑先生／大：大里先生）

濱： 本書を手にして学習をしてくださっているあなたが，必ずやその目標を達成できることを心より応援しています。頑張っていきましょう！

大： この本はみなさんの成長をサポートする本です。私と濱﨑さんの学習エッセンスを全て「壁越え」シリーズに詰め込みました。書かれていることの中で自分に足りないことを発見し，復習しながら何度もやることで必ずプラスになり，「高く越えられない壁」が「らくらく越えられる壁」に変わっていくと信じています。You only live once.「人生一度きり」です。自分が越えられる壁の限界を本書でさらに高めていきましょう！

🔑 **100.** 図表問題 | **213**

TEST 1

正解数	スコア	正解数	スコア	正解数	スコア
100	495	66	345	32	195
99	495	65	340	31	190
98	495	64	335	30	185
97	490	63	330	29	180
96	485	62	325	28	175
95	480	61	315	27	170
94	475	60	305	26	165
93	475	59	300	25	160
92	470	58	295	24	155
91	470	57	290	23	150
90	465	56	285	22	145
89	460	55	280	21	140
88	455	54	275	20	135
87	450	53	270	19	130
86	445	52	265	18	125
85	440	51	260	17	120
84	435	50	255	16	115
83	430	49	250	15	115
82	425	48	250	14	110
81	420	47	245	13	110
80	415	46	245	12	105
79	410	45	240	11	100
78	405	44	240	10	100
77	400	43	235	9	
76	395	42	235	8	
75	390	41	230	7	
74	385	40	230	6	
73	380	39	225	5	測定不能
72	375	38	225	4	
71	370	37	220	3	
70	365	36	215	2	
69	360	35	210	1	
68	355	34	205	0	
67	350	33	200		

TEST 2

正解数	スコア	正解数	スコア	正解数	スコア
100	495	66	335	32	175
99	495	65	330	31	170
98	490	64	325	30	160
97	490	63	320	29	160
96	485	62	315	28	155
95	480	61	310	27	155
94	475	60	305	26	150
93	470	59	300	25	150
92	465	58	295	24	140
91	460	57	290	23	140
90	455	56	285	22	135
89	450	55	280	21	135
88	445	54	275	20	130
87	440	53	270	19	130
86	435	52	265	18	125
85	430	51	260	17	120
84	425	50	255	16	115
83	420	49	250	15	110
82	415	48	250	14	105
81	410	47	245	13	100
80	405	46	245	12	95
79	400	45	240	11	90
78	395	44	240	10	90
77	390	43	235	9	
76	385	42	235	8	
75	380	41	230	7	
74	375	40	225	6	
73	370	39	220	5	測定不能
72	365	38	215	4	
71	360	37	210	3	
70	355	36	195	2	
69	350	35	190	1	
68	345	34	185	0	
67	340	33	180		

TEST 3

正解数	スコア	正解数	スコア	正解数	スコア
100	495	66	345	32	190
99	495	65	340	31	185
98	495	64	335	30	180
97	490	63	330	29	175
96	490	62	325	28	170
95	485	61	320	27	165
94	480	60	315	26	160
93	475	59	310	25	160
92	475	58	305	24	155
91	470	57	300	23	150
90	465	56	295	22	145
89	460	55	290	21	140
88	455	54	285	20	135
87	450	53	280	19	130
86	445	52	275	18	125
85	440	51	270	17	120
84	435	50	265	16	120
83	430	49	260	15	115
82	425	48	255	14	115
81	420	47	250	13	110
80	415	46	245	12	110
79	410	45	240	11	105
78	405	44	235	10	105
77	400	43	230	9	↑
76	395	42	230	8	
75	390	41	225	7	
74	385	40	225	6	
73	380	39	220	5	測定不能
72	375	38	220	4	
71	370	37	215	3	
70	365	36	210	2	
69	360	35	205	1	
68	355	34	200	0	↓
67	350	33	195		

TEST 4

正解数	スコア	正解数	スコア	正解数	スコア
100	495	66	335	32	175
99	495	65	330	31	170
98	490	64	325	30	160
97	490	63	320	29	160
96	485	62	315	28	155
95	480	61	310	27	155
94	475	60	305	26	150
93	470	59	300	25	150
92	465	58	295	24	140
91	460	57	290	23	140
90	455	56	285	22	135
89	450	55	280	21	135
88	445	54	275	20	130
87	440	53	270	19	130
86	435	52	265	18	125
85	430	51	260	17	120
84	425	50	255	16	115
83	420	49	250	15	110
82	415	48	250	14	105
81	410	47	245	13	100
80	405	46	245	12	95
79	400	45	240	11	90
78	395	44	240	10	90
77	390	43	235	9	↑
76	385	42	235	8	
75	380	41	230	7	
74	375	40	225	6	
73	370	39	220	5	測定不能
72	365	38	215	4	
71	360	37	210	3	
70	355	36	195	2	
69	350	35	190	1	
68	345	34	185	0	↓
67	340	33	180		

TEST 5

正解数	スコア	正解数	スコア	正解数	スコア
100	495	66	350	32	190
99	495	65	345	31	185
98	495	64	340	30	180
97	490	63	335	29	175
96	490	62	330	28	170
95	485	61	325	27	165
94	480	60	320	26	160
93	475	59	315	25	160
92	475	58	310	24	155
91	470	57	305	23	150
90	465	56	300	22	145
89	460	55	295	21	140
88	455	54	290	20	135
87	450	53	285	19	130
86	450	52	280	18	125
85	445	51	275	17	125
84	440	50	270	16	120
83	435	49	265	15	120
82	430	48	260	14	115
81	425	47	255	13	115
80	420	46	250	12	115
79	415	45	245	11	110
78	410	44	240	10	110
77	405	43	235	9	
76	400	42	230	8	
75	395	41	225	7	
74	390	40	225	6	
73	385	39	220	5	測定不能
72	380	38	220	4	
71	375	37	215	3	
70	370	36	210	2	
69	365	35	205	1	
68	360	34	200	0	
67	355	33	195		

TOEIC® L&Rテスト
壁越え模試
リスニング

別　冊
（問題冊子）

LISTENING

旺文社

TEST 1

解答時間　🕐　約 **45** 分

旺文社 TOEIC® L&R テスト対策書
「自動採点サービス」対応　オンラインマークシート

- サイトから本書「TEST 1」を選択の上，ご利用ください。
- PCからも利用できます。（本冊 p. 6参照）

※各Partの指示文（Directions）は旺文社作成のものです。

LISTENING TEST

In the Listening test, your task will be to show how well you comprehend spoken English. The entire Listening test will be about 45 minutes long. The test has four parts, with directions given for each of them. Your answers must be marked on the answer sheet which is provided separately. The answers must not be written in the test book.

PART 1

Directions: In this part, you will listen to spoken statements concerning a picture in the test book. Each question will have four statements. As you listen, choose the one statement that is the best description of what is shown in the picture. Then, look for the question number on the answer sheet. Finally, mark your answer. The statements are not written in the test book and will be spoken out loud only once.

Answer choice (C), "They're looking at the displays," best describes the picture. So, mark (C) on the answer sheet.

1.

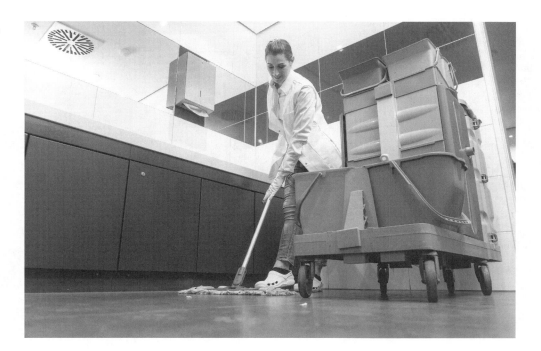

2.

GO ON TO THE NEXT PAGE ➤

3.

4.

5.

6.

GO ON TO THE NEXT PAGE ▶

Directions: You will listen to a statement or question followed by three responses spoken out loud in English. These are not written in the test book and will be spoken out loud only once. Choose the response that best matches the statement or question and mark (A), (B), or (C) on the answer sheet.

7. Mark your answer on your answer sheet.

8. Mark your answer on your answer sheet.

9. Mark your answer on your answer sheet.

10. Mark your answer on your answer sheet.

11. Mark your answer on your answer sheet.

12. Mark your answer on your answer sheet.

13. Mark your answer on your answer sheet.

14. Mark your answer on your answer sheet.

15. Mark your answer on your answer sheet.

16. Mark your answer on your answer sheet.

17. Mark your answer on your answer sheet.

18. Mark your answer on your answer sheet.

19. Mark your answer on your answer sheet.

20. Mark your answer on your answer sheet.

21. Mark your answer on your answer sheet.

22. Mark your answer on your answer sheet.

23. Mark your answer on your answer sheet.

24. Mark your answer on your answer sheet.

25. Mark your answer on your answer sheet.

26. Mark your answer on your answer sheet.

27. Mark your answer on your answer sheet.

28. Mark your answer on your answer sheet.

29. Mark your answer on your answer sheet.

30. Mark your answer on your answer sheet.

31. Mark your answer on your answer sheet.

PART 3

♪ 034~047

Directions: You will listen to a number of conversations consisting of two or more people. Your task is to answer three questions about what is said in each conversation. Choose the response that best matches each question and mark (A), (B), (C), or (D) on the answer sheet. The conversations are not written in the test book and will be spoken out loud only once.

32. Where most likely are the speakers?

(A) At a car dealer
(B) At a movie theater
(C) At a restaurant
(D) At a furniture shop

33. What item was misplaced?

(A) A movie ticket
(B) A parking permit
(C) A wallet
(D) A key

34. What will the man probably do next?

(A) Fill out a form
(B) Show a receipt
(C) Make a phone call
(D) Book a ticket

35. What does the man ask about?

(A) The room decoration
(B) The event space
(C) The health checkup
(D) The bookstore

36. What does the woman suggest the man do?

(A) Check the price list
(B) Leave a business card
(C) Book the room soon
(D) Organize a party on weekdays

37. What does the man say he has to do?

(A) Prepare food for a party
(B) Pay for the venue
(C) Check the time of an event
(D) Confirm the number of attendees

38. What are the speakers organizing?

(A) A festival
(B) A fund-raising event
(C) A company orientation
(D) An awards ceremony

39. What does the man mean when he says, "There's just one more thing"?

(A) He will complete a task soon.
(B) He is concerned about a different problem.
(C) He needs to place an order.
(D) He does not have any other options.

40. What does the woman suggest?

(A) Changing a design
(B) Using spare clothes
(C) Shipping some boxes
(D) Ordering extra supplies

41. What problem does the woman mention?

(A) She cannot meet a deadline.
(B) She lost her employee ID.
(C) She has a scheduling conflict.
(D) She cannot access a Web page.

42. What does Kirk suggest the woman do?

(A) Have a meeting online
(B) Take a day off
(C) Download some files
(D) Watch a tutorial video

43. What will the woman most likely do next?

(A) Visit a plant
(B) Make a phone call
(C) Collect some documents
(D) Cancel a reservation

GO ON TO THE NEXT PAGE

44. Why is the woman calling?

(A) To request a refund
(B) To confirm travel plans
(C) To schedule a conference
(D) To commission a job

45. What will the man most likely do next Monday?

(A) Call his colleague
(B) Mail the woman a brochure
(C) Purchase some equipment
(D) Provide a quotation

46. What does the woman ask about?

(A) A work schedule
(B) A deposit
(C) A discount
(D) A return policy

---

47. What does the woman say she did this morning?

(A) Fix a piece of equipment
(B) Submitted some documents
(C) Ordered some items
(D) E-mailed her boss

48. What does the woman mean when she says, "I had the same problem"?

(A) She was overcharged for the service.
(B) She had trouble using the printer.
(C) She was unable to access her computer.
(D) She was concerned about the security.

49. What does the man say he will do next?

(A) Ask his colleague for assistance
(B) Help the woman finish a report
(C) Call a technical support center
(D) Make an order for office supplies

50. Where is the conversation most likely taking place?

(A) At a restaurant
(B) At an airport
(C) At a dry cleaner
(D) At an accommodation

51. What does the woman suggest the man do?

(A) Download a map
(B) Pay with cash
(C) Use a service
(D) Upgrade a seat

52. What will the man do next?

(A) Go to a supermarket
(B) Claim some baggage
(C) Check a menu
(D) Take a bus

---

53. What does the man say about the speakers' company?

(A) It hired recruits recently.
(B) Its sales are declining.
(C) It has launched a new product.
(D) Its building has a long history.

54. What is the woman concerned about?

(A) Hiring additional staff
(B) Handling multiple projects
(C) Finding more tenants
(D) Financing a relocation

55. What does the woman agree to do?

(A) Work overtime
(B) Call her colleague
(C) Ask about a loan
(D) Visit an office

---

56. What are the speakers discussing?

(A) Revising a policy
(B) Changing a tutorial
(C) Enhancing data security
(D) Holding a seminar

57. What is Ed concerned about?

(A) The budget
(B) New regulations
(C) The schedule
(D) Outdated software

58. What will the woman most likely do next?

(A) Contact some customers
(B) Record an event on video
(C) Request some estimates
(D) Take part in a training course

59. What are the speakers talking about?

(A) An air-conditioning unit
(B) A leather product
(C) A kitchen appliance
(D) A gardening tool

60. According to the man, what is the problem with the product?

(A) The power will not turn on.
(B) It is the wrong color.
(C) One of the parts is missing.
(D) It is leaking water.

61. What does the woman say she will do?

(A) Ship a replacement part
(B) Dispatch staff
(C) Extend a warranty
(D) Issue a refund

Quarto Books – Floor Guide

4 F	Travel, Arts & Culture
3 F	Self-Help, Cookbooks
2 F	Biography, History
1 F	Fiction, Poetry

62. Who most likely is the man?

(A) A professor
(B) A chef
(C) A store clerk
(D) A novelist

63. Look at the graphic. Which floor will the woman go to next?

(A) The first floor
(B) The second floor
(C) The third floor
(D) The fourth floor

64. What does the man say about the book?

(A) It is short.
(B) It is fictional.
(C) It is popular.
(D) It is inexpensive.

GO ON TO THE NEXT PAGE ➤

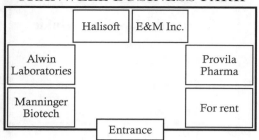

CRANWELL BUSINESS PARK

	Halisoft	E&M Inc.
Alwin Laboratories		Provila Pharma
Manninger Biotech		For rent
	Entrance	

Long Valley Store
Invoice No. A5924

Product Code	Quantity	Price
A0869	20	$120.00
D0128	4	$80.00
C0157	10	$90.00
	Shipping	$30.00
	Total	$320.00

65. Look at the graphic. Where does the woman work?

(A) At Halisoft
(B) At E&M Inc.
(C) At Provila Pharma
(D) At Manninger Biotech

66. What kind of service does the man's company provide?

(A) Landscaping
(B) Security
(C) Construction
(D) Manufacturing

67. What will the man most likely do next?

(A) Postpone an appointment
(B) Write down an address
(C) Check his availability
(D) Review a project budget

68. What type of product does the woman's company sell?

(A) Gardening tools
(B) Kitchen appliances
(C) Office supplies
(D) Lighting equipment

69. Look at the graphic. What price figure does the man say is a mistake?

(A) $30.00
(B) $80.00
(C) $120.00
(D) $90.00

70. What does the woman say she will do?

(A) Call back later today
(B) Make a copy of an order form
(C) Send some replacement items
(D) Transfer a customer's call to a colleague

PART 4

🎵 048~058

Directions: You will listen to a number of talks each given by a speaker. Your task is to answer three questions about what is said in each talk. Choose the response that best matches each question and mark (A), (B), (C), or (D) on the answer sheet. The talks are not written in the test book and will be spoken out loud only once.

71. Where is this announcement most likely being made?

(A) At a supermarket
(B) At a shopping center
(C) At a hotel
(D) At a concert hall

72. What can be found near the main entrance?

(A) A construction site
(B) A performance stage
(C) Special displays
(D) Food stalls

73. What does the speaker say will happen in December?

(A) Tickets will go on sale.
(B) A manager will be replaced.
(C) An area will reopen.
(D) Construction work will begin.

74. What is the purpose of the message?

(A) To inquire about job openings
(B) To confirm a reservation
(C) To reschedule an appointment
(D) To request an interview

75. What type of business is the speaker calling?

(A) A restaurant
(B) A library
(C) An exercise facility
(D) A dentist's office

76. What does the speaker ask the listener to do?

(A) Return his call
(B) Arrange a ride
(C) Book a table
(D) Contact his co-worker

77. What topic is the speaker mainly discussing?

(A) A dance workshop
(B) A company trip
(C) A cleaning event
(D) A manufacturing process

78. What will the speaker send the listeners?

(A) Job assignments
(B) Paychecks
(C) Checklists
(D) Product catalogs

79. What is recommended for the listeners?

(A) Taking photographs
(B) Inviting their friends
(C) Wearing warm clothes
(D) Staying hydrated

80. What is being advertised?

(A) Appliances
(B) Hotels
(C) Clothing
(D) Furniture

81. What is mentioned about Soma?

(A) It offers a money-back guarantee.
(B) Its products last longer than any other.
(C) It has stores throughout the world.
(D) Its products use only natural materials.

82. Why does the speaker say, "We only have limited quantities of each item"?

(A) To explain why the product is expensive
(B) To suggest hiring an additional employee
(C) To apologize for a mistake
(D) To encourage listeners to act quickly

GO ON TO THE NEXT PAGE

83. Why is the speaker calling?

(A) To cancel an event
(B) To answer some questions
(C) To provide career advice
(D) To inquire about an advertisement

84. What does the speaker want to do?

(A) Start running a store
(B) Join a city tour
(C) Purchase a house
(D) Prepare for a presentation

85. What does the speaker say about the area around Menlo Park?

(A) It has a new shopping mall.
(B) It has several theaters.
(C) It is close to his home.
(D) It is attracting new residents.

---

86. What is the talk mainly about?

(A) Updates to a product
(B) How to back up a computer
(C) Changes to a Web page
(D) A reservation process

87. Why does the speaker say, "Actually, it only took me one try"?

(A) To indicate that a problem rarely occurs
(B) To emphasize that the system is simple
(C) To apologize for his lack of experience
(D) To ask for some assistance

88. What will the listeners most likely do next?

(A) Send some packages
(B) Meet with other attendees
(C) Start up a system
(D) Discuss a problem

---

89. Where is the speaker reporting from?

(A) A park
(B) A convention center
(C) A restaurant
(D) A museum

90. What does the speaker suggest?

(A) Finding a photo booth
(B) Waiting for further updates
(C) Purchasing tickets early
(D) Using public transportation

91. What will the speaker do next?

(A) Report the weather
(B) Apply for a lottery
(C) Interview some people
(D) Order some food

---

92. Who most likely is Isabel Mendes?

(A) A copywriter
(B) A doctor
(C) A nutrition expert
(D) A chef

93. What does the speaker imply when he says, "but her schedule was already full"?

(A) Ms. Mendes has not taken a vacation this year.
(B) Ms. Mendes is a popular lecturer.
(C) Ms. Mendes needs to change her appointment.
(D) Ms. Mendes cannot stay after her lecture.

94. What will the listeners most likely do next?

(A) Deliver some books
(B) Register for an activity
(C) Taste a free sample
(D) Listen to a talk

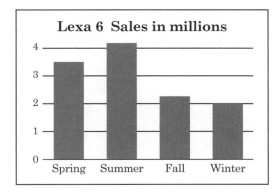

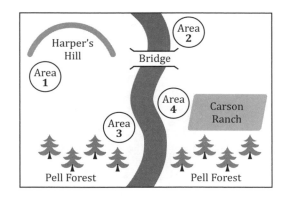

95. What kind of product does the speaker's company sell?

(A) Television screens
(B) Mobile phones
(C) Navigation systems
(D) Computer keyboards

96. Look at the graphic. When was the Godo X phone launched?

(A) Spring
(B) Summer
(C) Fall
(D) Winter

97. Who most likely is Ola Simons?

(A) A sales manager
(B) A marketing expert
(C) An advertising executive
(D) A legal consultant

98. According to the speaker, what is Carson Ranch known for?

(A) Horse breeding
(B) Dairy products
(C) A petting zoo
(D) Textile production

99. Look at the graphic. Where will the campsite most likely be?

(A) Area 1
(B) Area 2
(C) Area 3
(D) Area 4

100. What does the speaker recommend doing?

(A) Feeding some animals
(B) Attending a local festival
(C) Swimming in the river
(D) Hiking up a mountain

You have reached the end of the Listening Test.

TEST 2

解答時間 🕐 約 **45** 分

- **解答用紙**　　　　**p. 73**

※ Web サイトからダウンロードもできます
（本冊 p. 7参照）

- **正解一覧**　【本冊】**p. 55**

- **解答解説**　【本冊】**p. 56〜93**

旺文社 TOEIC® L&R テスト対策書
「自動採点サービス」対応　オンラインマークシート

- サイトから本書「TEST 2」を選択の上，ご利用ください。
- PCからも利用できます。（本冊 p. 6参照）

※各Partの指示文（Directions）は旺文社作成のものです。

LISTENING TEST

In the Listening test, your task will be to show how well you comprehend spoken English. The entire Listening test will be about 45 minutes long. The test has four parts, with directions given for each of them. Your answers must be marked on the answer sheet which is provided separately. The answers must not be written in the test book.

PART 1

Directions: In this part, you will listen to spoken statements concerning a picture in the test book. Each question will have four statements. As you listen, choose the one statement that is the best description of what is shown in the picture. Then, look for the question number on the answer sheet. Finally, mark your answer. The statements are not written in the test book and will be spoken out loud only once.

Answer choice (C), "They're looking at the displays," best describes the picture. So, mark (C) on the answer sheet.

1.

2.

GO ON TO THE NEXT PAGE ➤

3.

4.

5.

6.

GO ON TO THE NEXT PAGE ➡

PART 2

Directions: You will listen to a statement or question followed by three responses spoken out loud in English. These are not written in the test book and will be spoken out loud only once. Choose the response that best matches the statement or question and mark (A), (B), or (C) on the answer sheet.

7. Mark your answer on your answer sheet.

8. Mark your answer on your answer sheet.

9. Mark your answer on your answer sheet.

10. Mark your answer on your answer sheet.

11. Mark your answer on your answer sheet.

12. Mark your answer on your answer sheet.

13. Mark your answer on your answer sheet.

14. Mark your answer on your answer sheet.

15. Mark your answer on your answer sheet.

16. Mark your answer on your answer sheet.

17. Mark your answer on your answer sheet.

18. Mark your answer on your answer sheet.

19. Mark your answer on your answer sheet.

20. Mark your answer on your answer sheet.

21. Mark your answer on your answer sheet.

22. Mark your answer on your answer sheet.

23. Mark your answer on your answer sheet.

24. Mark your answer on your answer sheet.

25. Mark your answer on your answer sheet.

26. Mark your answer on your answer sheet.

27. Mark your answer on your answer sheet.

28. Mark your answer on your answer sheet.

29. Mark your answer on your answer sheet.

30. Mark your answer on your answer sheet.

31. Mark your answer on your answer sheet.

PART 3

Directions: You will listen to a number of conversations consisting of two or more people. Your task is to answer three questions about what is said in each conversation. Choose the response that best matches each question and mark (A), (B), (C), or (D) on the answer sheet. The conversations are not written in the test book and will be spoken out loud only once.

32. What is the purpose of the call?

(A) To get an opinion on a supplier
(B) To decide on a topic for a meeting
(C) To place an advertisement
(D) To schedule an appointment

33. When do the speakers intend to meet?

(A) On Monday morning
(B) On Monday afternoon
(C) On Friday morning
(D) On Friday afternoon

34. Why does the woman say, "I'm still waiting"?

(A) She has not received a delivery.
(B) She is expecting a program outline.
(C) She doubts that a client is dependable.
(D) She has not been given an invoice.

35. Where does the man work?

(A) At a shipping facility
(B) At a construction site
(C) At a manufacturing plant
(D) At a shopping center

36. When does the woman say a shipment will arrive?

(A) On Wednesday
(B) On Thursday
(C) On Friday
(D) On Saturday

37. What does the man say he wants to do?

(A) Speak with employees
(B) Read some product reviews
(C) Take a break
(D) Modify an order

38. Why is the man calling?

(A) To make a reservation
(B) To request a document
(C) To obtain technical support
(D) To ask about a missing item

39. Where does the woman most likely work?

(A) At a software company
(B) At a supermarket
(C) At a hotel
(D) At a café

40. What will the man do tomorrow?

(A) Go on a vacation
(B) Call a client
(C) Check out of a hotel
(D) Return from a trip

41. What is the main topic of the conversation?

(A) Arranging a plant visit
(B) Obtaining a map of the area
(C) Participating in a tour
(D) Attending a concert

42. What did the woman read?

(A) An employee manual
(B) A magazine article
(C) A competitor's advertisement
(D) A city financial report

43. According to the woman, why is money being raised?

(A) To improve water quality
(B) To provide extra seating
(C) To purchase some property
(D) To restore a historic building

GO ON TO THE NEXT PAGE

44. What is the woman planning to do in the afternoon?

(A) Inspect a factory
(B) Lead a committee
(C) Visit an establishment
(D) Watch a sporting event

45. What problem does the man mention?

(A) The number of guests has increased.
(B) Tickets are sold out.
(C) The budget is too tight.
(D) An entertainer is not available.

46. What does the woman say about the company?

(A) She has used them before.
(B) They have a reputation for reasonable prices.
(C) They started a new service.
(D) They specialize in large orders.

47. Who most likely are the speakers?

(A) Financial advisors
(B) Computer programmers
(C) Science instructors
(D) Maintenance workers

48. What is the woman doing next month?

(A) Meeting some visitors
(B) Conducting an inspection
(C) Hiring an assistant
(D) Joining a fitness club

49. Why is the man unable to participate?

(A) He did not receive an invitation.
(B) He is not qualified.
(C) He needs to work overtime.
(D) He will be out of town.

50. Where most likely is the conversation taking place?

(A) In a shoe store
(B) In an art supply store
(C) In a clothing boutique
(D) In a furniture store

51. What does the woman suggest the man do?

(A) Choose a different color
(B) Find the inventory information online
(C) Call the store before his visit
(D) Pay by credit card

52. What will the woman do next?

(A) Deliver a product
(B) Talk to her supervisor
(C) Call another branch
(D) Go to a storage room

53. What are the speakers mainly discussing?

(A) Holding a convention
(B) Building an office
(C) Repairing a vehicle
(D) Refurbishing a hotel

54. What does the woman suggest the men do?

(A) Speak with an interior decorator
(B) Hire a caterer
(C) Check out a different store
(D) Consider another location

55. What does the woman want to know about the project?

(A) Why it has been postponed
(B) What the objective is
(C) Who is in charge of planning
(D) How much they can afford to pay

56. Who most likely is the woman?

(A) A Web designer
(B) A travel agent
(C) A professional athlete
(D) A gym owner

57. What does Batley Association do every month?

(A) Organize a competition
(B) Post newspaper articles
(C) Hold public events
(D) Give lessons for students

58. What does the woman say is available on a Web site?

(A) A map
(B) A photo gallery
(C) A recipe
(D) An event calendar

59. What does the man want to do?

(A) Return a vehicle
(B) Acquire a qualification
(C) Confirm an order
(D) Deliver a package

60. What is the problem?

(A) A car has engine trouble.
(B) The man lost his car key.
(C) The man has the wrong information.
(D) A parking lot is full.

61. What does the woman mean when she says, "It should only take about five minutes"?

(A) She expects the man to arrive soon.
(B) She will leave her office right away.
(C) She will finish a task shortly.
(D) She is surprised by a delay.

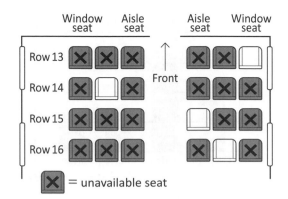

= unavailable seat

62. What does the man ask the woman about?

(A) The amount of luggage
(B) The flight's departure time
(C) The schedule of the trains
(D) Local weather conditions

63. Look at the graphic. In which row will the woman most likely sit?

(A) Row 13
(B) Row 14
(C) Row 15
(D) Row 16

64. What does the man advise the woman to do?

(A) Reserve her return flight
(B) Check some information online
(C) Purchase a new suitcase
(D) Arrive at the airport early

GO ON TO THE NEXT PAGE

Quarterly Sales

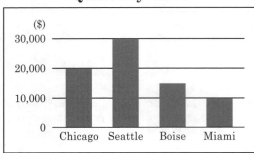

Kellerton Transit Network Fares

Single ticket	$3.25
1-day pass	$10.00
2-day pass	$15.00
1-week pass	$35.00

65. What does the man offer to do?

(A) Provide an assistant
(B) Assign a larger office
(C) Replace some equipment
(D) Increase a budget

66. Look at the graphic. Which branch's representatives will sit close to the stage?

(A) Chicago
(B) Seattle
(C) Boise
(D) Miami

67. What does the woman suggest?

(A) Offering a cash incentive
(B) Requesting a discount on catering
(C) Offering visitors some accommodation
(D) Inviting a manager to discuss methods

68. Where most likely are the speakers?

(A) At a travel agency
(B) At a ticket office
(C) At a hotel
(D) At a shopping mall

69. What does the woman suggest the man do?

(A) Visit the city hall
(B) Purchase a pass
(C) Postpone his trip
(D) Change his destination

70. Look at the graphic. How much will the man pay the woman?

(A) $10.00
(B) $35.00
(C) $15.00
(D) $3.25

PART 4

Directions: You will listen to a number of talks each given by a speaker. Your task is to answer three questions about what is said in each talk. Choose the response that best matches each question and mark (A), (B), (C), or (D) on the answer sheet. The talks are not written in the test book and will be spoken out loud only once.

71. Who most likely are the listeners?

(A) Delivery people
(B) Restaurant staff
(C) Sales representatives
(D) Store cashiers

72. What are listeners asked to do?

(A) Work longer hours
(B) Talk to customers
(C) Hand out some flyers
(D) Register for a course

73. What will the speaker do next?

(A) Set up a display
(B) Distribute some items
(C) Present marketing ideas
(D) Call potential customers

74. Where does the announcement take place?

(A) At a national park
(B) At a photography studio
(C) At a department store
(D) At an art gallery

75. Why does the speaker say, "You can probably figure out the theme"?

(A) The theme is repeated every year.
(B) The title is very descriptive.
(C) Many competitions have the same concept.
(D) Advertisements have been broadcast many times.

76. How will the money from admission fees be used?

(A) To improve the facilities
(B) To renovate a city library
(C) To pay for a guest speaker
(D) To fund conservation activities

77. What was Helga supposed to talk about?

(A) A change in company policy
(B) The budget for the department
(C) The outcome of a project
(D) Some requests from a client

78. What type of work do the listeners most likely do?

(A) Construction
(B) Advertising
(C) Product design
(D) Journal publishing

79. What are listeners asked to do?

(A) Fill out forms
(B) Confirm a schedule
(C) Discuss an article
(D) Review projects

80. Why has traffic increased?

(A) A train schedule has been changed.
(B) The population has grown.
(C) A new office building has opened.
(D) Some bus routes have been canceled.

81. What does the speaker mean when she says, "We'll all just have to get used to it"?

(A) The current situation will not improve.
(B) Drivers should learn to drive in different conditions.
(C) Some new vehicles are becoming very expensive.
(D) The price of tickets will not be discounted.

82. Why does Milton Road have less congestion?

(A) A traffic signal has been fixed.
(B) It has been widened.
(C) Larger buses are being used.
(D) A toll is being charged.

GO ON TO THE NEXT PAGE

83. What is the purpose of the talk?

(A) To welcome a new staff member
(B) To celebrate the completion of a job
(C) To explain a new procedure
(D) To review profit targets

84. What made the Norton Hall project difficult?

(A) It had a small budget.
(B) There was a lack of communication.
(C) There was a staff shortage.
(D) The location was very remote.

85. What is different about the new project?

(A) It involves a public building.
(B) The deadline is urgent.
(C) The building design is unique.
(D) It will take place in the city center.

---

86. What is being advertised?

(A) A travel package
(B) A restaurant opening
(C) An auto repair service
(D) A food fair

87. What does the speaker suggest listeners do?

(A) Bring rain gear
(B) Use public transportation
(C) Arrive as early as possible
(D) Purchase an online ticket

88. According to the speaker, what can listeners do on the Web site?

(A) Register for an activity
(B) Check a schedule
(C) Purchase tickets
(D) Order merchandise

---

89. What is the purpose of the call?

(A) To request a document
(B) To cancel an appointment
(C) To give an update on a project
(D) To reschedule a client meeting

90. What does the speaker mean when he says, "everything seemed fine to me"?

(A) A proposal is ready to be submitted.
(B) The video length is suitable.
(C) He enjoyed a meal at a restaurant.
(D) He is satisfied with a test result.

91. What does the speaker say he can do tomorrow?

(A) Place a new order
(B) Send a document
(C) Speak with a client
(D) Have an online meeting

---

92. Where most likely are the listeners?

(A) At a tourist office
(B) At a concert venue
(C) At a conference site
(D) At a movie theater

93. Who is Mr. Felton?

(A) A university professor
(B) A film director
(C) A convention's founder
(D) A business owner

94. What has Mr. Felton recently done?

(A) Published a book
(B) Opened a school
(C) Acquired some businesses
(D) Decided to step down

Photo Shoot Schedule

Sales ········· 9:30 A.M.
Accounting ········· 11:00 A.M.
General affairs ········· 2:30 A.M.
Shipping ········· 3:00 A.M.

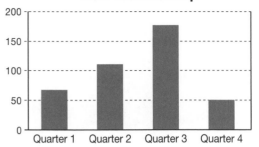

New Membership

95. According to the speaker, what will Ms. Tubman do on Thursday?

    (A) Print name cards
    (B) Hire a photographer
    (C) Upload photo data
    (D) Visit each department

96. Look at the graphic. Which department does the speaker belong to?

    (A) Accounting
    (B) Sales
    (C) Shipping
    (D) General affairs

97. What are the listeners advised to do for the photo shoot?

    (A) Pay the fee early
    (B) Dress appropriately
    (C) Book a studio
    (D) Bring additional cameras

98. According to the speaker, what happened last year at the association?

    (A) Their office was relocated.
    (B) Their membership fee was raised.
    (C) They replaced a president.
    (D) They failed to reach a target.

99. Look at the graphic. When was the annual convention held?

    (A) In the Quarter 1
    (B) In the Quarter 2
    (C) In the Quarter 3
    (D) In the Quarter 4

100. What will the speaker do next?

    (A) Share some suggestions
    (B) Answer the listeners' questions
    (C) Set a sales goal
    (D) Give feedback on an event

You have reached the end of the Listening Test

TEST 3

解答時間 🕐 約 **45**分

- 解答用紙　　　　　p. 75

※ Web サイトからダウンロードもできます
（本冊 p. 7参照）

- 正解一覧　　【本冊】 p. 95

- 解答解説　　【本冊】 p. 96〜133

旺文社 TOEIC® L&R テスト対策書
「自動採点サービス」対応　オンラインマークシート

- サイトから本書「TEST 3」を選択の上，ご利用ください。
- PC からも利用できます。（本冊 p. 6参照）

※各Partの指示文（Directions）は旺文社作成のものです。

LISTENING TEST

In the Listening test, your task will be to show how well you comprehend spoken English. The entire Listening test will be about 45 minutes long. The test has four parts, with directions given for each of them. Your answers must be marked on the answer sheet which is provided separately. The answers must not be written in the test book.

PART 1

Directions: In this part, you will listen to spoken statements concerning a picture in the test book. Each question will have four statements. As you listen, choose the one statement that is the best description of what is shown in the picture. Then, look for the question number on the answer sheet. Finally, mark your answer. The statements are not written in the test book and will be spoken out loud only once.

Answer choice (C), "They're looking at the displays," best describes the picture. So, mark (C) on the answer sheet.

1.

2.

GO ON TO THE NEXT PAGE

3.

4.

5.

6.

GO ON TO THE NEXT PAGE

Directions: You will listen to a statement or question followed by three responses spoken out loud in English. These are not written in the test book and will be spoken out loud only once. Choose the response that best matches the statement or question and mark (A), (B), or (C) on the answer sheet.

7. Mark your answer on your answer sheet.

8. Mark your answer on your answer sheet.

9. Mark your answer on your answer sheet.

10. Mark your answer on your answer sheet.

11. Mark your answer on your answer sheet.

12. Mark your answer on your answer sheet.

13. Mark your answer on your answer sheet.

14. Mark your answer on your answer sheet.

15. Mark your answer on your answer sheet.

16. Mark your answer on your answer sheet.

17. Mark your answer on your answer sheet.

18. Mark your answer on your answer sheet.

19. Mark your answer on your answer sheet.

20. Mark your answer on your answer sheet.

21. Mark your answer on your answer sheet.

22. Mark your answer on your answer sheet.

23. Mark your answer on your answer sheet.

24. Mark your answer on your answer sheet.

25. Mark your answer on your answer sheet.

26. Mark your answer on your answer sheet.

27. Mark your answer on your answer sheet.

28. Mark your answer on your answer sheet.

29. Mark your answer on your answer sheet.

30. Mark your answer on your answer sheet.

31. Mark your answer on your answer sheet.

PART 3

Directions: You will listen to a number of conversations consisting of two or more people. Your task is to answer three questions about what is said in each conversation. Choose the response that best matches each question and mark (A), (B), (C), or (D) on the answer sheet. The conversations are not written in the test book and will be spoken out loud only once.

32. What problem does the woman mention?

(A) Her colleague is late.
(B) Some figures are wrong.
(C) A delivery has been delayed.
(D) There has been an equipment malfunction.

33. What did the woman want to do with Stephen?

(A) Conduct a survey
(B) Practice a presentation
(C) Schedule a business trip
(D) Have a lunch meeting

34. What does the man propose?

(A) Advertising a position
(B) Replacing some parts
(C) Altering a schedule
(D) Picking up a colleague

35. Who most likely are the men?

(A) Job applicants
(B) Network technicians
(C) Interior designers
(D) Hospital patients

36. According to the men, what is Jack Wang expected to do?

(A) Issue their identification cards
(B) Organize a factory tour
(C) Fix a chair
(D) Give them access to a room

37. What does the woman offer to do?

(A) Provide some refreshments
(B) Give a free ride
(C) Revise company information
(D) E-mail a product catalog

38. What event does the woman want to attend?

(A) An art installation
(B) A movie screening
(C) A concert
(D) A sport competition

39. What is the man planning to do tonight?

(A) Buy some clothing
(B) See a famous writer
(C) Use some equipment
(D) Speak with potential clients

40. What does the man say about tonight's event?

(A) It is attracting young people.
(B) It is sold out.
(C) It will be held at a new venue.
(D) It will start late.

41. What problem does the woman mention?

(A) She does not know the password.
(B) She cannot transfer a call.
(C) She has a scheduling conflict.
(D) She needs to leave the office.

42. Who most likely is the man?

(A) A delivery driver
(B) A property developer
(C) A janitor
(D) A technician

43. What will the man do in the afternoon?

(A) Sort some merchandise
(B) Install a new system
(C) Reschedule a cleanup
(D) Visit the woman's office

GO ON TO THE NEXT PAGE ➡

44. What are the speakers mainly discussing?

(A) A convention center
(B) A department budget
(C) A client's complaint
(D) A cleaning service

45. What does the woman mean when she says, "We should give them a chance"?

(A) They should request a discount.
(B) They should try a new supplier.
(C) They should provide better employee training.
(D) They should forgive a mistake.

46. What does the woman say she will do tomorrow?

(A) Visit a supplier
(B) Raise prices
(C) Attend a conference
(D) Take a vacation

47. What are the speakers planning to do?

(A) Visit another branch
(B) Take an online course
(C) Organize an event
(D) File some documents

48. What does the man suggest?

(A) Placing online advertisements
(B) Starting a project earlier
(C) Changing the moving date
(D) Working with local professionals

49. What does Nadia say she will do?

(A) Provide contact information
(B) Help screen candidates
(C) Book a hotel
(D) Respond to an e-mail

50. Where most likely are the speakers?

(A) In a restaurant
(B) In a publishing house
(C) In a convenience store
(D) In a cinema

51. What does the man ask about?

(A) Using the location to film a commercial
(B) Visiting outside of business hours
(C) Expanding the premises
(D) Lowering production costs

52. What does the woman say happens at night?

(A) A different menu is offered.
(B) Prices are raised.
(C) The restaurant is cleaned.
(D) Some staff members leave.

53. What is the problem?

(A) A platform is overcrowded.
(B) A station is under reconstruction.
(C) A storm is predicted.
(D) A service has been suspended.

54. Why does the man need to go to Westfield?

(A) To visit his colleague
(B) To take part in a seminar
(C) To guide a tour
(D) To watch a sports match

55. What will the man probably do next?

(A) Complete a form
(B) Request a reimbursement
(C) Change his seat
(D) Go to a counter

56. What kind of business does the man work for?

(A) A real estate agency
(B) A construction company
(C) A lawn care service
(D) A solar panel installer

57. What does the man offer to do?

(A) Extend a warranty
(B) Give a free consultation
(C) Discount some parts
(D) Refund a deposit

58. What does the woman mean when she says, "but I'll leave the gate unlocked"?

(A) There is a security problem.
(B) She does not have a key.
(C) The man could let himself in.
(D) Staff members are on site.

59. How did the man learn about the woman's firm?

(A) From a business directory
(B) From a newspaper advertisement
(C) From a co-worker
(D) From a Web site

60. What will the speakers discuss at the meeting?

(A) Motivational techniques
(B) Marketing strategies
(C) Product design
(D) Fitness training

61. What does the woman suggest the man do before they meet?

(A) Watch a video
(B) Read a brochure
(C) Check a price list
(D) Visit a client

Holiday Apartments	Price per night
DuPont Gardens (4.5 stars)	$110
Stallard Towers (4 stars)	$ 80
Clarendon Views (3.5 stars)	$ 65
Marcus Villas (3 stars)	$ 60

62. According to the woman, what did the man say about the Regent Hotel?

(A) The rooms were cramped.
(B) The meals were delicious.
(C) The gym was inadequate.
(D) The staff was very professional.

63. What is the purpose of the man's trip to Toronto?

(A) To interview some applicants
(B) To purchase a business
(C) To run a training session
(D) To sign a contract

64. Look at the graphic. Which holiday apartment will the woman most likely reserve for the man?

(A) DuPont Gardens
(B) Stallard Towers
(C) Clarendon Views
(D) Marcus Villas

GO ON TO THE NEXT PAGE

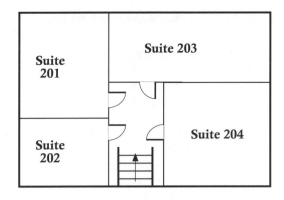

Status Meeting Agenda – December 4

TV commercial for Lavela   9:30 A.M.
Web advertisement for Gentek 10:00 A.M.
Short break   10:30 A.M.
Launch event for Redmond   10:45 A.M.
Magazine for Azuma   11:15 A.M.

65. What problem does the woman mention?

(A) She lost some meeting minutes.
(B) She has not booked a ticket yet.
(C) She did not receive an update.
(D) She cannot give a presentation.

66. What does the woman say she will do today?

(A) Accompany her boss on a trip
(B) Call a travel agency
(C) Finish writing her proposal
(D) Send presentation materials

67. Look at the graphic. Which topic will the man discuss at the meeting?

(A) A Web advertisement for Gentek
(B) A TV commercial for Lavela
(C) A magazine for Azuma
(D) A launch event for Redmond

68. What does the man inquire about?

(A) The cost of building materials
(B) The size of some office furniture
(C) The deadline for a project
(D) The reason for a difference in rent

69. Look at the graphic. Where are the speakers?

(A) In Suite 201
(B) In Suite 202
(C) In Suite 203
(D) In Suite 204

70. What does the woman say about the square room?

(A) It has low-energy lighting.
(B) It is conveniently located.
(C) The rent is less expensive.
(D) The layout can be reconfigured.

Directions: You will listen to a number of talks each given by a speaker. Your task is to answer three questions about what is said in each talk. Choose the response that best matches each question and mark (A), (B), (C), or (D) on the answer sheet. The talks are not written in the test book and will be spoken out loud only once.

71. What kind of business does the speaker work for?

   (A) A hotel
   (B) A textile factory
   (C) A plumbing company
   (D) An interior decorating firm

72. What is the problem with the carpet?

   (A) Its size
   (B) Its availability
   (C) Its quality
   (D) Its cost

73. What will the speaker do next?

   (A) Negotiate a price
   (B) Sign a contract
   (C) Distribute some information
   (D) Talk to the painters

74. What field does Dr. Ramsey work in?

   (A) Medicine
   (B) Education
   (C) Engineering
   (D) Business

75. What is stated about people over 60?

   (A) They are continuing to work full time.
   (B) They are leading healthier lifestyles.
   (C) They spend more time with family.
   (D) They eat out more often than other age groups.

76. What does the speaker mean when she says, "I'll leave it at that"?

   (A) She does not want to carry something around.
   (B) The listeners can find the article on her desk.
   (C) She is finished with her research.
   (D) She will not go into any more detail.

77. Where is the speech taking place?

   (A) At an awards ceremony
   (B) At a company banquet
   (C) At advertising workshop
   (D) At a board meeting

78. According to the speaker, what has Shuaib Erickson done?

   (A) Changed ticket prices
   (B) Organized a cooking contest
   (C) Run a social media account
   (D) Designed a new company logo

79. What will the listeners most likely do next?

   (A) Speak with guests
   (B) Listen to a speech
   (C) Watch a video
   (D) Move to a different room

80. What is the broadcast mainly about?

   (A) A sports event
   (B) An outdoor concert
   (C) A film festival
   (D) A grand opening

81. What does the speaker say will happen on Sunday?

   (A) A street will be under construction.
   (B) A winner will be awarded.
   (C) A race will be broadcast.
   (D) A bridge will be closed to vehicles.

82. According to the speaker, what can listeners find on a Web site?

   (A) A concert schedule
   (B) Updates about a race
   (C) A list of songs
   (D) Traffic conditions

GO ON TO THE NEXT PAGE

83. What will the company do in April?

(A) Announce the winner of an award
(B) Recruit volunteers for an activity
(C) Organize an event for charity
(D) Publish articles online

84. What does the speaker imply when she says, "I'm hoping this will inspire others to get involved"?

(A) She is trying to raise funds for a charity.
(B) She hopes more people will do volunteer work.
(C) She wants the employees to show more leadership.
(D) She would like the listeners to make suggestions.

85. According to the speaker, what will Becky Shaw do next week?

(A) Interview some employees
(B) Arrange a photo shoot
(C) Present a new plan
(D) Give assignments to volunteers

---

86. Who most likely is the intended audience for the talk?

(A) University students
(B) A group of artists
(C) Curators
(D) Postal workers

87. What has occurred at the museum?

(A) Some letters have been collected.
(B) A number of artworks have been donated.
(C) The budget has been increased.
(D) Visitor numbers have fallen.

88. What are the listeners asked to do?

(A) Help with publicity
(B) Attend an auction
(C) Prepare a guest list
(D) Examine some art

---

89. Why is the speaker calling?

(A) To report a mistake
(B) To reserve some seats
(C) To request a refund
(D) To cancel an order

90. What does the speaker offer to do?

(A) Send some invitations
(B) Make an additional payment
(C) Arrange accommodations
(D) Use another catering company

91. What does the speaker ask the listener to do?

(A) Keep some food refrigerated
(B) Bring extra plates
(C) Submit an updated invoice
(D) Respond promptly

---

92. According to the speaker, why are changes being made?

(A) To reduce costs
(B) To enhance the company's image
(C) To increase vacation time
(D) To improve safety

93. What does the speaker mean when she says, "That's all there is to it"?

(A) The new procedure is very simple.
(B) The company must comply with the rules.
(C) A device was easier to use than expected.
(D) Some employees will be excused from participating.

94. What will happen on Monday?

(A) The company will be closed.
(B) A meeting will be scheduled.
(C) New equipment will be installed.
(D) Special clothing will be provided.

Discount Voucher
HandyOne Prepaid Sim Card

6-Month Plan	**10%** off
12-Month Plan	**15%** off
18-Month Plan	**25%** off
24-Month Plan	**30%** off

(Non-corporate Contracts Only)

May 18	May 19	May 20	May 21
☀	☁	☂	☂
Sunny	Cloudy	Rainy	Rainy
22°C	14°C	17°C	19°C

95. What can customers who choose a plan of 12 months receive?

(A) Tickets for a concert
(B) The option to choose a phone number
(C) A free mobile phone
(D) A chance to win a vacation for two

96. What will most likely happen this Monday?

(A) The company will commemorate an anniversary.
(B) A new product will be introduced.
(C) Employees will attend a training session.
(D) A new store will open.

97. Look at the graphic. Which plan will be further discounted?

(A) The 6-month plan
(B) The 12-month plan
(C) The 18-month plan
(D) The 24-month plan

98. Look at the graphic. When is the team-building day?

(A) On May 18
(B) On May 19
(C) On May 20
(D) On May 21

99. What does the speaker advise listeners to do?

(A) Check the weather forecast
(B) Meet at the park entrance
(C) Wear suitable clothing
(D) Bring their own lunch

100. What were listeners sent by e-mail?

(A) A travel itinerary
(B) A meeting agenda
(C) A map of Munro Park
(D) A schedule of activities

You have reached the end of the Listening Test.

TEST 4

解答時間 🕒 約 **45** 分

- 解答用紙 **p. 77**

※ Webサイトからダウンロードもできます
（本冊 p. 7参照）

- 正解一覧 【本冊】 **p. 135**

- 解答解説 【本冊】 **p. 136~173**

旺文社 TOEIC® L&R テスト対策書
「自動採点サービス」対応　オンラインマークシート

- サイトから本書「TEST 4」を選択の上，ご利用ください。
- PCからも利用できます。（本冊 p. 6参照）

※各Partの指示文（Directions）は旺文社作成のものです。

LISTENING TEST

♪ 175~181

In the Listening test, your task will be to show how well you comprehend spoken English. The entire Listening test will be about 45 minutes long. The test has four parts, with directions given for each of them. Your answers must be marked on the answer sheet which is provided separately. The answers must not be written in the test book.

PART 1

Directions: In this part, you will listen to spoken statements concerning a picture in the test book. Each question will have four statements. As you listen, choose the one statement that is the best description of what is shown in the picture. Then, look for the question number on the answer sheet. Finally, mark your answer. The statements are not written in the test book and will be spoken out loud only once.

Answer choice (C), "They're looking at the displays," best describes the picture. So, mark (C) on the answer sheet.

1.

2.

GO ON TO THE NEXT PAGE

3.

4.

5.

6.

GO ON TO THE NEXT PAGE

PART 2

Directions: You will listen to a statement or question followed by three responses spoken out loud in English. These are not written in the test book and will be spoken out loud only once. Choose the response that best matches the statement or question and mark (A), (B), or (C) on the answer sheet.

7. Mark your answer on your answer sheet.

8. Mark your answer on your answer sheet.

9. Mark your answer on your answer sheet.

10. Mark your answer on your answer sheet.

11. Mark your answer on your answer sheet.

12. Mark your answer on your answer sheet.

13. Mark your answer on your answer sheet.

14. Mark your answer on your answer sheet.

15. Mark your answer on your answer sheet.

16. Mark your answer on your answer sheet.

17. Mark your answer on your answer sheet.

18. Mark your answer on your answer sheet.

19. Mark your answer on your answer sheet.

20. Mark your answer on your answer sheet.

21. Mark your answer on your answer sheet.

22. Mark your answer on your answer sheet.

23. Mark your answer on your answer sheet.

24. Mark your answer on your answer sheet.

25. Mark your answer on your answer sheet.

26. Mark your answer on your answer sheet.

27. Mark your answer on your answer sheet.

28. Mark your answer on your answer sheet.

29. Mark your answer on your answer sheet.

30. Mark your answer on your answer sheet.

31. Mark your answer on your answer sheet.

PART 3

Directions: You will listen to a number of conversations consisting of two or more people. Your task is to answer three questions about what is said in each conversation. Choose the response that best matches each question and mark (A), (B), (C), or (D) on the answer sheet. The conversations are not written in the test book and will be spoken out loud only once.

32. What will the man recommend at the meeting?

(A) Hiring an advertising agency
(B) Visiting a facility
(C) Reading an article
(D) Taking a course

33. What kind of company do the speakers work for?

(A) A travel agency
(B) A printing company
(C) A law firm
(D) An appliance manufacturer

34. What improvement does the man expect?

(A) Delivery speed will increase.
(B) Sales figures will improve.
(C) Fewer errors will occur.
(D) Production costs will decrease.

35. What are the speakers mainly discussing?

(A) Creating a new menu
(B) Spending more on advertising
(C) Remodeling a restaurant
(D) Going out for dinner

36. What does the man imply when he says, "That's more than I expected"?

(A) They have a lot of options to choose from.
(B) They may not have enough money for a plan.
(C) They can take their time making a decision.
(D) They should conduct some more research.

37. What does the woman suggest?

(A) Hiring a consultant
(B) Making a reservation online
(C) Moving to a new location
(D) Advertising in a newspaper

38. Where does the conversation most likely take place?

(A) At a seminar
(B) At a medical clinic
(C) At an art exhibition
(D) At a construction site

39. What does the man ask the woman to do?

(A) Make a donation
(B) Deliver a lecture
(C) Join an organization
(D) Conduct some research

40. What does the man say he will do?

(A) Introduce some colleagues
(B) Arrange an appointment
(C) Visit the woman's office
(D) Send some information

41. What is scheduled for Thursday?

(A) A sporting event
(B) Some maintenance work
(C) A company holiday
(D) A product launch

42. What do the women need to do?

(A) Install some software
(B) Postpone a meeting
(C) Visit an apartment
(D) Meet some clients

43. What does the man suggest?

(A) Canceling an appointment
(B) Flying to Seattle
(C) Posting a notice
(D) Renting a room

GO ON TO THE NEXT PAGE

44. What problem does the woman mention?

(A) Some information has not been provided.
(B) A delivery has not arrived.
(C) Some items are missing.
(D) The instructions are incorrect.

45. What does the woman offer to do?

(A) Provide her address
(B) Call the courier
(C) Return to a store
(D) Reschedule a meeting

46. What does the man ask the woman for?

(A) The model number
(B) The color of the item
(C) Her e-mail address
(D) The number of some parts

47. Where most likely are the speakers?

(A) On a street
(B) In an office
(C) At a hotel
(D) On a boat

48. What will the speakers probably do next?

(A) Call a taxi
(B) Contact a client
(C) Catch a train
(D) Cancel an appointment

49. When is the man's appointment?

(A) This morning
(B) This afternoon
(C) Tomorrow morning
(D) Tomorrow afternoon

50. What are the speakers discussing?

(A) A furniture delivery
(B) A company budget
(C) A cost estimate
(D) A hiring plan

51. What do the speakers mention about the warehouse?

(A) It does not have electricity.
(B) Its roof is damaged.
(C) Its lease has expired.
(D) It will be closed soon.

52. What is the man concerned about?

(A) The deterioration of the items
(B) The lack of storage space
(C) The delay of the delivery
(D) The cost for the repair

53. Who most likely is Larry?

(A) A former colleague
(B) A team leader
(C) A job candidate
(D) A new consultant

54. Why does the man say, "That's in Donaldson"?

(A) He cannot find a map.
(B) He is very familiar with the town.
(C) He has purchased the wrong ticket.
(D) He thinks the shop is too far away.

55. What does the woman say she will do?

(A) Return a car
(B) Arrange a celebration
(C) Greet a new staff member
(D) Have some keys made

56. What kind of business does the woman work for?

(A) A solar panel company
(B) An Internet service provider
(C) A gardening company
(D) A maintenance agency

57. What does the woman offer?

(A) A price estimate
(B) Free installation
(C) A coupon code
(D) A product demonstration

58. What does the man ask the woman to do?

(A) Send an invoice
(B) Recommend a product
(C) Provide some promotional materials
(D) Share an address

59. Where most likely are the speakers?

(A) At a travel agency
(B) At a hotel
(C) At a bus station
(D) At an airport

60. What does the woman ask the man to do?

(A) Check the weather report
(B) Download an itinerary
(C) Make a reservation
(D) Check out early

61. What will the woman do next?

(A) Make a phone call
(B) Photocopy a document
(C) Enter a request
(D) Cancel a booking

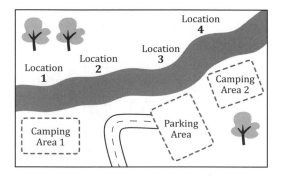

62. Look at the graphic. Where will the bridge most likely be built?

(A) Location 1
(B) Location 2
(C) Location 3
(D) Location 4

63. What does the woman say she will do today?

(A) Visit a construction site
(B) Conduct a survey
(C) Prepare a map
(D) Request some quotes

64. When is the deadline for the construction of the bridge?

(A) May
(B) June
(C) July
(D) August

GO ON TO THE NEXT PAGE ▶

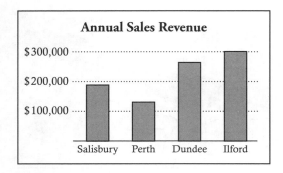

Annual Sales Revenue

$300,000 ......
$200,000 ......
$100,000 ......

Salisbury   Perth   Dundee   Ilford

Interview Schedule – May 24

9:00 A.M.   Megumi Takahashi
11:00 A.M.   Jumilla Keene
         Lunch Break
1:30 A.M.   Erin Scully
3:00 A.M.   Fang Wei

65. What kind of business do the speakers most likely work at?

(A) A taxi company
(B) A shipping company
(C) A car dealership
(D) An advertising agency

66. Look at the graphic. Which location will the speakers most likely visit?

(A) Salisbury
(B) Perth
(C) Dundee
(D) Ilford

67. When will the speakers most likely take a trip?

(A) Today
(B) Tomorrow
(C) Next week
(D) Next month

68. Look at the graphic. Which candidate are the speakers talking about?

(A) Megumi Takahashi
(B) Erin Scully
(C) Fang Wei
(D) Jumilla Keene

69. What is required for the position?

(A) A business degree
(B) Previous experience in the field
(C) Knowledge of accounting
(D) Foreign language skills

70. What does the man offer to do?

(A) Organize a luncheon
(B) Inform a candidate of the results
(C) Make a revised offer
(D) Attend a budget meeting

Directions: You will listen to a number of talks each given by a speaker. Your task is to answer three questions about what is said in each talk. Choose the response that best matches each question and mark (A), (B), (C), or (D) on the answer sheet. The talks are not written in the test book and will be spoken out loud only once.

71. What type of business is most likely being advertised?

(A) A design studio
(B) A flower shop
(C) A supermarket
(D) A hardware store

72. What feature of the store does the speaker emphasize?

(A) Its many branches
(B) Its wide selection
(C) Its knowledgeable staff
(D) Its convenient location

73. According to the speaker, what does the store offer to local customers?

(A) Free delivery
(B) Cooking classes
(C) A brochure
(D) A guarantee

74. What is the talk mainly about?

(A) What kind of printers to buy
(B) Where to go for a company retreat
(C) Who should receive a sales award
(D) How to improve an advertising campaign

75. What does the speaker say about the budget?

(A) It will be announced soon.
(B) It will be increased next year.
(C) There is some left.
(D) There is a new rule regarding spending.

76. What are listeners requested to do after the meeting?

(A) Interview candidates for an award
(B) View some online videos
(C) Indicate a preferred product
(D) Make an announcement to department members

77. Who most likely is Ms. Garding?

(A) A professor
(B) A lawyer
(C) A novelist
(D) An actor

78. Why does the speaker say, "This should be the Daggles Auditorium"?

(A) To correct a mistake
(B) To make a suggestion
(C) To turn down a request
(D) To show his excitement

79. What are the listeners encouraged to do?

(A) Present their opinions
(B) Watch a video
(C) Pick up a bag
(D) Bring their laptops

80. What is the purpose of the speech?

(A) To present an award
(B) To share a goal
(C) To introduce a new colleague
(D) To announce a product release

81. What did the museum do as part of the campaign?

(A) Posted some videos online
(B) Designed a new Web site
(C) Collaborated with a TV show
(D) Expanded an exhibition room

82. According to the speaker, what will happen next?

(A) Refreshments will be served.
(B) Some music will be played.
(C) A director will appear on stage.
(D) An artist will make a speech.

GO ON TO THE NEXT PAGE

83. Who most likely is the intended audience for the workshop?

(A) Sporting teams
(B) Web designers
(C) Professional gardeners
(D) Gardening enthusiasts

84. What does the speaker recommend including in an advertisement?

(A) A discount coupon
(B) A photograph of the product
(C) Customer reviews
(D) An e-mail address

85. According to the speaker, what should listeners do when choosing a Web designer?

(A) Ask colleagues for an introduction
(B) Receive a price estimate
(C) Check their credentials
(D) Look at their previous work

---

86. What does the speaker mean when he says, "we are able to do that"?

(A) He can fix some equipment.
(B) Some information will be modified.
(C) A period can be extended.
(D) He can change his shift.

87. What does the speaker ask about?

(A) Video equipment
(B) Construction tools
(C) Delivery vehicles
(D) Audience seating

88. What does the speaker say his company is willing to do?

(A) Pay for repairs
(B) Carry out some cleaning
(C) Install some software
(D) Retrieve some items

---

89. Where is this announcement taking place?

(A) At a supermarket
(B) At a restaurant
(C) At a gardening store
(D) At a furniture store

90. What has recently happened at Merrick's?

(A) It has introduced a new marketing policy.
(B) A certain product has sold out.
(C) It has started opening for longer hours.
(D) A store manager has been replaced.

91. What does the speaker recommend listeners do?

(A) Give feedback
(B) Pay in cash
(C) Use their own bags
(D) Join a membership

---

92. Who is Ms. Wyatt?

(A) A talk show host
(B) A local political figure
(C) A corporate spokesperson
(D) A real estate developer

93. What does the speaker imply when he says, "it's anybody's guess"?

(A) No one knows what will happen.
(B) Everyone should be prepared for the discussion.
(C) Further research will be conducted.
(D) Some confusion is anticipated.

94. What will the listeners most likely do next?

(A) Send some messages
(B) Listen to a speech
(C) Visit a Web site
(D) Go to City Hall

Preferred Company

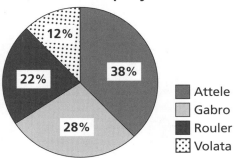

- ■ Attele
- ▨ Gabro
- ■ Rouler
- ⊡ Volata

Watches in Lost Property

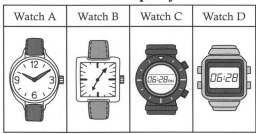

95. What product does the speaker's company sell?

(A) Market research reports
(B) Mobile phones
(C) Bicycles
(D) Office supplies

96. Look at the graphic. What company does the speaker work for?

(A) Attele
(B) Gabro
(C) Rouler
(D) Volata

97. What will the listeners do next?

(A) Turn on their computers
(B) Read some materials
(C) Fill out a questionnaire
(D) Work with a partner

98. Where most likely is the speaker calling?

(A) A fitness center
(B) An online store
(C) A cinema
(D) An airline

99. Look at the graphic. Which most likely is the speaker's watch?

(A) Watch A
(B) Watch B
(C) Watch C
(D) Watch D

100. What does the speaker say about the watch?

(A) It cost a lot of money.
(B) It was a gift.
(C) It is an imported product.
(D) It can only be bought online.

You have reached the end of the Listening Test

TEST 5

解答時間 （ L ） 約 **45** 分

- **解答用紙** p. 79

※ Web サイトからダウンロードもできます
（本冊 p. 7参照）

- **正解一覧** 【本冊】 p. 175

- **解答解説** 【本冊】 p. 176〜213

旺文社 TOEIC® L&R テスト対策書
「自動採点サービス」対応　オンラインマークシート

- サイトから本書「TEST 5」を選択の上，ご利用ください。
- PCからも利用できます。（本冊 p. 6参照）

※各Partの指示文（Directions）は旺文社作成のものです。

In the Listening test, your task will be to show how well you comprehend spoken English. The entire Listening test will be about 45 minutes long. The test has four parts, with directions given for each of them. Your answers must be marked on the answer sheet which is provided separately. The answers must not be written in the test book.

PART 1

Directions: In this part, you will listen to spoken statements concerning a picture in the test book. Each question will have four statements. As you listen, choose the one statement that is the best description of what is shown in the picture. Then, look for the question number on the answer sheet. Finally, mark your answer. The statements are not written in the test book and will be spoken out loud only once.

Answer choice (C), "They're looking at the displays," best describes the picture. So, mark (C) on the answer sheet.

1.

2.

GO ON TO THE NEXT PAGE

3.

4.

5.

6.

GO ON TO THE NEXT PAGE ▶

Directions: You will listen to a statement or question followed by three responses spoken out loud in English. These are not written in the test book and will be spoken out loud only once. Choose the response that best matches the statement or question and mark (A), (B), or (C) on the answer sheet.

7. Mark your answer on your answer sheet.

8. Mark your answer on your answer sheet.

9. Mark your answer on your answer sheet.

10. Mark your answer on your answer sheet.

11. Mark your answer on your answer sheet.

12. Mark your answer on your answer sheet.

13. Mark your answer on your answer sheet.

14. Mark your answer on your answer sheet.

15. Mark your answer on your answer sheet.

16. Mark your answer on your answer sheet.

17. Mark your answer on your answer sheet.

18. Mark your answer on your answer sheet.

19. Mark your answer on your answer sheet.

20. Mark your answer on your answer sheet.

21. Mark your answer on your answer sheet.

22. Mark your answer on your answer sheet.

23. Mark your answer on your answer sheet.

24. Mark your answer on your answer sheet.

25. Mark your answer on your answer sheet.

26. Mark your answer on your answer sheet.

27. Mark your answer on your answer sheet.

28. Mark your answer on your answer sheet.

29. Mark your answer on your answer sheet.

30. Mark your answer on your answer sheet.

31. Mark your answer on your answer sheet.

PART 3

♪ 266~279

Directions: You will listen to a number of conversations consisting of two or more people. Your task is to answer three questions about what is said in each conversation. Choose the response that best matches each question and mark (A), (B), (C), or (D) on the answer sheet. The conversations are not written in the test book and will be spoken out loud only once.

32. Who most likely is the man?

(A) A librarian
(B) A business analyst
(C) A radio host
(D) A publisher

33. What does the woman say about *Making It Work*?

(A) It has received an award.
(B) It is her first book.
(C) It was reviewed in a newspaper.
(D) It will go on sale soon.

34. How long did it take to write the book?

(A) One year
(B) Two years
(C) Three years
(D) Four years

35. What does the woman say about the carpet?

(A) It was installed professionally.
(B) It was very expensive.
(C) It should be replaced.
(D) It will be cleaned soon.

36. What will the woman do this afternoon?

(A) Join a meeting
(B) Assemble furniture
(C) Inspect an apartment
(D) Call a colleague

37. What does the man say he will do?

(A) Measure a room
(B) Drive to a shop
(C) Call a supplier
(D) Provide pictures

38. Where is the conversation most likely taking place?

(A) At a conference center
(B) At a hardware store
(C) At an airport
(D) At a museum

39. What does the man ask the woman to do?

(A) Attend an upcoming event
(B) Write a product review
(C) Schedule a vacation
(D) Wait for him to return

40. What will the woman most likely do next?

(A) Call a customer service line
(B) Clean a room
(C) Speak with a client
(D) Browse some products

41. What are the speakers mainly discussing?

(A) Arrangements for an event
(B) The location of a new store
(C) An increase in running costs
(D) The timing of an annual sale

42. Why does the woman say, "I'm glad you mentioned that"?

(A) She did not want to talk about a topic.
(B) She had forgotten about something.
(C) She thinks the man is very knowledgeable.
(D) She enjoyed the man's talk.

43. What does the man suggest the woman do?

(A) Rent some equipment
(B) Update the Web site
(C) Contact a supplier
(D) Reply to an e-mail

TEST 5

GO ON TO THE NEXT PAGE

44. What does the woman say about Ms. Jones?

(A) She will quit her job.
(B) She will lead a training session.
(C) She will be promoted.
(D) She will test a new product.

45. What does the man suggest?

(A) Contacting Ms. Jones soon
(B) Placing an order
(C) Completing a survey
(D) Sending an invitation

46. When will the weekly meeting most likely be held?

(A) On Tuesday
(B) On Wednesday
(C) On Thursday
(D) On Friday

---

47. What does the woman say she needs to do?

(A) Demonstrate some products
(B) Extend a deadline
(C) Inspect a location
(D) Attend a ceremony

48. What does the woman ask the man about?

(A) A vehicle reservation
(B) A discount offer
(C) An address
(D) A document

49. When will the speakers take a trip?

(A) This morning
(B) This afternoon
(C) Tomorrow morning
(D) Tomorrow afternoon

---

50. According to the conversation, what happened at the gym?

(A) The business is closed for the day.
(B) An employee has not come to work.
(C) Some equipment is unavailable.
(D) Membership dues have increased.

51. What does the woman ask about?

(A) Gym clothes
(B) Temporary membership
(C) Operating hours
(D) Special discounts

52. What will the woman most likely do next?

(A) Read a manual
(B) Take a photo
(C) Use her mobile phone
(D) Look at a map

---

53. What does the man say he has done?

(A) Attended a seminar
(B) Worked on the budget
(C) Unloaded a shipment
(D) Set up a meeting

54. Where do the speakers most likely work?

(A) At a construction firm
(B) At an art gallery
(C) At a hotel
(D) At a software company

55. What does the man mean when he says, "I have an online meeting with Tim Shaw"?

(A) He knows the client well.
(B) He will get an update on a project.
(C) He is familiar with some software.
(D) He has a scheduling conflict.

---

56. Why is the man talking to the women?

(A) To suggest an advertising strategy
(B) To discuss a client's concern
(C) To request some time off work
(D) To report the outcome of a business trip

57. What do the women say about Seattle?

(A) It will host an athletic event soon.
(B) They have not visited the area.
(C) They have launched an advertising campaign there.
(D) It is not a profitable area for the business.

58. What does the man offer to do?

(A) Send a memo
(B) Visit a branch
(C) Schedule some training
(D) Contact a client

---

59. What are the speakers talking about?

(A) A restaurant review
(B) A smartphone application
(C) A television show
(D) An upcoming movie

60. What does the man say about the woman?

(A) She will lead a training program.
(B) She is good at public speaking.
(C) She has recently returned from her vacation.
(D) She has obtained a new qualification.

61. What will be discussed at the meeting on Friday?

(A) A hiring policy
(B) A production delay
(C) Project expenses
(D) A software update

Entry Fees	
Student	$40.00
Amateur	$50.00
Semi-professional	$70.00
Professional	$100.00

62. What is the woman calling about?

(A) A sporting competition
(B) An academic lecture
(C) A photography contest
(D) A trade fair

63. Look at the graphic. How much will the woman be required to pay?

(A) $40.00
(B) $50.00
(C) $70.00
(D) $100.00

64. What will the woman most likely do today?

(A) Attend an information session
(B) Visit the man's office
(C) Send a product sample
(D) Have an interview

GO ON TO THE NEXT PAGE

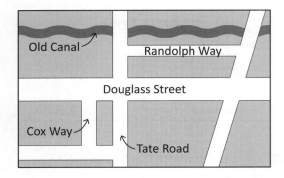

Matei Pizza and Pasta— Coupon

★ **Saturdays and Sundays**
Free dessert with any pizza or pasta

★ **Mondays and Tuesdays**
Free garlic bread with any pizza or pasta

★ **Wednesdays**
A free drink with any pizza or pasta

★ **Thursdays and Fridays**
A free appetizer with any pizza or pasta

65. Who most likely are the speakers?

(A) Salespeople
(B) Computer technicians
(C) Chefs
(D) City employees

66. Look at the graphic. Where does the woman suggest the man park his car?

(A) On Randolph Way
(B) On Douglass Street
(C) On Cox Way
(D) On Tate Road

67. What does the woman ask for?

(A) A morning call
(B) Ideas for a new menu
(C) A weather forecast
(D) A meeting time

68. What does the man ask about?

(A) The price
(B) The delivery service
(C) The preparation time
(D) The size

69. What does the woman offer to do?

(A) Process a membership application
(B) Arrange a home delivery
(C) Open the restaurant early
(D) Call the man when his order is ready

70. Look at the graphic. On which day is the conversation taking place?

(A) Tuesday
(B) Wednesday
(C) Thursday
(D) Friday

PART 4

Directions: You will listen to a number of talks each given by a speaker. Your task is to answer three questions about what is said in each talk. Choose the response that best matches each question and mark (A), (B), (C), or (D) on the answer sheet. The talks are not written in the test book and will be spoken out loud only once.

71. What is the main purpose of the talk?

(A) To announce a change in company policy
(B) To express gratitude to staff members
(C) To request assistance with a project
(D) To recommend a local restaurant

72. Where do the listeners most likely work?

(A) At a shipping company
(B) At a machine factory
(C) At a supermarket
(D) At a travel agency

73. What does the speaker suggest listeners do?

(A) Use a discount coupon
(B) Wear appropriate clothing
(C) Reserve a hotel room
(D) Take a trip

74. What is the purpose of the event?

(A) To launch a new product
(B) To enjoy a musical performance
(C) To send off a colleague
(D) To provide training

75. What does the speaker mean when she says, "I think I made the right choice"?

(A) She hired a valuable employee.
(B) She selected a good meal plan.
(C) She successfully organized an event.
(D) She advertised at the right time.

76. What will the speaker most likely do next?

(A) Present an award
(B) Ask an employee for a speech
(C) Demonstrate a product
(D) Show a video

77. Where does the announcement most likely take place?

(A) At a celebration
(B) At a shareholders' meeting
(C) At an orientation seminar
(D) At a movie premiere

78. What are listeners asked to do?

(A) Watch a short film
(B) Complete a form
(C) Welcome a guest
(D) Evaluate a product

79. What does the speaker say will happen soon?

(A) A performance will begin.
(B) Visitors will arrive.
(C) A winner will be announced.
(D) Lunch will be served.

80. When is the broadcast taking place?

(A) In the morning
(B) At noon
(C) In the afternoon
(D) At night

81. Why has the concert been canceled?

(A) Some repairs will be carried out.
(B) A performer is no longer available.
(C) Inclement weather has been forecast.
(D) Too few people purchased tickets.

82. What will be sent to ticket holders?

(A) A program
(B) A coupon
(C) A refund
(D) A message

GO ON TO THE NEXT PAGE

83. Who is the workshop intended for?

    (A) Sales representatives
    (B) Software users
    (C) Factory workers
    (D) Store customers

84. What is the subject of the workshop?

    (A) Customer service
    (B) Home renovations
    (C) Work schedules
    (D) Business promotion

85. What can be found on the last page of the manual?

    (A) An order form
    (B) Sales figures
    (C) Product descriptions
    (D) Contact information

---

86. What is the main purpose of the message?

    (A) To describe some photographs
    (B) To offer a discount
    (C) To accept an invitation
    (D) To make an apology

87. What does the speaker mean when she says, "They won't be available for long"?

    (A) She does not plan to order more items.
    (B) She has some other potential buyers.
    (C) Stock levels depend on the season.
    (D) Staff will leave early today.

88. What does the speaker suggest?

    (A) Communicating with her assistant
    (B) Attending a conference
    (C) Taking part in a tour
    (D) Buying some equipment

---

89. Who most likely is the speaker?

    (A) A restaurant manager
    (B) A supermarket employee
    (C) A railway employee
    (D) A theater manager

90. Why has the meal service been canceled?

    (A) Some equipment became unavailable.
    (B) A delivery was delayed.
    (C) It was not profitable.
    (D) Some ingredients were unavailable.

91. What are affected people advised to do?

    (A) Bring their own meals
    (B) Use a coupon
    (C) Reschedule their visit
    (D) Go to a Web site

---

92. What is the main purpose of the broadcast?

    (A) To give feedback on a product
    (B) To cover business news
    (C) To announce a new law
    (D) To report on a sporting event

93. What does the speaker imply when she says, "They all say that"?

    (A) Many people share the same opinion.
    (B) Some information might not be dependable.
    (C) Some labels need to be changed.
    (D) An interview was not interesting.

94. What can visitors to the Web site do?

    (A) Read user reviews
    (B) Purchase tickets
    (C) Receive a visual instruction
    (D) Take part in a survey

Strathpine

	Poor	Average	Good	Excellent
Renovation expenses	✓			
Construction costs	N/A	N/A	N/A	N/A
Growth predictions			✓	
Current population				✓

95. What is the main topic of the meeting?

(A) Hiring new staff members
(B) Establishing an educational institution
(C) Opening a new store
(D) Relocating a business

96. Who most likely is the speaker?

(A) A store manager
(B) A furniture designer
(C) A business consultant
(D) A real estate agent

97. Look at the graphic. What will the speaker most likely discuss next?

(A) Renovation expenses
(B) Construction costs
(C) Growth predictions
(D) Current population

August

Friday 21	Saturday 22	Sunday 23	Monday 24

98. What does the speaker say about the Browning Sports Complex?

(A) It is newly constructed.
(B) It has a swimming pool.
(C) It is publicly owned.
(D) It is open 24 hours a day.

99. What is available for users of the facilities?

(A) Free changing rooms
(B) A parking garage
(C) A newsletter
(D) Online reservations

100. Look at the graphic. When can listeners book the courts?

(A) On August 21
(B) On August 22
(C) On August 23
(D) On August 24

You have reached the end of the Listening Test

壁越え模試 リスニング **TEST 1 ● 解答用紙**

「?」の使い方

自信を持って解答できない問題は「?」列の□に✓を入れておき、見直しや復習の際に活用してください。（実際の試験では、この欄はありません。）

LISTENING SECTION

Part 1

No.	ANSWER A B C D	?
1	A B C D	□
2	A B C D	□
3	A B C D	□
4	A B C D	□
5	A B C D	□
6	A B C D	□
7	A B C	□
8	A B C	□
9	A B C	□
10	A B C	□

Part 2

No.	ANSWER A B C	?
11	A B C	□
12	A B C	□
13	A B C	□
14	A B C	□
15	A B C	□
16	A B C	□
17	A B C	□
18	A B C	□
19	A B C	□
20	A B C	□

No.	ANSWER A B C	?
21	A B C	□
22	A B C	□
23	A B C	□
24	A B C	□
25	A B C	□
26	A B C	□
27	A B C	□
28	A B C	□
29	A B C	□
30	A B C	□

Part 3

No.	ANSWER A B C D	?
31	A B C	□
32	A B C D	□
33	A B C D	□
34	A B C D	□
35	A B C D	□
36	A B C D	□
37	A B C D	□
38	A B C D	□
39	A B C D	□
40	A B C D	□

No.	ANSWER A B C D	?
41	A B C D	□
42	A B C D	□
43	A B C D	□
44	A B C D	□
45	A B C D	□
46	A B C D	□
47	A B C D	□
48	A B C D	□
49	A B C D	□
50	A B C D	□

No.	ANSWER A B C D	?
51	A B C D	□
52	A B C D	□
53	A B C D	□
54	A B C D	□
55	A B C D	□
56	A B C D	□
57	A B C D	□
58	A B C D	□
59	A B C D	□
60	A B C D	□

Part 4

No.	ANSWER A B C D	?
61	A B C D	□
62	A B C D	□
63	A B C D	□
64	A B C D	□
65	A B C D	□
66	A B C D	□
67	A B C D	□
68	A B C D	□
69	A B C D	□
70	A B C D	□

No.	ANSWER A B C D	?
71	A B C D	□
72	A B C D	□
73	A B C D	□
74	A B C D	□
75	A B C D	□
76	A B C D	□
77	A B C D	□
78	A B C D	□
79	A B C D	□
80	A B C D	□

No.	ANSWER A B C D	?
81	A B C D	□
82	A B C D	□
83	A B C D	□
84	A B C D	□
85	A B C D	□
86	A B C D	□
87	A B C D	□
88	A B C D	□
89	A B C D	□
90	A B C D	□

No.	ANSWER A B C D	?
91	A B C D	□
92	A B C D	□
93	A B C D	□
94	A B C D	□
95	A B C D	□
96	A B C D	□
97	A B C D	□
98	A B C D	□
99	A B C D	□
100	A B C D	□

旺文社 TOEIC® L&Rテスト対策書
「自動採点サービス」対応 オンラインマークシート

● サイトから本書「TEST 1」を選択の上、ご利用ください。
● PCからも利用できます。（本冊 p. 6参照）

壁越え模試 リスニング TEST 2 ● 解答用紙

「?」の使い方

自信を持って解答できない問題は「?」列の□に✓を入れておき、見直しや復習の際に活用してください。（実際の試験では、この欄はありません）

LISTENING SECTION

Part 1

No.	ANSWER A B C D	?
1	Ⓐ Ⓑ Ⓒ Ⓓ	□
2	Ⓐ Ⓑ Ⓒ Ⓓ	□
3	Ⓐ Ⓑ Ⓒ Ⓓ	□
4	Ⓐ Ⓑ Ⓒ Ⓓ	□
5	Ⓐ Ⓑ Ⓒ Ⓓ	□
6	Ⓐ Ⓑ Ⓒ Ⓓ	□
7	Ⓐ Ⓑ Ⓒ Ⓓ	□
8	Ⓐ Ⓑ Ⓒ Ⓓ	□
9	Ⓐ Ⓑ Ⓒ Ⓓ	□
10	Ⓐ Ⓑ Ⓒ Ⓓ	□

Part 2

No.	ANSWER A B C	?
11	Ⓐ Ⓑ Ⓒ	□
12	Ⓐ Ⓑ Ⓒ	□
13	Ⓐ Ⓑ Ⓒ	□
14	Ⓐ Ⓑ Ⓒ	□
15	Ⓐ Ⓑ Ⓒ	□
16	Ⓐ Ⓑ Ⓒ	□
17	Ⓐ Ⓑ Ⓒ	□
18	Ⓐ Ⓑ Ⓒ	□
19	Ⓐ Ⓑ Ⓒ	□
20	Ⓐ Ⓑ Ⓒ	□

No.	ANSWER A B C	?
21	Ⓐ Ⓑ Ⓒ	□
22	Ⓐ Ⓑ Ⓒ	□
23	Ⓐ Ⓑ Ⓒ	□
24	Ⓐ Ⓑ Ⓒ	□
25	Ⓐ Ⓑ Ⓒ	□
26	Ⓐ Ⓑ Ⓒ	□
27	Ⓐ Ⓑ Ⓒ	□
28	Ⓐ Ⓑ Ⓒ	□
29	Ⓐ Ⓑ Ⓒ	□
30	Ⓐ Ⓑ Ⓒ	□

No.	ANSWER A B C D	?
31	Ⓐ Ⓑ Ⓒ	□
32	Ⓐ Ⓑ Ⓒ Ⓓ	□
33	Ⓐ Ⓑ Ⓒ Ⓓ	□
34	Ⓐ Ⓑ Ⓒ Ⓓ	□
35	Ⓐ Ⓑ Ⓒ Ⓓ	□
36	Ⓐ Ⓑ Ⓒ Ⓓ	□
37	Ⓐ Ⓑ Ⓒ Ⓓ	□
38	Ⓐ Ⓑ Ⓒ Ⓓ	□
39	Ⓐ Ⓑ Ⓒ Ⓓ	□
40	Ⓐ Ⓑ Ⓒ Ⓓ	□

Part 3

No.	ANSWER A B C D	?
41	Ⓐ Ⓑ Ⓒ Ⓓ	□
42	Ⓐ Ⓑ Ⓒ Ⓓ	□
43	Ⓐ Ⓑ Ⓒ Ⓓ	□
44	Ⓐ Ⓑ Ⓒ Ⓓ	□
45	Ⓐ Ⓑ Ⓒ Ⓓ	□
46	Ⓐ Ⓑ Ⓒ Ⓓ	□
47	Ⓐ Ⓑ Ⓒ Ⓓ	□
48	Ⓐ Ⓑ Ⓒ Ⓓ	□
49	Ⓐ Ⓑ Ⓒ Ⓓ	□
50	Ⓐ Ⓑ Ⓒ Ⓓ	□

No.	ANSWER A B C D	?
51	Ⓐ Ⓑ Ⓒ Ⓓ	□
52	Ⓐ Ⓑ Ⓒ Ⓓ	□
53	Ⓐ Ⓑ Ⓒ Ⓓ	□
54	Ⓐ Ⓑ Ⓒ Ⓓ	□
55	Ⓐ Ⓑ Ⓒ Ⓓ	□
56	Ⓐ Ⓑ Ⓒ Ⓓ	□
57	Ⓐ Ⓑ Ⓒ Ⓓ	□
58	Ⓐ Ⓑ Ⓒ Ⓓ	□
59	Ⓐ Ⓑ Ⓒ Ⓓ	□
60	Ⓐ Ⓑ Ⓒ Ⓓ	□

No.	ANSWER A B C D	?
61	Ⓐ Ⓑ Ⓒ Ⓓ	□
62	Ⓐ Ⓑ Ⓒ Ⓓ	□
63	Ⓐ Ⓑ Ⓒ Ⓓ	□
64	Ⓐ Ⓑ Ⓒ Ⓓ	□
65	Ⓐ Ⓑ Ⓒ Ⓓ	□
66	Ⓐ Ⓑ Ⓒ Ⓓ	□
67	Ⓐ Ⓑ Ⓒ Ⓓ	□
68	Ⓐ Ⓑ Ⓒ Ⓓ	□
69	Ⓐ Ⓑ Ⓒ Ⓓ	□
70	Ⓐ Ⓑ Ⓒ Ⓓ	□

Part 4

No.	ANSWER A B C D	?
71	Ⓐ Ⓑ Ⓒ Ⓓ	□
72	Ⓐ Ⓑ Ⓒ Ⓓ	□
73	Ⓐ Ⓑ Ⓒ Ⓓ	□
74	Ⓐ Ⓑ Ⓒ Ⓓ	□
75	Ⓐ Ⓑ Ⓒ Ⓓ	□
76	Ⓐ Ⓑ Ⓒ Ⓓ	□
77	Ⓐ Ⓑ Ⓒ Ⓓ	□
78	Ⓐ Ⓑ Ⓒ Ⓓ	□
79	Ⓐ Ⓑ Ⓒ Ⓓ	□
80	Ⓐ Ⓑ Ⓒ Ⓓ	□

No.	ANSWER A B C D	?
81	Ⓐ Ⓑ Ⓒ Ⓓ	□
82	Ⓐ Ⓑ Ⓒ Ⓓ	□
83	Ⓐ Ⓑ Ⓒ Ⓓ	□
84	Ⓐ Ⓑ Ⓒ Ⓓ	□
85	Ⓐ Ⓑ Ⓒ Ⓓ	□
86	Ⓐ Ⓑ Ⓒ Ⓓ	□
87	Ⓐ Ⓑ Ⓒ Ⓓ	□
88	Ⓐ Ⓑ Ⓒ Ⓓ	□
89	Ⓐ Ⓑ Ⓒ Ⓓ	□
90	Ⓐ Ⓑ Ⓒ Ⓓ	□

No.	ANSWER A B C D	?
91	Ⓐ Ⓑ Ⓒ Ⓓ	□
92	Ⓐ Ⓑ Ⓒ Ⓓ	□
93	Ⓐ Ⓑ Ⓒ Ⓓ	□
94	Ⓐ Ⓑ Ⓒ Ⓓ	□
95	Ⓐ Ⓑ Ⓒ Ⓓ	□
96	Ⓐ Ⓑ Ⓒ Ⓓ	□
97	Ⓐ Ⓑ Ⓒ Ⓓ	□
98	Ⓐ Ⓑ Ⓒ Ⓓ	□
99	Ⓐ Ⓑ Ⓒ Ⓓ	□
100	Ⓐ Ⓑ Ⓒ Ⓓ	□

壁越え模試 リスニング **TEST 3** ● 解答用紙

「?」の使い方

自信を持って解答できない問題は「?」列の □ に ✓ を入れておき、見直しや復習の際に活用してください。（実際の試験では、この欄はありません）

LISTENING SECTION

Part 1

No.	ANSWER A B C D	?
1	Ⓐ Ⓑ Ⓒ Ⓓ	□
2	Ⓐ Ⓑ Ⓒ Ⓓ	□
3	Ⓐ Ⓑ Ⓒ Ⓓ	□
4	Ⓐ Ⓑ Ⓒ Ⓓ	□
5	Ⓐ Ⓑ Ⓒ Ⓓ	□
6	Ⓐ Ⓑ Ⓒ Ⓓ	□
7	Ⓐ Ⓑ Ⓒ Ⓓ	□
8	Ⓐ Ⓑ Ⓒ Ⓓ	□
9	Ⓐ Ⓑ Ⓒ Ⓓ	□
10	Ⓐ Ⓑ Ⓒ Ⓓ	□

Part 2

No.	ANSWER A B C	?
11	Ⓐ Ⓑ Ⓒ	□
12	Ⓐ Ⓑ Ⓒ	□
13	Ⓐ Ⓑ Ⓒ	□
14	Ⓐ Ⓑ Ⓒ	□
15	Ⓐ Ⓑ Ⓒ	□
16	Ⓐ Ⓑ Ⓒ	□
17	Ⓐ Ⓑ Ⓒ	□
18	Ⓐ Ⓑ Ⓒ	□
19	Ⓐ Ⓑ Ⓒ	□
20	Ⓐ Ⓑ Ⓒ	□
21	Ⓐ Ⓑ Ⓒ	□
22	Ⓐ Ⓑ Ⓒ	□
23	Ⓐ Ⓑ Ⓒ	□
24	Ⓐ Ⓑ Ⓒ	□
25	Ⓐ Ⓑ Ⓒ	□
26	Ⓐ Ⓑ Ⓒ	□
27	Ⓐ Ⓑ Ⓒ	□
28	Ⓐ Ⓑ Ⓒ	□
29	Ⓐ Ⓑ Ⓒ	□
30	Ⓐ Ⓑ Ⓒ	□
31	Ⓐ Ⓑ Ⓒ	□
32	Ⓐ Ⓑ Ⓒ Ⓓ	□
33	Ⓐ Ⓑ Ⓒ Ⓓ	□
34	Ⓐ Ⓑ Ⓒ Ⓓ	□
35	Ⓐ Ⓑ Ⓒ Ⓓ	□
36	Ⓐ Ⓑ Ⓒ Ⓓ	□
37	Ⓐ Ⓑ Ⓒ Ⓓ	□
38	Ⓐ Ⓑ Ⓒ Ⓓ	□
39	Ⓐ Ⓑ Ⓒ Ⓓ	□
40	Ⓐ Ⓑ Ⓒ Ⓓ	□

Part 3

No.	ANSWER A B C D	?
41	Ⓐ Ⓑ Ⓒ Ⓓ	□
42	Ⓐ Ⓑ Ⓒ Ⓓ	□
43	Ⓐ Ⓑ Ⓒ Ⓓ	□
44	Ⓐ Ⓑ Ⓒ Ⓓ	□
45	Ⓐ Ⓑ Ⓒ Ⓓ	□
46	Ⓐ Ⓑ Ⓒ Ⓓ	□
47	Ⓐ Ⓑ Ⓒ Ⓓ	□
48	Ⓐ Ⓑ Ⓒ Ⓓ	□
49	Ⓐ Ⓑ Ⓒ Ⓓ	□
50	Ⓐ Ⓑ Ⓒ Ⓓ	□
51	Ⓐ Ⓑ Ⓒ Ⓓ	□
52	Ⓐ Ⓑ Ⓒ Ⓓ	□
53	Ⓐ Ⓑ Ⓒ Ⓓ	□
54	Ⓐ Ⓑ Ⓒ Ⓓ	□
55	Ⓐ Ⓑ Ⓒ Ⓓ	□
56	Ⓐ Ⓑ Ⓒ Ⓓ	□
57	Ⓐ Ⓑ Ⓒ Ⓓ	□
58	Ⓐ Ⓑ Ⓒ Ⓓ	□
59	Ⓐ Ⓑ Ⓒ Ⓓ	□
60	Ⓐ Ⓑ Ⓒ Ⓓ	□
61	Ⓐ Ⓑ Ⓒ Ⓓ	□
62	Ⓐ Ⓑ Ⓒ Ⓓ	□
63	Ⓐ Ⓑ Ⓒ Ⓓ	□
64	Ⓐ Ⓑ Ⓒ Ⓓ	□
65	Ⓐ Ⓑ Ⓒ Ⓓ	□
66	Ⓐ Ⓑ Ⓒ Ⓓ	□
67	Ⓐ Ⓑ Ⓒ Ⓓ	□
68	Ⓐ Ⓑ Ⓒ Ⓓ	□
69	Ⓐ Ⓑ Ⓒ Ⓓ	□
70	Ⓐ Ⓑ Ⓒ Ⓓ	□

Part 4

No.	ANSWER A B C D	?
71	Ⓐ Ⓑ Ⓒ Ⓓ	□
72	Ⓐ Ⓑ Ⓒ Ⓓ	□
73	Ⓐ Ⓑ Ⓒ Ⓓ	□
74	Ⓐ Ⓑ Ⓒ Ⓓ	□
75	Ⓐ Ⓑ Ⓒ Ⓓ	□
76	Ⓐ Ⓑ Ⓒ Ⓓ	□
77	Ⓐ Ⓑ Ⓒ Ⓓ	□
78	Ⓐ Ⓑ Ⓒ Ⓓ	□
79	Ⓐ Ⓑ Ⓒ Ⓓ	□
80	Ⓐ Ⓑ Ⓒ Ⓓ	□
81	Ⓐ Ⓑ Ⓒ Ⓓ	□
82	Ⓐ Ⓑ Ⓒ Ⓓ	□
83	Ⓐ Ⓑ Ⓒ Ⓓ	□
84	Ⓐ Ⓑ Ⓒ Ⓓ	□
85	Ⓐ Ⓑ Ⓒ Ⓓ	□
86	Ⓐ Ⓑ Ⓒ Ⓓ	□
87	Ⓐ Ⓑ Ⓒ Ⓓ	□
88	Ⓐ Ⓑ Ⓒ Ⓓ	□
89	Ⓐ Ⓑ Ⓒ Ⓓ	□
90	Ⓐ Ⓑ Ⓒ Ⓓ	□
91	Ⓐ Ⓑ Ⓒ Ⓓ	□
92	Ⓐ Ⓑ Ⓒ Ⓓ	□
93	Ⓐ Ⓑ Ⓒ Ⓓ	□
94	Ⓐ Ⓑ Ⓒ Ⓓ	□
95	Ⓐ Ⓑ Ⓒ Ⓓ	□
96	Ⓐ Ⓑ Ⓒ Ⓓ	□
97	Ⓐ Ⓑ Ⓒ Ⓓ	□
98	Ⓐ Ⓑ Ⓒ Ⓓ	□
99	Ⓐ Ⓑ Ⓒ Ⓓ	□
100	Ⓐ Ⓑ Ⓒ Ⓓ	□

旺文社 TOEIC® L&Rテスト対策書
「自動採点サービス」対応 オンラインマークシート

- サイトから本書「TEST 3」を選択の上、ご利用ください。
- PCからも利用できます。（本冊 p. 6参照）

壁越え模試 リスニング TEST 4 ● 解答用紙

「?」の使い方

自信を持って解答できない問題は「?」列の□に✓を入れておき、見直しや復習の際に活用してください。（実際の試験では、この欄はありません）

LISTENING SECTION

Part 1

No.	ANSWER	?
	A B C D	
1	Ⓐ Ⓑ Ⓒ Ⓓ	□
2	Ⓐ Ⓑ Ⓒ Ⓓ	□
3	Ⓐ Ⓑ Ⓒ Ⓓ	□
4	Ⓐ Ⓑ Ⓒ Ⓓ	□
5	Ⓐ Ⓑ Ⓒ Ⓓ	□
6	Ⓐ Ⓑ Ⓒ Ⓓ	□
7	Ⓐ Ⓑ Ⓒ Ⓓ	□
8	Ⓐ Ⓑ Ⓒ Ⓓ	□
9	Ⓐ Ⓑ Ⓒ Ⓓ	□
10	Ⓐ Ⓑ Ⓒ Ⓓ	□

Part 2

No.	ANSWER	?
	A B C	
11	Ⓐ Ⓑ Ⓒ	□
12	Ⓐ Ⓑ Ⓒ	□
13	Ⓐ Ⓑ Ⓒ	□
14	Ⓐ Ⓑ Ⓒ	□
15	Ⓐ Ⓑ Ⓒ	□
16	Ⓐ Ⓑ Ⓒ	□
17	Ⓐ Ⓑ Ⓒ	□
18	Ⓐ Ⓑ Ⓒ	□
19	Ⓐ Ⓑ Ⓒ	□
20	Ⓐ Ⓑ Ⓒ	□

No.	ANSWER	?
	A B C	
21	Ⓐ Ⓑ Ⓒ	□
22	Ⓐ Ⓑ Ⓒ	□
23	Ⓐ Ⓑ Ⓒ	□
24	Ⓐ Ⓑ Ⓒ	□
25	Ⓐ Ⓑ Ⓒ	□
26	Ⓐ Ⓑ Ⓒ	□
27	Ⓐ Ⓑ Ⓒ	□
28	Ⓐ Ⓑ Ⓒ	□
29	Ⓐ Ⓑ Ⓒ	□
30	Ⓐ Ⓑ Ⓒ	□

No.	ANSWER	?
	A B C D	
31	Ⓐ Ⓑ Ⓒ	□
32	Ⓐ Ⓑ Ⓒ Ⓓ	□
33	Ⓐ Ⓑ Ⓒ Ⓓ	□
34	Ⓐ Ⓑ Ⓒ Ⓓ	□
35	Ⓐ Ⓑ Ⓒ Ⓓ	□
36	Ⓐ Ⓑ Ⓒ Ⓓ	□
37	Ⓐ Ⓑ Ⓒ Ⓓ	□
38	Ⓐ Ⓑ Ⓒ Ⓓ	□
39	Ⓐ Ⓑ Ⓒ Ⓓ	□
40	Ⓐ Ⓑ Ⓒ Ⓓ	□

Part 3

No.	ANSWER	?
	A B C D	
41	Ⓐ Ⓑ Ⓒ Ⓓ	□
42	Ⓐ Ⓑ Ⓒ Ⓓ	□
43	Ⓐ Ⓑ Ⓒ Ⓓ	□
44	Ⓐ Ⓑ Ⓒ Ⓓ	□
45	Ⓐ Ⓑ Ⓒ Ⓓ	□
46	Ⓐ Ⓑ Ⓒ Ⓓ	□
47	Ⓐ Ⓑ Ⓒ Ⓓ	□
48	Ⓐ Ⓑ Ⓒ Ⓓ	□
49	Ⓐ Ⓑ Ⓒ Ⓓ	□
50	Ⓐ Ⓑ Ⓒ Ⓓ	□

No.	ANSWER	?
	A B C D	
51	Ⓐ Ⓑ Ⓒ Ⓓ	□
52	Ⓐ Ⓑ Ⓒ Ⓓ	□
53	Ⓐ Ⓑ Ⓒ Ⓓ	□
54	Ⓐ Ⓑ Ⓒ Ⓓ	□
55	Ⓐ Ⓑ Ⓒ Ⓓ	□
56	Ⓐ Ⓑ Ⓒ Ⓓ	□
57	Ⓐ Ⓑ Ⓒ Ⓓ	□
58	Ⓐ Ⓑ Ⓒ Ⓓ	□
59	Ⓐ Ⓑ Ⓒ Ⓓ	□
60	Ⓐ Ⓑ Ⓒ Ⓓ	□

No.	ANSWER	?
	A B C D	
61	Ⓐ Ⓑ Ⓒ Ⓓ	□
62	Ⓐ Ⓑ Ⓒ Ⓓ	□
63	Ⓐ Ⓑ Ⓒ Ⓓ	□
64	Ⓐ Ⓑ Ⓒ Ⓓ	□
65	Ⓐ Ⓑ Ⓒ Ⓓ	□
66	Ⓐ Ⓑ Ⓒ Ⓓ	□
67	Ⓐ Ⓑ Ⓒ Ⓓ	□
68	Ⓐ Ⓑ Ⓒ Ⓓ	□
69	Ⓐ Ⓑ Ⓒ Ⓓ	□
70	Ⓐ Ⓑ Ⓒ Ⓓ	□

Part 4

No.	ANSWER	?
	A B C D	
71	Ⓐ Ⓑ Ⓒ Ⓓ	□
72	Ⓐ Ⓑ Ⓒ Ⓓ	□
73	Ⓐ Ⓑ Ⓒ Ⓓ	□
74	Ⓐ Ⓑ Ⓒ Ⓓ	□
75	Ⓐ Ⓑ Ⓒ Ⓓ	□
76	Ⓐ Ⓑ Ⓒ Ⓓ	□
77	Ⓐ Ⓑ Ⓒ Ⓓ	□
78	Ⓐ Ⓑ Ⓒ Ⓓ	□
79	Ⓐ Ⓑ Ⓒ Ⓓ	□
80	Ⓐ Ⓑ Ⓒ Ⓓ	□

No.	ANSWER	?
	A B C D	
81	Ⓐ Ⓑ Ⓒ Ⓓ	□
82	Ⓐ Ⓑ Ⓒ Ⓓ	□
83	Ⓐ Ⓑ Ⓒ Ⓓ	□
84	Ⓐ Ⓑ Ⓒ Ⓓ	□
85	Ⓐ Ⓑ Ⓒ Ⓓ	□
86	Ⓐ Ⓑ Ⓒ Ⓓ	□
87	Ⓐ Ⓑ Ⓒ Ⓓ	□
88	Ⓐ Ⓑ Ⓒ Ⓓ	□
89	Ⓐ Ⓑ Ⓒ Ⓓ	□
90	Ⓐ Ⓑ Ⓒ Ⓓ	□

No.	ANSWER	?
	A B C D	
91	Ⓐ Ⓑ Ⓒ Ⓓ	□
92	Ⓐ Ⓑ Ⓒ Ⓓ	□
93	Ⓐ Ⓑ Ⓒ Ⓓ	□
94	Ⓐ Ⓑ Ⓒ Ⓓ	□
95	Ⓐ Ⓑ Ⓒ Ⓓ	□
96	Ⓐ Ⓑ Ⓒ Ⓓ	□
97	Ⓐ Ⓑ Ⓒ Ⓓ	□
98	Ⓐ Ⓑ Ⓒ Ⓓ	□
99	Ⓐ Ⓑ Ⓒ Ⓓ	□
100	Ⓐ Ⓑ Ⓒ Ⓓ	□

壁越え模試 リスニング TEST 5 ● 解答用紙

「?」の使い方

自信を持って解答できない問題は「?」列の□に✓を入れておき、見直しや復習の際に活用してください。（実際の試験では、この欄はありません。）

LISTENING SECTION

Part 1

No.	ANSWER A B C D	?
1	A B C D	□
2	A B C D	□
3	A B C D	□
4	A B C D	□
5	A B C D	□
6	A B C D	□
7	A B C D	□
8	A B C D	□
9	A B C D	□
10	A B C D	□

Part 2

No.	ANSWER A B C	?
11	A B C	□
12	A B C	□
13	A B C	□
14	A B C	□
15	A B C	□
16	A B C	□
17	A B C	□
18	A B C	□
19	A B C	□
20	A B C	□

No.	ANSWER A B C	?
21	A B C	□
22	A B C	□
23	A B C	□
24	A B C	□
25	A B C	□
26	A B C	□
27	A B C	□
28	A B C	□
29	A B C	□
30	A B C	□

No.	ANSWER A B C	?
31	A B C	□
32	A B C D	□
33	A B C D	□
34	A B C D	□
35	A B C D	□
36	A B C D	□
37	A B C D	□
38	A B C D	□
39	A B C D	□
40	A B C D	□

Part 3

No.	ANSWER A B C D	?
41	A B C D	□
42	A B C D	□
43	A B C D	□
44	A B C D	□
45	A B C D	□
46	A B C D	□
47	A B C D	□
48	A B C D	□
49	A B C D	□
50	A B C D	□

No.	ANSWER A B C D	?
51	A B C D	□
52	A B C D	□
53	A B C D	□
54	A B C D	□
55	A B C D	□
56	A B C D	□
57	A B C D	□
58	A B C D	□
59	A B C D	□
60	A B C D	□

No.	ANSWER A B C D	?
61	A B C D	□
62	A B C D	□
63	A B C D	□
64	A B C D	□
65	A B C D	□
66	A B C D	□
67	A B C D	□
68	A B C D	□
69	A B C D	□
70	A B C D	□

Part 4

No.	ANSWER A B C D	?
71	A B C D	□
72	A B C D	□
73	A B C D	□
74	A B C D	□
75	A B C D	□
76	A B C D	□
77	A B C D	□
78	A B C D	□
79	A B C D	□
80	A B C D	□

No.	ANSWER A B C D	?
81	A B C D	□
82	A B C D	□
83	A B C D	□
84	A B C D	□
85	A B C D	□
86	A B C D	□
87	A B C D	□
88	A B C D	□
89	A B C D	□
90	A B C D	□

No.	ANSWER A B C D	?
91	A B C D	□
92	A B C D	□
93	A B C D	□
94	A B C D	□
95	A B C D	□
96	A B C D	□
97	A B C D	□
98	A B C D	□
99	A B C D	□
100	A B C D	□

TOEIC® L&Rテスト
壁越え模試
リスニング